社会性别与经济发展：经验研究方法

张莉琴　杜凤莲　董晓媛　主编

Gender

and

Development：

Empirical

Research

Methods

中国社会科学出版社

图书在版编目（CIP）数据

社会性别与经济发展：经验研究方法／张莉琴等主编 . —北京：
中国社会科学出版社，2012.5
ISBN 978 - 7 - 5161 - 0941 - 0

Ⅰ.①社…　Ⅱ.①张…　Ⅲ.①性别差异—关系—经济—发展—
研究—中国　Ⅳ.①C913.14②F124

中国版本图书馆 CIP 数据核字（2012）第 114675 号

出 版 人	赵剑英
责任编辑	郭沂纹
特约编辑	吴丽平
责任校对	张玉霞
责任印制	张汉林

出　　版	中国社会科学出版社
社　　址	北京鼓楼西大街甲 158 号（邮编 100720）
网　　址	http://www.csspw.com.cn
	中文域名:中国社科网　　010 - 64070619
发 行 部	010 - 84083685
门 市 部	010 - 84029450
经　　销	新华书店及其他书店
印　　刷	北京市大兴区新魏印刷厂
装　　订	廊坊市广阳区广增装订厂
版　　次	2012 年 5 月第 1 版
印　　次	2012 年 5 月第 1 次印刷
开　　本	710×1000　1/16
印　　张	28.25
插　　页	2
字　　数	280 千字
定　　价	85.00 元

作者简介

张莉琴，中国农业大学经济管理学院教授，主要研究领域是农业经济理论与政策、性别与发展，论文在 *Journal of Development Economics*、*Economics of Transition*、*International Journal of Water Resources*、《中国农村经济》等国际和国内学术期刊发表。目前研究兴趣是农户行为分析、农业发展和性别问题。

杜凤莲，内蒙古大学经济管理学院教授和副院长，中美富布莱特访问学者，中国女经济学者联谊会秘书长。她的研究方向是劳动经济学和微观经济学。目前正在研究儿童看护、妇女劳动力市场参与、性别平等以及地区经济等问题。

董晓媛，加拿大温尼伯大学经济系教授，同时在北大经济研究中心担任客座教授及中国女经济学者研究培训项目主任。她是女性经济学杂志副主编，国际女经济学家协会常务委员会委员。她的主要研究领域是中国经济转型、劳动力市场、社会性别及妇女地位，论文在《政治经济学》、《发展经济学》、《比较经济学》、《转型经济学》、《女性经济学》等许多国际核心学术期刊上发表。当前研究兴趣是无偿照顾工作、时间使用与社会性别等问题。

庞丽华，北京大学人口研究所副教授。主要研究领域是劳动力人口、就业、人口迁移和社会性别分析，论文在《中国期刊》（*China Journal*）和《经济学》（季刊）等国际和国内学术期刊上发表。

庞晓鹏，中国人民大学农业与农村发展学院副教授。她的研究兴趣主要集中在：反贫困及农村发展、性别与发展、农业组织与政策方面。她的文章在《管理世界》、《经济日报》、《国家行政学院学报》、《中国农村观察》、《农业经济问题》、《农业技术经济》、*ASIEN*、*China Quarterly* 等杂志上发表。她当前的研究工作主要集中在村委会选举、农村教育等公共政策的性别问题研究。

李琴,华南农业大学广东农村政策研究中心助理研究员,博士。中国女经济学者联谊会第四批成员。她的主要研究领域是农业经济学和劳动经济学,论文在《管理世界》、《中国农村经济》、《南开经济研究》、《世界经济文汇》等国内学术期刊上发表。当前研究兴趣是:老年人劳动供给、农民工流动与农村土地制度等问题。

宋月萍,博士,中国人民大学人口与发展研究中心讲师,她的主要研究领域是社会性别、人口流动以及卫生经济学,当前研究兴趣是青年流动人口婚姻生育行为转变问题。

东梅,宁夏大学经济管理学院农业经济管理系教授,中国女经济学者联谊会会员。主要研究方向是农村发展,先后在《中国农村经济》、《中国软科学》、《人口与经济》、《农业技术经济》等许多国内核心学术期刊上发表多篇论文。当前的研究兴趣是生态移民、退耕还林、教育回报等问题。

刘晓昀,1999 年毕业于中国农业大学经济管理学院,获博士学位。2002 年参加中国女经济学者培训项目,其后曾到加拿大西安大略大学(University of Western Ontario)经济系与指导老师 Terry Sicular 进行合作研究,从事劳动力流动与收入不平等研究,并曾在澳大利亚悉尼大学(University of Sydney)从事市场与贸易研究。现为中国农业大学人文与发展学院教授。研究方向是农村劳动力就业与收入、国际贸易与农村贫困等。

李晓华,第二期中国女经济学者研究培训项目学员,2007 年毕业于浙江大学,现工作于人力资源和社会保障部中国人事科学研究院。主要研究领域是中国劳动力市场、公共政策与公共管理。论文在《中国人口科学》等学术期刊上发表。

韩军,南开大学经济学院助理教授,主要研究领域是中国劳动力市场、教育、经济转型与贸易开放。论文在 Journal of International Economics、Journal of Population Economics、Industrial and Labor Relations Review、The Economics of Transition 等国际学术期刊上发表。

姜俪,浙江大学与密歇根大学联合培养博士生,第八期中国女经济学者研究培训项目学员,主要研究领域是工资差距。论文在《经济学》(季刊)、《中国社会科学》(英文版)等学术期刊上发表。

张丹丹，澳大利亚国立大学经济与商学院博士后研究员。她的主要研究领域是中国劳动力市场、城乡移民和收入不平等。当前的研究兴趣是外来劳动力对流入地劳动力市场的社会经济影响以及移民工资的动态趋同效应。

袁霓，中国青年政治学院副教授，研究方向为劳动经济学。当前研究兴趣是中国城镇非正规就业、性别收入差异等问题。

齐良书，清华大学经济管理学院副教授。主要研究领域为发展经济学。当前研究兴趣是卫生经济学和时间利用研究。

封进，复旦大学经济系副教授，同时为复旦大学就业与社会保障研究中心兼职研究员，曾作为访问学者工作于阿姆斯特丹大学和丁伯根经济研究所、法国就业研究中心、法国人文社会科学基金会、芬兰银行转型经济研究所、巴黎一大。主要研究领域为健康经济学和社会保障。论文发表于 *Journal of Comparative Economics*、《经济研究》、《世界经济》、《经济学（季刊）》等杂志。当前研究兴趣为医疗保险计划设计及老年照顾。

刘岚，北京大学人口研究所讲师。主要研究领域是人口老龄化、老年保障以及社会性别。目前正在研究老年照料、女性劳动参与以及性别平等问题。

畅红琴，太原理工大学经济管理学院讲师。主要研究领域是农村经济发展、劳动力流动、社会性别及妇女地位等问题，当前研究兴趣是时间利用、无酬劳动与社会性别等问题。

刘华，南京农业大学经济管理学院副教授。现主要研究领域：农业经济与农村发展、收入差距与教育、食物消费与营养。主持国家自然科学基金课题 1 项，主持教育部博士点基金课题 1 项，作为主要参加人先后参加国家级课题 6 项、省级课题 2 项、市级课题 1 项，发表 10 余篇学术论文，其中 1 篇被人大复印报刊资料全文收录，论文曾入选国际扶贫大会、中国经济学年会。

陈欣欣，浙江工商大学经济学院副教授。当前研究兴趣是农村教育项目的评估和无偿照料工作。

序

贺康玲（Kathleen Hartford） 福特基金会北京办事处

本书的出版完全得益于持续近十年的中国女经济学者培训项目，它不仅是以往长期工作的积累，也是一个新的开始！中国女经济学者项目由北京大学中国经济研究中心和加拿大温尼伯大学承担，它通过课程培训、导师指导、合作研究和组建网络等多种方式，使参加培训的中国年轻女经济学者具备了世界水平的经济研究和分析能力，并且日益活跃在经济学研究领域！该项目核心的培训目的是提升研究者对社会性别问题的经济学分析能力，注重在探求一般经济问题时强调社会性别视角的重要性。该项目一大成功之处在于其集体精神，该项目一些较早期的学员已经学有所成，她们成为中国女经济学家网络的重要组织者和支柱，也是后期学员的良师益友。

但是这种类型的培训项目属于"劳动密集型"，中国女经济学者培训项目的师生开始意识到：如果能将基于她们的一些性别研究成果而编写一本教科书，那么类似的经济学训练会惠及更多的男性或女性年轻经济学者。本书至少有三项创新：首先，这是第一本将社会性别带进经济学教育的中文教科书。在中国女经济学者培训项目初期，关于经济学领域社会性别的阅读资料均为英文，这在一定程度上限制经济学本科生和硕士生对这类文献的学习和利用。虽然在过去的十年里关于性别经济学研究的出版物很多，但主要是发表在学术期刊上，并不适合课堂教学，而这本教科书的基本出发点就是要编写一本适用于课堂教学的高水平经济学教材。其次，与现有介绍国外经验和数据的社会性别和经济学的翻译书籍不同，这本书的实证材料均来源于中国的数据、发展问题和经验，它们必将与中国学员自己的经历以及他们通过培训要以专业人士身份进入的现实世界产生共鸣。第三，这本教科书是中国女经济学者培训项目试图在经济学和经济政策分析方面将性别视角主流化而采取的一系列措施的第一步。本书的内容没有涵盖经济领域的社会性别分析的全部问题，更多的是侧重微观经济学的问题和方法。本书大部分章节内容主要集中于劳动（包括无酬劳动）经济学，还有部分章节关注发展和性别平等的关系、家庭内部资源分配、医疗服务中的性别差异和性别经济分析的方法论。所以，该教科书特别适合于应用微观经济学的课程，尤其是劳动经济学。同时，也希望这本书可以激发其他领域的经济学者开始或者更进一步思考如何将性别分析应用于自己的专业领域。

最后，我们还要注意到本书为解决性别平等这一长期的、艰巨的任务而做出的贡献。与关注社会性别问题的任何一本杰出著作相同，这本书的基本前提是：性别平等不意味着否认性别差异，事实上忽视性别差异的性别盲视也不可能实现性别平等。同时，这也不意味着只需要关注女性的利益和需要，只有当我们了解男人和女人、男孩和女孩的不同需要，了解经济制度、经济因素和经济政策对他们产生的不同影响，才可能制定出最合适的满足他们不同需要的政策。长期以来中国一直致力于解决性别平等，和其他发展中国家相比中国已经走在将性别平等变为现实的前列。然而，过去三十年改革开放带来的快速变化为实现这一目标提出了新的挑战，政府和社会均在实现性别平等这一终极目标的过程中扮演着重要角色，在找到如何通过性别分析有效利用稀缺资源促进社会发展的路径方面，经济学者起着尤其重要的作用。

福特基金会很荣幸支持中国女经济学者培训项目的工作，特别高兴支持本书的编写工作，使该工作的成果对年轻一代的男女经济学者都有所帮助！

前　言

推动中国经济学教育、研究与公共政策的
社会性别主流化

张莉琴　　杜凤莲　　董晓媛

在世纪之交，世界的发展理念经历着一个从单纯追求 GDP 增长向提升人类福祉的根本性的转变。以人为核心的发展目标就是为社会所有的人，不论是男性还是女性，提供平等的机会，使他们都能参与发展进程并分享发展的成果。联合国人类发展署在 1995 年人类发展报告中指出，消除性别不平等是实现人类发展目标的重要组成部分（UNDP，1995）。社会性别，作为人类最基本的社会关系，与其他社会分层器，比如种族、阶级、城乡、年龄、教育、健康等相互交叉，通过对其他形式的社会差异的相互作用，性别不平等使女性成为贫困、脆弱、缺少发展机会的社会群体的大多数。因此，不消除社会性别不平等，实现人类发展目标就无从谈起。大量的研究表明，由于女性在劳动力市场和家庭照料扮演着双重角色，性别平等对于经济的可持续增长也具有重要的影响（世界银行，2001）。

20 世纪 80 年代和 90 年代关于妇女问题的世界会议上提出了"社会性别主流化"的概念。这一概念的含义是，要实现男女性别平等和机会均等，不能仅仅借助于妇女政策和家庭政策，这些理念的要素必须要纳入社会、文化、政治和经济发展的各个领域，在制定各级政策时都必须考虑性别观点和性别分析，从而在决策制定的各个阶段都关注性别问题。1995年在北京举行的第四届世界妇女大会首次把"社会性别主流化"作为提高两性平等和机会均等的全球战略写进了《北京行动纲要》。《北京行动纲要》和性别主流化的原则标志着性别平等的政策在全世界取得了突破

性的进展。

　　中华人民共和国建立以来，中国在提高妇女地位，推动男女平等取得了巨大的成就。过去三十年来中国的改革开放和经济高速增长为中国妇女提供了新的发展机会。然而，尽管已经取得了这些毋庸置疑的进步，与世界其他国家一样，在中国，男女之间在社会、经济和政治等领域的不平等，社会对女性的歧视尚未消除。发展市场经济为目标的经济改革弱化了国家对妇女的保护，在一定程度上加剧了劳动力市场上男女之间的不平等和在工资、招聘、提升等方面对女性的歧视。① 尽管经济高速增长使妇女获得有报酬的就业机会有所增加，她们比男人更有可能从事不稳定或兼职工作，以及进入报酬低廉、没有社会福利和保障的行业（袁霓、沙林，2010）。在农村，男女出生性别比持续上升，女孩仍然没有与男孩均等的受教育的机会，许多妇女面临家庭暴力的威胁。男女对政治决策参与的差异仍然很大。虽然中国是世界上 1990—2010 年间十个人类发展指数增长最快的国家之一，② 中国妇女参与国家高层决策的比例仍然远远低于联合国人类发展署 1995 年提出的 30% 的发展目标（UNDP，2010）。

　　中国的性别发展和妇女权利指数没有与人类发展指数同步增长的原因在很大程度上是由于决策者们对性别平等的重要性认识不足，对性别问题的关注仅仅局限在妇女政策和家庭政策的层面，把改变男女不平等的现状单单看做是妇女和妇联的事，从而使性别平等问题在政策制定时被边缘化。对性别问题的盲视在经济决策中表现尤为突出。虽然，所有经济决策和措施——无论是税收或其他财政政策、土地制度改革、劳动力市场、社会保障或医疗政策都对两性及两性之间的关系产生影响，在制定这些政策时，学者、专家和政府官员们很少考虑其对性别关系的影响。实践表明，许多看似性别中立的经济政策事实上是在复制和加深传统的性别成见，其后果是进一步扩大男女之间的社会和经济差距。"妇女回归家庭"作为缓解就业压力手段的提议至今不绝于耳，这就是我国根深蒂固的传统性别观念影响公共政策的一个发人深省的例子。③

　　中国经济决策的性别盲视在很大程度上反映了中国经济学者缺乏性别

---

① 见 Berik，Dong and Summerfield（2007）关于性别和中国经济转型的文献综述。

② 联合国发展署 2010 年人类发展报告指出，在这十个国家中，中国是唯一的其人类发展指数的增长几乎完全是由人均 GDP 增长拉动的国家，教育与生命预期提高的贡献很小。

③ 在 2011 年的两会上，仍有代表提出了这个议案。

意识，中国经济学领域对性别问题研究不足。目前，国际上关于经济领域中性别差距的研究文献已经十分丰富，对性别问题的分析推动了经验研究方法的创新，许多发达国家和发展中国家在家庭内部资源配置和劳动力市场等领域中的性别差异被量化地展现出来，为相关政策的制定和评价提供了依据。然而迄今为止，在国内经济学研究中，性别问题研究还处于被边缘化的状态，对从社会性别视角出发研究经济行为持有某种轻视甚至排斥的态度。在全国几百所经济院系中没有一个院系开设有关社会性别经济研究的课程。在经济学界，我国的社会性别研究与国际研究水平差距很大。

中国共产党在 2002 年举行的党的第十六次代表大会上提出了以人为本，推动社会公平与和谐，全面建设小康社会的发展目标。实现这一发展目标，就需要在社会各个领域，消除性别不平等和对女性的歧视。改变我国性别不平等现状不单单只与女性有关，而且也与男性有关，这是整个社会的任务。这要求人们，尤其是专家、学者、教师、社会传媒和政府官员，增加对性别的认识，把社会性别视角引入到教育，科研和公共政策的各个方面中来。

为了推动我国经济学教育，研究与公共政策的社会性别主流化，我们组织了来自 16 所经济院校的 20 位教师编写了《社会性别与经济发展：经验研究方法》一书。本书从劳动供给、失业、职业流动、工资、劳动迁移、非正规就业、家庭资源配置、医疗服务、家庭照料、时间利用和项目评估等方面系统地介绍了关于性别差异的经济理论和经验分析的方法。通过对国际和国内文献的梳理，本书详细阐述了导致性别差异的决定因素和各种决策如何影响性别关系，并指出国内当前研究的不足和未来的方向。本书的另一个创新之处是，通过对性别问题的分析，详细地介绍了国际经济学界关于使用微观数据进行经验分析的一些先进方法，这些方法可以广泛地运用到其他研究领域。为了帮助读者掌握这些分析方法，本书每个章节都提供了相关的经验研究案例，并在附录中提供相关数据和在国际经济学界广泛使用的统计软件 STATA 的计算程序。本书为在我国经济院校开设社会性别经济学的课程提供了一本不可多得的教科书，同时也为对使用微观数据进行经验分析感兴趣的青年学者提供了一个实用性很强的方法手册。我们希望本书的出版为推动我国经济学的性别研究，帮助克服传统的性别成见，增强研究人员和决策者的性别意识做出贡献。本书的出版也将进一步推动我国基于微观数据的经验研究，为公共政策的制定和评价提供了依据。

本书由 16 章组成,具体安排如下。

第 1 章,试图考察性别平等与经济发展的理论发展及国际经验。运用国别数据,通过回归分析,详细阐述性别平等与经济发展的关系。

第 2 章,对女性劳动供给的理论及其经验分析方法进行详细梳理。女性劳动供给理论经历了从个人效用最大化到家庭效用最大化,从时间的闲暇、工作二分选择到闲暇、家庭生产、市场工作的三分选择,从静态到动态等方面的变化。经验分析方法也从最初的最小二乘分析,到 Heckman 的两阶段模型和其修正模型,以及非参数估计模型。

第 3 章,详细介绍性别失业持续时间差异有关的理论模型和经验研究方法,包括工作搜寻理论和持续模型。本章分析了两个问题:为什么女性的失业持续时间比男性长?失业持续时间的性别差异在多大程度上取决于劳动需求者和供给者的偏好和制度因素,在多大程度上取决于可观测的特征差异?

第 4 章,考察职业流动性别差异相关理论及经验研究方法。以流动方向为指标的职业流动性别差异,在一定程度上能反映出导致男女在劳动力市场上经历不同的职业发展轨迹的原因,我们使用多元 Logit 模型来分析职业流动的性别差异,以极大似然法来估计个人经历某种职业流动(向上流动、平行流动、向下流动及未曾流动)的概率。

第 5 章,介绍人力资本理论对于性别工资差异的解释,及相关的实证研究方法。在人力资本理论方面,介绍了性别工资差异产生的两个主要来源:一是学校教育的差异,另一是工作经验的差异。在实证研究方法方面,该章重点介绍了 Heckman 两阶段法,以解决在分析教育回报率性别差异中常遇到的样本选择偏差问题。

第 6、7、8 章,分别探讨三类分析性别工资差异的方法:平均工资分解、工资分布分解、基于企业层面数据和雇主—雇员匹配数据分析方法。在第 6 章,重点介绍了 Blinder-Oaxaca 分解方法和 Brown 分解方法等平均工资分解方法,并对"职业分割与城市劳动力的性别工资差异"的案例进行了简要讨论。在第 7 章,我们介绍了性别工资差异分布分解方法的演进脉络和相关的分解技术,并重点介绍条件分位回归的理论基础和开展 Quantile – JMP 分解的具体步骤,然后将中国城镇性别工资差异作为经验研究案例,详细阐述如何将性别工资在分位上的差异分解为个人特征效应、组间价格和残差价格效应，并指出运用 Quantile – JMP 分解方法应当注意的问题。由于使用户层面或个人层面数据分析性别工资差异时，残差部分往往很大而且很难解释，因此在第 8 章我们还介绍了基于企业层面数据和雇主—雇员匹配数据的分析方法，在性别工资差异发生的地方——企业的层面来进行分析。

第 9 章，我们利用两种不同但都被广泛使用的方法，分析农民工相对于城市劳动力的工资差距及其动态变化过程以及不同性别间的差异。动态工资分解法是比较两个群体的平均工资水平差异的跨时间变化及其决定因素。而工资趋同模型则是跨年度"跟踪"同一个时期到达目的地劳动力市场的农民工，观察他们的工资水平的变化，并且和"同质"的城市劳动力工资进行比较。在实证部分，利用 1999 年和 2002 年 11 个大中型城市的调查数据并采用上述的两种方法分别对农民工与城市劳动力工资差距的变化进行了分析。

第 10 章，我们试图对非正规就业中的性别收入差异进行分析，并对非正规就业产生的原因及女性劳动非正规化的原因进行了探讨。考虑到在估计工资方程中可能存在的样本选择性偏误，还分别介绍了 Lee 和 BGF 两种计量方法。

第 11 章，我们详细介绍与家庭内部资源配置中的性别差距有关的理论模型和经验研究方法，重点探讨了两个问题的实证研究方法，第一个问题是夫妻双方是否共享家庭资源，第二个问题是家庭内部资源配置中是否存在性别歧视。

第 12 章，我们从两个视角解释医疗服务利用中性别差异的产生，一是女性健康视角，另一是性别关系视角。并对医疗服务的性别差异的经验研究方法进行了介绍，主要考察了男孩和女孩死亡率的差异、男性和女性医疗消费的差异等；对解决医疗消费中的样本选择问题的使用方法——两部分模型进行了介绍；还对实证研究中变量的可观测性和测量误差进行了详细讨论。

第 13 章，我们先介绍新家庭经济理论下的分析框架，Becker 的比较优势理论可以解释为什么女性承担更多的家庭无偿照料劳动，利他主义模型解释为什么父母对于子女是利他的。然后对无偿照料与性别不平等的实证研究方法进行了讨论，主要考察的是儿童看护和老年照料责任对于女性劳动参与水平和劳动时间分配的影响。在最后的案例部分，还利用 CHNS

数据考察照料父母对我国农村已婚妇女劳动时间分配的影响。

第 14 章,我们从社会性别的视角介绍了时间利用调查的调查方法、活动分类以及在公共政策领域中的应用,并对时间利用分析的基本理论以及相关的经验研究进行了总结。其中,对 Maddala 所提出的两阶段估计家务劳动的方法进行详细的介绍,并根据这一方法对中国农村女性的家务劳动价值进行了估计,通过对无酬劳动估值,认识女性在家庭以及经济发展中的重要作用。

在本书的第 15、16 章最后部分,我们还对性别研究的两个方法论的问题进行探讨。在第 15 章,我们考察经济学社会性别研究中的因果关系识别问题,重点讨论了工具变量、固定效应、倍差分析及断点回归等方法。在第 16 章,我们探讨常见的政策评估方法,重点讨论如何基于非实验数据进行科学的政策评估,详细分析倍差分析法和匹配法的具体运用。

参考文献

袁霓、沙林,《中国城镇非正规就业与性别特征分析》,载董晓媛、沙林主编《性别平等与中国经济转型:非正规就业与家庭照料》,经济科学出版社 2010 年版,第 46 - 68 页。

Berik, G. , X - Y Dong and G. Summerfield, "China's Transformations and Feminist Economics". *Feminist Economics*, 2007, 13 (3 - 4): 1 - 32.

United Nations Human Development, *Human Development Report* 2010, Oxford University Press.

United Nations Human Development, *Human Development Report* 1995, Oxford University Press.

World Bank, *Engendering Development: Through Gender Equality in Rights, Resource, and Voice*. Oxford University Press, 2001.

致　谢

衷心感谢福特基金会中国项目的慷慨资助以及贺康玲（Kathleen Hartford）的鼓励和帮助。赵耀辉、雷晓燕和李实对本书的修改提出了很好的建议。我们还感谢福特基金会对中国女青年经济学者培训项目的资助。为了提高中国女经济学者的研究能力，推动中国经济学的性别研究，在福特基金会的资助下，中国女经济学者培训项目于 2002 年在北京大学中国经济研究中心启动。到目前为止，该培训项目已对来自全国高校和研究机关的 200 多名女经济学者提供了经验研究技能培训、后续研究和论文写作辅导。30 多名来自美国、加拿大、澳大利亚、英国的国际学者和海外归来的中国学者参与了对青年学者的培训指导。在项目指导教师的帮助下，学员取得了显著的成就。据不完全统计，学员已在 *Journal of Development Economics*，*Cambridge Journal of Economics*，*Feminist Economics*，*China Economic Review* 等 SSCI/SCI 收录的期刊上发表论文约 40 篇，在《中国社会科学》、《经济研究》、《经济学》（季刊）等国内高水平经济学期刊上发表论文约 150 篇。本书主编之一董晓媛是女学者培训项目主任，其余参加本书编写的学者都参加过女学者培训项目的培训，目前都是所在单位的学术带头人。本书的出版是女学者培训项目取得的又一成果。

目　　录

第 1 章

性别平等与经济发展

庞晓鹏

1.1　引言

各国都在追求经济增长和发展。"发展的挑战……是改善生活的质量。尤其是在那些贫困世界的国家，一种更好的生活质量当然一般需要更高的收入，但它包含的远不止于此。它还包括其他目标，比如更好的教育，更高的健康和营养标准，更低的贫困，更清洁的环境，更加平等的机会，更大的个人自由，更丰富的文化生活等"（World Bank，1991，第 4 页）。GDP 的增加是实现人类发展的必要手段，但不是发展的最终目标。发展的目标是扩大人们的选择，使所有的人——男人和女人——都有平等的机会参加发展的进程并从中受益（UNDP，1995）。

然而，"女性，作为世界人口的一半，只得到了很小部分的发展机会。她们经常被排斥在教育和较好的工作之外，被排斥在政治和足够的医疗照顾之外，在有数据可得的国家中，女性的发展指数只及男性的 60%（UNDP，1995，转引自齐良书，2007，第 215 页）"。"在许多社会中，女性在家庭内外系统性地居于劣势地位"（Sen，1999）。许多发展中国家在健康、教育、就业等领域都存在明显的性别不平等（Klasen，2002）。

尽管 20 世纪后半叶女性的绝对地位有了很大的提高，性别平等状况在大多数发展中国家也有了很大的改善。但是发展中的性别不平等的状况并没有根本的改变。在许多发展中国家，女性在很多领域依然落后于男性，如受教育的机会、获得工作的机会、政治代表及法律权利方面等。根据联合国的调查,全世界没有一个社会,女人享有与男人同等的机会:2000 年时,在全世界 1.04 亿失学的儿童中有 57% 是女孩,8.6 亿成人文盲中有三分之二是女性;女人工作时间比男人长,平均薪资仅为男人的二分之一到四分之三;女人从事家务劳动时间比男人高出数倍,却经常遭受婚姻暴力 (纪欣,2006)。在亚洲一些国家对女性的歧视导致对妇女基本生存权利的剥夺,造成大量的失踪妇女和严重的人口男女比例失调 (Sen,1999)。

中国的社会主义建设极大地提高了我国妇女在社会、经济和政治领域的地位,过去三十年经济改革和开放带来的经济高速增长为我国的男性和女性提供了新的发展机会。但是,性别平等仍然没有实现。以发展市场经济为目标的经济改革弱化了国家对妇女的保护,在一定程度上加剧了劳动力市场上男女之间的不平等和在工资、招聘、提升等方面对女性的歧视。① 在政治决策方面,男女差异仍然很大。据 2000 年第 2 期中国妇女社会地位调查,在全国各级各类领导班子中,任正职的女性比例为 4.1% (李慧英,2005)。

因此,联合国人类发展署在 1995 年人类发展年度报告中明确指出,改善性别平等状况是实现人类发展目标的核心,制定发展战略必须关注性别平等问题 (UNDP,1995)。1995 年在北京举行的第四次世界妇女大会通过的《北京宣言》提出了推动性别平等的社会性别主流化的全球战略,指出社会性别的视角要进入社会和经济发展的各个领域以及公共政策制定的每个阶段。在 2000 年提出的联合国"千年发展目标 (MDGs)"进一步把性别问题放在优先考虑的发展目标之中。在八项目标中有三项涉及性别平等问题。其中第三项目标是"促进性别平等与增进妇女的力量",强调要努力消除所有层次教育中的性别歧视。第二项(普及初等教育)和第五项(改善母亲健康)目标也与性别平等问题直接相关。世界银行也将促进性别平等作为发展的主要目标之一,提出了"性别平等是聪明的经济学"社会性别的行动规划。

在中国,"性别分析"是改革开放以后才逐步开始的。此前的研究实质上仅仅关注女性地位的变化而非发展问题。20 世纪上半叶的妇女研究主要与反封建的妇女解放运动联系在一起。20 世纪 50 至 70 年代的研究,

---

① 见 Berik,Dong and Summerfield (2007) 关于性别和中国经济转型的文献综述。

则更多地关注妇女的婚姻家庭问题和她们参与生产的情况，但几乎不涉及她们是否参与决策的问题。从 20 世纪 80 年代开始，国际机构实施的对华援助项目中所带有的性别视角，促使来自不同学科但都关注发展问题的学者或多或少地参与了性别平等的研究（魏国英，2004）。总的来说，相对国际社会对性别与发展的研究，我国社会科学研究人员和决策者对社会性别问题的关注非常有限，尤其在经济学领域，社会性别问题的研究仍然处于边缘化状态。许多学者认为经济发展是一个性别中立的过程，因为经济发展的好处会逐步渗透到社会的各个阶层，从而提高所有人的生活水平，因此，经济搞上去了，性别平等的问题自然而然就解决了，不需要政策干预。

本章从经济学角度、从宏观层面介绍性别平等与经济发展之间关系的相关研究，重点探讨两个问题：（1）性别不平等对经济增长有什么影响？为什么世界银行认为性别平等是聪明的经济学？（2）性别不平等与性别歧视会随着经济发展自然地得到解决吗？对这两个问题的讨论将帮助我们理解经济研究人员为什么要关注性别平等，公共政策的制定为什么要有社会性别视角。本章将首先从如何衡量性别平等开始，然后对性别不平等程度对经济增长的影响进行理论探讨并介绍关于该问题的经验研究结论，接下来介绍经济增长对性别平等的作用，最后，总结性别平等与经济增长之间的相互关系及其公共政策含义。

1.2　性别平等及其衡量

在探讨性别平等与经济增长和发展的关系之前，我们必须解释如何科学地界定和衡量性别平等。

1.2.1　如何界定和衡量性别平等？

（1）什么是性别平等？

性别平等是社会性别平等的简称。这里，社会性别（Gender）是指男性和女性由社会构建出来的社会角色，以及从社会中学习而来的行为和期待（World Bank，2001）。男性和女性在生理上是不同的，但是所有的文化都将这些生理上的差异诠释为不同的社会期待，这些社会期待包括：男人和女人各自应该表现出什么样的行为、应扮演什么样的角色，应当参与哪些活动,以及他们应该拥有哪些权利、资源和权力 (World Bank,2001,第 34 页)。

社会性别已成为当代妇女理论的核心概念和女权主义学术的中心内容,用于区别以人的生物特征为标志的"生理性别"(sex)。社会性别理论认为:男女两性各自承担的性别角色并非是由生理决定的,而主要是后天的、在社会文化的制约中形成的。男女两性在社会中的角色和地位、社会对性别角色的期待和评价(如男高女低、男优女劣)、关于性别的成见和对性别差异的社会认识等等,更主要的是社会的产物,这些社会性别规范一经形成又反过来通过宗教、教育、法律、社会机制等得到进一步发挥和巩固,在国家参与运作下被规范化、制度化、体制化、两极化(男女二元对立)和社会期待模式化。

平等(equality)是以多种不同的方式体现的,指在不同的时代背景下,法律上的平等、机会的平等和结果的平等(Coleman,1987)。联合国系统以及一些多边或双边国际发展机构,通常将性别平等定义为机会平等和法律上的平等(UNDP,1985,第 10、11 段;UNDP,1995;DAC,1998;DFID,1998;WHO,1998;CIDA,1999)。还有一些国际援助机构将性别平等定义为:"人类应该在不受任何性别限制的条件下,自由地发挥每个人的能力,自由地做决策。也就是说,男人和女人的不同行为、动机以及需要都要被平等考虑、评价和接受"(EEA,2006)。

实现性别平等要求男人和女人在经济、决策,以及社会、文化和日常生活中,都能平等参与、并受到平等的对待。只有这样,男人和女人才能在社会中充分发挥他们的潜能。而这就意味着,男人和女人之间的资源分配要平等、权利和责任分配要平等。社会性别平等并不意味着女性和男性必须变得完全一模一样,而是说他/她们在机会、权利、责任、义务、资源、待遇和评价方面平等,并不是由他们生来是男还是女来决定(刘伯红,2005)。

(2)如何衡量性别平等?

由于社会性别平等涉及社会、政治、经济、文化等方方面面,并且不同国家的组织、制度、市场结构以及文化传统差异很大。因此,到目前为止,这个领域没有一个单独的指标能够在国际范围内,用来衡量和比较不同国家的男女性别平等程度。

为了能够让人们清楚地了解不同国家和地区、不同时期的性别平等状况，现有的文献中通常采用的衡量方法有两种：综合指数法和个别指标法。

联合国开发计划署（UNDP）2003 年的《人类发展报告》中提出了两种衡量性别平等的综合指数，即性别发展指数（Gender-related Development Index，GDI）和性别赋权指数（Gender Empowerment Measure，GEM）。这两个指数都是在人类发展指数（HDI）[①] 的基础上，区别男性和女性在子指标的数值。

性别发展指数所包含的三个指标与人类发展指数（HDI）相同，即预期寿命、教育程度（由成人识字率和中小学入学率复合而成）、收入水平。按照 HDI 的计算方法，分别对男性和女性计算上述指标的数值 X_F 和 X_M，再按下列公式计算出每项指标的两性相对指数 X：

$$X = P_M \ (X_M)^{-1} + P_F \ (X_F)^{-1} \qquad\qquad (1-1)$$

其中 P_M 和 P_F 分别为男性和女性占总人口的比例。

先对成人识字率和中小学入学率的两性相对指数取算术平均值，得到教育程度的两性相对指数；再对预期寿命、教育程度、收入水平三项指标的两性相对指数取算术平均值，就得到 GDI。

性别赋权指数是用来衡量女性相对于男性发展机会的一个综合指标，它由三个指标构成：

1. 议会中女性和男性的相对比例；

2. 经济参与程度和决策权指标，包括：立法者、高级官员和管理人员中女性和男性的相对比例；专业和技术人员中女性和男性的相对比率；

3. 女性平均收入和男性平均收入之间的比率。

性别赋权指数的计算方法和性别发展指数相同。

这两个指标（GDI 和 GEM）既反映了一个国家的经济福利水平，也反映了女性的相对地位。比如：男性和女性的预期寿命、教育程度及收入水平都下降的情况下，GDI 会下降；男性和女性上述指标数值间的差距扩大时，GDI 也会下降。GEM 反映的是男人和女人能否积极地参与到政治经济生活中并拥有决策的权利。

世界银行政策研究报告（World Bank，2001）则从基本人权（rights）、

----

① 人类发展指数（HDI）是用来衡量一个国家平均人类发展程度的指标，它由三项子指标构成：预期寿命、教育程度和收入水平。

获得并支配资源（resources）、政治参与（voice）三个方面来衡量性别平等程度。其中，基本人权包括：女性在政治和法律上的平等，社会和经济生活权利的平等，在结婚和离婚方面的权利平等。获得并支配资源包括：教育资源、健康资源、生产资料资源（包括土地、信息、技术和资金）、就业和收入。政治参与包括在各级政府部门女性的参与程度。

在研究性别平等与经济增长关系的文献中，主要从影响增长的要素角度确定衡量性别平等的指标。增长理论认为经济增长取决于资本、劳动力、技术进步、制度等生产要素，而性别问题无疑会影响到这些要素作用于经济增长的方式。因此，在这类的研究文献中，衡量性别平等的指标主要有：男女受教育程度差异、健康投资程度的差异、对男孩的偏好（失踪的女性）、男女劳动力市场参与程度的差异、男女工资差异、获得和控制重要经济资源的差异（如获得土地、信贷等的差异）、公共事务参与的性别差异等等。

本章接下来的讨论中所涉及的性别平等指标，主要是与经济增长密切相关的性别平等指标。

1.3　性别不平等对经济增长的影响

经济增长是指人均 GDP 的增长。经济发展则包含除了增长以外更广泛的含义，比如人们生活质量的改善、经济选择的增加等。在发展经济学文献中经济增长与经济发展的概念经常交替使用。新古典经济增长理论主要由 Solow（1956）、Swan（1965）、Cass（1965）和 Koopmans（1965）等人创建（Barro，1997）。增长理论认为经济增长依赖于资本、劳动力等生产要素的积累，由于技术进步和效率改善而带来的生产要素的回报率和制度的变化。该理论还指出，各国之间的经济增长存在收敛性，即低收入国家的经济增长率高于高收入国家，增长的收敛性来自递减的资本收益。20 世纪 80 年代末到 90 年代，研究者逐渐将新古典模型中资本的概念从物质资本扩展到教育、经验和健康等形式的人力资本（Roemer，1986；Lucas，1988；Barro and Sala-i-Martin，1995，第五章）。这些模型都强调人力资本积累对经济增长的重要性。

那么，性别不平等对经济增长有什么影响呢？下面我们将从教育、就业、获得资产等几个方面对这个问题进行理论探讨（Klasen，1999，2002，

2006），并介绍来自经验研究的结论。

1.3.1 教育方面的性别不平等与经济增长

首先，教育上的性别不平等会降低社会人力资本水平。假设男孩和女孩的天赋能力分布是相同的，教育上的性别不平等意味着天赋能力较低的男孩比女孩有更多的机会接受教育。结果就是，接受教育的孩子的平均天赋能力要低于男/女孩有同样受教育机会情况下应该有的天赋能力。假设人力资本水平是每个人天赋能力和受教育水平的综合结果，那么，教育上的性别不平等就会降低一个经济体的平均人力资本水平，从而降低经济增长速度（Dollar and Gatti, 1999）。

其次，如果教育的边际收益率是递减的，那么，女孩接受较低的教育却让男孩接受更高的教育，就意味着女孩受教育的边际收益要高于男孩受教育的边际收益，因此，降低教育上的性别不平等就会促进经济增长（Knowles, Lorgelly and Owen, 2002）。

再次，提高女性的受教育程度具有直接的、正外部性效用。降低教育上的性别不平等就是要提高女性在各个层次上的受教育程度。提高女性的受教育程度会降低生育率、降低儿童死亡率、提高下一代的教育水平，而这些变化都会提高人力资本水平从而促进经济增长，对于发展中国家尤其如此。发展中国家的教育性别差异较大、生育率高，结果使人均收入水平也很低（Blackden et al., 2006）。因此，教育上的性别差距会降低整个社会从女性教育中获得的收益（World Bank, 2001; King, Klasen and Porter, 2008）。

限制女性受教育意味着失去了拥有良好教育和较高生产率的下一代的机会（World Bank, 2001）。这里包含着一个非常重要的时间问题，生育率的降低意味着二十年后，一个经济体会拥有最适合的人口年龄结构并获得"人口红利"。几十年之后，劳动力年龄人口的增长率将快于总人口的增长率，赡养率会降低，储蓄率会增加，人均经济增长率就会增加。并且，生育率的降低会使总人口减少，这样可以增加资本深度（平均每个劳动力拥有更多资本），而不是资本的广度（用物质资本装备更多的新劳动力）。资本深度的增加将会促进经济增长。

1.3.2 就业及收入上的性别不平等与经济增长

劳动力市场对女性的就业歧视会导致劳动力短缺，提高企业的用工成本,从而会降低经济增长率。

在大多数国家的正规就业中,女性都遭遇着工资歧视和职业性别隔离。工资歧视和职业性别隔离导致资源配置失效,男性集中部门的工资和劳动生产力高于女性集中的部门。消除性别歧视和职业性别隔离,将劳动力从女性集中的部门转到男性集中的部门就会提高劳动生产力和总产量。有学者对 9 个拉丁美洲国家的模拟估计发现,消除性别工资差异和性别隔离时 GDP 增长 6%(Tzannatos,1999)。就业上的性别不平等还会通过人口统计学的变化影响到经济增长。还有学者通过模型证明,就业上的性别不平等会使生育率水平提高,从而降低经济增长率(Cavalcanti and Tavares,2007)。

提高女性就业率和收入水平会提高她们在家庭中的讨价还价能力(Thomas,1997;World Bank,2001)。这种能力的提高不只是对女性有益,还会从很多方面影响经济增长。一方面,由于男人和女人的储蓄行为不同,女性在家庭中讨价还价能力的提高会提高储蓄率(Seguino and Floro,2003)。另一方面,女性讨价还价能力的提高,会更多地将收入用于生产性投资、用于偿还贷款(Stosky,2006)。此外,女性讨价还价能力的提高,会提高她们在孩子的健康和教育上的投资水平,提高下一代的人力资本水平,进而会促进经济增长(Thomas,1997;World Bank,2001)。

此外,现在越来越多的理论研究发现,女性劳动者平均来说,比男性劳动者更少会腐败或者任人唯亲(World Bank,2001;Swamy et al.,2001)。造成这种行为差异的原因可能与男孩和女孩的早期家庭教育及成长过程的社会化过程不同有关(King,Klasen and Porter,2008)。如果这些研究结论是正确的,那么,让更多的女性进入劳动力市场、进入决策层,就可以改善企业和政府的治理状况。同样的,也有研究表明:提高女性政治参与的政策(如印度的妇女专职专选),能够提高有利于女性的项目投资,如节约时间的基础设施投资、人力资本投资等,这些投资的增加就会促进经济增长(Duflo and Chatthopadhyay,2003;World Bank,2001)。

需要指出的是:关于收入的性别差异对经济增长的影响,现有的理论研究文献中存在相反的结论。有研究认为:收入的性别差距增大会降低女性的就业水平、提高生育率,从而降低经济增长率(Galor and Wei,1996;Cavalcanti and Tavares,2007)。与此相反,也有研究显示:收入的性别差距增大意味着女性的工资水平低,这可以提高出口导向型行业的国际竞争力，进而促进这个国家的经济增长（Blecker and Seguino，2002）。

1.3.3　获得投入方面的性别差异与经济增长

在个体经营领域，无论是农业部门还是非农部门，获得生产性资产和投入品方面的性别不平等也会降低经济增长率。在获得重要的生产投入品、技术以及资源方面的性别不平等将会降低这些投资活动的平均生产率，从而降低经济增长率（Blackden et al.，2006）。并且，获得投入品方面的性别不平等会扭曲经济活动的效率，使得女性占主导地位的、生产率更高的经济活动（比如农业）相对投入不足，男性占主导地位但生产率更低的经济活动相对投入过多，由于资源投入的边际收益递减，这种扭曲就会降低总产出（Udry，1996；World Bank，2005）。这种性别差异不仅会带来低效率，而且会降低在新技术、资产（包括土地）的维护和更新的投资效率。

如上所述，大量的理论研究证明：在教育、就业、获得资产和投入等方面的性别不平等会对经济增长产生负面影响。但是也有学者指出，一些国家出口导向型经济增长是建立在较大的性别收入差异上的。

1.3.4　关于性别不平等对经济增长影响的经验研究结论

利用跨国数据进行的大量经验研究也为性别不平等与经济增长之间的理论联系提供了证据。这些研究的主要结论可以从实证的角度回答本章开始提出的问题——性别不平等对经济增长有什么影响？

利用跨国数据研究的结论表明：性别不平等会危害到人类的福利，阻碍经济增长和人类发展。

性别不平等，尤其是在教育和就业方面的不平等会降低经济增长速度、阻碍发展。南亚和撒哈拉以南的非洲国家，由于 1960 年初始教育上的性别不平等，使得每年经济增长与没有性别偏见相比的国家慢了 0.9%。与东亚相比，就业中的性别歧视，又使南亚和撒哈拉以南的非洲国家的增长率减少了 0.3%（Klasen，1999）。利用包括了男性和女性的受教育程度的新古典增长模型进行估计的结果也显示：教育方面的性别差距是经济发展的一个障碍（Knowles，Lorgelly and Owen，2002）。就业和教育方面的性别差异对经济增长的影响是负面的（Klasen and Lamanna，2009）。在国家经济层面，人均 GDP 水平与用男女受教育年限比例反映的性别不平等程度之间存在很强的正相关关系（Lagerlof，2003）。

进一步研究不同教育阶段的性别不平等对经济增长的影响也得到同样的结论。有学者利用 90 个国家的数据分析了小学教育的性别不平等与 GDP 增长之间的关系，结果显示，女性与男性小学入学率的比率每提高 1%，这些国家的平均经济增长率就会提高 0.012%（Esteve-Volart，2000）。还有学者利用 100 多个国家的数据对中等教育中性别差异对增长的影响进行研究，结果显示，接受中等教育的人口中女性比例每增加 1%，人均收入就会增加 0.3%（Dollar and Gatti，1999）。

就业上的性别不平等，包括获得工作和职业种类上的不平等，都会降低经济增长率（Klasen，1999；Klasen and Lamanna，2003；Besley，Burgess and Esteve-Volart，2004）。就业方面的性别不平等对经济增长的影响会随着时间的推移增加，中东、北非、南亚国家都因为女性的就业率增长缓慢使得经济增长率也比较低（Klasen and Lamanna，2009）。但是，评估就业的性别不平等对经济增长的影响难度更大，一是数据问题，就业相关的数据很难进行国际比较；二是潜在的内生性问题，因为增长可能会增加女性的就业，而不是相反。

关于获得生产性资产方面的性别不平等的经验研究结果显示，在获得诸如土地、种子、肥料、培训等方面的性别不平等使得女性农业劳动力的生产率降低的幅度，比男性农业劳动力生产率提高的幅度要高（Blackden and Bhanu，1999）。此外，由于在农业生产中的投入和产出都很难按性别分开，获得诸如土地等生产资料方面的性别不平等数据就很难得到，在这个问题上的经验研究也就受到限制。

需要指出的是：在评估教育和就业方面的性别不平等对经济增长影响的经验研究中，有些比较有影响的研究得出了与上述经验研究相反的结论。一项研究发现女性受教育程度的提高与经济增长是负相关的（Barro，Lee，1994）。但是，随后的研究发现这是因为该研究作者没有控制异常值和地区差异，解决这些问题以后，教育平等与经济负相关性就不存在了（Dollar and Gatti，1999）。[①]

另一项研究的结论是：在半工业化的、出口导向的中等收入国家，性

---

① 关于估计性别平等对经济增长的影响方法存在的问题，请参见世界银行政策研究报告（World Bank，2001，第 89—90 页的专栏 2.1）。

别工资差异与经济增长之间存在着正的相关关系（Seguino，2000），也就是说工资的性别不平等有利于经济增长。另一项利用 23 个发展中国家的数据进行的研究也显示，性别工资差异有利于促进出口，从而推动经济增长（Busse and Spielman，2006）。这些研究表明，实现社会性别平等的目标与经济增长并不是完全一致的，在某种情况下，二者之间会有冲突。在这种情况下，对公共政策的挑战是，如何找到有效的措施使经济增长的实现不以扩大性别不平等为代价。

国内关于性别平等与经济发展关系的研究文献很少，而且绝大部分是定性研究。杨兆文（2006）从妇女在经济和社会发展中的作用和贡献、妇女在人口再生产和经济再生产中的重要角色等方面，讨论了性别平等对经济发展的意义。旷爱萍（2005）定性地讨论了女性就业对社会经济发展的影响。孙灵灵（2008）用分省数据检验了在中国教育的性别平等程度对经济增长确实存在着显著的正影响。但是，郎晓波（2007）以浙江省为例的研究却发现：经济发达地区妇女在权益保障过程中的"弱势"地位依然没有改善。

那么，经济发展对性别不平等会有什么样的影响呢？经济发展会自然地降低性别的不平等吗？

1.4　经济发展对性别平等的作用

最先指出经济发展对男性和女性的福利有不同的影响的学者是丹麦女经济学家 Boserup（1970）。这是因为，男性和女性在社会中所占有的资源、拥有的权利以及对政策的影响不同，他们利用经济发展带来的机遇的能力不一样。同时，经济发展通常伴随经济结构的变化，由于男性和女性的就业集中在不同的部门和不同的职业，经济发展为男性和女性创造的机会也不一样。因此，经济发展对性别平等的影响是复杂的，也就是说，经济发展既可能促进性别平等，也可能会加剧性别不平等。

1.4.1　经济发展可以促进性别平等吗？

从理论上讲，经济发展可以通过以下几个途径促进性别平等（World Bank，2001）：

首先，经济发展会弱化"男主外、女主内"这一僵化的传统性别分工。经济发展带来了技术的进步，这不仅为女性创造了更多的就业机会，而且也提高了她们的劳动生产率和劳动报酬，从而增强了她们参与劳动力市场的积极性。女性就业机会的增加会进一步提高她们在家庭中讨价还价的能力，减少家庭内部对教育和健康资源分配中的性别不平等（Duflo，2005）。同时，经济发展推动基础设施的建设，家庭生产的技术进步和家务劳动市场替代的发展，从而减少了女性无酬家务劳动时间，使她们有更多的机会从事有报酬的劳动、有更多的时间享受闲暇（UNDP，1995）。家务劳动负担减少，还有利于妇女健康状况的改善，有利于家庭收入的增加和女孩受教育程度的提高（World Bank，2001）。

其次，经济发展提高了家庭的收入水平，从而降低家庭在人力资本投资上的预算约束。对发展中国家研究发现，当家庭收入增加时，在教育、健康、营养等方面对女孩的投入会增加，孩子之间的性别差异就会缩小（Duflo，2005；Alderman and Gertler，1997）。

再次，经济发展提高了公共服务（如诊所、学校、道路等）的可获得性和质量。公共服务的改善会降低家庭对人力资本投入的成本。对发展中国家的研究发现，当乡村健康服务和教育投资成本降低时家庭会增加对孩子的人力资本投资，而且由于女孩的教育和健康投资价格弹性比男孩高，所以对女孩的影响比男孩更大（Lokshin，Glinskaya and Garcia，2000）。因此，公共服务的改善有利于降低人力资本的性别不平等程度。

1.4.2　经济发展了，性别不平等问题就自然而然地解决了吗？

虽然，理论上，经济发展可以通过上述一般途径降低在劳动参与和人力资本投资等方面的性别不平等程度，但是，这些领域并不是性别不平等表现的全部。比如，女性劳动参与率提高并不意味着就业质量的提高和性别工资差异的降低。有研究表明，经济全球化带来的女性劳动参与的提高伴随着非正规就业的增长，非正规就业的工资低，劳动条件差，劳动者没有基本的社会保障，而女性却是非正规就业的主体（Carr et al.，2000；Standing，1999；Seguino and Grown，2006）。再比如，在一个把女性的角色定位于"相夫教子"的社会，女性教育水平提高只是使她们变成更好的妈妈和妻子，或更容易找到合适的丈夫，并没有改变她们在家庭内部对男性的依附和提高她们的社会地位。也就是说，经济增长并不足以解决在家庭和社会众多领域的性别歧视问题。

很多研究表明，在经济发展的同时，有些方面的性别不平等依然存在，有些方面的性别不平等甚至会更加严重。比如，虽然东亚国家近三十年的经济增长带来了妇女的就业机会增加和在教育、实际工资方面的性别差距的缩小，但是，在女性的政治参与方面，性别差距并没有像期望的那样随着经济增长而减小（World Bank，2001）。出生性别比例中男孩比例偏高的现象在一些经济快速增长的国家，比如韩国、印度和中国，不仅仍然存在并呈上升的趋势（Duflo，2005）。这是因为，经济发展不是发生在一个制度的真空中，而是在一定的政治、社会和性别意识形态的特定环境中。经济增长没有自然而然地解决增长的成果如何在不同群体之间的分配问题，更不要说政治权利的分配。重男轻女的社会传统观念，具有很强的滞后性，所以也不会随着经济增长而自动改变。

还需要指出，任何经济发展都不是线性的，而是伴随着经济周期的发生和经济结构的转变。虽然，经济增长会通过增加就业机会和减少家庭资源的约束减少劳动力市场和家庭内部资源配置对女性的歧视，但是经济衰退也会在这两方面通过相反的方向的变化加剧性别不平等。有研究表明：在印度尼西亚、韩国等亚洲国家，在经济危机中，最先失去工作的是妇女（Lim，2000；Singh and Zammit，2002）。此外，经济转型带来的就业结构变化的性别影响也是不确定的。有研究发现，在贸易自由化初期，一些出口导向型国家通过发展劳动密集型产业提高了制造业女性劳动参与率，可是当这些国家的产业结构进一步向资本密集型和技术密集型转化时，又出现了女性劳动参与率下降的现象（Fussell，2000）。还有研究发现，由于产业结构的变化，外国资本投资对中国城镇性别工资差异的影响在不同阶段也是不一样的，外资企业女工的工资在改革开放初期（1988—1995 年）增长的比男性快，但是在后来阶段（1995—2002 年）却比男性工资增长速度要慢（Braunstein and Brenner，2007）。

各个国家在经济发展过程中不仅经历着经济结构的转变，而且会对发展策略进行调整。比如，苏联和东欧的社会主义国家以及中国都经历了从计划经济向市场经济的转型。对国有企业的私有化改造和劳动力整合弱化了国家对女工家庭责任的保护和支持，减少了对幼托和医疗服务的投入，从而扩大了就业和工资等方面的性别差距（Boeri and Keese，1992；Brainerd，1998；Berik et al.，2007）。并且，许多国家在经济转型中，妇女比男性更难以获得工作（Bridger，Kay and Pinick，1996；Fodor，2004；Du and

Dong，2009）。

最后，导致性别不平等的因素中，除了经济因素以外，还有制度、法律、社会规范、政策环境等因素（World Bank，2001）。这些因素的存在使得有些领域的性别不平等比较容易改变，而有些领域的性别不平等则较难改变，比如：随着收入的不断增加，在健康、教育等领域的性别不平等程度很快可以得到改善，而在政治参与和拥有平等的财产权利方面的性别不平等的改变就比较慢甚至没有变化。而这些因素的改变只能依赖于宏观发展策略和发展政策的改变。

综上所述，经济增长本身并不足以改善性别不平等状况。即性别平等并不完全取决于经济发展水平，它需要坚定的政治承诺和可持续的政策机制。如果仅仅依赖财富的增加，认为生产力的发展自然而然带来妇女地位的提高；或把经济发展和性别平等对立起来，牺牲弱势群体的利益以求得经济发展，这种片面发展观和经济决定论不但会导致性别平等事业的停滞和倒退，而且也不会真正推动经济的发展（刘伯红，2005）。那么，如何保证在经济发展的同时，促进性别平等呢？

1.4.3 把性别视角引入公共政策及发展战略

如上所述，性别不平等，尤其是在教育、就业、政治参与等领域的性别不平等会降低经济增长率，而经济发展又不足以、也不会自动地解决性别不平等问题，甚至在某种情况下会加剧性别不平等。因此，要更有效促进性别平等，就要大力推动社会性别主流化，将性别视角引入经济、政治、社会和文化各个领域，引入公共政策及发展战略制定的各个阶段。

性别平等不可能在只孤立地考虑解决女性面临的问题中实现，也不可能脱离整个社会来实现。因此，性别主流化强调的是要确保在社会发展的各个层面、各个阶段解决性别问题。它包括在所有政策、措施中积极地考虑性别问题，在各项政策和措施的计划、实施、监测、评估等各个阶段体现男女的平等地位，要对公共政策进行社会性别影响评估。

在公共政策中加入性别视角的目标是要确保女性与男性拥有平等的权利和资源，有平等的机会参与到经济发展中。具体包括在教育健康、就业、获得生产资料等领域实施提高女性地位的政策；建立性别敏感的社会保障政策，以保障在遇到经济波动及经济结构调整时，性别差距不至于扩大等。

1.5　结论

本章介绍了性别平等与经济发展之间的关系，重点探讨了两个问题：性别平等除了其本身就是经济发展的目标之外，对经济增长到底有什么影响？反过来，随着经济的发展，性别不平等问题能否就自然得到解决？

现有文献显示：一方面，性别不平等会降低经济增长率。教育上的性别不平等会降低社会的总体人力资本水平，会提高生育率、儿童死亡率，也会影响到下一代的教育和身体健康。就业上的性别不平等则会因为劳动力短缺而提高企业的用工成本，因为资源配置失效而降低经济增长率。而更多的女性就业则会提高她们孩子的教育和健康水平，更多女性参与社会管理还可以改善企业和政府的治理状况。在获得生产性资产方面的性别不平等不仅会降低效率，而且会降低在新技术、资产（包括土地）的维护和更新的投资效率。另一方面，经济发展对性别平等的影响是复杂的，它既可能促进性别平等，也可能加剧性别不平等。经济增长虽然能够在某些领域促进性别平等，但是要实现经济、政治和社会各个领域性别平等只有经济增长是远远不够的（Duflo，2005）。由于在机会、权利和资源占有等方面性别不平等的存在，经济波动、经济结构转型和发展战略于宏观政策的调整对男女的影响是不一样的，在某些情况下甚至会加剧性别不平等。因此，国家宏观政策一定要有社会性别视角，在推进经济增长的同时，制定相应的政策以确保男女有平等机会参与经济发展的进程，他们的福利都能随着经济增长共同提高。

目前，国际上关于性别不平等与经济增长的经验研究文献已经十分丰富。然而，国内关于这一方面的经验研究还比较少。原因在于：一方面，是我国目前尚缺少分性别统计数据，难以展开相关研究；另一方面，是我国受传统的性别不平等观念的影响，从研究选题、立项到公共政策和发展战略制定等方面都忽视了两性的差异。这种状况亟待改变。

参考文献

纪欣：《浅论两岸的女性教育与性别平等》，第三届海峡两岸妇女发展交流研讨会浅论，2006 年。

旷爱萍：《女性就业对我国经济发展的影响》，《商业现代化》2005

年第 11 期。

郎晓波：《经济发展状况与妇女权益保障的相关性研究——以浙江省为例》，浙江大学硕士学位论文，2007 年。

李慧英：《女性参政徘徊在权力边缘》，《中国妇女报》2005 年 9 月6 日。

刘伯红：《什么是社会性别主流化》，《中国妇运》2005 年第 7 期。

齐良书：《发展经济学》，高等教育出版社 2007 年版。

孙灵灵：《教育性别平等程度与经济增长水平关系的研究》，浙江大学硕士学位论文，2008 年。

魏国英：《性别和谐与社会可持续发展——北京论坛"性别平等与发展"分论坛综述》，《妇女研究论丛》2004 年第 5 期。

杨兆文：《经济发展与性别平等》，《中共云南省委党校学报》2006 年第 5 期。

Alderman, Harold, and Paul Gertler, "Family Resources and Gender Differences in Human Capital Investments: The Demand for Children's Medical Care in Pakistan," in Lawrence Haddad, John Hoddinott, and Harold Alderman, eds. , *Intrahousehold Resource Allocation in Developing Countries: Models, Methods, and Policy.* Baltimore, Md. and London: The Johns Hopkins University Press, 1997.

Barro, Sala-i-Martin, *Economic Growth.* New York, McGraw-Hill, 1995.

Barro, Robert J. , *Determinants of Economic Growth a Cross-Country Empirical Study*, The MIT Press, 1997.

Barro Robert, Jong-Wha Lee, "Data Set for a Panel of 138 Countries," 1994.

Berik, G. , X-Y Dong, and G. Summerfield, "China's Transformations and Feminist Economics," *Feminist Economics*, 2007, 13 (3 - 4): 1 - 32.

Besley, Burgess and Esteve-Volart, "*Operationalizing Pro-Poor Growth: India Case Study*," DFID, London, 2004.

Blackden et al. , "Gender and Growth in Sub-Saharan Africa: Issues and Evidence," Research paper2006/37, UNU-WIDER, Helsinki. http://www. wider. unu. edu/publications/rps/rps2006/rp2006 - 37. pdf. 2006.

Blackden C. M. , and C. Bhanu, "Gender, Growth and Poverty Reduction:

Special Program of Assistance for Africa, 1998," Status Report on Poverty in Sub-Saharan Africa. *Technical Paper* 428, World Bank, Washington, DC. , 1999.

Blecker R, Seguino S. , "Macroeconomic Effects of Reducing Gender Wages Inequality in an Export-oriented Semi-industrialized Economy," *Review of Development Economics*, 2002, 6 (1): 103 – 119.

Boeri Tito, and Mark Keese, "Labor Market and the Transition in Central and Eastern Europe," *OECD Economic Studies*, 1992, 18: 133 – 163.

Boserup Ester, *Women's Role in Economic Development*, New York: St. Martin's Press, 1970.

Brainerd Elizabeth, "Winners and Losers in Russia's Economic Transition," *American Economic Review*, 1998, 88 (5): 1094 – 1116.

Braunstein Elissa, and Mark Brenner, "Foreign Direct Investment and Gender Wages in Urban China," *Feminist Economics*, 2007, 13 (3/4): 213 –238.

Bridger S, Kay R, Pinnick K. , *No More Heroines? Russia, Women and the Market*, Routlege, New York and London, 1996.

Busse Matthias, and Christian Spielman, "Gender Inequality and Trade," *Review of International Economics*, 2006, 14 (3): 262 – 279.

Carr Marilyn, Martha Alter Chen, and Jane Tate, "Globalization and Home-Based Workers," *Feminist Economics*, 2000, 6 (3): 123 – 142.

Cass David, "Optimum Growth in an Aggregative Model of Capital Accumulation," *Review of Ecomoic Studies*, 1965, 32: 233 – 240.

Cavalcanti T. V. , and J. Tavares, "The Output Costs of Gender Discrimination: A Model-based Macroeconomic Estimate," Mimeographed, University of Lisbon, 2007.

CIDA (Canadian International Development), "CIDA's Policy on Gender Equality," Quebec, Canada, 1999. Available online at http: //www. acdi-ci-da. gc. ca.

Coleman J. S. Equality. In J. Eatwell, M. Milgate, and P. Newman, eds. , *The New Palgrave: A Dictionary of Economics*, Vol. 2. London: The Macmillan Press Limited, 1987.

DAC (Development Assistance Committee), "DAC Guidelines on Gender

Equality and Women's Empowerment in Development Cooperation," OECD, Paris, 1998. Available online at http: //www. oecd. org/dac/htm/pubs/p-gender. htm.

DFID (Department for International Development), *Breaking the Barriers*: *Women and the Elimination of World Poverty*, London, U. K. , 1998.

Dollar David, and Gatti Roberta, "Gender Inequality, Income, and Growth: Are Good Times Good for Women?" *Policy Research Report on Gender and Development*, Working Paper Series, No. 1, The World Bank, 1999.

Du Fenglian, and Xiao-Yuan Dong, "Why do Women have Longer Durations of Unemployment than Men in Post-Restructuring Urban China?" *Cambridge Journal of Economics*, 2009, 33 (2): 233 – 252.

Duflo E. , and R. Chatthopadhyay, *Women as Policymakers*, Mimeo, MIT: Cambridge MA, 2003.

Duflo Esther, "Gender Equality in Development," Manuscript, 2005, (http: //econ-www. mit. edu /faculty/ download_ pdf. php? id = 1263) .

EEA, "Gender Equality Policy and Guide for the EEA Financial Mechanism and the Norwegian Financial Mechanism," Adopted : 07 April 2006.

Esteve-Volart Berta, "Sex Discrimination and Growth," IMF Working Paper WP/00/84. International Monetary Fund. African Department. Washington D. C. , 2000, Available at http: //www. imf org/external/pubs/cat/longresc. f in? sk&-sk = 35590.

Fodor E, "Women at Work: The Status of Women in the Labor Markets of the Czech Republic, Hungary, and Poland," Background Paper for UNRISD Report on Gender Equality: Striving for Justice in an Unequal World, 2004.

Fussell E, "Making Labor Flexible: The Recomposition of Tijuana's Maquiladora Female Labor Force," *Feminist Economics*, 2000, 6 (3): 59 – 79.

Galor O. , and D. N. Weil, "The Gender Gap, Fertility, and Growth," *American Economic Review*, 1996, 86: 374 – 387.

King Elizabeth, Stephan Klasen, and Maria Porter, "Gender and Development," Challenge Paper, Paper Prepared for 2008 Round of Copenhagen Consensus Project. Mimeographed, World Bank, 2008.

Klasen Stephan, Francesca Lamanna, "Gender Inequality in Education and Employment and Economic Growth: New Evidence for Developing Countries," *Feminist Economics*, 2009, 15 (3): 91 –132.

Klasen Stephan, and Francesca Lamanna, "The Impact of Gender Inequality in Education and Employment on Economic Growth in the Middle East and North Africa," Mimeo, University of Munich, 2003.

Klasen Stephan, "Does Gender Inequality Reduce Growth and Development? Evidence from Cross-Country Regressions," Policy Research Report on Gender and Development Working Paper Series, No. 7, Washington D. C. : World Bank, 1999.

Klasen Stephan, "Low Schooling for Girls, Slower Growth for all? Cross-Country Evidence on the Effect of Gender Inequality in Education on Economic Development," *The World Bank Economic Review*, 2002, 16 (3): 345 –373.

Klasen Stephan, "Gender and Pro-poor Growth," In Menkoff, L. (ed.) *Pro-poor Growth: Evidence and Policies*, Berlin: Dunker & Humblot, 2006.

Knowles Stephen, Paula K. Lorgelly, and P. Dorian Owen, "Are Educational Gender Gaps a Brake on Economic Development? Some Cross-Country Empirical Evidence," *Oxford Economic Papers*, 2002, 54 (1): 118 –149.

Koopmans Tjialling C, *On the Concept of Optimal Economic Growth. In the Econometric Approach to Development Planning*, Amsterdam: North Holland, 1965.

Lagerlof Nils-Petter, "Gender Equality and Long-Run Growth," *Journal of Economic Growth*, 2003, 8: 403 –426.

Lim J. , "The Effect of Globalization and the East Asian Crisis on the Employment of Women and Men: The Philippine Case," *World Development*, 2000, 28 (7): 1285 –1306.

Lokshin Michael M. , Elena Glinskaya, and Marito Garcia, "Effect of Early Childhood Development Program on Women's Labor Force Participation and Older Children's Schooling in Kenya," Background paper for Engendering Development, World Bank, Washington, D. C. , 2000. Available online at http: //www. worldbank. org/gender/prr/wp15. pdf.

Lucas Robert E. , "On the Mechanics of Economic Development," *Journal of Monetary Economics*, 1988, 22 (1): 3 –42.

Romer Paul M. , "Increasing Return and Long-Run Growth," *Journal of Political Economy*, 1986, 94 (5): 1002 – 1037.

Seguino S. , "Gender Inequality and Economic Growth: A Cross-Country Analysis," *World Development*, 2000, 28 (7): 1211 – 1230.

Seguino Stephanie, and Caren Grown, "Gender Equity and Globalization: Macroeconomic Policy for Developing Countries," *Journal of International Development*, 2006, 18 (8): 1081 – 1104.

Seguino Stephanie, and Maria Sagrario Floro, "Does Gender have any effect on aggregate saving?" *International Review of Applied Economics*, 2003, 17 (2): 147 – 166.

Sen Amartya, *Development as Freedom*, Anchor Books. New York, 1999.

Singh A, Zammit A. , "Gender Effects of the Financial Crisis in South Korea. Paper presented at New Directions in Research on Gender-Aware Macroeconomics and International Economies: An international Symposium," *Levy Economics Institute of Bard College*, 2002.

Solow Robert, "A Contribution to the Theory of Economic Growth," *Quarterly Journal of Economics*, 1956, 70 (1): 65 – 94.

Standing Guy, "Global Feminization Through Flexible Labor: A Theme Revisited," *World Development*, 1999, 27 (3): 583 – 602.

Stosky Janet, "Gender and its Relevance to Macroeconomc Policy: A Survey," IMF Working Paper, WP/06/233, 2006.

Swan Trevor W. , "Economic Growth and Capital Accumulation," *Economic Record*, 1965, 32: 334 – 361.

Swamy Anand, Steve Knack, Yong Lee, and Omar Azfar, "Gender and Corruption," *Journal of Development Economics*, 2001.

Thomas Duncan, *Incomes, Expenditure and Health Outcomes: Evidence on Intra-household Resource Allocation*, Johns Hopkins University Press: Baltimore, 1997.

Tzannatos, "Women and Labor Market Changes in the Global Economy: Growth Helps: Inequalities Hurt and Public Policy Matters," *World Development*, 1999, 27 (3): 551 – 569.

Udry C. , "Gender, Agricultural Production and the Theory of the Household," *Journal of Political Economy*, 1996, 104 (5): 1010 - 1046.

UNDP (United Nations), "The Nairobi Forward-looking Strategies for the Advancement of Women," Adopted by the World Conference to review and appraise the achievements of the United Nations Decade for Women: Equality, Development and Peace, held in Nairobi, Kenya, 15 - 26 July 1985. Available online at gopher: //gopher. un. org/00/conf/fwcw/nfls/nfls. en%09%09%2B.

UNDP (United Nations), "The Beijing Declaration and Platform for Action," Adopted by the Fourth World Conference on Women, held in Beijing, China, 4 - 5 September 1995. Available online at gopher: //gopher. un. org/00/conf/fwcw/off/plateng/9520p1. en%09%09%2B.

WHO (World Health Organization), "Gender and Health: A Technical Paper," Geneva, 1998. Available online at http: //www. who. int/frh-whd/GandH/GHreport/gendertech. htm.

World Bank, *World Development Report*, New York: Oxford University Press, 1991.

World Bank, "Engendering Development: Through Gender Equality in Rights, Resources, and Voice," *World Bank Policy Research Report*, Washington, D. C. and New York: Oxford University Press, 2001.

World Bank, "Pro-Poor Growth in the 1990s: Lessons and Insights from 14 Countries," Operationalizing Pro-Poor Growth Research Program, World Bank, 2005. http: //siteresources. worldbank. org/INTPGI/Resources/342674 - 1119450037681/Pro - poor_ growth_ in_ the_ 1990s. pdf.

第 2 章

女性劳动供给：删失数据分析

庞丽华

2.1 引言

劳动供给，是指在一定的市场工资率的条件下，劳动供给的决策者愿意并且能够提供的劳动量，可以从以下几个方面测量（Berndt，1991；Bosworth et al.，1996）：

（1）从事有偿劳动和正在寻求有偿劳动的人数（包括劳动人口数量和劳动参与率）；

（2）劳动时间（每周或每年的工作时数）；

（3）工作的努力程度和劳动能力（劳动质量）。

劳动经济学关于劳动供给的研究主要关注劳动参与率和劳动时间，近年来在劳动供给的生命周期研究中，劳动质量（人力资本）越来越受到关注。本章关于女性劳动供给的讨论集中于劳动参与率和劳动时间。

劳动参与率是指经济活动人口数（包括就业人口和失业人口）占劳动年龄人口数的比例，表示一个国家或地区劳动力资源的利用情况，反映劳动力供给的相对规模。由于劳动参与率指标能比较精确地反映劳动力供给的变化，因此劳动参与率和劳动时间一样，都被作为劳动供给分析的重要工具。

20 世纪特别是第二次世界大战以后，大多数发达国家劳动参与的性别差异明显降低，男性劳动力参与率持续下降，女性劳动力尤其是已婚女性的劳动参与率大幅度上升（Killingsworth and Hechman，1999；Berndt，

1991）。对已婚女性劳动参与率的研究发现，女性劳动参与率上升与女性教育程度提高和生育水平的大幅度下降、家庭生产和家务劳动的市场化等因素有关（Cleveland et al.，1996；Kimmel，1998；McDonald and Kippen，2001；Iacovou，2001）。代际时间转移可以放松家庭劳动者的时间约束，降低参与劳动力市场的机会成本，从而提高了女性劳动参与率（Cardia，2003）。

　　新中国建立以来，中国政府把提高女性的劳动参与作为提升女性地位和实现社会性别平等的一个重要举措。因此，中国女性劳动参与率水平高于世界上多数国家（Short et al.，2002；United Nation，2000）。但是改革开放以来中国女性的劳动参与率总体上呈现下降的趋势，特别是 20 世纪 90 年代末国有企业劳动整合以来，女性劳动参与率下降幅度大于男性，而学龄前儿童母亲的劳动参与率下降的幅度更大（李实等，1999；姚先国、谭岚，2005；Dong et al.，2006；Du and Dong，2010；Zhang et al.，2007；蔡昉、王美艳，2004）。根据丁赛等（2007）对中国城镇家庭收入调查数据分析，我国处于劳动年龄的已婚女性在 1988 年和 1995 年的就业率都超过了 90%，而且男女之间就业率差异很小，但到 2002 年男女就业率都明显下降，已婚女性就业率仅为 75%，男女就业率差异增大。

　　根据我国 2000 年人口普查劳动年龄人口数据，中国女性劳动参与率为 71.5%，比男性低 11%（男性劳动参与率为 82.5%）。城镇女性劳动参与率仅为 58.4%，远低于城镇男性的 75.2%。从分年龄劳动参与率看，男女劳动参与率都表现出倒 U 形，女性在多数年龄段劳动参与率都低于男性，而且随着年龄增长劳动参与率下降速度要快于男性（见图 2 - 1）。

　　相对于劳动参与率的研究，涉及我国女性劳动时间供给的数据和研究较少。根据中国劳动统计年鉴中公布的 2001—2009 年城镇就业人员平均周工作时间，男性和女性都表现出一定的波动，总体看男性基本上呈小幅上升趋势，而女性的平均工作时间趋于下降（见图 2 - 2）。从分年龄数据看，男女两性劳动时间随年龄增长都呈下降趋势，但女性周工作时间在各年龄段基本上都低于男性（见图 2 - 3）。

　　女性劳动供给很大程度上受到家庭因素的影响，如婚姻状况、孩子数量和年龄等。而且，与男性劳动供给比较，女性劳动供给表现出更大的弹性。因此，研究女性劳动供给有着不同于男性劳动供给的更加复杂的分析框架，除了研究基本的个人变量、市场工资外，还要更多地考虑家庭特征

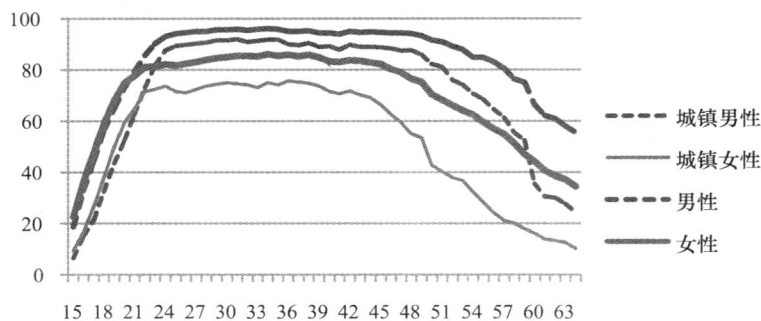

图 2 - 1　中国分性别分年龄劳动参与率（2000 年）

资料来源：根据中国 2000 年人口普查长表 10% 原始数据整理。

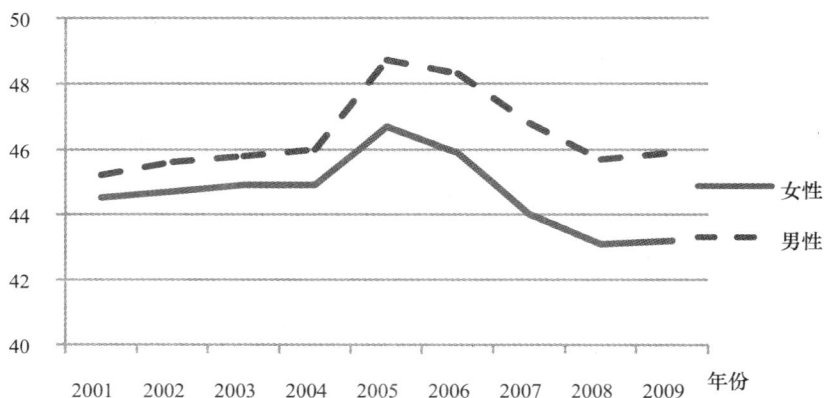

图 2 - 2　城镇就业人员调查周平均工作时间（2001—2009 年）

资料来源：《中国劳动统计年鉴》，中国统计出版社 2005、2010 年版。

的影响。正是女性劳动供给研究的复杂性促进了劳动供给理论和计量方法的进步。中国改革开放以来女性劳动供给表现出不同于其他国家的趋势和特征，研究中国经济转型期间的女性劳动供给可以验证并发展劳动供给理论。

从社会政策角度看，女性劳动供给是提升女性家庭和社会地位的重要因素。增加女性尤其是低收入家庭女性的劳动供给，对促进社会性别平等、减少贫困和其他形式的社会不平等都具有重要意义。而且，随着我国人口快速老龄化和人口红利的逐步消失，稳定的女性劳动供给对我国经济稳定、社会可持续发展也将会产生积极的影响。因此，深刻理解女性劳动

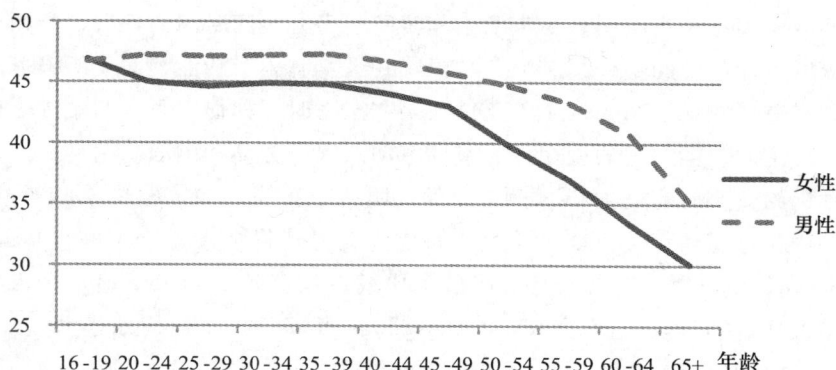

图 2 - 3　分年龄城镇就业人员调查周平均工作时间（2009 年）

资料来源：《中国劳动统计年鉴》，中国统计出版社 2010 年版。

供给的决定因素对制定有效的公共政策具有重要意义。

　　本章主要讨论女性在正规就业领域（参与市场劳动）的劳动供给特征及其影响因素，非正规就业请参阅本书第 10 章。在第 1 节引言部分介绍研究背景，第 2 节回顾女性劳动供给的各种理论模型和进展，第 3 节总结国内外劳动供给方面的经验研究方法，第 4 节通过女性劳动供给经验研究的案例，检验影响女性劳动供给的个人和家庭因素，第 5 节对本章内容进行小结。

2.2　劳动供给的理论模型

　　市场劳动供给理论最早是新古典经济学约束条件下的个人效用最大化理论在劳动力市场供给行为分析中的应用（Robbins，1930）。该理论假定个人的福利是消费品和闲暇的函数，个人通过在对市场工作获得收入、购买消费品和放弃市场工作而享受闲暇之间进行选择，来取得福利的最大化。这个模型被称为"消费—闲暇"模型（Killingworth，1983）。消费—闲暇模型主要反映了当时发达国家劳动力市场主体——男性的生活经历，因此不能很好地解释女性劳动供给。随着"二战"后发达国家女性劳动参与率的大幅度上升，家庭生产和非市场时间的概念进入了劳动供给的分析。Mincer（1962）最早提出应该考虑妇女在家庭分工中的角色，将女性用于劳动力市场之外的时间分为闲暇和家务劳动时间。Becker（1965）在时间分配模型中把时间分为市场工作时间和家庭生产时间两部分，指出用于家庭生产的时间不仅具有消费功能，并且具有生产功能，对于提升家庭福利有重要意义。Gronau（1977）在研究家庭时间如何在妻子与丈夫之间进行分配时，把时间的用途分为市场劳动、家务劳动和闲暇。由此，随着劳动供给研究对家庭生产（操持家务、照料子女等）和家庭决策的考察，劳动供给理论从仅关注个人效用最大化，发展到将个人置于家庭（family 和 household）中，突出家庭效用最大化或在家庭各种约束下追求个人效用最大化。纳什议价模型（Nash Bargaining Model）、生命周期模型（Life Cycle Model）等也被应用于劳动供给研究。

本章的研究目的是分析女性的市场劳动参与和劳动时间供给的影响因素。由于我们关注的是女性市场劳动供给而不是家庭内部时间配置，我们将时间分为市场工作时间和非市场时间，而没有进一步将非市场时间区分为闲暇和家务劳动，重点介绍新古典经济学的女性劳动供给的"消费—非市场时间"模型（Market Goods-Nonmarket Time Model）（Blau et al.，2010）。关于家庭内部资源分配和家庭时间分配，请参见本书第 11 章和第 14 章对纳什议价模型和 Becker 时间配置模型的讨论，生命周期模型等动态劳动供给模型（Dynamic Labor Supply Models）超出本书介绍范围，在此不做讨论。

新古典经济学的"消费—非市场时间"模型假定女性对在市场工作时间（H）和非市场时间（D）作出选择来实现个人的福利最大化。女性通过市场工作赚取收入购买消费品（C），把非市场时间用于休息、娱乐、照料孩子和其他家务劳动。因此，我们用 U 表示效用，女性的效用可表示为消费品和非市场时间以及影响她的偏好的一些外生因素 Z 的函数，即 U（C，D，Z）。效用函数随着商品消费和非市场时间的增大而增加，但是消费品和非市场时间的边际效用是递减的。由于每个人可支配的资源是一定的，在一定的效用水平下，她必须放弃一部分商品消费以获得更多的非市场时间，或是放弃一部分非市场时间去从事市场活动以获得更多的工作收入用于商品消费。效用、消费品和非市场时间之间的关系可以用无差异曲线来表示（见图 2 - 4）。将女性获得的相同效用水平用 U(C,D) = $\overline{U}$ 表示，其（C，D）点的集合即为消费—非市场时间的无差异曲线。无差异曲线的斜率是消费和非市场时间的边际替代率，即非市场时间的边际效用与消费的边际效用的比率，$\text{MRS} = \dfrac{U_D(C,D)}{U_C(C,D)}$。MRS 反映了女性的偏好和对非市场时间的需求。在图 2－4 中，无差异曲线向下倾斜并且凸向原点，也就是说消费与非市场时间之间的边际替代率随着非市场时间的增加而减少，即随着非市场时间的增加，增加 1 单位非市场时间而牺牲的商品消费趋于减少。

女性的消费—非市场时间选择受到预算和时间禀赋的制约。用 w 来表示实际小时工资，那么总的工作收入为 wH，其他投资收入、转移性支付收入以及部分丈夫的收入等非本人劳动收入记为 R，设消费品价格为 1，可以得到预算限制如下：$C \leqslant R + wH$。假定个人可支配的时间总量是 T，则有 $T = H + D$。将时间约束代入预算约束，预算限制可以简化为 $C + wD \leqslant R + wT$，这里，wT 是指如果女性把全部时间禀赋（T）都用于工作所能获得的收入，称为潜在收入（potential income），潜在收入 wT 加上非市场收入 R 是个人的完全所得（full income），代表个人所能得到的最高所得，我们可以把 $wT + R$ 记为 R_0，个人可以用 R_0 来购买非市场时间和其他消费品。

根据上述假设，消费—非市场时间决策可以用效用最大化理论表示如下：

$$\underset{(C,D)}{\text{Max}}\, U\,(C,\ D) \tag{2－1}$$

$$\text{Subject to：} C + wD \leqslant R_0 \tag{2－2}$$

$$T = H + D \tag{2－3}$$

为求得预算约束下的效用最大化，我们可以设定一个拉格朗日函数

$$L = U(C,D) - \lambda(C + wD - R_0) \tag{2－4}$$

分别求 $U\,(C,\ D)$ 对 C 和 D 的偏导数，在约束条件下求解可以得到：

$$w \geqslant \frac{U_D(C^*,D^*)}{U_C(C^*,D^*)} = \text{MRS} \tag{2－5}$$

上式说明：在最优消费 C^* 和非市场时间 D^* 的集合点，如果工资大于或等于消费和时间的边际替代率，女性就会参与市场劳动，即 $H^* > 0$，$D^* < T$，反之则不会参与市场劳动，即 $H^* = 0$，$D^* = T$。不参与市场劳动的选择 $H^* = 0$，$D^* = T$ 在数学上称为最优化问题的角解（corner solution），是图 2－4 的 A 点。图中 A 点的角解表示个人把全部时间都用于非市场活动，市场工作时间为零情况下消费与非市场时间的边际替代率，在

文献中被称为保留工资（reservation wage），或者非市场时间的影子价格。从图中可以看出，女性的市场劳动参与决策取决于市场工资和保留工资的影响。只有在市场工资高于或等于保留工资时，个人才会决定参与市场劳动。在保留工资一定的情况下，市场工资提高，个人更愿意参加市场工作；在市场工资一定的情况下，保留工资提高，个人更愿意退出劳动力市场而把时间分配给非市场活动。也就是说，市场劳动的参与与市场工资正相关，而与保留工资负相关。

保留工资，既取决于个人偏好和个人对非市场时间的需求也就是消费和非市场时间的边际替代率，也取决于非劳动收入 R。对于女性来说，照顾幼年子女，需要更多的非市场时间，会提高其保留工资，降低女性市场劳动参与意愿。家务劳动的市场化和技术进步（如洗衣机等家用电器对女性家务劳动的替代）等影响非市场劳动需求的因素也会影响保留工资。而在其他条件不变的情况下，随着非劳动收入增加，个人效用增加，可以拥有更多商品和非市场时间，所以，非劳动收入增加也会提高保留工资水平，降低女性劳动市场参与意愿。设 Y^* 为女性市场劳动参与意愿，$Y^* = 1$ 如果 $H^* > 0$，$Y^* = 0$ 如果 $H^* = 0$，女性劳动力市场参与率可表示为：

$$P(Y^* = 1) = F(w, R, Z) \tag{2-6}$$

这里，Z 是影响女性偏好和非市场时间需求的外生变量，如年龄、教育、是否有幼小子女等。

作出参与市场劳动决定之后，接下来是决定最优市场工作时间 H^*。从最优化一阶条件（2-5）式可以看出，消费和非市场工作时间最优解是工资 w 等于 MRS，也就是在图 2-4 位于斜率为 w 的预算线 AB 与无差异曲线的切点 $E(C^*, D^*)$ 上。且有：

$$w = \frac{U_D(C^*, D^*)}{U_C(C^*, D^*)}, \ \text{且} \ C^* + wD^* = R_0 \tag{2-7}$$

在 E 点处，个人效用最大，而且这一点上最优市场工作时间 $H^* = T - D^*$ 大于 0 但小于 T，在数学上称之为内解（interior solution）。这里，市场工资率也是非市场时间的单位价格。

最优市场劳动时间供给 H^* 可以表示为工资、非劳动收入和影响偏好和非市场时间需求的函数：

$$H^* = G(w, R, Z) \tag{2-8}$$

非劳动收入和非市场时间需求对劳动供给时间的影响与二者对劳动参

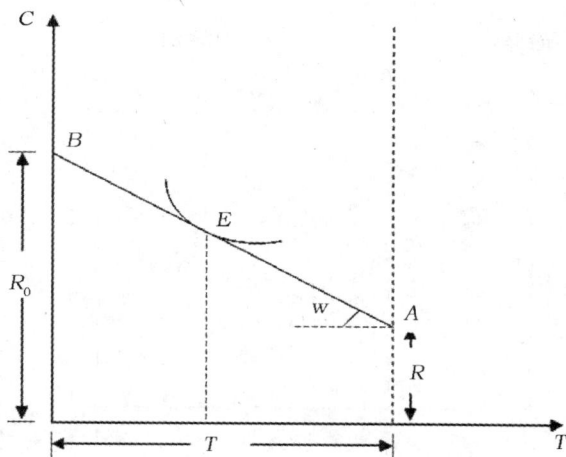

图 2 - 4　无差异曲线和预算约束线

与的影响相同，提高非劳动收入或增加对非市场时间的需求都会减少市场劳动时间，增加非市场劳动时间。而市场工资对市场劳动时间的影响要比对劳动力市场参与的影响要复杂一些。

考察工资变化对劳动供给时间的影响，我们需要把工资影响分解为收入效应和替代效应，从而更加准确地描述工资变化对劳动供给的影响。

收入效应是假设在非市场时间价格不变的情况下，由于收入的变化引起的工作时间的变化。我们假设非市场时间是一种正常品，工资率提高意味着在一定的工作时间内所获得的收入增加，那么可以预期增加的那部分收入能够被用来购买"非市场时间"。此时，收入效应将导致个人非市场时间增加，市场工作时间减少。

替代效应是指在补偿工资收入效应的情况下，因工资率的变化而引起的工作时间的变化。当工资率变化时，非市场时间的机会成本改变，即非市场时间的"价格"改变。因此，如果工资率提高，非市场时间的机会成本提高，人们就会减少非市场时间，增加市场工作时间。此时，替代效应将导致人们减少非市场时间，增加市场工作时间。

图 2 - 5 描绘了工资增长时，女性劳动供给时间决策的变化。初始均衡位于 E 点，工资率上升，替代效应使得 E 点沿无差异曲线向 E'点移动，即相当于劳动力供给的希克斯（Hicks）补偿（价格变动时，使消费者效用水平保持不变而进行的收入补偿），因此替代效应就会导致非市场

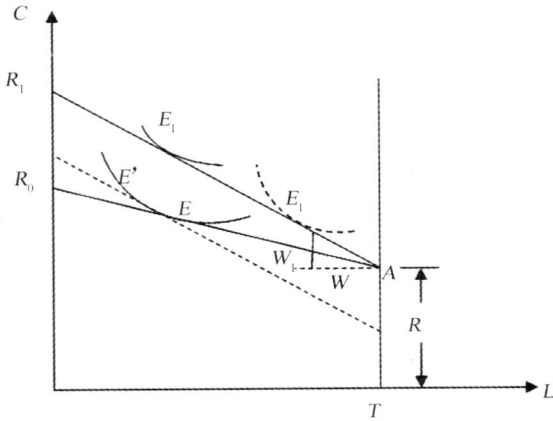

图 2 - 5　工资率变化的收入效应和替代效应

时间的减少，工作时间增加。而工资率的上升又相当于收入的增加，因此潜在收入由 R_0 增加到 R_1，这种收入效应导致均衡由 E' 点移到新预算限制线和新无差异曲线的切点 E_1 点。如果非市场时间是一种正常品，那么工资上升带来的收入增长会导致非市场时间的增加，从而导致市场劳动时间的减少。在图中，E_1 点在横轴上的位置既可能位于 E 点的左边，也可能位于 E 点的右边。因此，当工资率变化时，个人选择增加还是减少工作时间，取决于收入效应和替代效应的相对大小。由于补偿替代效应和纯收入效应的符号相反，工资变化对市场劳动供给的影响只能通过经验估计来确定。

2.3　女性劳动供给的经验研究方法

　　本节首先分别介绍对女性劳动力市场参与和劳动供给的经验分析方法①，然后回顾对中国女性劳动力市场参与和劳动供给经验研究的文献。

2.3.1　女性劳动力市场参与决定回归方法
女性市场劳动参与函数式（2－6）可以通过建立一个劳动市场参与

---

　　①　关于公式（2－12）的推导过程以及本节的内容，请参阅伍德里奇（Wooldridge，2008）第 17 章。

二分类变量回归方程来估计：

$$Y_1^* = \beta_0 + \beta_1 w + \beta_2 R + \beta_3' Z + \varepsilon \qquad (2-9)$$

$$Y_1 = 1 \text{ 如果 } Y_1^* > 0, \text{否则 } Y_1 = 0$$

这里，Y_1^* 为劳动市场参与倾向，w 为工资率，R 为非劳动收入，Z 为影响女性偏好和非市场时间需求的个人和家庭特征，β 为未知参数，ε 为随机干扰因素。方程（2-9）在文献中称为结构方程，利用该方程我们可以估计工资变化对劳动参与的影响。这个方程可以用通常的二分类模型，如 Probit 或 Logit 模型来估计。

估计结构方程（2-9）所面临的问题是，我们只能够观察到参加市场劳动的那部分女性的市场工资，对于因为可获得市场工资小于保留工资决定不参加工作的女性，我们无从观察其市场工资。为了解决不工作样本市场工资不可观测的问题，部分学者用不包含工资变量的简约方程（reduced form equation）估计劳动参与。正如我们在理论模型部分强调的，分析和估计工资弹性是劳动供给研究的一个重要方面，并且具有很强的政策含义，所以，通过简约方程研究劳动供给降低了研究的有效性。

为了估计结构方程（2-9），我们需要首先估计参与劳动力市场女性的工资方程，然后用所得到工资方程的参数来计算不参与劳动力市场那部分女性的预期工资率。

女性的工资方程表示如下：

$$W = \gamma_0 + \gamma_1' X + u \qquad (2-10)$$

这里，X 为女性的人力资本特征，如教育水平、潜在的工作经验以及其他一些影响工资水平的外生变量，γ 为未知的估计参数，u 为随机干扰因素。

方程（2-10）不能用最小二乘法回归来估计，因为估计这个方程，我们所分析的样本只是针对有工作女性，而不是全体女性，存在样本选择偏差问题。因为样本中的女性不是随机选取的，只有那些预期工资高于保留工资的女性才参与劳动力市场。为了说明样本选择偏差问题和解决的方法，我们把（2-10）代入（2-9）得到一个劳动参与的简约方程：

$$Y_1 = 1[G\delta + v \geqslant 0] \qquad (2-11)$$

这里，G 包括 R，Z 和 X，δ 为未知参数，v 为干扰因素。进入参与劳动力市场样本这部分女性的工资预期是：

$$E[W \mid X, Y_1 = 1] = \gamma_0 + \gamma_1' X + \rho\lambda(G\delta) \qquad (2-12)$$

这里，ρ 为工资方程（2 - 10）和劳动供给方程（2 - 11）干扰因素 u 和 v 的相关系数，λ（$G\delta$）为逆米尔斯比（the inverse Mills ratio）[①]。由于参与劳动力市场决定是通过对比市场工资和保留工资做出的，u 和 v 是相关的，它们的相关系数 $\rho \neq 0$。因此，如果对（2 - 10）作回归，就遗漏了 λ（$G\delta$），这会造成对工资方程参数的有偏估计，并产生参数估计不一致性问题。

估计工资方程的正确方法是 Heckman 两阶段回归法（Heckman，1974；Heckman，1976；Heckman，1979）。具体做法是，首先用 Probit 模型估计劳动参与简约方程（2 - 11）得到逆米尔斯比的估计值 $\hat{\lambda}$。然后，将 $\hat{\lambda}$ 引入工资方程，用最小二乘法回归估计方程（2 - 12），得到无偏、一致的工资方程参数 γ_0 和 γ_1 的估计值 $\hat{\gamma}_0$ 和 $\hat{\gamma}_1$。

利用 $\hat{\gamma}_0$、$\hat{\gamma}_1$ 和不参与劳动力市场女性的 X 变量的观测值就可以得到这部分女性的预测工资率，从而解决这部分女性工资缺失的问题。之后，可以采用二分类模型 Probit 或 Logit 模型来估计劳动参与的结构方程（2 - 9）。需要指出的是，由于部分工资观测值是估计出来的，劳动参与的结构方程参数估计值的标准差是有偏的，可以通过用 Bootstrap 的方法来矫正。

2.3.2   女性市场劳动供给决定回归方法

女性市场劳动供给函数（2 - 8）可以通过下面的结构回归方程来估计：

$$H = \alpha_0 + \alpha_1 w + \alpha_2 R + \alpha_3' Z + e \qquad\qquad (2 - 13)$$

这里，H 为市场劳动时间，w 为市场工资率，R 为非劳动收入，Z 为影响女性偏好和非市场时间需求的个人和家庭特征，α 为未知参数，e 为随机干扰因素。估计劳动供给结构方程同样存在不参与劳动力市场那部分女性工资观测值缺失的问题，这个问题可以采用前面介绍的 Heckman 两阶段方法来解决。

估计女性市场劳动供给的问题是，因变量市场劳动时间的观测值包括 $H = 0$ 的角解观测值，所以，这个变量是一个取值非负的删失（cen-

---

① 关于本节经验研究方法，请参阅 Wooldridge（2008）第 17 章。

sored）变量。对于这类回归方程可以利用 Tobit 模型来估计。设 H^* 为理想的劳动供给时间，劳动供给回归模型可表示为：

$$H^* = \alpha_0 + \alpha_1 w + \alpha_2 R + \alpha_3' Z + e \qquad\qquad (2-14)$$

$$H = \text{Max}\ (0,\ H^*)$$

假设随机干扰因素服从正态分布，可以对（2-14）构造一个对数似然函数，然后采用最大似然回归方法来估计。需要指出的是，Tobit 模型的参数估计值是解释变量对理想的劳动供给时间 H^* 的影响，而我们关心的是对实际劳动时间 H 的影响，因此，得到参数估计值之后，还要进一步计算解释变量对实际劳动供给时间的边际影响。具体方法请参阅 Wooldridge（2008）第 17 章，在这里不作详细解释。

2.3.3　中国女性劳动供给经验研究回顾

随着更多针对中国人口、劳动力和家庭调查的微观数据可得，关于中国女性劳动力的经验研究也逐渐增加。下面我们分别总结中国女性劳动参与、劳动供给时间的经验研究。

（1）劳动参与研究

对中国女性劳动参与的研究，多数是应用概率模型，如 Logit 模型（马忠东等，2010；杜凤莲、董晓媛，2010）、Probit 模型（杜凤莲，2008；余吉祥，2009），部分学者利用 Ordered Probit（王姮、董晓媛，2010；刘岚等，2010；Liu et al.，2010）和线性概率模型（姚先国、谭岚，2005）等方法。

从理论分析看，女性非劳动收入（包括丈夫收入）增加会提高女性保留工资水平，从而降低女性劳动参与率。但是，从中国经验研究看，关于家庭收入对劳动参与率作用的估计不一致。

李实等人（1999）对我国城镇劳动参与率研究发现男女之间收入差距扩大是导致女性劳动参与率下降的主要原因。当家庭中丈夫和妻子潜在工资水平差距加大时，市场工资较高的一方将更多地从事市场劳动，而市场工资较低的一方则相对更多地从事家庭生产。当女性平均市场工资水平低于男性时，家庭分工中往往表现出"男主外、女主内"的传统模式，从而更好地实现双方的比较优势，实现家庭联合效用最大化。姚先国和谭岚（2005）利用国家统计局城市社会经济调查总队1988—2002 年城市住户调查数据，通过线性概率模型分析发现随着丈夫收入增加，妻子劳动参与概率降低，而且丈夫收入对女性劳动参与作用随时间有所上升。

但是，也有一些研究显示，家庭和丈夫收入与女性劳动参与没有表现出负相关。Ding et al.（2009）发现20世纪90年代末，城镇女性劳动参与率下降主要集中在低收入家庭而不是高收入家庭。杜凤莲和董晓媛（2010）也发现低收入家庭女性退出劳动力市场的概率更高。刘晓昀等人（2007）对我国农村劳动力非农就业性别差异的研究发现，家庭收入对女性非农就业作用不显著。丁仁船（2009）发现家庭收入增加降低女性劳动参与率，而丈夫工资收入对女性劳动参与的影响不显著。

对于女性劳动参与并没有表现出随着丈夫收入增加而降低的原因，Ding et al.（2009）研究发现中国城镇地区夫妇之间在收入上表现出了正向关系，而且随着改革开放，这一趋势得到加强。1988年，丈夫最低收入组内女性收入只有丈夫收入最高组内女性收入的59%，2002年又进一步降至47%。中国城镇夫妇间这种正向收入关系，部分是由于劳动力市场中社会关系越来越重要，部分是由于改革开放后人们更倾向于寻求经济、教育等条件相当的配偶的婚姻模式。丈夫收入高的女性往往也具有较高的市场工资率，并没有表现出劳动参与率的降低。

姚先国和谭岚（2005）发现教育程度比丈夫收入能更充分地解释已婚女性劳动参与率。已婚女性中教育程度越高，劳动参与率也越高，在所有女性中，最低文化程度已婚女性其劳动参与率下降幅度是最大的。在劳动力市场上受教育程度较低的女性，更容易失业并更难以实现再就业，成为了"遭受挫折的劳动者"退出劳动力市场，导致女性劳动参与率下降。

马忠东等人（2010）基于人口普查数据，也发现具有高中以上受教育程度可大大提高劳动参与，特别是女性劳动参与。杜凤莲和董晓媛（2010）利用多元Logit模型分析CHNS数据发现，女性受教育年限对劳动参与率有显著影响。

从中国经验研究看，家庭对劳动参与的影响，更多地表现在家务劳动和家庭照料方面。杜凤莲（2008）用Probit模型分析了中国非农村地区儿童看护和家庭结构对劳动供给的影响。对于母亲来说，幼儿看护资源的可获得性、价格及其劳动工资会影响其劳动参与的决定，劳动力市场工资、儿童看护和家庭结构对女性劳动参与率的影响程度高于男性，这也是家庭效用最大化的一个体现。而国家和企业对托儿所和幼儿园补贴的大幅度削减，幼儿照料服务的市场化导致大量学龄前儿童的母亲退出市场劳动，也是导致性别参与率差距拉大的原因之一（杜凤莲和董晓媛，2010）。Entwisle1 and Chen（2002）利用 1989 年和 1991 年 CHNS 数据，用多元 Logit 模型研究发现，生育对于市场劳动有显著的负面影响，而且在城市地区影响比农村地区大。周闯和张世伟（2009）发现随着家庭人口数的增加，女性个人就业倾向降低，而男性个人就业倾向增加。Dong et al.（2006）指出市场化改革侵蚀了国家对女性在劳动力市场的保护和支持，社会向"男主外，女主内"传统性别观念的回归等变化也是导致女性劳动参与率下降的一个原因。

近年来农村劳动力非农劳动参与的性别差异越来越受到关注。余吉祥（2009）用 Probit 模型比较了中国两代农村劳动力的非农劳动参与率，年轻一代的非农劳动参与率明显高于上一代农村劳动力。在 30 岁以上的农村劳动力中，男性劳动力的非农劳动参与概率显著高于女性，在 30 岁及以下的农村劳动力中，性别不再是非农劳动参与的决定因素。刘晓昀等人（2007）认为虽然不同性别农村劳动力在教育、培训上存在差距，但不是造成农村劳动力非农就业性别差异的主要原因。非农就业性别差异主要来自于家庭因素，如婚姻、家庭中的儿童数量等。研究发现，照料儿童对农村已婚女性参与非农劳动有负面影响（王姮和董晓媛，2010）。

目前对中国劳动参与的研究，多数是利用简约模型进行估计，缺乏关于女性工资对劳动参与的影响的分析。在少数利用工资的结构方程研究中，很少关注样本选择对分析结果的影响。

（2）女性劳动供给时间的经验研究

与女性劳动参与的研究相比，关于劳动供给时间的经验研究较少。

对女性劳动供给的经验研究，部分学者利用 Heckman 两阶段方法（庄惠玲和林世昌，2006；周闯和张世伟，2009；张世伟和周闯，2010），也有学者用 Tobit 模型直接分析劳动供给时间（唐钎和陈士芳，2007）。

周闯和张世伟（2009）利用 2002 年中国家庭收入项目（CHIP）数据，应用 Heckman 两阶段方法分析城镇居民工作时间，认为中国城镇存在倒 S 形劳动供给曲线。研究发现随着家庭收入增加，工作时间逐渐减少，低收入群体工作时间的收入弹性远大于高收入群体的收入弹性。对于女性中高收入群体，闲暇是一种正常品，随着小时工资的增加，闲暇的机会成本增加，从而减少了对闲暇的需求，增加工作时间。研究结果显示受教育年限对女性低收入群体工作时间有显著正向作用。家庭人口数对女性个人工作时间有显著正向作用，且低收入群体工作时间增量远大于中高收入群体工作时间增量。罗小兰（2007）利用中国健康和营养调查数据对农村劳动力非农劳动供给研究同样发现男女非农劳动时间都与工资成反方向变化。

唐铲和陈士芳（2007）利用北京、济南两地的问卷调查数据，应用不包含女性工资变量的简约方程分析我国城镇已婚女性劳动供给时间（月工作天数）的影响因素，认为受教育程度是已婚女性劳动供给的主要影响因素。城镇已婚女性年龄和丈夫月收入与其劳动供给之间呈负相关。家庭中六岁以下孩子对已婚女性减少市场劳动时间的决定因素不显著。

Li and Zax（2003）利用1995年中国家庭收入调查数据（CHIP-95）对所有工作样本的分析发现，个人和家庭特征对女性劳动时间的影响远超过男性。工资对女性劳动供给有正向作用，但是对男性影响不显著，非劳动收入对男性和女性都有负面影响，但对女性的影响较大。年龄、受教育程度对女性劳动时间有显著负面影响。

只有少数研究计算了劳动供给的工资和收入弹性。李和詹克斯（Li and Zax，2003）计算了劳动供给的收入弹性、补偿和未补偿的工资弹性，结果显示男性和女性劳动时间的收入弹性相同，均为 -0.03；未补偿的工资效应女性略高于男性，分别为 0.06 和 0.05；补偿的工资弹性较高，而且女性高于男性，分别为 17.74 和 17.29。张世伟和周闯（2010）依据吉林省劳动力调查数据，利用 Heckman 两步法研究已婚女性劳动供给的结果显示，已婚女性劳动供给的非补偿性工资弹性和收入弹性分别约为 0.4380 和 -0.1845，工资弹性大于收入弹性，工资水平的增长将促进女性劳动供给的增加。

虽然部分经验研究对中国女性劳动供给的分析利用 Heckman 两阶段方法来解决样本偏差的问题，但是在第二阶段对劳动时间的分析中，多数用 OLS 分析劳动时间变化，没有通过 Tobit 模型来解决非就业人口劳动时间为零的删失数据问题。

2.4 案例：中国城镇地区已婚女性劳动供给

从上述理论和经验研究结果看，女性劳动参与和劳动供给主要受工资、非劳动收入、女性个人特征（如年龄、受教育程度等）和家庭因素（如子女数量和年龄、照顾老人等）等方面因素的影响。在本节的案例分析中，我们讨论上述因素对中国城镇地区已婚女性劳动参与和劳动时间的影响。

2.4.1 数据

我们利用中国健康和营养调查（CHNS）的 2006 年数据。[①] CHNS 在 2006 年调查了中国辽宁、黑龙江、江苏、山东、河南、湖北、湖南、广西、贵州共九个省的 4468 户家庭，其中成（年）人调查和住户调查数据中提供了详细的个人和家庭信息。调查问卷和原始数据可以从 http：// www.cpc.unc.edu/china 下载。

针对我们研究的城镇已婚女性劳动供给，我们从数据中选取了城镇户口且年龄不超过 55 岁的已婚女性（不包括城镇户口但仅从事农业生产的女性和虽然工作但没有正规工资收入的样本）。

表 2 – 1   样本描述

变量	均值	标准差	最小值	最大值
是否工作（1 工作，0 不工作）	0.51	0.500	0	1
年工作时数（小时）	1006.58	1059.753	0	4320
日平均工资（元）	56.34	47.912	4	475
非劳动收入（千元）	2 – 12	5.828	0	100
年龄（岁）	42.35	8.465	21	55
受教育年限（年）	9.92	3.547	0	17
工作年限（年）	25.06	9.012	2	39
6 岁以下子女的数量	0.10	0.318	0	2

① 我们感谢中国健康和营养调查，调查由美国国家健康研究所 NIH（R01 – HD30880, DK056350, and R01 – HD38700）资助，由卡罗来纳人口中心和中国疾病控制中心提供数据。

在选取的 949 个样本中，有 51% 的女性从事有正规工资收入的工作，每年工作时间平均 1006.6 小时。我们对工资的计量是用日均工资，而没有用小时工资，主要是避免因工作时数的测量误差带来的工资误差。

2.4.2 计量模型

根据上节介绍的劳动参与和劳动供给的经验研究方法，劳动力是否从事市场工作的决定取决于其保留工资和市场工资的比较，在市场工资高于保留工资时决定工作，而在市场工资低于保留工资时，决定不工作。

调查数据中，我们只能观察到有工作女性的市场工资，不了解没有参加工作女性的市场工资情况，所以，我们通过 Heckman 两阶段方法，首先构建不包含工资的简约劳动参与方程，利用简约方程计算得到逆米尔斯比值（λ），将 λ 代入工资方程来纠正样本偏差，得到对工资方程中各变量的准确估计，并据此计算出不工作女性的潜在工资，利用全部女性样本来构建包含工资的劳动参与和劳动时间的结构方程。

根据数据所提供的信息，我们构建的劳动参与简约方程如下，因变量工作与否是二分类变量，我们用 Probit 概率模型：

$$Pr\ (Y_i = 1 \mid X_i) = \alpha_0 + \alpha_1 Age + \alpha_2 Age2 + \alpha_3 Eduyear + \alpha_4 Kid6 + \alpha_5 Nlaborin \tag{2-15}$$

其中，自变量包括年龄（Age）和年龄的平方（$Age2$），受教育年限（$Eduyear$），6 岁以下子女数（$Kid6$）和非劳动收入（$Nlaborin$）。

在计算逆米尔斯比值 λ 后，我们将 $\rho\lambda$ 代入工资方程：

$$Wage = \beta_0 + \beta_1 Eduyear + \beta_2 Exper + \beta_3 Exper^2 + \rho\lambda \tag{2-16}$$

其中，工资方程中的工作经验（$Exper$）以 16 岁作为参加工作的最低年龄，用年龄与受教育年限计算得出。对于没有参加工作的女性，我们按照与工作女性同样的公式计算其可能的工作经验。

根据工资方程所预测的不参加工作女性的潜在工资和工作女性的实际工资，构建劳动参与的结构方程：

$$Pr\ (Y_i = 1 \mid X_i) = \alpha_0 + \alpha_1 Age + \alpha_2 Age2 + \alpha_3 2Eduyear + \alpha_4 Kid6 + \alpha_5 Nlaborin + \alpha_6 wage \tag{2-17}$$

对于劳动时间的分析，我们同样利用通过 Heckman 两阶段方法得到的全部女性的工资变量，构造劳动供给的结构方程，因为不参加工作的女

性劳动时间是左侧为 0 的非负删失数据，我们应用 Tobit 模型得到最优工作时间

$$Hour^* = \gamma_0 + \gamma_1 Age + \gamma_2 Age2 + \gamma_3 Eduyear + \gamma_4 Kid6 + \gamma_5 Nlaborin +$$
$$\gamma_6 wage \tag{2-18}$$

根据最优工作时间方程我们可以得到解释变量对实际工作时间的边际影响和工资弹性与收入弹性。

2.4.3 结果分析

根据 Heckman 两阶段方法，我们得到劳动参与的结构方程（见表 2 - 2）。根据选择方程计算的逆米尔斯比在工资方程中是显著的，说明存在样本选择的问题，应用 Heckman 两阶段方法是必要的。从劳动参与结构方程所得到的各因素对劳动参与的边际影响看，随着工资的增加，城镇女性参加市场劳动的概率增加，日均工资每增加 1 元，女性的劳动参与概率增加 2%。随着非劳动收入的增加，女性参加劳动的概率减小，非劳动收入每增加 1000 元，女性劳动参与概率减少 0.9%。女性的劳动参与也与女性的年龄和受教育程度等个人特征显著相关。家庭特征中 6 岁以下子女数虽然在简约方程中与女性劳动参与显著负相关，但在结构方程中作用不再显著。

表 2 - 2　　　　　　　　　**劳动参与方程：Heckman 两阶段法**

	Heckman 两阶段法	结构方程	结构方程
	选择方程：劳动参与	方程系数	边际效应
年龄	0.247 ***	0.120 *	0.046 *
	(0.057)	(0.070)	(0.027)
年龄平方	- 0.004 ***	- 0.002 **	- 0.001 **
	(0.001)	(0.001)	(0.000)
受教育年限	0.148 ***	- 0.169 ***	- 0.065 ***
	(0.015)	(0.032)	(0.012)
6 岁以下子女的数量	- 0.399 **	- 0.153	- 0.058
	(0.171)	(0.196)	(0.075)
非劳动收入	- 0.027 **	- 0.023 *	- 0.009 *
	(0.011)	(0.014)	(0.005)

续表

	Heckman 两阶段法	结构方程	结构方程
	选择方程：劳动参与	方程系数	边际效应
日平均工资		0.060 ***	0.023 ***
		(0.005)	(0.002)
	工资方程		
工作年限	2.164		
	(2.032)		
工作年限平方	-0.051		
	(0.052)		
受教育年限	7.940 ***		
	(1.801)		
逆米尔斯比	44.907 **		
	(21.212)		
Prob > chi2	0.000	0.000	
Pseudo R2		0.469	
样本量	949	949	

注：括号内为标准误；*、**、*** 分别表示 10%、5% 和 1% 的显著性水平。

在利用 Heckman 两阶段法估计工资的基础上，我们用 Tobit 模型分析劳动供给时间的影响因素（见表 2-3）。随着非劳动收入的增加，女性劳动供给时间下降；而随着工资的增加，女性劳动供给时间显著增加。通过计算得到劳动供给时间的工资弹性为 0.152，收入弹性为 -0.014。女性的年龄和受教育程度等个人特征和家庭中幼年子女的情况也都显著影响女性的劳动供给。

表 2-3　城镇女性劳动供给时间（年工作时数）的 Tobit 估计结果

	方程系数	边际效应
年龄	289.523 ***	117.759 ***
	(70.880)	(28.540)
年龄平方	-4.284 ***	-1.742 ***
	(0.858)	(0.344)

	方程系数	边际效应
受教育年限	67. 425 ***	27. 424 ***
	(20. 617)	(8. 307)
6 岁以下子女的数量	− 418. 823 **	− 170. 349 **
	(207. 266)	(84. 288)
非劳动收入	− 40. 423 ***	− 16. 441 ***
	(14. 782)	(5. 977)
日平均工资	15. 725 ***	6. 396 ***
	(1. 378)	(0. 549)
R^2	0. 041	
LR chi2	387. 60	
Prob > chi2	0. 0000	
样本量	949	
收入弹性		− 0. 014 (0. 005)
总工资弹性		0. 152 (0. 013)

注：括号内为标准误；*、**、*** 分别表示 10% 、5% 和 1% 的显著性水平。

2.5　结论

中国的女性劳动供给在改革开放后呈现出与国际上多数国家不同的变化趋势，反映了我国在经济转型和特殊的人文环境下女性劳动供给行为不同于其他国家的特殊性。但是，目前对中国女性劳动供给的经验研究与国际上丰富的女性劳动研究文献相比不仅在数量上非常少，而且关于中国女性劳动供给的经验研究多数还是利用简约方程，缺乏对工资影响的深入分析，从研究方法上也缺乏对样本选择等问题的考虑。

本章通过对女性劳动供给理论和经验研究方法的回顾，结合案例研究，分析了市场工资、非劳动收入和女性的个人家庭特征对中国城镇女性劳动参与和劳动供给的影响。研究发现，对城镇已婚女性来说，非市场劳动时间是正常品，随着工资率的提高，非市场时间的价格上升，女性劳动参与的概率上升，劳动供给时间增加。而随着非劳动收入的增加，女性可以购买和享受更多的非市场时间，劳动参与概率下降，劳动供给时间减少。在现阶段,对于女性劳动供给,工资的替代效应超过收入效应,随着市场工资的增加,城镇女性的劳动供给增加。

我们希望通过这一章对女性劳动供给理论和经验研究的回顾,结合案例研究,为中国女性劳动参与和劳动供给研究提供一些借鉴。中国女性的劳动参与和供给表现出与世界多数国家女性不同的特征和变化趋势,需要在对中国女性劳动供给的经验研究中寻求原因和解释,希望通过对中国女性劳动供给的研究可以促进劳动供给理论和经验研究的进步。

参考文献

蔡昉、王美艳:《中国城镇劳动参与率的变化及其政策含义》,《中国社会科学》2004 年第 4 期。

丁仁船:《家庭经济因素对城镇个人劳动供给决策的影响》,《人口与经济》2009 年第 4 期。

丁赛、董晓媛、李实:《经济转型下的中国城镇女性就业、收入及其对家庭收入不平等的影响》,《经济学》(季刊)2007 年第 4 期。

杜凤莲、董晓媛:《转轨期女性劳动参与和学前教育选择的经验研究:以中国城镇为例》,《世界经济》2010 年第 2 期。

杜凤莲:《家庭结构、儿童看护与女性劳动参与:来自中国非农村的证据》,《世界经济文汇》2008 年第 2 期。

李实、别雍·古斯塔夫森:《中国城镇职工收入的性别差异分析》,载赵人伟、李实和卡尔·李思勤主编:《中国居民收入分配再研究》,中国财政经济出版社 1999 年版。

刘岚、董晓媛、陈功、郑晓瑛:《照料父母对我国农村已婚妇女劳动时间分配的影响》,《世界经济文汇》2010 年第 5 期。

刘晓昀、钟秋萍、齐顾波:《农村劳动力非农就业的性别差异及东西部比较》,《农业经济问题》2007 年第 7 期。

罗小兰:《向右下倾斜的非农劳动供给曲线——来自中国健康和营养调查的证据》,《中国农村经济》2007 年第 10 期。

马忠东、吕智浩、叶孔嘉:《劳动参与率与劳动力增长:1982—2050年》,《中国人口科学》2010 年第 1 期。

唐铲、陈士芳:《我国城镇已婚女性劳动供给影响因素实证研究》,《经济问题探索》2007 年第 2 期。

王姮、董晓媛：《农村贫困地区家庭幼儿照料对女性非农就业的影响》，《人口与发展》2010 年第 3 期。

姚先国、谭岚：《家庭收入与中国城镇已婚妇女劳动参与决策分析》，《经济研究》2005 年第 7 期。

余吉祥：《年轻农村劳动力的非农劳动参与》，《农业技术经济》2009 年第 4 期。

张世伟、周闯：《工薪所得税减除费用标准提升的作用效果：基于劳动供给行为微观模拟的研究途径》，《世界经济》2010 年第 2 期。

周闯、张世伟：《中国城镇居民的劳动供给行为》，《财经科学》2009 年第 11 期。

庄惠玲、林世昌：《台湾妇女劳动供给实证研究之发展》，《经济论文学刊》2006 年第 2 期。

Becker, Gary S., "A Theory of the Allocation of Time," *Economic Journal*, 1965, 75 (299): 493 – 517.

Berndt, Ernst R., *The Practice of Econometrics: Classic and Contemporary.* Addison-Wesley Pub. Co, 1991.

Bosworth D., Peter Dawkins, *Thorsten Stromback. Economics of the Labour Market*, Financial Times Press, 1996.

Blau, Francine, Marianne Ferber, Anne Winkler, *The Economics of Women, Men and Work*, Prentice Hall, 2010.

Cardia, Emanuela, "International Transfers of Time and Childcare," *Review of Economic Dynamics*, 2003 (6): 431 – 454.

Cleveland, Gordon, Morley Gunderson, and Douglas Hyatt, "Child Care Costs and the Employment Decision of Women: Canadian Evidence," *Canadian Journal of Economics*, 1996, 29 (1): 132 – 148.

Ding Sai, Xiao-Yuan Dong and Shi Li, "Employment and Earnings of Married Women and Family Income Inequality during China's Economic Transition," *Feminist Economics*, 2009, 15 (3): 163 – 190.

Dong, Xiao-yuan, Yang Jianchun, Du Fenglian and Ding Sai, "Women's Employment and Public-Sector Restructuring: The Case of Urban China," in Grace Lee and Malcolm Warner, *eds. Unemployment in China: Economy, Human Resources & Labor Markets*, Routledge Curzon, 2006: 87 – 107.

Du, Fenglian and Xiao-Yuan Dong, "Women's Labor Force Participation and Childcare Choices in Urban China During the Economic Transition," Working paper, Department of Economics, University of Winnipeg, 2010.

Entwisle1, Barbara, Feinian Chen, "Work Patterns Following a Birth in Urban and Rural China: A Longitudinal Study," *European Journal of Population*, 2002 (18): 99 - 119.

Gronau, Reuben, "Wage Comparisons—A Selectivity Bias," *The Journal of Political Economy*, 1974, 82 (6): 1119 - 1143.

Heckman J., "Sample Selection Bias as a Specification Error," *Econometrica*, 1979, 47 (1): 153 - 162.

Heckman J., "Shadow Prices, Market Wages, and Labor Supply," *Economitrica*, 1974, 42 (4): 679 - 694.

Heckman J., "The Common Structure of Statistical Models of Truncation, Sample Selection and Limited Dependent Variables and a Simple Estimator for Such Models," *Annals of Economic and Social Measurement*, 1976 (5): 475 - 492.

Killingsworth M. R., James J. Hechman, "Female Labor Supply: A Sruvey," in O. Ashenfelter and R. Layard ed. *Handbook of Labor Economics*. vol. 1. Amsterdam: Elsevier, 1999: 103 - 204.

Killingsworth, M. R., *Labor Supply*, Cambridge, UK: Cambridge University Press, 1983.

Kimmel, Jean, "Child Care Costs as a Barrier to Employment for Single and Married Mothers," *Review of Economics and Statistics*, 1998, 80 (2): 287 - 299.

Li Haizheng, Jeffrey S. Zax, "Labor Supply in Urban China," *Journal of Comparative Economics*, 2003: 31 (4): 795 - 817.

Liu, Lan, Xiao-Yuan Dong, and Xiaoying Zheng, "Parental Care and Married Women's Labor Supply: Evidence from Urban China," *Feminist Economics*, 2010, 16 (3): 169 - 192.

McDonald, Peter, Rebecca Kippen, "Labor Supply Prospects in 16 Developed Countries, 2000 - 2050," *Population and Development Review*, Vol. 27. No. 1, 2001: 1 - 32.

Mincer, Jacob, "Labor Force Participation of Married Women," in H. G. Lewis (ed) *Aspects of Labor Economics*, Princeton University Press (for NBER), 1962.

Robbins, Lionel, "On the Elasticity of Demand for Income in Terms of Effort," *Economica*, 1930 (10): 123 – 129.

Short, Susan E, Feinian Chen, Barbara Entwisle, Zhai Fengying, "Maternal Work and Child Care in China: A Multi-Method Analysis," *Population and Development Review*, Vol. 28. No. 1, 2002: 31 – 57.

United Nations, *The World's Women* 2000: *Trends and Statistics*, New York.

Wooldridge, J., *Introductory Econometrics: A Modern Approach*, 4th edition, South-Western College Pub, 2008.

Zhang Dandan, Margaret Maurer-Fazio, James Hughes, "Hundred rivers into the ocean: The Effects of Ethnicity, Gender, Marriage, and Location on Labor Force Participation in Urban China," *Feminist Economics*, 2007, 13 (3/4): 159 – 189.

第 3 章

失业的性别差异：失业持续时间模型

李　琴　杜凤莲

3.1　引言

失业率是衡量我国劳动力市场有效配置的一个指标。从微观来看，长期失业会减少个人和家庭的收入来源，可能会引起家庭贫困、收入不平等，甚至对子女的教育、健康产生不利的冲击。从宏观来看，失业持续时间过长会增加国家的失业率，减少国家的税收来源，增加国家用于失业保险支出，等等。基于以上原因，在任何一个国家，失业与就业一样受到广泛的关注。

失业持续时间是和失业率一样重要的指标，失业持续时间的长短不仅能够反映出劳动力市场的市场效率，同时反映出失业者面临的个人福利。失业时间过长，劳动者有可能面临着多次求职失败的打击，成为"沮丧的工人"，从而退出劳动力市场。在这一过程中，失业者可能变得消极、孤独和排他（Feather，1990），还有可能遭受人力资本的损失（Layard et al.，1991）。除此之外，失业时间过长，失业者再次找到工作时往往面临着工资水平的下降。这是因为随着失业时间的延长，一方面失业者可能降低其保留工资，另一方面，失业时间过长是失业者生产力低下的信号显示，雇主可能会提供较低的工资（杜凤莲，2006；Fallick，1996；Kletzer，1998；Gregory and Jukes，2001；Nickell et al.，2002；Pichelmann and Riedel，1993；Knight and Li，2006）。

由于社会和经济等原因，男性和女性在劳动力市场上的表现不同。研究表明，在欧洲经济转轨时期的国家和地区，女性面临着更高的解雇率，女性将经历更艰难的求职过程，结果是，女性失业率更高以及失业持续时间更长（Ham et al.，1999；Azmat et al.，2006）。对我国转轨时期失业状况的研究表明，城镇下岗女性的失业率比男性高，而且失业持续时间更长（Du and Dong，2009；Appleton，2002；Giles et al.，2006；马骏等，2006；吴永球，2007）。但这些研究主要针对经济转轨时期由于国有企业改制等导致的失业问题，对于一般意义上其他原因导致的失业的性别差异则较少关注。

女性的失业时间越长，再就业的概率就越低（杜凤莲和董晓媛，2007）。首先，女性失业持续时间的增加以及失业率的提高，使其面临着更为不利的生存状况。由于失业减少了收入来源，失业持续时间的延长将使得女性面临着更为严重的收入风险和健康风险。其次，女性收入的降低会带来在家庭中经济地位的降低。经验研究显示，提高女性在家庭收入中的份额，增加女性对家庭经济的支配权将提高家庭在儿童教育、健康和营养方面的支出（Thomas，1990；Lundberg et al.，1997），特别是增加对女孩的教育和健康投资，减少两性不平等现象（Thomas，1994）。

本章研究与失业的性别差异有关的理论综述和经验研究方法。本章首先介绍关于失业以及失业持续时间理论。接下来，在经验分析方法上，重点讲解如何用持续时间模型来估计失业持续时间中存在的性别差异。随后，给出一个关于中国企业下岗工人失业持续时间的性别分析的经验研究案例，并具体指出在阐释回归结果时应当特别注意的问题。最后，对全章内容进行简要总结。

3.2　理论综述

3.2.1　概念界定

在分析失业持续时间的性别差异时，我们首先应该定义什么是失业？怎么计算失业持续时间？国际劳工组织（ILO）为如何定义和测度失业制定了一些标准。根据 ILO 的标准，失业者是指那些不工作、积极寻找工作（在过去的四个星期）且能够立即工作到岗（在两个星期的范围内）的人，世界各国在 ILO 定义失业的标准上又进行了一些修改，具体见 Zhang（2003）。

　　失业者按其意愿来划分,可分为自愿失业和非自愿失业。自愿失业者是指能够胜任某项工作但拒绝考虑这种工作而暂时处在闲置状态的人。自愿失业有以下三种类型:(1)提前退休;(2)沮丧的劳动者;(3)隐蔽性失业。非自愿失业者指那些积极寻找工作但又无工作可做的人。非自愿失业也有三种类型:(1)摩擦性失业,指有些人因为工种变换,赋闲在家等待新的任命,有些人则因工作地区的调动引起暂时闲置;(2)周期性失业,这种失业是由商业循环引起的,每逢经济衰退,许多人被辞退,到经济复苏又会重新被雇用;(3)结构性失业,指由于社会生产与消费结构的改变引起的失业。

　　国内外学者在研究失业持续时间时往往将失业者锁定为非自愿失业者。失业持续时间则指失业者从失去工作到重新找到新工作中间间隔的一段时间。不过,在具体的研究中,不同的学者在计算失业持续时间时会有一定的差异。

3.2.2　失业持续时间理论介绍

　　这里主要介绍搜寻模型(Searching Model),该模型由 Stigler(1962)最早提出。工作搜寻模型假定失业者未来面临着一系列可能的工资水平,他不知道雇主何时提供这些工资水平的工作机会,即使雇主提供了某些工作机会,他也会因为雇主支付工资低于保留工资而拒绝接受。一般地,假定雇主提供了一个工资为 w_t 的工作机会,该失业者如果接受,意味着他以后只能获得 w_t 的工资水平。如果拒绝这一工作,在当期他将只能获得 b_t 的失业保障金等津贴以及在未来一期内可能获得的 w_{t+1} 的工资收入。这一模型经后人不断发展(Mortensen,1977;Nickell,1980;Narendranathan et al.,1985),并充分考虑了失业保险金或者与失业相关的社会保障金对失业者退出失业状态和失业持续时间的影响(Nickell,1979;Lancaster,1979;Later,Moffitt,1985;Meyer,1990,Atkinson and Micklewright,1991;Michele,2006;杜凤莲和鲍煜虹,2006)。工作搜寻模型的核心思想是:在信息不完全的劳动力市场,理性的工作搜寻者会选择最优的工作搜寻时间和搜寻强度、确定保留工资,从而实现效用最大化。最优的保留工资应该使失业者失业时的效用与就业时的效用相等,即失业者投入每一个单位搜寻工作的时间所获得的边际效应与享受每一个单位闲暇带来的边际效用是相等的。具体模型描述如下。

假设 $\phi(w)$ 表示搜寻者搜寻范围内工资分布的密度函数，失业者在失业期间每月得到的失业救济金为 b，在实现再就业之后，失业救济金为 0，那么，对于就业者来说，b 就是失业者再就业的机会成本；如果失业者能够获得 w 工资水平的就业机会而没有就业，那么继续保持失业状态的机会成本就是 w。进一步假设失业者在失业期间的收入、获得工作的概率以及个人特征都不变，并假设失业者以保留工资的水平 w_r 接受了工作机会且可以工作无限期，则保留工资满足下式（Narendranathan et al.，1985）：

$$U(w_r) - U(b) = \frac{1}{r} \int_{w_r}^{\infty} [U(w) - U(w_r)] q(X) \phi(w) dw \qquad (3-1)$$

其中，r 为贴现率，$q_t(\cdot)$ 表示失业者获得工作的概率，X 表示影响搜寻者获得工作的各类因素。在公式（3-1）中，等式的左边是以效用函数形式表示的失业者以保留工资水平接受工作的边际收益，等式的右边是以效用函数形式表示的接受工作的边际成本。或者可以表述为，等式的左边是以效用函数形式表示的失业者拒绝接受现有工作的边际成本，等式的右边是以效用函数形式表示的拒绝现有工作的预期边际搜寻收益。

实际分析中，我们还可以把上述优化问题转化为失业持续时间的决定，或者失业者脱离失业状态的条件概率，在理论上，该条件概率被称之为机会函数（hazard function）$h(t)dt$。所谓机会函数 $h(t)dt$ 是失业者个体 i 在失业持续时间已经持续了 t 期之后，在时期 $(t, t+dt)$ 内脱离失业状态的概率。该条件概率同时取决于劳动力的需求和供给，可以表示为两个概率：第一，失业者个体在 $(t, t+dt)$ 时期内得到工作机会的概率；第二，这样的一个工作机会被失业者接受的概率。

从公式（3-1）不难知道，脱离失业的概率可以表示为：

$$h(\cdot) = \int_{w_r}^{\infty} q(X) \phi(w) dw \qquad (3-2)$$

我们知道，保留工资和脱离失业的概率都与工资的分布有关，为了简单起见，我们把工资的分布以工资的期望值来表示。这样，在一个简单的静态模型中，我们就可以从（3-1）和（3-2）公式得出失业者脱离失业的概率与影响因素之间的关系：

$$h = h[\underset{(+)}{q(X)}, \underset{(-)}{w_r(b, q(X), w)}] \qquad (3-3)$$

公式（3-3）表明失业者再就业的条件概率 $h(\cdot)$ 取决于失业者获得

工作的概率和接受工作的概率,失业者接受工作的概率取决于需求者支付的工资 w 高于失业者保留工资 w_r 的概率:需求者支付的工资 w 既定,失业者的保留工资 w_r 越高,失业者接受工作的概率就越低。式(3 – 3)还表明,在其他条件不变的情况下,失业者再就业的条件概率 $h(\cdot)$ 与失业者获得工作的概率 $q(X)$ 同方向变化,与失业者的保留工资 w_r 反方向变化。

一般来说,影响失业者失业持续时间的因素分为以下几大类:

第一,劳动者的人力资本特征。主要包括年龄、工作经验、教育程度、身体健康状况、是否党员以及拥有的专业技术资格证书等。劳动者年龄越大,意味着他们掌握新技能的水平变差、健康较差、缺乏激情、容易带来挫折感、雇主提供的机会减少(Foley, 1997;Nivorozhkina et al., 2002;Stetenko, 2003)。教育水平越高的人,能容易掌握就业信息,同时失业的机会成本也越高,就业可选择的空间也多,同时,雇主也愿意接受人力资本较高的劳动者。但是,人力资本较高的劳动者保留工资也较高,接受一个新工作的概率也低一些。如果较高教育水平的失业者去竞争只需要较少教育水平的工作时,往往不具有竞争能力。

第二,劳动者的家庭特征。主要包括家庭规模、需要照顾的小孩和老人数量、家庭其他成员的就业状况等。如果家庭中有需要照顾的小孩和老人,无疑会增加失业者再次进入劳动力市场的成本,从而提高失业者的保留工资水平。但如果家庭中挣工资活动的成员较少,需要抚养的老人和小孩较多,那么失业者将面临较高的收入压力,有可能降低其保留工资,减少失业持续时间。有研究发现,家庭中有 19—22 岁上大学小孩的失业女性比没有上大学小孩的失业女性,其失业持续时间将显著降低(Du and Dong, 2009;Giles et al., 2006)。

第三,失业救济金以及其他非劳动收入。由于失业者在失去工作后往往获得一笔失业救济金,失业救济金无疑增加了失业者再就业的机会成本。失业救济金越高,失业者再就业的保留工资水平也越高,从而接受新工作的概率就越低,有学者认为这也是欧洲高福利国家失业率居高不下的一个原因(Hamermesh, 1977;Devine and Kiefer, 1991;Katz and Meyer, 1990;Davidson and Woodbury, 1996)。除此之外,非劳动收入的提高也会增加失业者再就业的机会成本。

第四,失业前工作状况。主要包括失业者失业前工作的收入水平以及企业性质等。失业前工资水平越高，失业者保留工资水平也越高，从而接受工作的概率就越低。同时，失业前收入越高，失业者购买闲暇的能力也越强，从而寻找工作的积极性也下降。在大型的企业中工作过的失业者，企业规模以及企业性质都会形成他们的就业偏好，往往会影响他们接受新工作的概率。

第五，社会网络和社会资本等。常用的反映社会网络的指标有劳动者搜寻工作的途径、是否党员、家庭成员的就业情况等。在市场经济中，失业者往往要通过一定的途径来搜寻工作，信息和人脉关系显得尤为重要（Montgomery，1991；Pellizzari，2004）。拥有良好的信息沟通渠道，往往降低一个人搜寻工作的成本，提高搜寻工作的信心，失业者获得工作的概率就越高。

第六，地方劳动力市场的需求状况。反映地方劳动力需求状况的因素主要包括劳动力所在地区的经济增长水平、产业结构以及失业率等。失业率是反映地区劳动力需求最普遍的一个指标（Narendranathan and Stewart，1993；Meyer，1990；Foley，1997）。除此以外还有地区人均工业产值、工业与农业部门容纳就业比例（Ham et al.，1998）。一个地区的产业结构对劳动的就业水平有很大影响。如果劳动力密集型企业、私营企业较多，往往对劳动力需求较大，从而失业者更容易找到工作。一个地区的失业率状况则综合反映一个地区劳动力市场的供求状况，失业率越高，说明该地区劳动力市场供大于求，从而劳动者再就业概率降低，失业持续时间变长。

除此以外，社会习俗、个人不可观察的异质性特征都会影响不同性别的失业者再就业概率，从而影响失业者的失业持续时间。

3.2.3 失业持续时间与性别差异的理论进展

（1）就业意愿差异

有学者认为，与男性相比，女性就业意愿较弱，这主要是由以下几个方面造成的：①性格特征。男性做事情更有针对性，而女性做事情则容易犹豫，决断力不强，这就造成了男性和女性对失业的态度不一样。Leana and Feldman（1988）研究表明，对于失业，男性比女性更直接应对，他们会通过立即寻找工作来应付失业，而女性则容易分散精力，通过其他的方式来缓解失业带来的困扰，因此，女性寻找工作的意愿与强度都不如男性大。②家庭分工。由于长期以来"男主外,女主内"的家庭分工模式(Mincer,1962;Becker,1981),女性的角色更多地定义在家务劳动上(Kaufman and Fetters,1980)。因此,女性失业后往往将一部分精力放在家务劳动和照顾小孩等方面,就业愿望没有男性来得强烈(Kulik,2000)。已有的研究表明,家庭中有6岁以下需要照顾的小孩,会明显地降低女性再次进入劳动力市场的概率,从而增加女性的失业时间(Appleton et al.,2002)。Knight(2006)的研究结果表明,女性如果有一个未成年的小孩,那么她失业持续的时间会更长,但如果家庭中有老人照顾小孩,会减少她们的失业持续时间。丈夫收入同样会减少女性再就业的愿望。Lentz and Tranaes(2005)研究表明,配偶的收入对另一方的失业持续时间存在着非对称的影响,如果丈夫的收入较高,妻子的就业意愿就相对较低,因而她们的失业持续时间越长;如果妻子的收入越高,那么丈夫的失业持续时间越短。③社会习俗。很多研究发现,人们把没有工作看做低人一等(Kaufman,1982)。而一直以来,男性都被认为是就业的主要提供者,如果没有工作,男性比女性感觉更低人一等。因此,男性的就业意愿更为强烈,同时也将花更多的精力来寻找工作。

(2) 人力资本

人力资本特征是影响失业者退出失业状态的主要原因之一。人力资本贬值、工作习惯不好、缺乏激情等都是导致再就业下降的主要原因(Machin and Manning,1999)。而女性与男性相比,其人力资本往往偏低,主要是由以下几个方面造成的:①初始的人力资本偏低。由于社会习俗、制度等多方面的原因,女性的人力资本普遍低于男性。特别是在经济不发达的地区,家庭将更多的受教育机会给予男性,因此,女性的受教育水平普遍低于男性(Broaded and Liu,1996;Shapiro and Tambashe,2001;Lincove,2009)。同时,家庭中健康资源也较多地分配给男性,女性的营养摄入也低于男性,导致女性的劳动生产率普遍低于男性。因此,女性获得工作机会的概率会普遍低于男性(杜凤莲、董晓媛,2006)。②生育造成女性人力资本积累中断。女性由于生育、抚养孩子导致就业的中断,而劳动力参与的中断可能会减少女性人力资本积累(Mincer and Polachek,1974;Jones and Makepeace,1996)。③不同的工作经验造成的人力资本差异。由于女性初始的人力资本偏低,相对于男性,女性更多地在非正规工作和非关键岗位上就业,女性得到的机会少于男性,在工作过程中积累的人力资本低于男性，这导致再就业过程中，女性往往处于劣势地位。④失业过程中导致的人力资本下降。随着失业的时间变长，由于失业者对所学的技能没有运用，失业者的人力资本将下降得更快（Layard et al.，1991），然而女性在这一过程中损失更快。由于女性失业后往往将一部分精力转向家庭，搜寻工作会中断，而男性将更多的精力放在搜寻过程中或者保持搜寻过程，因此，女性的人力资本下降得更快。

（3）制度因素

劳动力市场上往往面临着较多的制度性壁垒。制度性壁垒包括：劳动保护法、强大的工会组织、广泛使用的永久合同、失业保障金、刚性的工资收入、最低工资制度，等等。目前很多法律规定了雇主必须付给工人最低工资或者女性与男性同等的工资待遇，但这些目的在于保护女性就业权益的制度往往会减少企业对女性的雇佣，因为女性往往具有更低的人力资本。Bertola et al.（2002）发现，导致女性更高的失业率的原因往往是由于高密度的工会覆盖率，因为工会往往要保护女性的工资权益。在有工会组织的部门中，男女工资差异较小，但后果是雇主不愿意雇佣女性（Hirsch and Schumacher，1998；Elvira and Saporta，2001）。

同时，由于制度性的原因，女性和男性在重新就业的激励方面也不一样。男性和女性往往在离职成本上是不同的（Du and Dong，2009；Crossley et al.，1994；Madden，1987）。例如，女性如果在国有部门或者具有工会的部门工作，往往会获得高于她们个人市场价值的工资待遇，一旦离开原有的工作岗位，女性不仅将遭受参加工会导致的租金损失，而且还会失去工会专门针对女性提供的反对工资性别歧视保护的损失，失业前后工资差异会增加女性工作搜寻的时间，从而延长她们的失业持续时间。

此外，雇主在解雇和雇佣工人中存在歧视性的行为。雇主往往较少向女性失业者提供就业岗位，因为他们认为女性缺乏竞争力，在工作中拖累较大（Azmat et al.，2006）。然而，学者们很难来鉴别这种歧视性的政策，因为有些政策通常来看是中立的，但在实践中却会使女性处于更不利的地位（Beneria，2003）。

（4）社会资本

除了制度性的因素以外，女性面临的社会网络也低于男性。已有的研究表明，就业中介机构会降低一个人搜寻工作的成本，例如，政府提供的就业指导中心、私人提供的就业代理机构等。Giles et al.（2006）的研究表明,中国的就业指导中心或者私人就业中介并不成熟,发展也不完善。如果失业者之前长期在一个部门或者一个单位工作,从来没有搜寻工作的经验,也会对市场上提供的就业信息反应不灵敏(Blanchar and Kremer,1997)。因此,由亲戚、朋友组成的社会网络对再就业过程具有重要的作用。Montgomery(1991)的结果表明,美国50%的新工作是通过社会网络找到的。Ionnides and Datcher-Loury(2004)的研究表明,那些受教育水平不高以及居住在偏远地区的人在工作搜寻过程中往往更依赖于社会网络。

此外,由于女性更多地关注于家庭方面以及职业的性别隔离等因素,也导致女性的社会网络比男性要小,获得的就业信息以及就业帮助更少,这就阻碍了女性的再就业(Timberlake,2005)。Giles et al.(2006)对中国国有企业下岗职工再就业的研究也发现,拥有更多工作的亲戚关系或者居住于就业服务指导中心附近,将显著地增加失业女性再就业的概率,但是这一影响对男性失业者并不显著。

3.3　经验研究方法

3.3.1　持续时间模型简介

持续时间模型主要分析从一种状态转变到另一种状态所经历的时间的持续期。持续时间模型考虑到样本的"右截尾"问题,例如:在失业持续时间的分析中,到调查截止日期,很多失业者依然处于未找到工作的状态,因此,其完整的失业持续时间并不知道。为了处理数据的"右截断"问题,持续时间模型便得到了广泛应用。

持续模型(Duration Model)最早被用于自然科学的统计研究,所谓"持续(duration)"就是指在某个状态下的持续时间,例如,患者从动手术到康复出院的时间,患者从患病到死亡的时间,电子元件的寿命,等等。这种持续会因某种事件的发生而中断,而这个事件发生的概率依赖于事件发生前的持续时间。在医学统计中,如果将事件定义为死亡,则事件没有发生就意味着"生存"下去,所以持续模型也被称为"生存模型(Survival Model)"。自20世纪80年代以来,持续模型逐步被引入到社会、经济统计研究之中(Kiefer,1988),特别是在地域流动和职业流动的分析中得到了广泛的应用。

持续模型的核心思想并不是事件发生的概率，而是事件发生的"条件概率"（Kiefer，1988；Lancaster，1990）。所谓条件概率，就是在"直到时刻 $\text{cov}(x,u)$ 为止事件尚未发生"的这个条件下，在时刻 $\text{var}(x)$ 瞬间发生这一事件的概率。在计量经济学中，条件概率是用事件发生的"风险函数（Hazard Function）"来分析的。Hazard 函数的含义为在时刻 $y = \beta_0 + \beta_1 x_1 + \beta_2 x_2 + u$ 事件发生的瞬时概率，定义如下：

$$h(t) = \lim_{dt \to 0} \frac{prob\langle t \leqslant T \leqslant t + dt \mid T \geqslant t\rangle}{dt} = \lim_{dt \to 0} \frac{F(t+dt) - F(t)}{dtS(t)} = \frac{f(t)}{S(t)}$$

$$(3-4)$$

$$ht(t) = \frac{-d\ln S(t)}{dt}, \ S(t) = \exp(-\Lambda(t)) = e^{-\int_0^t h(u)du} \quad (3-5)$$

$$f(t) = s(t)h(t) \tag{3-6}$$

其中，T 为一随机变量，即事件发生的时间，其概率分布为连续函数 $f(t)$，t 为 T 发生的时间。$F(t)$ 为在时间 t 之前事件发生的概率，即 $f(t)$ 的累计概率函数。$S(t)$ 为生存函数（Survival Function），表示直到时刻 t 为止事件尚未发生的概率。风险函数，$h(t)$，就是于时刻 t 事件发生的瞬时概率。

持续时间模型往往分为三种：非参数模型、半参数模型和参数模型。在非参数模型中，外生变量并不纳入分析，仅仅考虑时间 t 这个变量。在考察失业者找到工作的瞬时概率时，我们从非参数模型开始，这是因为非参数分析是分析持续时间模型最开始的一步，有助于我们理解样本的分布，为后面参数模型分析持续时间模型提供参考（Kiefer，1988；Lelièvre et Bringé，1998；朱农，2006）。

（1）非参数模型

设 $h(t_j)$ 是在时刻 t_j 失业者找到工作的瞬时概率，g_j 为时刻 t_j 失业者找到工作的人数，n_j 为在时刻 t_j 潜在失业者找工作的人数。我们可以用下面的公式来估计 $h(t_j)$，即

$$\hat{h}(t_j) = \frac{g_j}{n_j} \tag{3-7}$$

以上公式表明，失业者在时刻 t_j 找到工作的瞬时概率，等于用时刻 t_j 找到工作的失业人数除以在这个时刻有可能找到工作的潜在失业者总人数。相应的生存函数的计算公式为：

$$\hat{S}\ (t_j)\ = \prod_{i=1}^{j} \frac{n_i - g_i}{n_i} = \prod_{i=1}^{j}\ (1 - \hat{h}\ (t_i)) \tag{3-8}$$

以上统计量称为卡普兰 – 迈耶生存函数（Kaplan-Meier Survivor Function）。在实际操作中，我们往往画出卡普兰 – 迈耶（Kaplan-Meier）生存曲线，为持续时间模型的参数模型分析瞬时概率分布形式的选择提供依据。需要注意的是，这些曲线的水平值没有任何含义，仅仅是曲线的斜率代表了瞬时概率的强度。

（2）半参数模型

非参数模型仅仅分析了一个事件发生的瞬时概率与时间 t 的关系。实际上，一个事件的发生往往与其他因素有关，例如，个人特征变量、家庭特征以及地理环境、社会习俗等。Cox（1972）引入半参数模型来分析持续时间模型，半参数模型与非参数模型相比，则引入了一些外生的解释变量。常用的半参数模型也称为考克斯模型（Cox Model）。Cox 模型的优点在于：一方面，考虑了样本的异质性特征，引入了外生的解释变量；另一方面，没有为瞬时概率指定某种分布。Cox 模型表示如下：

$$h\ (t_i)\ = h_0\ (t_i)\ \exp\ (\beta' X_i) \tag{3-9}$$

$h_0\ (t_i)$ 是基线风险函数（Baseline Hazard Fuction），X_i 是一组解释变量向量；β 是一组待估参数向量。所谓"半参数"，即不用指定 $h_0\ (t_i)$ 的分布函数形式。系数 β 可利用最大似然法进行估计（Cox，1972）。

由半参数模型可以推导出：

$$\beta = \frac{\partial \log h}{\partial X} \tag{3-10}$$

（3）参数模型

持续时间模型的参数分析首要先假定瞬时概率服从一个确定的分布函数。其缺陷在于如果假定的分布函数不正确，往往会导致估计结果出现偏误。常用的分布有：指数分布、威布尔分布、对数正态分布、对数 – 逻辑斯蒂分布以及扩展的伽马分布。其中，对数正态分布、对数 – 逻辑斯蒂分布以及扩展的伽马分布属于加速概率模型；龚伯兹分布属于比例概率模型；指数分布、威布尔分布既属于加速概率模型又属于比例概率模型。

比例概率模型为：

$$h_i\ (X_i,\ t)\ = h_0\ (t)\ \phi\ (X_i,\ \beta) \tag{3-11}$$

加速概率模型的形式如下：

$$h_i(X_i, t) = h_0[t\phi(X_i, \beta)]\phi(X_i, \beta) \qquad (3-12)$$

t，X，β 分别代表时间、解释变量向量和待估参数向量。

从式（3-11）和式（3-12）可以看出，比例概率模型中，基线概率与外生变量是互相独立的，后者以乘积的形式作用于前者，然而在加速寿命模型中，外生变量直接影响基线风险函数，作用于持续时间。

在分析失业持续时间模型时，一般假设失业持续时间服从威布尔分布。如果考虑不可观察的异质性，那么可以遵从 Meyer（1990）的方法，这对于持续时间模型分析特别重要（Heckman and Singer，1984；Lancaster，1979）。机会函数如下：

$$h_\varepsilon(X_i, t) = h_i\langle X_i, t \mid \varepsilon\rangle \exp(X_i'\beta)\alpha t^{\alpha-1}\varepsilon, \quad \alpha > 0 \qquad (3-13)$$

在公式（3-13）中，α 是时间依存系数，反映失业者脱离失业的条件概率如何随着失业持续时间的延长而变化。一般情况下，如果 $\alpha > 1$ 则再就业的条件概率随着时间的增加而增加，如果 $\alpha < 1$ 则再就业的条件概率随着时间的增加而下降，如果 $\alpha = 1$ 则再就业的条件概率独立于失业持续时间。ε 是反映个体异质性的均值为 0，方差为 σ^2 的随机变量，其分布服从伽马分布，分布函数为 $\phi(\varepsilon) = \dfrac{\gamma^\gamma}{\Gamma^\gamma}\varepsilon^{r-1}e^{-\varepsilon r}$。我们可以使用卡方（Chi-Square）统计量来判定是否存在不可观测的异质性。

在持续时间模型的分析中，依然不能回避解释变量导致的内生性问题。比如，Giles et al.（2006）没有将失业者所获得的失业保险金放入回归分析中，主要是降低由于测量误差以及遗漏变量导致的内生性问题。由于失业保险金往往按照就业者失业前工作的工资水平来决定，因此可能与失业者的不可观察的能力变量相关，这样就会导致内生性问题，引起估计偏误。

3.3.2　有关经验研究结果

Ham et al.（1998、1999）利用持续时间模型对 20 世纪 90 年代初捷克和斯洛伐克失业者的失业持续时间进行比较分析。其研究发现，在90 年代初，中东欧地区开始实行经济转轨，这些国家除了捷克的失业率较低以外，其他国家都面临着较高的失业率，并发现较高的失业率是因为这些国家失业持续时间较长，失业退出率较低所致。在这些转轨国家，妇女的失业率和失业时间都高于男性，并指出雇主和劳动市场的性别歧视制度是导致女性失业时间更长的主要原因。Azmat et al. （2006）发现，在地中海地区，例如西班牙、意大利和法国等国家，女性的失业率远远高于男性，但是在欧洲的其他国家，女性的失业率并不高于男性。他进一步对这种现象进行解释，指出在这些存在性别差异的地中海国家，主要是失业率以及失业持续时间均存在性别差异，而导致这些差异的主要原因在于女性的人力资本积累相对较低。Kupets （2006）利用1998—2002 年乌克兰定点追踪数据 （ Ukrainian Longitudinal Monitoring Survey），把乌克兰失业人群分为从事零散、非正式就业的失业者以及没有从事任何非正式工作的失业者，结果表明，对整个失业群体来说，年轻、已婚和受教育状况更高的人更容易就业，各种失业补助都延长了失业者失业持续时间，男性和女性的失业持续时间并不存在明显差异，但是对于那些在失业期间没有从事任何非正式职业的女性失业者来说，她们的失业持续时间更长。

　　Du and Dong （2009） 利用 2003 年国家统计局城市社会经济调查总队的抽样调查数据，采用持续时间模型分析了女性为什么经历比男性更长的失业持续时间。结果表明，女性失业时间更长并不是她们找工作的积极性比男性低，而是劳动力市场一系列的结构性和制度性的因素导致。例如，女性社会资本较低，女性从国企转向私企面临更高的收入损失以及中国分性别地有差异的退休政策。Appleton et al. （2002） 利用1999 年中国社会科学院住户调查数据，采用持续时间模型，结果发现，在经济转轨时期，在国有企业和集体企业以及劳动密集型行业，受教育程度低、女性以及中年人士往往面临着下岗再就业的冲击，而年轻和健康状况较好的人倾向于经历较短的失业持续时间，而女性特别是已婚且有小孩的女性往往经历更长的失业持续时间。Giles et al. （2006） 利用Logit 分布的持续时间模型分析了中国下岗工人再就业问题，结果表明，女性下岗工人的失业持续时间高于男性下岗工人，对于女性下岗工人来说，政府提供的下岗津贴以及失业保险金对她们再就业没有影响，如果有一个上大学的小孩将促使她们更快就业，而对于男性下岗工人来说，下岗津贴会降低他们再就业的概率。马骏等人 （2006） 利用 2001 年北京市下岗职工的访问问卷，利用持续时间模型分析了下岗职工的失业持续时间，结果表明，已婚女性的失业持续时间明显增加。吴永球 （2007）

利用社科院 2000 年的城镇失业人员调查数据发现，女性相对于男性而言，拥有更高的失业持续时间。

3.4　案例：中国城镇人口失业持续时间的性别差异[①]

1997 年以来，中国政府提出了"三年解困"的目标，中国国有企业经历了大规模的所有制改革。国有企业的深化改革结束了延续几十年的企业固定用工制度，大量工人下岗。公有部门的改革是市场经济发展的要求，但经验研究结果显示，女性承担了更高比例的改革成本。本案例在工作搜寻理论和持续数据模型的基础上，利用中国国家统计局 2003 年的失业、再就业专项调查数据来分析决定不同性别失业持续时间的因素。

根据工作搜寻理论，失业者个体在一定时期内实现再就业的概率由劳动力的需求和供给共同决定，大致与以下五类因素有关：

第一，劳动者的人力资本特征，包括工作经验、教育程度、健康状况以及是否党员等。由于企业愿意雇用人力资本水平较高者，加之具有较高人力资本水平的劳动者具有更高的搜寻效率，所以，人力资本水平高者获得工作机会的概率也更高些。但是人力资本水平高者往往保留工资水平也越高，从而接受工作的概率就低一些。

第二，劳动者的家庭特征，包括婚姻状况、孩子的年龄、家庭其他成员的就业状况以及家庭月财产收入等。拥有未成年孩子的失业者，特别是女性，其再就业的机会成本更高，从而降低再就业概率。但是，拥有未成年孩子会增加家庭收入压力，从而提高失业者工作搜寻强度。一个家庭中有两个以上成员失业会因为经济压力而提高失业者的工作搜寻强度、降低保留工资而提高再就业概率，同时也会因降低该家庭成员寻找工作的信心而降低失业者再就业概率。家庭月财产收入越高，失业者购买闲暇的能力越强，再就业概率就越低。

第三，地方劳动力需求状况，包括劳动力所在地区的经济增长速度、

---

① 本案例部分内容摘自杜凤莲、董晓媛（2006）发表在《世界经济文汇》的论文。作者感谢该期刊编辑允许转载该文。因为数据使用受限等原因，本章不提供数据和软件程序等信息，感兴趣的读者可以向作者咨询。

产业结构以及失业率等。一般而言，经济增长速度对就业具有拉动作用，一个地区的产业结构对就业率也有影响，一般而言，如果一个地区第三产业比例较高，那么，劳动力的就业问题就相对容易解决。一个地区的失业率反映了该地区劳动力市场的供求状况，失业率越高，该地区的劳动供给相对于需求就越丰富，从而再就业概率就会越低。

第四，信息因素。失业者可以通过劳动力中介机构、政府、亲戚朋友、自己走街串巷等获得信息，劳动者的工作搜寻渠道越多，亲戚朋友越多，失业者得到的就业信息就越多，从而获得工作机会的概率就会提高。

第五，失业救济金、失业前收入等因素。失业救济金是再就业的机会成本，所以失业救济金水平越高，保留工资水平也越高，失业者接受工作的概率就越低。失业前收入越高，失业者购买闲暇的能力就越高，从而失业者的工作搜寻强度就越低；失业前工资越高，失业者保留工资也越高，从而失业者接受工作的概率就越低。

由于社会习俗以及性别在家庭、社会中的不同分工，以上因素对不同性别失业者再就业概率的影响往往不同。

在本案例中，我们使用参数分析方法，并假设失业持续时间服从威布尔（Weibull）分布。

根据 2003 年中国国家统计局城市社会经济调查总队的《城镇居民再就业状况调查》和《城镇居民失业状况调查》数据，我们发现，中国城镇失业的特点是：失业人口的再就业率低、女性占失业人口的比例高、平均失业持续时间长以及女性的平均失业持续时间更长等。中国城镇失业人口按就业状况和性别的失业持续时间分布见表 3-1。

表 3-1　　　　中国城镇失业人口的失业持续时间（2003）

按就业状态	近三年有过失业经历者（1）		再就业者（2）		目前仍处于失业状态者（3）	
观测值	2102		881		1221	
百分比（%）	100		41.91		58.09	
平均失业持续时间 ** （月）	17.67 (15.82)*		13.29 (12.42)*		20.82 (17.21)*	
按就业状态和性别	男	女	男	女	男	女

续表

按就业状态	近三年有过失业经历者（1）		再就业者（2）		目前仍处于失业状态者（3）	
观测值	865	1236	386	495	479	741
百分比（%）	41.17	58.83	43.81	56.19	39.26	60.74
分性别失业持续时间**（月）	16.22（15.42）*	18.68（16.03）*	11.88（11.89）*	14.39（12.72）*	19.72（16.98）*	21.55（17.33）*

注：数据来源：2003 年城镇居民《失业、再就业专项调查》，在专项调查中，失业被定义为上一周的有酬工作时间不超过 1 小时。所有数据包含的样本的年龄区间是，男性 16—60 岁，女性 16—50 岁；** 分性别持续时间中，除了再就业者以外，其他的平均再就业时间都是到调查时间止的平均时间，而不是真实的失业持续时间；* 括号内数字为标准差。

在表 3 - 1 中，按照就业状态来看，在近三年有过失业经历的 2102 人中，已经实现再就业的人数为 881 人，仅占有过失业经历人口总数的 41.91%，不足 1/2。在总失业人口中，女性占到了绝大多数，为 58.83%；而女性的再就业比例又低于男性，在再就业者人群中，女性所占比例为 56.19%，低于女性所占失业人口的比例 2% 以上；从平均失业持续时间来看，在近三年有过失业经历的范围内，男性的平均失业持续时间比女性低 2.46 个月。以上的比较说明，女性比男性的失业比例更高，再就业比例更低，失业持续时间更长。

表 3 - 2 分性别列举了失业者的个人特征、家庭特征以及失业期间收入状况。

表 3 - 2　　近 3 年有过失业经历者个人特征和人力资本的性别差异

连续性变量	男性		女性		女性与男性平均值之比
	平均值	标准差	平均值	标准差	
教育年限[1]	11.16	2.32	11.26	2.10	1.01
工作经验[2]	21.65	11.27	19.72	8.34	0.91
失业前月收入（元）	702.33	496.44	541.50	260.92	0.77
家庭其他成员收入（元）	632.05	677.62	981.84	775.42	1.55
家庭月财产收入（元）	360.77	642.14	250.57	696.04	0.69
月失业救济金（元）	82.22	82.42	77.62	78.07	0.94
离散性变量（%）					
党员（%）[3]	0.142	0.350	0.089	0.285	0.83

	男性		女性		女性与男性平均值之比
已婚（%）[4]	0.776	0.418	0.884	0.320	1.14
健康（%）[5]	0.877	0.328	0.889	0.314	1.01
家庭人口特征（%）					
没有孩子	10.88		12.86		1.18
有 0—6 岁孩子	3.36		7.77		2.29
有 7—18 岁孩子	28.36		39.89		1.40
有 19—22 岁孩子	18.29		18.37		1.00
有 23—28 岁孩子	21.53		9.63		0.44
有 28 岁以上孩子	17.59		11.49		0.65
工作搜寻途径（%）					
政府	16.99		17.15		1.01
市场中介	2.66		2.83		1.04
亲戚朋友	43.82		43.69		0.99
自己	31.10		31.80		1.022
其他	5.43		4.53		0.833

1. 这里的教育年限为连续变量，以年为单位，小学及其以下为 6，初中 = 9，高中（中专、技校）= 12，大专 = 15，大学 = 16，研究生 = 19；2. 工作经验为年龄 - 6—教育年限—失业持续时间，因为失业期间并没有工作经验积累，所以工作经验并不随着失业持续时间而变化，这里年龄指周岁；3. 党员是指是否为共产党员；4. 已婚是指已婚且目前有配偶；5. 健康是指身体健康状况至少和正常人一样好。

利用 Weibull 参数估计方法得到的分性别的持续数据模型见表 3 - 3。

表 3 - 3　　　　　　　　　　　**分性别 Duration 模型**

变量	总体		男性		女性	
	Hazard ratio	t-ratio	Hazard ratio	t-ratio	Hazard ratio	t-ratio
性别	0.622 ***	-4.87	—	—	—	—
工作经验	1.103 ***	3.96	1.100 ***	3.28	1.037	1.17
工作经验平方	0.998 ***	-3.24	0.998 ***	-3.07	1.000	-0.16
教育年限	1.119 ***	4.83	1.041	1.58	1.161 ***	5.61

续表

变量	总体		男性		女性	
	Hazard ratio	t-ratio	Hazard ratio	t-ratio	Hazard ratio	t-ratio
健康状况	1.754***	3.62	2.034***	3.53	1.505**	2.23
党员	1.494***	3.13	1.196	1.12	1.587***	3.26
婚姻	0.807	-1.25	1.023	0.10	0.745	-1.46
Log(失业前收入)	0.766***	-5.50	0.828***	-3.95	0.739***	-5.90
Log(其他成员收入)	0.971*	-1.70	0.980	-1.01	0.964*	-1.61
有 0—6 岁孩子比例	1.429	1.62	1.097	0.28	1.514*	1.75
有 7—18 岁孩子比例	1.182	1.16	1.297	1.35	1.174	0.98
有 19—22 岁孩子比例	0.989	-0.07	0.936	-0.31	1.077	0.43
有 23—27 岁孩子比例	0.800	-1.26	0.982	-0.08	0.733	-1.35
有 28 岁以上孩子比例	0.788	-1.34	0.923	-0.37	0.814	-0.93
有 1 个以上失业者比例	0.106***	-4.81	0.126***	-2.90	0.107***	-3.80
Log(财产收入)	0.987	-0.83	0.967*	-1.73	1.008	0.47
地方失业率	0.980	-1.20	0.984	-0.75	0.981	-0.97
第三产业比重	0.996	-0.56	0.979**	-2.26	1.006	0.69
地方经济增长率	1.002	0.08	0.999	-0.02	1.004	0.13
市场	1.245	0.75	1.597	1.17	1.118	0.32
亲戚朋友	1.873***	4.57	2.319***	4.34	1.402**	2.14
自己	2.176***	5.41	1.971***	3.36	1.864***	3.93
其他	1.335	1.25	1.557	1.46	0.972	-0.10
Log(失业救济金)	0.886***	-6.05	0.892***	-4.85	0.899***	-4.75
α	1.0390*	-1.75	0.8997**	-2.55	0.993	-0.20
Log likelihood	-2138.79		-918.11		-1196.39	
Pvalue	0.00		0.00		0.00	
Number of obs	2071		850		1221	

　　***、**、* 分别表示在 1%、5%、10% 的显著性水平上显著。经检验，总体回归方程中存在着不可观测异质性，而分性别回归方程中不存在不可观测异质性。孩子年龄变量、工作搜寻途径变量的参照组分别为没有孩子和依靠政府寻找工作。

　　从所有样本的回归方程中，我们发现女性的再就业概率仅仅相当于男性的 62%，反映个人人力资本特征的主要变量，例如工作经验（以年龄表示）、教育年限、身体健康状况、是否是党员对再就业概率的影响显著为正，但是这些因素对不同性别失业者的影响程度有所不同，工作经验对不同性别失业者的再就业都具有显著的正向作用，但是对男性的作用程度更高、更显著。而教育年限对不同性别的影响差异就更大一些，平均而言，受教育程度每提高 1 年，男性的平均再就业概率只提高 4%，且在统计上不显著，而女性则提高 16% 以上，且在统计上是显著的。身体健康者更容易实现再就业，但健康男性实现再就业概率更高，这也许是因为男性从事的工作更需要力气。是党员的失业者更容易实现再就业，但对女性的作用更高、更显著。总之，教育程度、党员对女性再就业的信号作用更显著，但是女性的工作经验并没有得到很好回报。

失业者家庭特征对失业者再就业的机会比率有重要影响：已婚且目前有配偶的男性再就业概率比单身男性高，而已婚女性再就业机会比率却降低，但这种变化在统计上不显著。孩子因素对再就业影响在总体上不显著，对女性而言，与没有孩子相比，在孩子大学毕业之前，女性再就业概率提高，说明扶养孩子的收入压力对女性再就业行为的影响程度更高。

表 3 - 3 还告诉我们，不同性别失业者失业前月收入显著降低其再就业概率，具体地说，失业前对数月收入每增加 1 元，男性和女性的再就业概率分别降低 17% 和 26%。失业前收入从两个方面降低再就业概率：一方面是失业前收入越高，失业者的保留工资就越高，从而影响失业者接受工作的概率；另一方面，失业前收入越高，失业者购买闲暇的能力也越高，搜寻强度下降，从而获得工作的概率就越低。家庭财产收入对不同性别失业者再就业概率的影响方向不同，家庭财产收入降低了男性再就业概率，但是却提高了女性再就业概率。

家庭中至少还有一个其他成员失业的失业者实现再就业的机会比率大大降低，这是因为当一个家庭中有两个以上失业者时，整个家庭的社会网络资源减少，从而搜寻成本加大，另外，一旦一个以上家庭成员同时失业，劳动力再就业的信心可能就会受到打击，这样，失业者的工作搜寻强度往往会下降。

在工作搜寻途径的分析中，我们发现，与依靠政府找工作相比，男性通过其他途径找到工作的机会比率都提高了，特别是通过亲戚朋友和自己找到工作的概率分别提高了 1 倍多和接近 1 倍，并且在统计上是显著的。就工作搜寻途径而言，女性状况与男性有所不同，女性通过社会网络

（亲戚朋友）和自己努力寻找工作使得再就业的机会比率增加，但增加的幅度大大低于男性，而且，女性找到工作的最主要途径是依靠自己，其次才是亲戚朋友。

整体而言，宏观经济变量对再就业概率的影响不是很显著，地区失业率越高，失业者再就业机会比率越低；第三产业比重越高，劳动者再就业机会比率越高；地区经济增长率越高，失业者实现再就业的机会比率越高，但是，除了第三产业比重对女性再就业概率影响显著为正以外，其他变量的影响在统计上都是不显著的。

从对表 3 - 3 的分析中，我们还发现失业者再就业概率对失业救济金的反应很敏感，但女性失业者对失业救济金的反应程度低于男性。

3.5　结论

本章介绍了性别失业持续时间差异有关的理论模型和经验研究方法，即工作搜寻理论和持续模型。

在劳动力市场上，失业持续时间至少是和失业率同样重要的指标，失业持续时间不仅可以反映市场效率，还可以用来反映失业者的痛苦程度。所以了解失业持续时间的决定因素非常重要。但是，在数量分析上，失业持续时间因为具有"右截断"特征而不能作为因变量，持续数据模型解决了这一问题。持续数据模型把对失业持续时间问题的分析转化为使用极大似然法估计失业者的条件概率，即机会函数（Hazard Function）问题。在机会函数的基础上还估计失业者的预期失业持续时间。

失业和再就业是市场经济在劳动力市场发挥作用的结果，而经验研究发现失业和再就业概率具有显著的性别差异，于是以下两个问题的回答是重要的：第一，为什么女性的失业持续时间比男性长？第二，失业持续时间的性别差异在多大程度上取决于劳动需求者和供给者的偏好和制度因素，在多大程度上取决于可观测的特征差异？对这两个问题的回答具有不同的政策含义。

目前，国际上关于性别失业持续时间差异的经验研究文献十分丰富，多数经验研究结果显示女性失业者实现再就业的概率低从而失业持续时间长，并且这种差距主要是由再就业的边际倾向决定（以估计的系数衡量）的，而不是由性别间个体特征差异来解释。

参考文献

杜凤莲:《中国城镇人口失业的决定因素及其后果》，内蒙古大学出版社 2007 年版。

杜凤莲、董晓媛:《中国城镇人口失业持续时间的性别差异》，《世界经济文汇》2006 年第 2 期。

杜凤莲、鲍煜虹:《搜寻理论、失业救济金与中国城镇人口失业持续时间》，《经济理论与经济管理》2006 年第 3 期。

马骏、赵国庆、今村弘子:《北京市下岗职工的再就业分析》，《经济学》(季刊) 2004 年第 4 期。

吴永球、冉光和、曹跃群:《失业保险金与再就业行为》，《经济学》(季刊) 2007 年第 1 期。

朱农:《中国劳动力流动与"三农"问题》，武汉大学出版社 2006 年版。

Appleton Simon, Knight John, Song Lina, Xia Qingjie, "Labor Retrenchment in China: Determinants and Consequences," *China Economic Review*, 2002, 13: 252 - 275.

Atkinson Anthony, Micklewright John, "Unemployment Compensation and Labor Market Transitions: A Critical Review," *Journal of Economic Literature*, 1991, 29: 1679 - 1727.

Becker G. S. , "Altruism in the Family and Selfishness in the Market Place," *Economica*, 1980, 45: 1 - 15.

Bertola, Giuseppe, Francine D. Blau, Lawrence Kahn, "Labour Market Institutions and Demographic Employment Patterns," Discussion Paper, 2002.

Beneria Lourdes, *Gender, Development and Globalization: Economics as if All People Mattered*, New York, Published by Great Britain by Routledge, 2003.

Blanchard Olivier, Michael Kremer, "Disorganization," *Quarterly Journal of Economics*, 1997, 112 (4): 1091 - 1126.

Broaded C. M. , Liu, C. , "Family Background, Gender and Educational Attainment in Urban China," *China Quarterly*, 1996, 145: 53 - 86.

Cox D. R. , "Regression Models and Life-Tables," *Journal of the Royal*

Statistical Society, 1972, 34: 187 – 220.

Crossley, T., Jones, S. and Kuhn, P., "Gender Differences in Displacement Cost, Evidence and Implications," *Journal of Human Resources*, 1994, 29 (2): 461 – 480.

Davidson Carl, Stephen Woodbury, "Unemployment Insurance and Unemployment: Implications of the Reemployment Bonus Experiements," In Advisory Council on Unemployment Compensation: Background Papers, Vol. 3, Washington, 1996.

David R. Janes, Gerald H. Makepeace, "Equal Worth, Equal Opportunities: Pay and Promotion in an Internal Labor Market," *The Economic Journal*, 1996, 106: 401 – 409.

Devine, Theresa J., Nicholas M. Kiefer, *Empirical Labor Economics: The Search Approach*, New York and Oxford: Oxford University Press, 1991.

Du Fenglian, Xiao-Yuan Dong, "Why Do Women Have Longer Durations of Unemployment than Men in Post-Restructuring Urban China?" *Cambridge Journal of Economics*, 2009, 33 (2): 233 – 252.

Fallick B. C., "A Review of Recent Empirical Literature on Displaced Workers," *Industrial and Labor Relations Review*, 1996, 50 (1): 5 – 16.

Feather, N. T., "The Relative Effects of Unemployment and Quality of Employment on the Affect, Work Values and Personal Control of Adolescents," *Journal of Occupational Psychology*, 1990, 63 (2): 151 – 165.

Foley, Mark C., "Determinants of Unemployment Duration in Russia," Discussion paper No. 779. Economic Growth Center, Yale University, 1997.

Ghazala Azmat, Maia GÜell, Alan Manning, "Gender Gaps in Unemployment Rates in OECD Countries," *Journal of Laobr Economics*, 2006, 24 (1).

Giles, J. Park, A. and Cai, F., "Re-employment of Dislocated Workers in Urban China: The Roles of Information and Incentives," *Journal of Comparative Economics*, 2006, 34: 582 – 607.

Gregory and Jukes, 2001 M. Gregory and R. Jukes, "Unemployment and Subsequent Earnings: Estimating Scarring among British Men 1984 – 1994," *Economic Journal*, 2001, 475: 607 – 625.

Hans G. Bloemen, "Job Search Theory, Labour Supply and Unemployment Duration," *Journal of Econometrics*, 1997, 79 (2): 305 – 325.

Hamermesh, Daniel S, *Jobless Pay and Economy*, The Johns Hopkins University Press, Baltimore, 1977.

Heckman, J. and B. Singer, "Econometric Duration Analysis," *Journal of Econometrics*, 1984, 24: 63 – 132.

Hirsch, B., Schumacher, E., "Unions, Wages, and Skills," *The Journal of Human Resources*, 1998, 33 (1): 201 – 219.

Ioannides, Yannis M., Datcher Loury, Linda, "Job Information Networks, Neighborhood Effects, and Inequality," *Journal of Economic Literature*, 2004, 24 (4): 1056 – 1093.

Leana, C. R., Feldman, D. C., "Individual Reactions to Job Less: Perceptions, Reactions and Coping Behaviors," *Journal of Management*, 1988, 14: 375 – 384.

Lundberg S, Pollak RA, Wales T., "Do Husbands and Wives Pool Their Resources? Evidence From the U. K. Child Benefit," *Journal of Human Resources*, 1997, 32 (3): 463 – 480.

John C. Ham, Jan Svejnar and Katherine Terrell, "Unemployment and the Social Safety Net during Transitions to a Market Econom: Evidence from the Czech and Slovak Republics," *The American Economic Review*, 1998, 88 (5): 1117 – 1142.

John C. Ham, Jan Svejnar and Katherine Terrell, "Women's Unemployment During Transition, Evidence From Czech and Slovak Micro-Data," *Economics of Transition*, 1999, 7 (1): 47 – 78.

Kaufman, D. and Fetters, M. L., "Work Motivation and Job Values Among Professional Men and Women: A New Accounting", *Journal of Vocational Behavior*, 1980, 17: 251 – 262.

Kaufman, H. G., *Professionals in Search of Work: Coping with the Stress of Job Loss and Unemployment*, New York: Wily, 1982.

Katz, L. F., Meyer, B. D., "Unemployment Insurance, Recall Expectations and Unemployment Outcomes," Quarterly *Journal of Economics*, 1990, 105 (4): 973 – 1002.

Kiefer, Nicholas M. , "Economic Duration Data and Hazard Functions," *The Journal of Economic Literature*, 1988, 26 (2): 646 –679.

Kletzer L. G. , "Job Displacement," *Journal of Economic Perspectives*, 1998, 12 (1): 115 –136.

Knight, John and Li Shi, "Unemployment Duration and Earnings of Re-Employed Workers in Urban China", *China Economic Review*, 2006 (17): 103 –236.

Kulik L. , "Jobless Men and Women: A Comparative Analysis of Job Search Intensity, Attitudes toward Unemployment, and Related Responses," *Journal of Occupational and Organizational Psychology*, 2000, 73 (4): 487 –500.

Lancaster, Tony, "Econometric Methods for the Duration of Unemployment," *Econometrica*, 1979, 47 (4): 939 –956.

Lancaster, Tony, *The Economic Analysis of Transition Data*. Cambridge University Press, Cambridge, 1990.

Lentz R. and Tran, "Marriage, Wealth and Unemployment Duration: A Gender Asymmetry Puzzle," Working Paper, IZA DP, 1607, 2005.

Layard R. , S. Nickell and R. Jackman, *Unemployment. Macroeconomic Performance and the Labour Market*, Oxford University Press, Oxford, 1991.

Lelièvre E. , BringÉ A. *Manuel Pratique Pour L' Analyse Statistique Des Biographies : PrÉSentation Des ModÈLes De DurÉE Et Utilisation Des Logiciels SAS, TDA, STATA*, Paris, Editions de l' Institut National d' Etudes Déographiques, 1998.

Jane Arnold Lincove, "Determinants of Schooling for Boys and Girls in Nigeria under a Policy of Free Primary Education," *Economics of Education Review*, 2009, 28 (4): 474 –484.

Martam. Elvira and Ishak Saporta, "How does Collective Bargaining Affect the Gender Pay Gap?" *Work and Occupations*, 2001, 28 (4): 469 –490.

Madden, J. , "Gender Differences in the Cost of Displacement: An Empirical Test of Discrimination in the Labor Market," *American Economic Review*, 1987, 77 (2): 246 –252.

Machin S. and A. Manning, "The Causes and Consequences of Long-Term

Unemployment in Europe," in: Ashenfelter O. and D. Card, eds., *Handbook of Labor Economics*, Vol. 3. North Holland: Elsevier Publishers, 1999.

McCall, J., "Economics of information and Job Search", *Quarterly Journal of Economics*, 1970, 2: 113 – 126.

Meyer, Bruce D., "Unemployment Insurance and Unemployment Spells," *Econometrica*, 1990, 58 (4): 757 –782.

Michele Pellizzari, "Unemployment Duration and the Interactions between Unemployment Insurance and Social Assistance," *Labour Economics*, 2006, 13 (6): 773 –798.

Mincer, J., "On the Job Training: Costs, Returns, and Some Implications," *Journal of Political Economy*, 1962, 70: 50 – 79.

Mincer, J., and S. Polachek, "Family Investments in Human Capital: Earnings of Women," *Journal of Political Economy*, 1974, 82 (2): 76 – 108.

Montgomery, James D., "Social Networks and Labor-Market Outcomes: Toward an Economic Analysis," *American Economic Review*, 1991, 81 (5): 1407 – 1418.

Moffitt, R., "Unemployment Insurance and the Distribution of Unemployment Spells," *Journal of Econometrics*, 1985, 28, 85 – 101.

Mortensen, D., "Unemployment Insurance and Job Search Decisions," *Industrial and Labor Relation Review*, 1977, 30: 505 – 517.

Narendranathan W., S. Nickell, J. Stern, "Unemployment Benefits Revisited," *The Economic Journal*, 1985, 95 (378): 308 – 329.

Narendranathan W., Stewart M. B., "Modelling the Probability of Leaving Unemployment: Competing Risks Models with Flexible Baseline Hazards," *Applied Statistics*, 1993, 40 (1): 63 – 83.

Nickell, Stephen, "Estimating the Probability of Leaving Unemployment," *Econometrica*, 1979, 47 (5): 1249 – 1266.

Nickell, S., "A Picture of Male Unemployment in the Britain," *Economic Journal*, 1980, 90 (363): 776 – 794.

Nickell, S. J., P. Jones and G. Quintini, "A Picture of Job Insecurity Facing British Men," *Economic Journal*, 2002, 112 : 1 – 27.

Nivorozhkina, Lyudmila, Nivorozhkin, Evgenii, Shukhmin, Andrei,

"Modeling Labour Market Behaviour of the Population of A Large Industrial City: Duration of Registered Unemployment," Working Paper, EERC, Moscow, 2002.

Olga Kupets, "Determinants of Unemployment Duration in Ukraine," *Journal of Comparative Economics*, 2006, 34: 228 – 247.

Pichelmann K. and M. Riedel, "Unemployment Duration and Relative Change in Individualised Earnings: Evidence from Austrian Panel Data," Research Memorandum, Institute for Advanced Studies, Vienna, 1993.

Pellizzari, Michele, "Do Friends and Relatives Really Help in Getting a Good Job?" Discussion Paper, London School of Economics, 2004.

Shapiro, D. , Oleko Tambashe, B. , "Gender, Poverty, Family Structure and Investments in Children's Education in Kinshasa, Congo," *Economics of Education Review*, 2001, 20 (4): 359 – 375.

Stetsenko, Serhiy, "On the Duration and the Determinants of Ukrainian Registered Unemployment: A Case Study of Kyiv," Master of Arts Thesis. EERC, Kiev, 2003.

Stigler, George J. , "Information in the Labor Market," *Journal of Political Economy*, 1962, 70 : 94 – 104.

Timberlake, S. , "Social Capital and Gender in the Workplace," *Journal of Management Development*, 2005, 24 (1): 34 – 44.

Thomas D. , "Intrahousehold Resource Allocation: An Inferential Approach," *Journal of Human Resources*, 1990, 25 (4): 635 – 664.

Thomas F. Crossley, Stephen R. G. Jones, Peter Kuhn, "Gender Difference in Displacement Cost: Evidence and Implications," *Journal of Human Resource*, 1994, 29 (2): 461 – 480.

Zhang, Juwei, 2003, "International Comparsion of the Definition for Unemployment and the Rate of Unemploymet in Urban China," *The Journal of World Economy*, 2003, 297: 47 – 54.

第 4 章

职业流动的性别差异分析：
多元 Logit 模型[*]

宋月萍

4.1 引言

职业流动（occupational mobility）是指劳动者在不同职业之间的变动，是劳动者放弃一个工作又获得另一份工作的过程，个人在职业生涯内更换不同职业的过程构成了职业流动经历。在市场经济环境下，个人通过转换工作来寻找与其能力和兴趣更为相符、报酬也更丰厚的职业，企业通过劳动力流动寻找与企业需求匹配的员工。职业流动成为劳动力市场的一个显著特征（Burdett 1978；Jovanovic 1979；Shaw 1987；Sicherman and Galor 1990），职业流动成为理解工资变动以及职业获得的基础。

以职业地位和职业声望为标准，可以把职业流动分为水平流动和上下流动。劳动者在同一职业地位和同一职业声望的职业系列中的流动就是水平流动；劳动者在不同地位等级和不同职业声望的职业系列中的流动就是上下流动或垂直流动，从一种职业地位等级较低的职业流动到社会地位较高的职业就是向上流动，反之则为向下流动。

以劳动者个人变换职业的意愿（也可称之为原因）来看，可分为自愿流动（voluntary mobility）和被迫流动（forced mobility，involuntary mob-

---

　　* 本章部分内容引用 Song and Dong（2009）。作者感谢董晓媛老师同意翻译使用该文章的部分内容。

ility），自愿流动往往是指劳动者为主动谋求职业发展、提升收入水平等更换职业，其结果往往是职业向上流动；而被迫流动包括由于劳动力市场因素（单位破产、下岗等）以及劳动者个人及家庭因素（生育子女、照顾家庭成员等）而做出的退出劳动力市场或更换职业的选择，其结果往往是职业向下流动。

在转型经济中，职业流动现象增加是劳动力市场的一个显著特征。公共部门改革以及私有部门的兴起带来企业、部门、行业以及地区间的劳动力重组。这种结构性调整不但为个人职业发展创造出新的机遇，同时，也减少了数以百万计的就业岗位，使得一部分劳动力不得不转移到技能需求较低或工资报酬较低的岗位中去（Sabirianova，2002），造成向下流动，或者是被迫流动现象的增加，而此种职业流动模式对个人经济状况将带来显著影响。

本章研究职业流动性别差异有关的理论和 Multinomial Logit 方法。本章研究结构如下：首先介绍关于职业流动以及职业流动性别差异相关理论；接下来，重点讲解如何用 Multinomial Logit 模型来估计职业流动中存在的性别差异。随后，给出一个关于转型期间中国城市劳动力市场上职业流动性别差异分析的经验研究案例。最后，对全章内容进行简要总结。

4.2　理论综述

4.2.1 市场经济背景下的职业流动与性别差异理论

在"同工同酬"的劳动力市场环境中，从事相同职业的男性和女性理论上将获得相似的报酬，而劳动力市场上的性别差异很大程度上是因为男女在"职业"上的分布不均等，而不是同一"职业"内部报酬的性别差异（Lazear，1995），但不同的职业在报酬、社会声望等方面往往存在差异。因此，研究劳动力市场性别差异的一个重要途径是分析男女进入不同等级、不同类别的职业的过程。

为什么个人在职业生涯中要变换职业？Burdett（1978）认为当员工希望获得更高的报酬、公司希望找寻更高效率的员工时，职业流动就将发生。在成熟的市场经济背景下，个人职业流动往往是职业匹配和职业生涯发展的结果。职业匹配理论认为职业流动是企业和个人用以克服信息不完全而导致的市场不确定性而采取的策略（Jovanovic，1979）。职业匹配理论（job match theory）认为就职年限将对职业流动产生负面影响，因为随着就职年限越长，其报酬和能力之间的匹配质量也更优。而职业发展理论（career mobility theory）则集中于分析人力资本投资对职业发展的影响（Sicherman and Galor，1990）。与此理论相对应，个人将有限的生命时间在教育和不同的职业经历间作出分配，以实现生命收入的最大化。个人会选择最优的更换工作时间，因此部分教育回报是以高频率的职业发展来体现的。在其他因素一致的条件下，受教育程度更高的个人更有可能在企业内部得到晋升，或转移到其他企业从事更高回报的工作。职业发展理论认为就职年限将对个人职业流动产生正面影响：随着个人就职年限越长，其获得更多的技能以及经验，使其更有可能得到晋升。

近些年社会资本理论的发展也关注个人社会网络如何影响职业流动。大量研究关注到社会资本的可得性会提高个人获得好工作的可能性。一个解释认为社会资本的增加会有可能改善就业者和岗位之间的匹配质量，因具有社会资本的个人在就职之前就可能获得工作相关的信息，可减少对职业回报的不确定性；同时，雇用者也能在作出雇用决策之间更准确地了解就职者信息，从而能减少对个人生产效率的不确定性（MaCall，1988；Simon and Warner，1992）。另一个解释则是从偏好的角度分析社会资本在职业流动中的作用：雇用者在雇用以及晋升决策过程中可能更偏好具有良好社会关系的雇员，而非其生产效率（Granovetter，1974；Corcoran，Datcher and Duncan，1980）。从理论上讲，从信息角度阐释社会资本对职业流动的影响与在有效要素市场上企业和个人的行为预期保持一致，而偏好假设更适用于解释企业组织的非经济目标行为。

工作匹配和职业发展理论不能完全解释个人职业流动，除此之外，技术进步、经济波动以及政策变动（例如，经济改革以及贸易自由化等）都将对个人职业流动带来影响，并往往具有非自愿流动（involuntary mobility）特征，最显著的一个例子就是下岗。自愿流动和非自愿流动将会对个人工资增长带来不同的影响，前者往往导致工资增长，而后者往往导致工资下降（Mincer，1986；Keith and McWilliams，1999）。自愿更换工作者往往在在职时就开始搜寻新的工作机会，而被动下岗者往往在失业后才开始寻找新的就业机会。并且，因结构性调整而被迫更换工作岗位更有可能会损失部分甚至全部以前积累的人力资本，而自愿更换工作的人一般不会遭此"毁灭性"的打击。

在理解职业流动现象的基础上，如何解释职业流动中的性别差异？劳动力市场中的职业性别隔离现象已经为大量研究所关注，但是关于职业流动的经济学分析还较少关注性别差异。已有的一些研究已经揭示了在晋升过程中存在性别差异，以及这些性别差异产生的原因。

（1）人力资本因素引致的职业流动性别差异

长期以来，女性在职业生涯中获得向上流动的机会少于男性的事实得到了很多关注，在市场经济中，职业流动中的性别差异是导致工资性别差异的一个主要原因（Lazear，1995）。职业流动中的性别差异往往归咎于男性和女性在劳动力市场行为上的差别。女性由于承担生育、抚养孩子的经历而导致其就业中断，而劳动力参与的中断可能会减少女性人力资本积累，从而降低其获得职业发展的机会（Mincer and Polachek，1974；Jones and Makepeace，1996；Royalty，1998）。女性也往往倾向于选择与男性不同的职业发展路径，因其在工作选择上可能更看重弹性工作时间使其能如社会期望般承担家庭照料责任（Becker，1957；Polachek，1980）。在工资回报和技能要求，以及就业时间限制之间的权衡使得女性更有可能选择那些对人力资本要求不高或者不会因工作中断而贬值的工作，当然，这样的工作往往职业晋升前途也相对暗淡。除此之外，由于社会或家庭对男女的期望存在差异，男性和女性也有可能因此而选择不同的职业（Kahn and Griesinger，1989）。男性更有可能在没有得到晋升时选择离开该企业；而与此相反，女性更有可能因为家庭原因而放弃工作。

（2）社会资本占有不同而导致的职业流动性别差异

除人力资本因素外，女性获得职业发展的机会还受到社会资本（社会网络）的限制。社会资本是个人通过他们的成员身份在网络中或更广泛的社会结构中获取稀缺资源的能力。女性经济学家认为，由于职业性别隔离以及家务劳动时间分配的性别差异等因素，女性的社会网络要小于男性，其获得非正规信息的可能性也低于男性，从而阻碍了女性就业的发展（King and Manson，2001；Timeberlake，2005）。相关研究发现，与女性相比，男性在在职时已更积极地搜寻新的就业发展机会，而这种在职搜寻行为对工资的增长至关重要（Keith and McWilliams，1999）；同样，男性比女性花费更多的时间在与工作搜寻相关的社会交往、与朋友联系等方面（Jones，1989）。正是由于搜寻行为上的性别差异，自愿更换的工作也更有可能给男性带来比女性更大的正面影响。

（3）家庭特征导致的职业流动性别差异

家庭是女性职业流动决策的主要影响因素之一。在对西方国家的研究中发现，婚姻以及家庭给女性的职业发展带来的负面影响要大于男性（Rosenfeld，1980；Whyte，1984；Treiman，1985）。Keith and McWilliams（1999）的研究也认为，家庭原因对解释职业流动的性别差异具有关键作用。他们对美国劳动力市场的研究发现，男性和女性在职业流动模式上存在差别。一方面，女性主动变换职业的比例要低于男性，另一方面，在主动更换职业时，女性比男性更可能因家庭相关原因而更换工作。对此，他们给出的解释是女性承担了家庭的主要责任。并且，这种家庭责任将增加女性职业搜寻以及流动的机会成本，从而导致女性主动变换职业的比例要低于男性。

家庭责任的性别差异主要体现在生育以及家务劳动两方面。女性由于生育以及抚养孩子需要暂时退出劳动力市场，工作经历的中断意味着降低职业上升流动机会，这是造成职业流动性别差异的主要原因之一。布克迪（Bukodi，1998）的研究发现，没有孩子的女性在其早期职业经历中更容易得到上升流动的机会，而有过生育经历的女性则"不得不将推迟她们的职业发展"。而 Wenk and Rosenfeld（1992）的研究证明，生育经历对女性职业向下流动（甚至退出劳动力市场）将产生重要作用。因此可以假设，与男性相比，女性职业流动更易受到生育经历的影响。

而另一方面，女性职业流动选择还会受到来自家庭劳动分工的重要影响。在我国，在传统"男主外，女主内"的性别分工模式影响下，女性承担更多的家务劳动。尽管女性参与就业的比例很高，但是女性平均每天配置在家务劳动上的时间为男性的 2.28 倍[①]（图 4 -1）。大部分城市女性承担双重负担：一方面从事全职工作，另一方面需要完成大部分家务劳动（Honig and Hershatter，1988；Whyte，1984）。在时间资源固定的情况下，女性较男性配置更多的时间在家庭部门，将影响他们在就业市场的发展，也将影响她们职业流动，尤其是上升流动的机会。

（4）部门隔离导致的职业流动性别差异

研究发现，从正规部门离职将对女性工资产生比男性更为负面的影响

---

① 全国妇联、国家统计局:《第二次中国妇女社会地位调查》，2000 年 12 月。

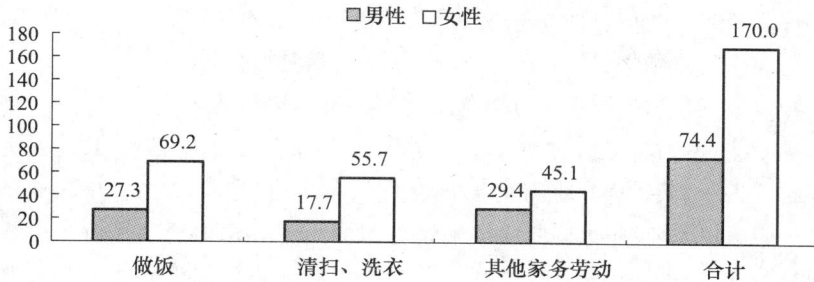

图 4 - 1　2000 年城市在业男女家务劳动时间统计

（Maxwell and D'Amico，1986；Madden，1987；Crossley，1994）。这些研究认为，当雇员离开那些需要支付雇用"租金"的部门时（例如，有工会组织的部门），最终在其他部门就业时，其工资往往遭受损失，因为先前职位的工资实际上高估了个人的市场价值，而这种损失在女性身上表现尤其明显。由于在那些有工会组织的部门中，工资受到联合议价的影响，在一定程度上制止了区别对待，从而工资性别差异相对较小（Hirsch and Schumacher，1998；Elvira and Saporta，2001）；而女性如果离开这些部门，其工资将会遭受两方面损失：一方面是所有工会成员享受的租金，另一方面是工会所提供的针对女性的特殊保护。因此，女性相比男性，更易因非自愿离职而经历向下职业流动。

（5）雇主歧视导致的职业流动性别差异

雇主在晋升和雇用决策中的性别歧视也是一个重要的影响职业流动性别差异的制度性因素。在企业内部，女性在晋升过程中比男性遭遇更多的障碍而难以获得晋升机会，也即"玻璃天花板"现象。Lazear and Rosen（1990）对此作出解释，认为雇主之所以会在晋升决策中歧视女性，主要是考虑到男女在非劳动力市场行为上存在差异。她们认为，女性在非劳动力市场上（比如，家务劳动）比男性具有比较优势，而这种比较优势将使女性需面对更大的工作和家庭之间的冲突。而对雇主方而言，最优的方法就是在晋升上，为女性设置比男性更高的门槛或标准。Krowas（1993）及 Jones and Makepeace（1996）的研究都印证了"玻璃天花板"理论。除此之外，对于向上职业流动中的性别差异，"死巷"（"dead-end" argument）理论也从另一方面作出了解释：由于雇主不愿意雇佣女性进入具有晋升机会的职业，女性更容易聚集在低层次的工作中，如 Groot，Maassen and Brink（1996）的研究支持了"死巷"理论的解释。

4.2.2 经济转型时期的职业流动和性别差异理论

20多年来，我国通过改革开放，引进了市场机制，改变了过去完全由行政手段进行配置劳动力的局面，使人们有了更多自主选择职业的权利，为个人的职业流动与发展带来了更多的机遇。但对男女而言，并未带来相等的职业流动机会。改革开放以前，国有和集体经济在中国产业部门结构中占有绝对的优势地位，劳动用工权统一掌握在专门的主管部门手里，按平均主义原则进行利益分配的就业体制使女性维持着与男性同等的就业机会与职业地位。而在转向市场经济体制的过程中，就业政策的放松一方面促进了个人职业流动，同时也引起了男性与女性职业地位的差异和分化。大量研究审视了我国经济转型对劳动市场产出性别差异的影响。但是，大部分研究集中于对劳动力参与、就业地位以及工资差异的分析，对职业流动性别差异的研究相对较少。本章旨在分析中国转型时期劳动力市场上职业流动的性别差异，以充实丰富转型经济中劳动力市场性别差异方面的研究。

在中国，经济改革之前，几乎所有劳动年龄的城市男性和女性在完成教育后进入劳动力市场就业，而在政府负责分配工作、维持终身就业、并集中制定工资结构（Korzec，1992）的稳定就业体系下，劳动力流动比例非常低。在计划经济时代，女性的社会地位也得到了明显的提升，中国是世界上城市女性就业率最高的几个国家之一，并且依照国际标准衡量，中国男女收入差异也非常小（Croll，1983）。然而，在中国，就业的性别隔离普遍存在，女性往往聚集在办事员、文秘以及低层次管理岗位上；就企业性质而言，女性更多聚集在收入比国有企业更低、福利待遇比国有企业更差的集体企业（Ngo，2002）；女性在政治地位上也与男性有一定差距，虽然获得共产党员身份对个人职业发展起到重要作用，但在中国，女性党员比例要远低于男性（Walder，1986）。

20世纪70年代后期，中国开始以渐进模式转向市场经济为导向的经济体制。随着政企分离程度加深，国有企业的工资制度也开始逐渐分化，国有企业管理者开始掌握雇用和晋升的决定权，而在1986年之后进入国企就业的人员开始不再享有终身雇用的政策，都需与企业签订短期劳动合同（Friedman，1996）。而随着乡镇企业、私人企业以及外商投资企业等的发展，私有经济部门从国有企业部门以及农村地区吸引了大量劳动力就业（Dong and Bowles，2002）。劳动力市场的改革给员工提供更多的空间通过变动职业来追求个人职业发展。而随着 20 世纪 90 年代市场经济改革步伐的加快，在 1992 年底，中央政府正式承认私营经济地位并开始了国有企业产权改革。到 1994 年，新《劳动法》通过，承认企业主有权解雇工人。1997 年，政府开始大规模国企裁员项目以期能振兴国有企业。而此次国企改革使得大量劳动力在部门、行业以及地区之间流动重组，并结束了计划经济时期城市就业"铁饭碗"的就业机制（Giles et al.，2006；Dong and Xu，2009）。

经济转型虽然极大地推动了经济快速发展，人民生活水平得到显著提高，然而，研究证明，男性和女性从经济转型中获得的益处存有差异。男性工资增长速度快于女性，从而导致男女工资差异在经济改革后期明显扩大（Maurer-Fazio et al.，1999；Gustafsson and Li，2000；Zhang et al.，2008）。除此之外，女性下岗比例要明显高于男性，而更多的女性在下岗后难以再就业（Appleton et al.，2002）。因此，女性不但失业率要高于男性，其失业持续时间也要长于男性（Giles，Park and Cai，2006；Du and Dong，2008；Ding，Dong and Li，2009）。2000 年第二次全国妇女社会地位调查的数据表明女性下岗占女性在业人口总数的 11.9%，而男性仅为 8.5%。同时，比男性更多的女性下岗后未能重新就业，甚至完全退出劳动力市场[①]（图 4-2）。由此可见，以国有企业变革为代表的劳动力市场结构转型给女性职业流动带来更大的负面影响，劳动力市场对妇女的歧视会迫使更多下岗妇女接受职业的向下流动。

随之而来的是大量女性退出劳动力市场（Maurer-Fazio，Hughes and Zhang，2007）。越来越多的已婚女性从正规部门转移到工资更低、就业条件更差、社会保障和劳动保护水平低下的非正规部门（Yi and Chien，2002；Yuan and Cook，2009）。有研究同时表明，与成熟市场经济中从有工会组织的部门离职的人员经历相类似，中国女性在由公共部门向私有部门转移的劳动力重组过程中，其福利受到巨大损失（Du and Fan，2005；Knight and Li，2006；Zhang and Dong，2008）。

[①]　此数据资料来源于第二次中国妇女社会地位调查，全国妇联，国家统计局，2000 年 12 月。

(%)　　　　　■ 稳定工作　　□ 临时工作　　⊡ 没有工作

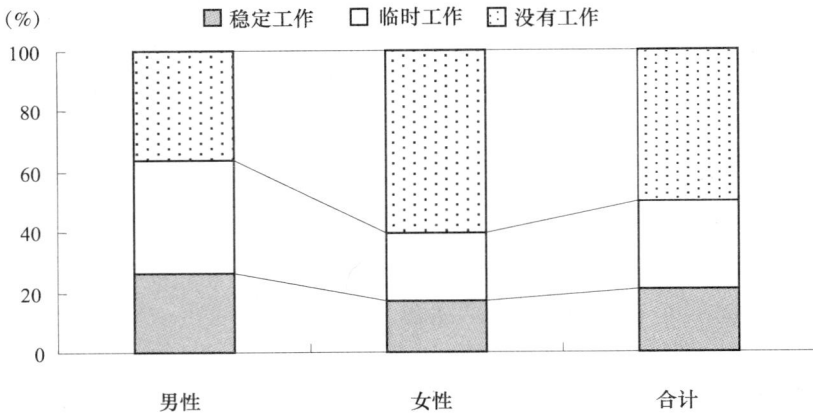

图 4 - 2   下岗再就业状况的性别差异

上述研究成果表明,在经济转型过程中,与男性相比,已婚女性将更易经历职业流动,并面临更大的向下流动风险;同时,其获得职业向上流动的可能将小于男性。其原因可归结为四大方面:首先,相较于计划经济体制下维护就业性别平等的理念,市场经济时代传统的社会性别观念有所复苏,从而会导致女性职业发展面临更大的障碍;其次,女性所拥有的社会网络资本有限,政治参与不足,都易对其职业发展造成负面影响;再次,由于转型前职业及行业性别隔离因素,女性更多聚集在集体企业、纺织行业等更易受转型冲击的部门,因此,女性更易受到经济结构调整的影响,发生下岗等职业负面变动;最后,由于市场经济改革中,部分用工权力由政府转移给企业以及个人,就业性别歧视现象有所增加。而就业性别歧视将进一步恶化"玻璃天花板"等职业发展性别不公等现象,从而阻碍女性职业进一步发展。

4.3   经验研究方法

4.3.1   职业流动分类与职业社会经济指数

职业流动有两种分类。一种是按流动原因分类,比如寻求职业发展、为了家庭(跟随丈夫调动)、单位工作调动、被解雇等(Cao and Hu, 2007)。另一种是按流动方向分类,比如向下流动、水平流动和向上流动。本章主要介绍有关职业流动方向、职业流动分类的经验研究方法。这种分

类方法需要确定不同职业的相对地位。关于职业地位的定义，通行的做法
是基于职业声望测量，获得各类职业的声望得分，并计算出相应职业的平
均收入和教育水平，建立一个回归方程，求出收入和教育对职业声望的回
归系数（即权数），然后，应用这一回归方程，求出所有职业的社会经济
地位指数。采用这种方法所求出的职业地位（声望）得分，实际上是根
据每一个职业的收入和教育水平估计出来的，因此，它被称为社会经济地
位指数（SEI）。然后，利用这一公式计算出不同职业群体的社会经济地
位指数得分，再以此为指标，对不同职业地位进行分层。Blau and Duncan
（1967）在对美国职业结构的研究中，进一步发展了这一方法，他们用 45
种职业声望调查取得的收入和教育权数，估计出 446 种职业的社会经济地
位指数，并根据各个职业的社会经济地位指数的高低，又把这些职业归类
为 17 个社会地位等级群体。这之后，许多社会学家都采用布劳和邓肯的
方法，估计各个国家的社会经济地位指数的回归公式，根据计算出的社会
经济地位指数得分进行社会声望分层。

　　李春玲（2005）依据 2001 年"当代中国社会结构变迁研究"课题进
行的职业声望调查计算出 81 种职业的社会经济指数，并用以代表这些职
业的相对社会经济地位。根据被访者对所列职业的声望打分（0—100
分），作者将每个职业的平均声望得分对平均受教育程度及平均月收入回
归，得到如下社会经济地位指数公式：

$$SEI = 10.868 + 3.496\,\overline{x_1} + 0.589\,\overline{x_2}\,。$$

　　其中，SEI 表示不同职业的社会经济指数，$\overline{x_1}$ 表示平均受教育年限，$\overline{x_2}$
表示平均月收入（百元）。本章案例分析依此公式，对 79 个职业计算
了社会经济指数。[①] 在得到不同职业的社会经济指数后，依据各个职业的
相对地位，对个人职业流动方向进行分类：比如当样本目前（或最后）
职业的社会经济指数高于其最初职业时，确定为上升流动；当样本目前
（或最后）职业的社会经济指数低于其最初职业时，确定为下降流动；当
样本目前（或最后）样本的社会经济指数等于其最初职业，且样本职业
流动次数 ≥1 时，确定为水平流动；当样本职业流动次数 =0 时，确定其
未曾流动。

---

① 　具体请见 Song and Dong（2009）附表。

4.3.2　职业流动类型决定的回归分析：多元 Logit 模型

将职业流动类型各选项看做是相互独立、并不存在排序的选择，可以使用非排序多元选择模型技术来分析职业流动类型的决定因素。通常非排序选择模型可以从随机效用函数得出。对于面对 J 种选项的个人 i 来说，她的第 j 选项的效用函数可表示为：

$$U_{ij} = \beta_j' X_i + \varepsilon_{ij} \tag{4-1}$$

这里，X_i 是影响个人 i 选择所有变量的组合向量；β_j 是选项 j 的待估计系数；ε_{ij} 是随机扰动项。个人 i 会在 j 种方案中进行选择以实现效用最大化，于是个人 i 选择 j 时满足：

$$\text{Prob}(U_{ij} > U_{ik}) \quad 且 \ k \neq j \tag{4-2}$$

假设 Y_i 是一个随机变量，表示选择结果，这样第 i 个人选择 j 的概率表示为：

$$\text{Prob}(Y_i = j) = \text{Prob}(U_{ij} > U_{ik}) = \text{Prob}[\varepsilon_{ij} - \varepsilon_{ik} > X_i'(\beta_j - \beta_k)] \ 当$$
$$j \neq k \ 时 \tag{4-3}$$

假设 j 的随机扰动项服从 Weibull 独立同分布，我们根据公式（4-3）估计多元 Logit 模型，把个人选择 j 的概率表示为：

$$\text{Prob}(Y_i = J) = \frac{e^{\beta_j' X_i}}{\sum_{k=1}^{J} e^{\beta_k' X_i}} \tag{4-4}$$

估计式（4-4）时，需要把因变量 j 个选项其中一个选项（往往是第一个、最后一个，或者是频次最高的一项）指定为参照组。这里，把 $j = 1$ 选项作为参照组，设 $\beta_1 = 0$，此时，每个选项被选择的概率表示为：

$$\text{Prob}(Y_i = J) = \frac{e^{\beta_j' X_i}}{1 + \sum_{k=1}^{J} e^{\beta_k' X_i}} \ \text{for} \ j = 2, 3, \cdots, J \tag{4-5}$$

$$\text{Prob}(Y_i = 1) = \frac{1}{1 + \sum_{k=1}^{J} e^{\beta_k' X_i}} \tag{4-6}$$

可以发现，当 $j = 2$ 时，多元 Logit 模型和二元 Logistic 模型完全一致。

从式（4-5）和（4-6）可以看出，多元 Logit 模型估计的其他选项被选择的概率是相对于参照组被选择的概率而言，即相对概率。因此，对于具有 J 个取值的因变量而言，将会估计 $J-1$ 个方程来描述因变量和其他自变量之间的关系。对每个样本而言，选项 J 对数相对概率表示为：

$$\ln\left[\frac{P_{ij}}{P_{i0}}\right] = \beta_j^{'} X_i \qquad (4-7)$$

这里，β_j 是自变量对 j 选项对数相对概率的边际影响。

从公式（4-5）和（4-6），我们可以得出自变量对选择 j 选项概率的边际影响：

$$\frac{\partial P_j}{\partial X_i} = P_j\left[\beta_j - \sum_k P_k\beta_k\right] \qquad (4-8)$$

这里，P_j 是 j 选项被选择的概率。公式（4-7）说明，变量 X_i 对统计结果的估计概率的边际效应的取值并不是完全由参数决定的。它同时受到参数、变量取值以及其他解释变量取值的影响。在本模型中，根据个人特征计算边际效应后取均值，代表该解释变量对流动模式的影响程度。而对单个虚拟变量而言，边际效应则定义为当变量从 0 变到 1 时，选择 j 选项概率的变化。对一组虚拟变量而言，边际效应表示当变量取值从参照类改变到其他类时的概率改变值。①

下面使用多元 Logit 模型分析个人职业流动类型决定，主要考虑职业流动方向。依据前面介绍的个人职业社会经济地位指数的变动，把个人职业流动类型分为：未曾流动（$J=0$），向下流动（$J=1$），水平流动（$J=2$）和向上流动（$J=3$）。考虑到无法区分水平流动和未曾流动这两个选择优劣，这四类职业流动类型虽然相互独立，但无法完全进行高低排序，因此，适采用多元 Logit 模型，这里，将未曾流动 $J=0$ 作为参照组。

根据前面的理论介绍，个人的职业流动的方向可以表示为劳动力市场特征、家庭部门特征、个人人力资本变量以及社会资本特征的相关函数。我国城市劳动力市场整体上受到国家社会经济结构和制度安排的影响，同时，个人职业流动还与教育水平、就业经验、家庭背景、党员身份、生育经历、配偶职业、家庭分工特征等密切相关。因此，职业流动不仅仅是简单的上升流动过程，在多方面原因的影响下，将呈现多元化趋势。因此，将方程（4-7）进行扩展：

$$\ln\left(\frac{P_j}{P_0}\right) = \beta_0 + \beta_1 G + \lambda' X + \gamma'' Z \qquad (4-9)$$

---

① 本节内容参考 Greene（2002）第 21 章。有关多元 Logit 模型的技术细节，请参考该书。

其中，P_j代表第j种职业流动的概率；希腊字母为所估计的参数值，$j = 1,2,3$；G为性别虚拟变量；X是一组变量用以衡量个人特征，包括人力资本、社会网络、家庭角色，以及就业单位性质等；Z为一组代表就业市场环境的变量。方程（4-9）可以用最大似然回归法估计。

4.3.3   中国职业流动性别差异经验研究文献介绍

中国经济改革历程较短，并且经济转型模式具有渐进式特征，相应的，甚少有研究使用大规模的调查数据来系统分析转型期间中国职业流动的性别差异。Cao and Hu（2007）使用其1997年在六个沿海城市搜集的数据来研究中国城市劳动力市场中职业流动的性别差异。他们使用历史事件分析方法，以每次工作变动作为分析单位，区分了职业流动的四类原因（职业发展为导向、家庭导向、工作变动以及非自愿离职），建立了多元Logit模型，其结果发现，与已婚男性相比，已婚女性经历以职业发展为导向的工作变动的可能性更小，但有更大的可能因家庭需要而转换工作，从而被迫中断职业，因此，在经济改革过程中，职业流动的性别差异逐渐加大。

Song and Dong（2009）则使用全国层面的调查数据，以个人作为分析单位，将个人第一个职业及最后一个职业（或调查时职业）的社会经济指数做比较，确定个人的职业流动方向后将职业流动模式分为职业向上流动、向下流动、水平流动及未曾流动，同样以多元Logit模型进行预测，发现已婚男性和女性的职业流动模式存在巨大差别，女性比男性更容易经历水平及向下流动，但更不容易获得向上流动的机会。同时，她们的研究还发现相对于男性，公共部门的重组增加了女性发生向下流动的风险。

4.4   案例：中国城市劳动力市场职业流动的性别差异

4.4.1   数据及变量

本章案例所用的数据来自由全国妇联和国家统计局主持实施的第二次中国妇女社会地位调查。该调查于2000年12月1日实施，问卷包括了个人的教育、家庭、收入、目前就业情况以及初始职业情况等信息。本次调查采用分域分层四阶段不等概率抽样方法，农村与城市样本分别抽取。基本抽样方案中，初级抽样单位为区县，城乡各抽取202个区县；每个区县内抽选 3 个街道（乡镇）；每个街道（乡镇）内抽选 2 个居（村）委会；每个居（村）委会内抽选 8 个家庭户。数据中最终有效样本为 19449 人，其中，城市样本为 9827 人，农村样本为 9622 人。其中样本年龄分布在 18 到 68 周岁，平均年龄为 39.5 周岁；女性样本为 5452 人，占城市户籍样本总数的 55.5%，男女样本基本持平。由于流动人口样本量很小，不具代表性，并且考虑到研究配偶对本人职业流动影响等因素，因此本研究将流动人口及未婚样本排除在外，最终选择 6354 个已婚城市户籍样本，年龄在 20—54 岁之间，其中男性样本为 3058 人，女性样本为 3296 人。

在本样本中，有 30.2% 的样本在进入劳动力市场后从未换过工作，在剩余的 69.8% 的样本中，约 63% 的只换过一次工作，而有 37% 的人是在 1996 年以后获得目前的工作的。由于数据限制，通过比较个人第一个职业和目前职业的社会经济指数（SEI）来确定其职业流动类型。[①] 社会经济指数依据不同职业的平均教育年限以及平均月收入来确定该职业在整个职业体系中的排序。本章采用的职业社会经济指数参考李春玲依据 2001 年"当代中国社会结构变迁研究"课题进行的职业声望调查所计算的职业的社会经济指数（李春玲，2005）。

X 向量中的解释变量包括年龄及年龄平方项、受教育年限、工作年限及工作年限平方项、第一个职业的社会经济指数、最后一次职业变动是否在 1997 年之前进行，父亲职业的社会经济指数、配偶职业的社会经济指数、党员身份、子女数量、雇主的所有权性质等。之所以要控制第一个职业社会经济指数变量，是因为在控制其他因素的情况下，初职地位较高的人放弃或晋升的可能性都相对较小。父亲以及配偶的职业社会经济指数用以代表个人获得社会网络资本的可能性。党员身份是一个虚拟变量，而为了避免"获取党员身份"和"晋升"两者之间潜在的反向因果问题，此处将"获取党员身份"限定在个人是否是在获得现职之前就已获取党员身份的。子女数量用以指代家务劳动，一般来说，子女越多，个人承担的家务劳动负担越重。企业所有权性质由三个虚拟变量来衡量：国有及集体经济、私人及外商企业以及其他类型企业（主要是个体经营和家庭经

---

① Killingsworth and Reimers（1983）认为虽然工资是就业地位一个很重要的指标，但其不足以表述某一个职业的社会经济声望。Sicherman and Galor（1990）用社会经济指标（SEI）来定义职业地位，而对转型经济国家，Sabirianova（2002）也采用此方法来定义职业地位。

营)。

Z 向量则包括省级国有企业就业人数比例以及地区虚拟变量。其中省级国有企业就业人数比例来自中国统计年鉴(国家统计局,2001);而对地区的界定请见表 4 - 2 注脚。

表 4 - 1 提供了分流动方向及流动原因的职业流动分布情况。30.2%的被访者在调查时从未更换过工作;28.1%被访者经历过向下流动;18.8%被访者经历了水平流动;有 22.9%的被访者经历过向上职业流动。并且,男女之间存在显著差别:与男性相比较,女性从未更换过职业的比例要低 4%;经历向下流动的比例要高出 5.6%;经历水平流动的比例要高出 3.4%;而经历向上流动的比例则要低 4.9%。

分流动原因来看,经历过职业流动的人群中,22.2% 是因为个人职业发展;而 15.9% 因为家庭原因而更换职业;39.7% 是因为单位调动而更换职业;以及 17.2% 是非自愿的原因更换职业。值得关注的是,公共部门中因为单位调动而更换职业的现象非常普遍,因单位调动而更换职业的人群中,有 77.3% 发生在国有企业,16.7% 发生在集体企业。同样,男女在流动原因上也存在显著性别差异:女性因个人职业发展而更换职业的比例要比男性低 4.2%;因家庭原因而发生职业流动的比例则要比男性高9.5%;女性单位调动的比例也要比男性低 10.7%,而非自愿离职的比例则比男性高 4.6%。

表 4 - 1   **分流动方向及流动原因的职业流动分布 (%)**

	整体 (1)	男性 (2)	女性 (3)	性别差异 (3) - (2)
流动方向				
未曾更换职业	30.2	32.2	28.3	-4.0
向下流动	28.1	25.2	30.8	5.6
水平流动	18.8	17.1	20.4	3.4
向上流动	22.9	25.5	20.5	-4.9
合计	100.0	100.0	100.0	—
样本量	6354	3058	3296	—
流动原因				
个人职业发展	22.2	24.4	20.2	-4.2
家庭原因	15.9	11.0	20.5	9.5

续表

	整体（1）	男性（2）	女性（3）	性别差异（3）－（2）
单位调动	39.6	45.1	34.4	－10.7
非自愿离职	17.2	14.8	19.4	4.6
其他	5.1	4.7	5.4	0.7
合计	100.0	100.0	100.0	—
样本量	3099	1499	1600	—

表 4－2 提供了相关解释变量的均值情况。正如表 4－2 所示，男女在人力资本特征方面的差异较小；男性的年龄、受教育年限以及初职的社会经济指数只略高于女性，并且男性和女性的从业时间也不存在明显差异。因此，与成熟市场经济环境下不同，在中国城市劳动力市场，就业中断并不是职业流动性别差异的一个主要因素。只有 7% 的女性在从事现职前获得了中共党员身份，而男性该比例达到 15%。从所在单位所有权性质来看，相对而言，女性更聚集于城镇集体企业。而考虑到配偶职业的社会经济地位，则可发现，女性配偶的职业社会经济指数要高于男性配偶，这点与传统婚姻家庭观念相符。

表 4－2　　　　　　　　　相关变量均值情况（%）

	整体	男性	女性
年龄	37.28	37.67	36.92
教育年限	9.69	9.96	9.45
获得现职前的工作年限	13.15	13.15	13.15
初职 SEI	48.24	48.70	47.80
父亲 SEI	46.46	46.06	46.83
配偶 SEI	49.13	48.09	50.10
从事现职前是否是党员	0.11	0.15	0.07
子女数	1.19	1.19	1.19
国有企业比例	0.54	0.57	0.51
集体企业比例	0.17	0.15	0.20
私营及外资企业比例	0.06	0.06	0.06

续表

	整体	男性	女性
其他类型企业比例	0.23	0.22	0.23
国有企业就业人数比例	54.44	54.50	54.39
北部沿海地区	0.16	0.16	0.16
南部沿海地区	0.12	0.12	0.12
东部沿海地区	0.13	0.13	0.13
东北地区	0.13	0.13	0.14
长江中游地区	0.16	0.17	0.15
黄河中游地区	0.13	0.13	0.13
西南地区	0.12	0.12	0.13
西北地区	0.04	0.04	0.04
样本量	6354	3058	3296

注:北部沿海地区包括山东、河北、北京以及天津;南部沿海地区包括广东、福建及海南;东部沿海地区包括上海、江苏及浙江;东北地区包括辽宁、黑龙江及吉林;长江中游地区包括湖南、湖北、江西及安徽;西南地区包括广西、云南、四川、重庆和贵州;西北地区包括甘肃、西藏和新疆。

4.4.2　回归分析结果

表4-3估计了该模型各个解释变量的边际效应。表4-3报告了所有职业流动类型（包括未更换职业）的影响因素估计结果。表4-3的第一部分只控制了性别和地区变量,回归结果显示,与男性相比,女性不更换职业的概率要低3.8%,而经历向下流动的风险要高出5.5%,经历水平流动的概率要高出3.4%,而经历向上流动的可能则要低5.0%。所有的性别差异都在1%的程度上显著。

表4-3的第二部分纳入了所有的个人层面以及宏观环境层面的解释变量。总体上来说,受教育年限与工作年限与不更换职业的概率显著正相关,而与水平流动及向下流动的概率显著负相关。这些结果表明人力资本对维护职业稳定、降低向下流动风险起到重要作用。而考虑社会网络的作用,估计结果显示,父亲或配偶职业地位高或者本人具有党员身份对向上流动尤其重要,这些变量的边际效应显著程度都很高。例如,父亲或配偶的社会经济指数提高10分,个人向上流动的概率就会增加3%;而与非党员相比,一个党员向上流动的概率将增加19.3%。同样,配偶职业地

位以及党员身份将显著降低个人面临向下流动的风险。除此之外，正如之前所设想的，公共部门重组会迫使员工更换到那些技能要求较低且工资回报也较低的职业，回归结果也显示，那些在 1996 年之后更换工作的人群中，24.9% 更有可能经历向下流动。企业所有权性质变量的估计结果则显示，与国有部门就业的人群相比，那些在集体经济部门、私营或非正规部门就业的人群更有可能经历向下流动（比国有部门就业人群分别高出10.4%、14.2% 以及 14.7%）。同时，也可发现，东北地区的样本发生向下流动的概率最高，而该地区曾是中国重工业基地，也是遭受国企改革影响最重的地区之一。

　　基于对党员变量以及企业类型变量的边际效应估计，可以算出，在其他条件为均值的情况下，获得党员身份的性别差异对向下流动性别差异扩大 0.4%，而将扩大向上流动性别差异 1.5%。而在其他变量都为均值时，集体经济企业中的性别比例差异将扩大男女向下流动概率差异0.53%，向上流动概率差异 0.3%。由此可见，女性中共党员比例较低、集体经济参与比例较高是造成职业流动性别差异的因素之一。然而，可观测到的因素的性别差异仅能解释一小部分职业流动的性别差异，从对性别变量的估计可见，在控制了个人以及宏观环境特征之后，性别变量依旧显著。

表 4 - 3　　**总体样本职业流动边际效应的多元 Logit 模型估计结果**

	未更换	向下流动	水平流动	向上流动
第一部分				
性别（女 = 1）	- 0.038	0.055	0.034	- 0.050
	(0.011)***	(0.010)***	(0.011)***	(0.012)***
Pseudo R^2	0.010			
第二部分				
性别（女 = 1）	- 0.027	0.045	0.050	- 0.067
	(0.009)***	(0.014)***	(0.013)***	(0.013)***
年龄	- 0.096	0.067	0.006	0.022
	(0.008)***	(0.008)***	(0.007)	(0.007)***
年龄$^2 \times 100$	0.060	- 0.059	0.005	- 0.005
	(0.010)***	(0.011)***	(0.009)	(0.009)

续表

	未更换	向下流动	水平流动	向上流动
教育年限	0.023 (0.003)***	-0.012 (0.003)***	-0.008 (0.003)**	-0.003 (0.003)
工作年限	0.055 (0.004)***	-0.008 (0.003)***	-0.029 (0.003)***	-0.019 (0.003)***
工作年限$^2 \times 100$	-0.014 (0.010)	0.030 (0.010)***	0.043 (0.009)***	0.000 (0.010)
初职 SEI	0.013 (0.001)***	0.000 (0.002)	0.008 (0.001)***	-0.021 (0.002)***
父亲 SEI	-0.001 (0.001)*	0.000 (0.001)	-0.002 (0.001)***	0.003 (0.001)***
配偶 SEI	-0.001 (0.001)	-0.002 (0.001)**	0.000 (0.001)	0.003 (0.001)***
现职前是否是党员	-0.109 (0.015)***	-0.053 (0.023)**	-0.031 (0.024)	0.193 (0.028)***
子女数	-0.009 (0.010)	-0.007 (0.013)	0.015 (0.012)	0.001 (0.010)
是否1996年后从事现职	-0.230 (0.014)***	0.249 (0.012)***	-0.032 (0.015)**	0.013 (0.014)
集体企业	-0.042 (0.012)***	0.106 (0.025)***	-0.005 (0.016)	-0.059 (0.018)***
私营及外资企业	-0.141 (0.015)***	0.142 (0.033)***	0.048 (0.029)*	-0.048 (0.018)***
其他类型企业	-0.120 (0.018)***	0.147 (0.023)***	0.032 (0.018)*	-0.059 (0.022)***
国有企业就业比	-0.001 (0.002)	0.002 (0.002)	0.002 (0.001)*	-0.003 (0.002)*
北部沿海地区	-0.061 (0.020)***	0.064 (0.038)*	-0.052 (0.026)**	0.050 (0.050)
南部沿海地区	-0.095 (0.044)**	0.107 (0.073)	-0.014 (0.045)	0.002 (0.063)
东部沿海地区	-0.070 (0.030)**	0.081 (0.043)*	-0.022 (0.030)	0.011 (0.054)

续表

	未更换	向下流动	水平流动	向上流动
东北地区	− 0.056 (0.029) *	0.144 (0.037) ***	− 0.032 (0.031)	− 0.056 (0.042)
长江中游地区	− 0.020 (0.025)	0.073 (0.034) **	− 0.007 (0.028)	− 0.046 (0.048)
黄河中游地区	− 0.033 (0.028)	0.025 (0.045)	0.017 (0.036)	− 0.009 (0.045)
西南地区	− 0.024 (0.019)	0.018 (0.028)	− 0.007 (0.029)	0.013 (0.043)
预测概率	0.172	0.334	0.240	0.254
Pseudo R^2	0.224			
样本量	6354			

注：第一部分控制了地区变量。括号内为标准误，***、**、* 分别表示在 1%，5% 及 10% 程度上显著。

4.5　结论

本章介绍了职业流动性别差异相关理论及经验研究方法，即多元 Logit 模型。

劳动力市场上的性别差异不仅仅包括就业机会及结果（如工资等）的不平等，还应包括男女劳动者在就业过程中所经历的发展机遇的不平等，而以流动方向为指标的职业流动性别差异在一定程度上能反映出导致男女在劳动力市场上经历不同的职业发展轨迹的原因。有鉴于此，本章使用多元 Logit 模型来分析职业流动的性别差异，即以极大似然法来估计个人经历某种职业流动（向上流动、平行流动、向下流动及未曾流动）的概率。

职业流动是个人特征与劳动力市场环境互动的结果，而上述经验研究发现与男性相比，已婚女性更有可能经历职业变迁，尤其是向下职业流动，但获取向上流动的机会则更少。由于一系列社会以及制度性因素的影响，女性在职业流动过程中处于劣势地位。而最为主要的限制性因素是不平等的社会性别期望、女性政治参与低下而导致的社会资本享有不平等、改革前的职业性别隔离导致的社会保护救助享有不平等以及在晋升以及招聘过程中的性别歧视等。在这些因素限制下，在转型过程中，女性在劳动力市场上地位进一步恶化。

参考文献

Becker GS. , *The Economics of Discrimination*, University of Chicago Press：Chicago, 1957.

Blau, Peter M. , and Otis Dudley Duncan, *The American Occupational Structure*, Free Press：New York, 1967.

Bukodi, "Occupational Class Structure：Theoretical and Methodological Problems," *Review of Sociology*, Hungarian Sociological Association, Special Issue, 1998：58 – 76.

Burdett, Kenneth, "A Theory of Employee Job Search and Quit Rates," *American Economic Review*, 1978, 68：212 – 220.

Cao, Yang and Chiung-Yin Hu, "Gender and Job Mobility in Post-socialist China：A Longitudinal Study of Job Changes in Six Coastal Cities," *Social Forces*, 2007, 85（4）：1535 – 1560.

Corcoran, Mary, Linda Datcher, and Greg Duncan, "Information and Influence Networks in Labor Markets," In *Five Thousand American Families：Patterns of Economic Progress*, Vol. 8, ed. By G. Duncan and J. N. Morgan, Ann Arbor, Mich：Institute for Social Research, 1980.

Croll, E. *Chinese Women since Mao*, London：UK：Zed Books, 1983.

Crossley, T. , Jones, S. and Kuhn, P. , "Gender Differences in Displacement Cost, Evidence and Implications," *Journal of Human Resources*, 1994, 29（2）：461 – 480.

Ding Sai, Xiao-Yuan Dong and Shi Li, "Employment and Earnings of Married Women and Family Income Inequality during China's Economic Transition," *Feminist Economics*, 2009, 15（3）：163 – 190.

Dong, Xiao-Yuan and Lixin Xu, "Labor Restructuring in China：Toward a Functioning Labor Market," *Journal of Comparative Economics*, 2009, 37（2）：287 – 305 .

Dong, Xiao-yuan and Paul Bowles, "Segmentation and Discrimination in China's Emerging Industrial Labor Markets," *Chinese Economic Review*, 2002,

13 (2 – 3)：170 – 196.

Du, F. and Fan, X., "Does Unemployment Matter to the Earning Differentials by Gender?" *Journal of Nan Kai Economic Research (Chinese)*, 2005, No. 2.

Elvira, M. and Saporta, I., "How does Collective Bargaining Affect the Gender Pay Gap?" *Work and Occupations*, 2001, 28 (4)：469 – 490.

Giles, John, Albert Park, and Fang Cai, "Reemployment of Dislocated Workers in Urban China：The Roles of Information and Incentives," *Journal of Comparative Economics*, 2006, 34 (3)：582 – 607.

Granovetter, Mark, *Getting a Job：A Study of Contacts and Careers*, Cambridge, Mass.：Harvard University Press, 1974.

Greene, William H., *Econometric Analysis*, 5th edition. Upper Saddle River, New Jersey：Prentice Hall, 2002.

Groot, W. and Maassen van den Brink, H., "Glass Ceilings or Dead ends：Job Promotion of Men and Women Compared," *Economics Letters*, 1996, 53：221 – 226.

Gustafsson, Björn and Shi Li, "Economic Transformation and the Gender Earnings Gap in Urban China," *Journal of Population Economics*, 2000, 13 (2)：305 – 329.

Hirsch, B. and Schumacher, E., "Unions, Wages, and Skills," *The Journal of Human Resources*, 1998, 33 (1), pp. 201 – 219.

Honig E, Hershatter G., *Personal Voices*, Stanford, CA：Stanford Univ. Press, 1988.

Jones, D. R. and G. H., "Makepeace, Equal Worth, Equal Opportunities：Pay and Promotion in an Internal Labour Market," *The Economic Journal*, 1996, 106：401 – 409.

Jovanovic, Boyan, "Job Matching and the Theory of Turnover," *Journal of Political Economy*, 1979, 87 (5)：972 – 990.

Kahn S. and H. Griesinger, "Female Mobility and the Returns to Seniority：Should EEO Policy be Concerned with Promotion？" *American Economic Review* 1989, 79：300 – 304.

Keith, K. and A. McWilliams, "The Returns to Mobility and Job Search by

Gender," *Industrial and Labor Relations Review*, 1999, 52 (3): 460 – 477.

Killingsworth, M. R. and C. W. Reimers, "Race, Ranking, Promotions and Pay at a Federal Facility: A Logit Analysis," *Industrial and Labor Relations Review*, 1983, 37 (1): 92 – 107.

King, E. and Mason, A., *Engendering Development-Through Gender Equality in Rights, Resources and Voice*, A co-publication of the World Bank and Oxford University Press, 2001.

Knight, J. and Li, S., "Unemployment Duration and the Earnings of Re-employed Workers in Urban China," *China Economic Review*, 2006, 17 (2): 103 – 119.

Korzec, Michael, *Labor and the Failure of Reform in China*, St. Martin's Press/New York, 1992.

Krowas, John C., "Time-dependent Changes in Gender-based Promotion, Differences," *Economics Letters*, 1993, 42: 87 – 90.

Lazear, E. P., *Personnel Economics*, Cambridge: The MIT Press, 1995.

Lazear, E. P. and Rosen, S., "Male-female Wage Differentials in Job Ladders," *Journal of Labor Economics*, 1990, 8 (1): 106 – 123.

Madden, J., "Gender differences in the Cost of Displacement: An Empirical Test of Discrimination in the Labor Market," *American Economic Review*, 1987, 77 (2), pp. 246 – 252.

Maxwell, N. and D'Amico, R., "Employment and Wage Effects of Involuntary Job Separation: Male-female Differences," *American Economic Review*, 1986, 76 (2), pp. 373 – 378.

Maurer-Fazio, Margaret, Thomas G. Rawski and Wei Zhang, "Inequality in the Rewards for Holding up Half the Sky: Gender-Wage Gaps in China's Urban Labor Market, 1988 – 1994," *China Journal*, 1999, Vol. 41, January.

Maurer-Fazio, Margaret, James Hughes and Dandan Zhang, "Gender, Ethnicity, and Labor Force Participation in Post-reform Urban China," *Feminist Economics*, 2007, 13 (3 – 4): 189 – 212.

McCall, J. J., "Economics of Information and Job Search," *Quarterly Journal of Economics*, 1988, 26 (2): 646 – 679.

Mincer, Jacob, "Wage Changes and Job Changes," *Research in Labor E-*

conomics: *A Research Annual*, 1986, Vol. 8, Part A: 171 – 197.

Mincer, Jacob and Solomon Polachek, "Family Investments in Human Capital: Earnings of Women," *Journal of Political Economy*, 1974, 82 (2): S76 – S108.

Ngo, Hang-Yue, "Trends in Occupational Sex Segregation in Urban China' in Gender," *Technology and Development*, 2002, 6 (2): 175 – 196.

Polachek, Solomon, "Occupational Self-selection: A Human Capital Approach to Sex Differences in Occupational Structure," *The Review of Economics and Statistics*, 1980, 63 (1): 60 – 69.

Rosenfeld, Rachel A, "Race and Sex Differences in Career Dynamics," *American Sociological Review*, 1980, 45 (4): 583 – 609.

Royalty, A. B. , "Job-to-job and job-to-nonemployment Turnover by Gender and Education Level," *Journal of Labor Economics*, 1998, 16 (2): 392 – 443.

Sabirianova, Klara Z. , "The Great Human Capital Reallocation: A Study of Occupational Mobility in Transitional Russia," *Journal of Comparative Economics*, 2002, 30: 191 – 217.

Shaw, Kathryn L. 1987, "Occupation Change, Employer Change, and Transferability of Skills," *Southern Economic Journal*, 53, (3): 702 – 719.

Sicherman, N. and O. Galor, "A Theory of Occupational Mobility," *Journal of Political Economy*, 1990, 98 (1): 169 – 192.

Simon, Curtis J. and John T. Warner, "Matchmaker: The Effect of Old Boy Networks on Job Match Quality, Earnings, and Tenure," *Journal of Labor Economics*, 1992, 10 (3): 306 – 330.

Song Yueping and Xiao-Yuan Dong, "Gender and Occupational Mobility in Urban China during the Economic Transition," Chinese Women Economists (CWE) Research Training Program Working Paper, 2009.

Timberlake, S. , "Social Capital and Gender in the Workplace," *Journal of Management Development*, 2005, 24 (1): 34 – 44.

Treiman, Donald J. , "The Work Histories of Women and Men: What We Know and What We Need to Find Out," in A. S. Rossi (ed.), *Gender and the Life Course*, New York: Aldine, 1985, 213 – 231.

Walder, Andrew G. *Communist Neo-Traditionalism: Work and Authority in Chinese Industry*, Berkeley: University of California Press, 1986.

Yi, Chin-Chun and We-Yin Chien, "The Linkage between Work and Family: Female's Employment Patterns in Three Chinese Societies," *Journal of Comparative Family Studies*, 2002, 33: 451 – 474.

Yuan, Ni and Sarah Cook, "Gender Patterns of Informal Employment in Post-restructuring Urban China," Unpublished Manuscript, 2009.

Zhang Liqin and Dong, Xiao-Yuan, "Male-Female Wage Discrimination in Chinese Industry: Investigation Using Firm-Level Data," *Economics of Transition*, 2008, 16 (1): 85 – 112.

Zhang, Junsen, Jun Han, Pak-wai, Liu and Yaohui Zhao, "Trends in the Gender Earnings Differential in Urban China, 1988 – 2004," *Industrial and Labor Relations Review*, 2008, 61 (2): 224 – 243.

第 5 章

人力资本与性别工资差异:二元样本自选择偏误的纠正

东　梅

5.1　导言

　　女性工资低于男性是世界各国普遍存在的现象，中国也不例外。国际劳工组织的数据显示，从 1998 年到 2006 年，西欧国家女性劳动力平均工资仅为男性平均工资的 75%，北欧国家为 83.5%，北美为 70%，澳洲为 76%，日本为 50%。在中国，性别工资差异在改革开放以后有进一步扩大的趋势。据世界银行 2002 年的《中国国别社会性别报告》指出：与男性相比，1987 年中国妇女获得的工资报酬在国营部门为男性的 88%，而到了 2002 年则下降为 79%。劳动力市场上存在的女性工资低于男性的现象究竟是由什么原因造成的呢？关于这个问题，文献中大体有四种理论解释，如人力资本理论、性别歧视理论、市场分割理论和工资结构理论。本章主要是从人力资本理论的角度阐释性别工资差异这一现象产生的原因。具体内容安排如下：我们首先回顾人力资本理论及其对性别工资差异的解释；然后介绍在计量分析时如何度量工资函数并解决估计中存在的样本选择偏差问题；随后，给出一个关于工资函数回归中样本选择偏差处理方法的应用案例；最后，对全章内容进行简要总结。

5.2　性别工资差异：人力资本理论的解释

在这一节中，我们将首先回顾人力资本理论，然后从人力资本理论的角度探讨为什么会存在性别工资差异。

5.2.1　人力资本理论对工资差异的解释

人力资本是指存在人身上的、影响其劳动生产力的才干、知识、技能和健康的存量。人力资本存量的增长主要是通过对学校教育、在职培训和健康投资实现的。与物质资本投资一样，人力资本投资决策也是通过投入当前资源以提高未来的劳动生产力和收入。在新古典经济学中，人力资本理论是解释工资决定因素的理论基石。

人力资本理论的起源可以追溯到斯密的工作差异补偿理论（Smith，1776）。而现代人力资本理论是 20 世纪 50 年代末、60 年代初，由美国经济学家舒尔茨、贝克尔和明瑟等人创立的（Mincer，1957，1958，1962；Schultz，1960，1961；Becker，1962，1964）。他们通过对人力资本投资及其所形成的人力资本在经济增长、工资增长等方面作用的论述，建立了现代人力资本理论的基本框架，从而开创了经济学研究一个崭新的领域，也确定了人力资本理论在解释工资决定因素方面的主导地位。人力资本理论对工资决定因素的解释是从工作差异补偿、教育投资以及在职培训三个方面展开的。而关于教育对工资收入的影响，文献中也存在着与人力资本理论不同的观点，比如，教育筛选理论等。下面，我们将简要介绍这些理论。

（1）亚当·斯密的工作差异补偿理论 [1]

在《国富论》一书中，斯密用大量篇幅论证了人力资本投资和劳动者技能如何影响个人收入及工作结构的问题，而且把一个国家居民后天获得的、有用的能力也看成资本，把投资于人的劳动都归于资本的范畴。斯密注意到，从工作的非经济方面的优劣性看，人们对工作的选择通常有很大的不同。这是因为有的工作和职业可以提供优越的工作环境，而有的工

---

[1]　本节内容主要参考了 Berndt（1990），"The Practice of Econometrics：Classic and Contemporary，" New York：Additon-Wesley Publishing Company：152 – 163。

作和职业的性质和工作环境却较差。因此，在许多情况下，人们在选择工作时，不仅要考虑经济因素，而且要考虑非经济因素。斯密认为，付给工人的报酬应该能够补偿因工作环境不同而导致工人主观感觉方面所存在的差异。例如，如果有两个要求具备同样技能的工作，但其提供的工作环境却存在优劣差异时，雇用者就要为其所提供的、不利的工作环境付出更高的报酬；否则，就没人愿意为其工作。这就是为什么那些从事对身体健康和寿命有危害的工作的工人（如试飞员和海上石油钻井工人），通常可以得到可观的工资补贴的原因所在。

斯密的这一论述说明，我们所观察到的工资差异是可以反映工人对各种工作环境感受的，而且这种差异均衡是一个长期均衡过程：短期内工人也许不会轻易改变就业选择，但从长期看，劳动供给将变得更有弹性。然而，差异均衡必须在雇员和雇主信息完全对称的前提下才能反映市场效率。如果雇员不知道其工作环境中是否有潜在的危险，例如有毒物质等，那么雇主就没有必要支付高工资来吸引工人；然而，一旦工人知道了这种不利的工作条件后，那么雇主就必须支付给雇员额外的工资补贴了。但是，由于均衡工资取决于劳动力的供给和需求，因此，在某些情况下，恶劣的工作环境可能并不一定会伴随着较高的工资报酬率。例如，由于人们承受力不同，95%的人可能并不介意工作条件的优劣，3%的人可能根本没什么感觉，2%的人反而可能对这种工作条件有很高的评价，甚至会积极搜寻和竞争这些职位。在这种情况下，如果雇主对雇员的市场需求量小于1%，那么，雇主不用提供额外的工资补贴就能吸引到足够的雇员。总之，均衡工资是由劳动力市场供求曲线的交点决定的。斯密的工作差异补偿理论首次采用劳动力市场供求均衡关系来解释工资决定，从而为现代人力资本理论奠定了基础。

（2）作为人力资本投资的学校教育①

将斯密的差异均衡思想进行简单的延伸就涉及人力资本投资，如学校教育、在职培训、工作搜寻和就业地点变换等。下面我们首先简要介绍学校教育投资对工资决定的影响。

学校教育是一种投资，因为学校教育需要承担学杂费及一定的机会成

---

① 本节内容参考了 Berndt（1990），"The Practice of Econometrics：Classic and Contemporary，" New York：Additon-Wesley Publishing Company：152－163。

本。现代人力资本理论对学校教育的解释可以概括为以下三个方面:第一,在劳动力供给方面,人们愿意放弃当前收益、并支付一定的费用去接受学校教育的动力是有足够高的终生收益可以补偿劳动者的教育成本。第二,在劳动力需求方面,与那些受教育较少的个人相比,那些受过更多教育的工人必须具有较高的工作效率,即受教育水平必须能提高工人的边际生产率,否则雇主就不会为他们支付额外的高工资。第三,在市场均衡方面,在长期的竞争均衡中,教育和终生收入之间的关系是在每个教育水平下工人的供给和需求均相等。在以上三个论点的基础上,人力资本理论研究取得了巨大的进展,其中一个最重要的研究结论是:劳动者在年轻时最愿意进行人力资本投资,因此,愿意接受学校教育的主要是年轻人。造成这一现象的原因主要有三个:第一,从边际收益的角度看,接受学校教育的时间越早,其终生收入越高,因为一个人越早积累人力资本,他的工作时间就越长,其获得的收益补偿越大;第二,从边际成本的角度看,随着工作经验的增多,收入也有增加趋势,年轻人为接受教育而放弃的收入就比年长者少;第三,人力资本积累的能力及时间成本在人的生命周期中有所不同。有证据表明,学习的最佳时间是在人的生命周期的早期阶段。因此,人力资本理论可以解释为什么参加学校教育的主要是年轻人。同时,人力资本理论也说明,预期进入劳动力市场越长的人,投资教育的积极性就越高。

(3) 作为人力资本投资的在职培训[1]

正式的学校教育是人力资本积累主要的、但并非唯一的方式。许多劳动者的技能是通过在职培训、或"边干边学"获得的。Becker (1962,1964) 和 Mincer (1962,1974) 考虑了通过"在职培训"形式积累人力资本,从而对工资和劳动供给所产生的影响。为了分析"在职培训"对工资的影响,我们首先要对"在职培训"中"一般培训"和"专门培训"两种培训类型进行区分。

①一般培训[2]

一般培训是指通过培训获得的、可以适用于任何公司或行业的技能。

---

① 本节内容参考了 Berndt (1990), "The Practice of Econometrics: Classic and Contemporary," New York: Additon-Wesley Publishing Company: 152 – 163。

② 本节参考了加里·S. 贝克尔, 2007 年, 第 30 页。

一般培训可以提高工人完成任何任务时的生产效率。一般培训的一个重要特点是，如果劳动力市场是完全竞争的，那么企业将不愿意承担任何培训费用。因为一般培训完成后，任何接受了由本企业负担费用的工人都可以在培训结束后辞职，因此，提供培训的企业就无法从被培训工人的身上得到任何回报。于是，在培训期间，工人不得不以被扣除工资的形式自己承担一般培训的费用。尽管一般培训可能并不由本企业提供，但这种培训对企业仍然十分有用。

②专门培训

专门培训是指只能用于特定企业的在职培训。专门培训只提高工人所在企业的生产率，而且不能转移。完整的专门培训可以定义为：对受训人所在企业以外单位没有任何帮助的培训。实际上，许多在职培训既不是完全的专门培训，也不是完全的一般培训：能够提高特定企业生产效率的培训基本上属于专门培训，而提供培训的企业至少和其他企业同等程度地提高生产率的培训则属于一般培训（Becker, 1964, 1974, 1991）。

许多情况下，企业对员工的投资既有一般培训也有专门培训。不管其组合形式如何，人力资本理论都假定：通过增加工作经验可以积累人力资本。然而，人力资本也可能贬值，例如，中断工作或失业，技能、观念或设备陈旧过时等。对劳动者来说，人力资本是以"健忘"的形式贬值的，如不再像以前那样记忆快速而准确或需要花更多的时间完成既定的工作任务等。

（4）作为人力资本替代理论的筛选假说理论①

虽然分析工资决定因素的人力资本理论被广泛接受，但是也存在质疑者。比较有影响的是筛选假说理论，该假说发展源于阿罗（Arrow, 1973）和斯宾塞（Spence, 1973, 1974）。他们认为，虽然教育对工人生产效率提高的贡献较小，但企业却仍然把学位和毕业证书作为"拥有学位者就有较高能力和生产率"的标志。这样，学历证书就提供了一种易于筛选的标准和方式，这就是教育的筛选假说。那么，为什么雇主会用教育水平作为筛选的标准呢？可能的原因有两个：首先，公司准确判断一个人能力的成本可能很高，而用学位作为一个筛选手段或许更符合"成

---

① 本节内容参考了 Berndt（1990），"The Practice of Econometrics: Classic and Contemporary," New York: Additon-Wesley Publishing Company: 152 – 163。

本—效益"原则。其次，平均而言，有学位的人有更高的能力和技术也许是一个事实。阿罗和斯宾塞认为，即使个人的能力被认可，雇主也会用学位作为筛选标准，因为学位可以帮助雇主判断受雇者的学习能力如何。因此，基于筛选假说，学位证书被视为获得进一步培训、晋升机会及高报酬工作的"入场券"。那些受教育程度较低的工人得不到这些职位并不一定因为他们不能干，而是因为他们没有得到这个职位的入场券——"毕业证书"。需要注意的是，从潜在的、个人教育投资回报的角度看，人力资本理论和筛选假说理论几乎没有区别；但从社会整体角度看，如果筛选假说是有效的，那么教育的回报率就可能估值过高。

5.2.2　人力资本理论对性别工资差异的解释

我们在引言中已说过，在世界范围内，女性工资低于男性是一个普遍现象，中国也不例外。但我们也欣喜地看到，伴随着女性教育程度的提高，性别工资差异呈缩小的趋势。据中国第五次人口普查数据表明，中国妇女的平均受教育年限为 7.07 年，男性为 9.14 年，成年男女受教育年限的差距为 1.07 年；与 1999 年相比，十年间男女受教育年限差异缩小了0.5 年。一项对中国劳动力市场上的实证研究也发现，从 1988—1995 年，在性别工资差异能够被解释的部分中，教育水平差异缩小的作用最大（Gustafsson and Li，2000）。这充分说明，教育决定收入，教育水平差别是工资差异的主要组成部分。

人力资本理论是从供给方面解释工资性别差异的。首先，由于男性和女性在家庭和劳动力市场扮演的角色不同，他们的教育和培训投资回报不同，因此男女教育投资决策也不同。其次，部分教育投资不是由成年的男性和女性决定的，而是其在未成年时由父母决定的。女性在劳动力市场的不利地位、社会对女性的歧视、传统婚嫁制度等因素都会影响父母对男孩和女孩教育回报的预期，从而影响他们的投资决策，关于这方面的内容本书第十一章有详细的论述。本小节重点解释第一方面，即男女在教育和培训投资决策方面的差异。

（1）学校教育不同导致了性别工资差异

①教育年限不同可能导致性别工资差异

由于社会习俗、制度等多方面的原因，女性的人力资本初始值普遍低于男性。特别是在经济不发达的地区，家庭将更多的受教育机会给予男

性，因此，女性的受教育水平普遍低于男性（Broaded and Liu，1996；Sha-
piro and Tambashe，2001）。然而，随着时代的进步、国家教育投入的增
加，女性的入学率、尤其是高等教育的入学率已经有了明显的上升（见
表 5 - 1）。

表 5 - 1　　　1929—1930 年、2005—2006 年美国女性获得学位统计表

年份	其他	学士	硕士	博士	第一份职业
1929—1930	n. a.	39. 9	40. 4	15. 4	n. a.
1960—1961	n. a.	38. 5	31. 7	10. 5	2. 7
1970—1971	42. 9	43. 4	40. 1	14. 3	6. 3
1980—1981	54. 7	49. 8	50. 3	31. 1	26. 6
1990—1991	58. 8	53. 9	53. 6	31. 1	26. 6
2000—2001	58. 8	53. 9	53. 6	37	39. 1
2005—2006	62. 1	57. 5	60	48. 9	49. 8

数据来源：Blau et al.（2010），第六章，155 页。

女性教育程度提高有两个作用：一是可以直接增加人力资本，二是
可以减少就业歧视。一个接受良好教育的女性能够容忍就业歧视的可
能性降低。受过良好教育的女性也更可能找到工作条件更好、待遇更优
厚的工作，因此，女性更倾向于提高自己的教育程度（Dougherty，2005）。
那么，成年男女在是否继续进行学校教育投入时是怎样决策的呢？Becker
首次用传统的微观均衡分析方法建立了人力资本投资均衡模型。他认为，
与物质资本投资一样，人力资本与个人未来收入之间也存在着紧密的联
系。人力资本投资的均衡条件是人力资本投资的边际成本的当前价值等于
未来收益的当前价值。然而，在进行人力资本投资决策时，男性和女性受
到的激励不同。主要表现在：由于妇女在传统上所扮演的角色（即抚养
孩子、照顾家庭），一方面造成女性每周平均有效工作时间比男性少；另
一方面，也使女性整个的工作周期较男性短，因而造成女性收回其人力资
本投资的时间较短。虽然随着社会发展，参加有酬劳动的女性比例快速增
长，然而就平均情况而言，女性从事有偿劳动的时间还是比男性短，从而

导致了男性和女性对学校教育投入的态度是不同的。

②专业选择不同可能导致性别工资差异

1980 年代以后，随着越来越多的女性进入了那些传统上以男性为主导的专业，男女在专业选择上的差异虽然在缩小，但一直存在。正如我们在表 5 - 2 中所看到的那样，得到第一职业资格女性的比例在增加，说明女性正在分享过去一直由男性所主导的那些职业（如医学、法律、商业等）的收益。但是，尽管如此，仍然有很大一部分女性会选择一些非主流专业，尤其是大学本科阶段（2006 年有 58%）；约有 20% 的女性研究生会选择计算机、科学、工程师以及其他主流的专业，选物理和科学技术的女性占 42%，选数学的占 45%。

表 5 - 2　　　　　　　　1996、1981、2006 年女性从事第一职业分布

行业	1966 年（%）	1981 年（%）	2006 年（%）
商业	3.2	23.8	42.9
牙医	1.1	14.4	44.5
医学	6.7	24.7	48.9
药理	16.4	42.6	67.4
兽医	8	35.2	77.4
法律	3.8	32.4	48
神学	4.1	14	33.6

数据来源：Blau et al. （2010），第六章，第 157 页。

然而，为什么女性会倾向于选择那些非主流专业呢？人力资本理论是这样解释的：假定家庭中存在着传统的性别分工，为照顾家庭和孩子，许多职业女性可能会面临着比男性工作时间短及职业中断的问题，即由于生育和照顾孩子，女性可能在某个时期内退出劳动力市场，而在这个过程完成之后，女性又会重返劳动力市场，从而使女性整个的工作时间比男性短。而且，离这个时间点（职业中断期）越近，增加人力资本投资就越不值得，女性也就越不愿意投资。同时，由于职业中断期的存在，使得女性不愿意对那些需要持续进行人力资本投入、以保持较高的劳动生产率，以及在离职期间贬值速度较快的专业进行投资。这就

是女性更倾向于选择那些知识更新速度较慢、复职成本低的专业的原因。而男性由于没有这个职业中断期，因此他们更倾向于选择那些知识更新速度快的专业，如工程师、科学、技术等（Blau，2010）。由于专业选择的不同，导致即使受到相同教育的男性和女性之间也存在着显著的工资差异（见图 5 - 1）。

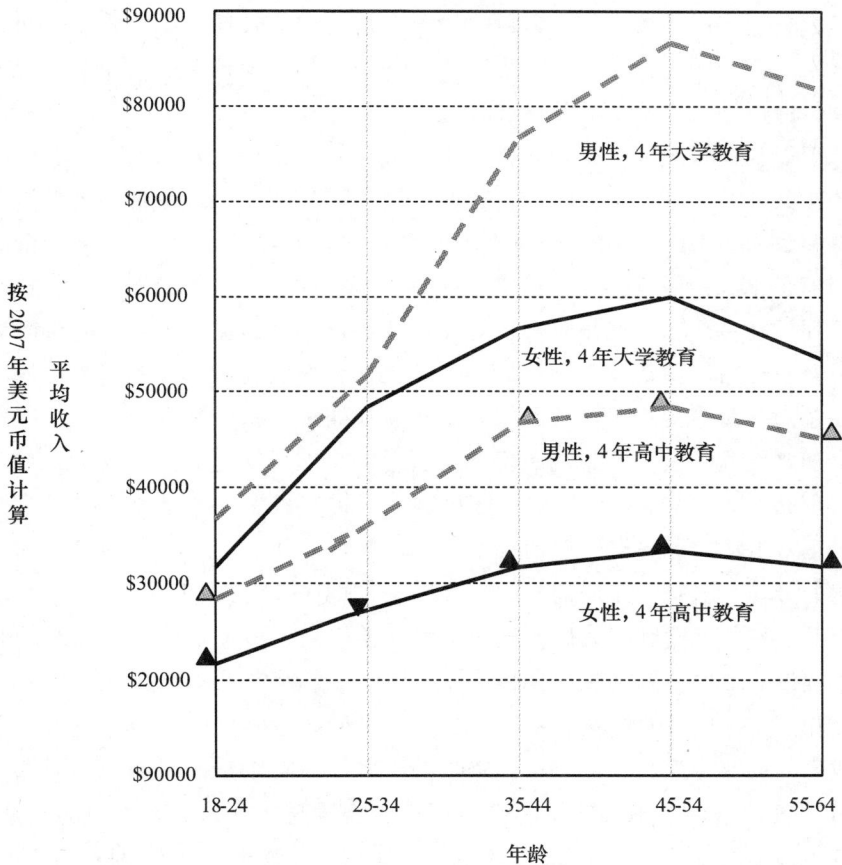

图 5 - 1　2007 年美国全职劳动者按性别和受教育程度划分年龄—年收入关系曲线

资料来源：Blau et al.（2010），第六章，第 163 页。

（2）在职培训对性别工资差异的影响[①]

上文我们已经说过，由于存在着家庭分工，即使男性和女性的教育程度相同，他们之间的工作经验实际上也并不相同。在国外，由于普遍存在着生育和家庭分工，女性职业生涯中存在着职业中断的现象；而在中国，由于计划生育的影响，女性职业中断的现象虽然存在但并不普遍。即使如此，同样由于生育和照顾家庭的原因，女性在工作中实际上存在着精力投入不如男性多的现象，这个问题会影响女性的职业升迁，职业升迁的问题反过来又会影响女性在职业培训投入上的积极性，导致女性工作经验弱于男性，造成性别工资差异的存在。

下面我们首先将李女士作为一个女性，她在进行一般培训时是怎样决策的？如图 5 – 2 所示，在没有任何工作经验的情况下她参加一项工作所能得到收入为 UU'，在受到一般培训后她的预期收入为 GG'。虽然在职培训不是正式的教育，但仍然需要支付一定的成本，有些成本甚至是直接的。如，在一个正式的培训项目里，需要给培训老师支付工资、购买培训材料等；还有一些成本是间接的，如工人、合作者或者监督者需要将他们的注意力从日常生产中转移到培训上来，当这种培训经常发生时，这些费用会随之上涨，公司产量的下降就是公司为培训所支付的机会成本。

那么，假如李女士决定对一般培训项目进行投资，她是通过接受一个低于正常工资的形式支付培训成本的。在培训期间，这个较低的工资水平与她的劳动生产率（净培训成本）相对应，即图 5 – 2 中 UGM 部分。当李女士的工作变得熟练的时候，她的工资就会提高，超过她没有培训时的收入。假设李女士全部的工作期限是 OR，那么她整个从业的收入等于 MED 的面积。与正式的学校教育一样，李女士很可能需要自己承担总收益大于总成本的那部分投资。由于女性实际上比男性的有效工作时间短，因此在进行一般性培训时她会衡量自己培训后的收益与所支付成本之间的差额：只有当预期的收益大于她自己所支付的成本时，李女士才会参加培训。

其次，让我们看看董先生作为一个男性在参加公司专门培训时是怎样决策的。图 5 – 3 显示了董先生进行公司专门培训时的决策过程。董先生的工作效率是曲线 GG'，GG' 也是他接受一般培训后的收入曲线。然

---

① 本小节参考了 Blau, et al. （2010），"The Economics of Women, Men, and Work," 6th edition. Boston: Prentice Hall: 150 – 190，第六章，第 181—183 页。

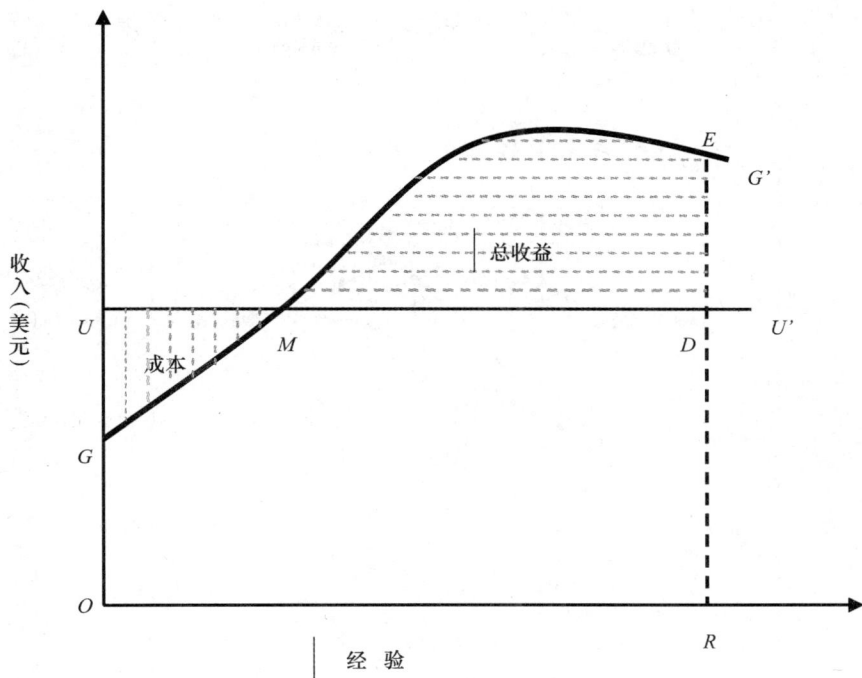

图 5 - 2　在职培训投资决策影响因素：一般培训

资料来源：Blau et al.（2010），第六章，第 181 页。

而，由于公司专门培训是不能转移的，董先生不愿意承担全部的培训费用，因为他能否获得培训回报取决于公司是否一直雇用他。假如有一天董先生失业了，他的投入就不能收回（因为如果另外一个公司雇用他，他可以得到的收入只是 UU'）。假如董先生自己支付了所有的培训费用，他就会有强烈的动机待在原来的岗位上，但是他的雇主却并没有特殊的理由保证他不失业。同样地，假如董先生会离职，雇主也不愿意承担全部的培训费用。而如果雇主支付了全部的费用，也得到了全部的收益，董先生的收益将变为 UU'。董先生就不愿意待在原来的公司，因为他在其他公司也可以赚到同样多的钱，因此，董先生有可能会离职。解决这个问题的方法是雇主和雇员分别承担培训费用和收益。在这种情况下，受过专门培训后员工的收益是 SS'，于是董先生就有动机在完成培训后仍然留在公司里，因为他可以在这个公司赚到比其他公司更多的钱；而公司也愿意留住

董先生,因为董先生已完成了培训,并且这个培训有助于提高其生产
效率。

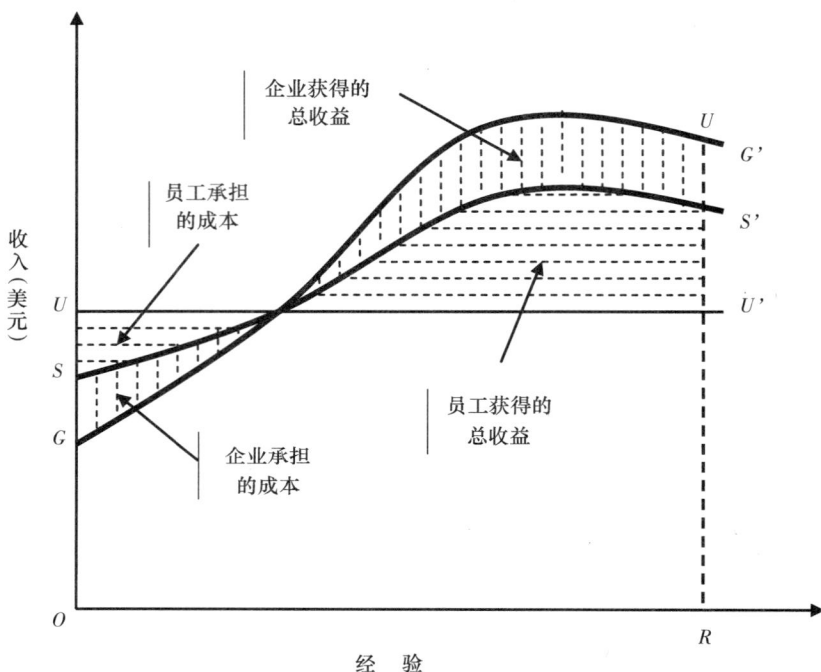

图 5 - 3   在职培训投资决策影响因素:公司专业培训

资料来源: Blau et al. (2010),第六章,第 183 页。

从图 5 - 3 中我们可以看出,作为一个男性,由于在其职业生涯中不
存在职业的中断期,并且在工作中男性比女性相对容易投入更多的精力,
因此,只要男性看好自己所供职的公司,并且公司也愿意为其提供部分培
训费用。那么,作为男性,他们愿意自己支付一部分培训费用,以提高自
己的人力资本,换取在公司长远的发展。

从李女士和董先生在对在职培训决策的不同态度我们看出,由于家庭
分工和个人精力分配的不同,女性对在职培训投入决策时通常考虑的是成
本与收益之间的关系。而男性由于不存在职业中断期,因此,只要他们看
好公司的预期,并且公司也愿意为其支付部分培训费用,男性是愿意自费
参加在职培训的,尤其是公司专门培训。

5.3　经验研究方法

5.3.1　Mincer 人力资本工资函数

Mincer 人力资本工资函数是分析工资决定因素以及对学校教育等人力资本投资回报率的基本模型。Mincer（1974）通过一系列推导得出，在完全市场竞争的情况下，工资由劳动者劳动生产力决定的，而劳动生产力反映了通过学校教育和在职培训等方式取得的人力资本的积累。明瑟进一步推导出在职培训积累的人力资本可以用工作经验，即工作年限来度量，所以，工资可以被看作是教育、经验，以及其他影响劳动生产力的因素的函数。Mincer 人力资本工资函数通常表达为，

$$\ln Y_i = \beta_0 + \beta_1 S_i + \beta_2 X_i + \beta_3 X_i^2 + \gamma' Z_i + u_i \tag{5-1}$$

这里，Y 是工资，$\ln Y$ 是工资的对数，S 是受教育年限，X 是工作经验，Z 是其他影响工资的因素（如种族、性别、地域分布），希腊字母是估计的参数，u 是随机干扰因素。作为工资函数的被解释变量通常采取工资的对数形式，这是因为大量的研究发现工资和收入的数据分布通常是呈向右偏态的，也就是工资的中位数通常低于其平均值，而工资的对数的分布则更接近于正态分布。

教育系数 β_1 乘以 100 表示每增加一年学校教育所带来工资增加的百分比，即教育回报率。假设接受学校教育的唯一成本是因此而放弃工作所得到的收入，即上学的机会成本，那么 β_1 度量私人教育投资回报率，因为对数工资的变动大体反映百分比的变化，比如每增加一年教育，工资变动为此 $\Delta \ln Y = \ln Y_1 - \ln Y_0 \approx (Y_1 - Y_0) / Y_0$，这里 Y_0 为由于在学校学习而放弃的工作收入，而（$Y_1 - Y_0$）则为教育的回报。

经验的系数 β_2 和 β_3 度量对工作过程中积累的人力资本对工资的影响。Mincer（1974）指出，与教育回报不同，对工作经验的回报不是一个常数，它通常遵循一个抛物线的轨迹，即回报率在工作初期也就是年轻时比较高，在中年时达到最高。换言之，工作经验增加能够提高工资，但回报率是递减的。因此，工资与经验的关系是非线性的，对 β_2 的估计值应该是正的，而 β_3 的估计值应该是负值。值得一提的是，经验的边际效应是经验的函数，随着经验增加而递减，当边际效应为零时，工资－经验曲线就达到了最高点。所以，我们可以通过下面的公式来计算使终生工资达到

最大的经验值 X^*:

$$X^* = -\beta_2/2\beta_3 \tag{5-2}$$

计量研究中，通常采用最小二乘法来估计 Mincer 人力资本工资函数。这种方法的主要缺陷之一是样本选择偏差（sample selection bias）的问题，即在样本中往往只涉及那些得到了市场工资的劳动者，没有包括那些处于劳动力市场之外的劳动者，因为工资高低通常会影响劳动力的市场参与决策，这会使得估算结果有偏差。这个问题在分析女性工资决定时尤为严重，因为，与男性相比，女性劳动力市场参与通常更低。下面，我们就解释如何解决样本选择偏差的问题。

5.3.2   样本选择偏差的产生及处理方法

样本选择偏差是指在样本选取时因数据的局限或取样者的个人行为而引起的偏差。样本选择偏差通常有两种情况[①]：第一种是外生样本选择（exogenous sample selection），即在高斯 – 马尔科夫假定下，样本可在自变量的基础上加以选择，而且不会导致任何统计问题。为了便于说明，我们在估计一个储蓄函数，其中年度储蓄取决于收入、年龄、家庭规模及其他因素。一个简单的模型如下：

$$saving = \beta_0 + \beta_1 income + \beta_2 age + \beta_3 size + u \tag{5-3}$$

假设数据是对 35 岁以上的人群调查，所以我们得到所有成年人的一个非随机样本。虽然不是很理想，但我们仍然可以用这个非随机样本得到的总体模型中参数的无偏和一致估计量。

第二种样本选择是内生样本选择（endogenous sample selection），即选择是基于应变量的。如果基于应变量的值高于或低于某给定值而选择样本的话，OLS 估计总体样本时就会出现偏误。例如，我们想估计所有的女性的教育回报率（见方程 5 – 4）：

$$\ln Y_i = \beta_0 + \beta_1 S_i + \beta_2 X_i + \beta_3 X_i^2 + \gamma' Z_i + U_i \tag{5-4}$$

假设只有参加工作的女性才被包括在样本中，而那些目前没有在劳动力市场的女性，我们就不能观察到其工资报价。因为有工作可能与观测不到而又影响工资报价的因素系统相关，所以，只用有工作的女性构成的样本，可能导致工资报价方程中参数估计量产生偏误。同时，参加工作的女

---

①   参见伍德里奇，2003 年，第 287 页。

性样本是我们所关心的总体样本的一个非随机样本，它是基于应变量的值而选择的，这就是内生样本选择。内生样本选择是我们在估计中需要重点纠正的。下面我们结合工资方程介绍一下内生样本选择的纠正方法[①]，即 Heckman 两阶段法。

我们首先考虑在工资方程（5 - 5）中添加一个明确的选择方程（工作概率）（5 - 6）。

$$y = x\beta + u, \quad E\ (u \mid x = 0) \tag{5 - 5}$$

$$s = 1(wy + v \geqslant 0) \tag{5 - 6}$$

其中：

$$x\beta = \beta_0 + \beta_1 S_i + \beta_2 X_i + \beta_3 X_i^2 + \gamma' Z_i$$

$$wy = \gamma_0 + \gamma_1 w_1 + \cdots + \gamma_m w_m$$

样本选择的纠正分为两步：

第一步：利用所有的 n 个观测，估计一个 s_i 对 z_i 的 Probit 模型，并得到估计量 $\hat{\gamma}_h$。对每个 i 计算逆米尔斯比 $\hat{\lambda}_i = \lambda\ (w_i \hat{\gamma})$，实际上，我们只需要对 $s_i = 1$ 的 i 做这些。

第二步：利用样本选择，即 $s_i = 1$ 的观测，做如下回归

$$y_i \text{ 对 } x_i, \hat{\lambda}_i \text{回归} \tag{5 - 7}$$

则 $\hat{\beta}_j$ 就是一致的，并近似正态分布。从回归（5 - 7）中可以得到对选择偏误的一个简单检验。即我们可以用 $\hat{\lambda}_i$ 通常的 t 统计量作为对 H_0： $\rho = 0$ 的一个检验。在 H_0 下，不存在样本选择问题。

概括来说，处理样本选择偏差的主要思想是通过构造逆米尔斯比率（inverse Mills ratio，简称 IRM）对不可观测的选择性进行控制。这一方法的基本假设是选择方程（是否参与工作）和工资方程的残差项符合联合正态分布，否则结果会有非常大的偏误（Duncan，1983；Goldberger，1983）。由于数据是被截取的（censored data），有一部分数据是观察不到的，这一假设事实上是不可检验的。然而，Heckman 两阶段法也有一些不足（Duan et al.，1983），其一是排除性约束问题（exclusion restrictions），即至少有一个变量应该出现在选择方程中，但并不影响工资，因而不出现在工资方程中。如果这样的变量难以找到，则 Heckman 方法的估计就只

---

① 参见伍德里奇，2003 年，第 540 页。

能依赖于逆米尔斯比率对解释变量的非线性变换，此时逆米尔斯比率和其他解释变量之间可能有较强的相关性，导致结果缺乏稳健性。其二是在用最大似然法对 Heckman 两阶段模型估计时，也会出现多个最优解的情况，这一模型并不具备良好的统计检验方法。虽然如此，作为现阶段处理样本选择偏差的一种方法，Heckman 两阶段法仍然是比较有效的。

5.3.3   教育回报性别差异经验研究

在 5.3.1 节我们已经提到，教育系数 β_1 乘以 100 表示每增加一年学校教育带来工资增加的百分比，这个百分比就是教育回报率。准确的教育回报率定义是：对个体或社会因其增加接受教育的数量而得到的未来净经济报酬的一种测量，它表示每增加一年学校教育导致收入增加的百分比。由于不同国家或同一国家不同时期的经济制度不同，经济发展水平不同，因此教育回报率存在较大的差异。目前世界平均教育回报率为 10.1%，亚洲国家为 9.6%，中低收入国家的教育回报率较高，在 11.2%—11.7%之间；我国教育回报率从 20 世纪 90 年代初期的 3%左右提高到 2000 年的8.5%，略低于、但已逐步接近国际平均水平（张车伟，2006）。从教育回报性别分布看，很多国家的研究都表明女性的教育回报率高于男性。Altonji（1993）应用 1972 年美国州立高中长期数据研究教育预期与未来大学专业选择的问题发现，女性教育回报的系数要远远大于男性，并且他的研究也得到了其他研究的支持。Kane and Rouse（1995）用相同的数据也证明，同样是读两年大学和四年大学，男性和女性的教育回报系数分别为 0.042、0.064 和 0.046、0.063，可以看出男性的系数普遍低于女性。Brown and Corcoran（1997）也有同样的发现。对中国的教育回报率的研究也大都发现了这一现象。例如，在张俊森等人（2005）的研究中发现，1988 年男性和女性的教育回报率分别为 2.9%和 5.2%，而 2001 年则分别为 8.4%和 13.2%。而在陈良焜、鞠高升（2004）基于 1996—2000 年数据的研究发现：1996 年男性和女性的教育回报率分别为 4.7%和 6.5%，2000 年则分别为 6.7%和 10.2%。国内外的研究文献表明：不论是在发达国家，还是在发展中国家，都存在着女性的教育收益率高于男性的现象（Dougherty，2005；George Psacharopoulos，2004），而且这一差异随着时间的推移还将持续存在（刘泽云，2008）。

女性教育回报率高于男性可能有两个原因。第一，从个人层面上说，不同学校的教育质量对其收入影响是不同的，至少在短期层面上如此。假如女性更喜欢学习并在学习上投入了比男性多的精力，如果投入的质量只用入学率衡量（投入的质量没有体现出来），那么这种特殊性将在回归中被忽略，导致在估计女性和男性教育回报率时出现偏差。但以前的研究并没有特意强调这一点。Grogger and Eide（1995）在研究影响大学生工资增加的因素时发现，在中学里学习较好的女生机会更多（Christopher Dougherty，2005）。另外，与那些传统的、低工资的女性相比，一个受过良好教育的女性更愿意或更可能找到工作条件更好、待遇更优厚的工作，因此，女性自己更倾向于提高自己的教育程度（Christopher Dougherty，2005）。第二，女性样本的代表性不足可能是造成女性教育回报率高于男性的另一个主要原因，也就是本章所讨论的内生样本选择问题。由于劳动力市场分割的存在，一部分女性会选择退出劳动力市场，如选择自我就业或在家从事家务劳动等，这样进入观察样本的只是在劳动力市场上工作的女性，而这部分进入劳动力市场的女性一般能力又比较高。在进行教育回报率的估计时如果只考虑进入劳动力市场的女性，就会导致女性劳动力样本代表性的不足；同时，由于在回归中忽略能力因素对收入的影响，也会使得女性教育回报率估计中出现高估的现象（Zhang et al.，2005）。

女性教育回报率提高虽然有助于缩小男女之间性别工资差异，但还不足以完全抵消这一差异，原因是人力资本只是造成性别工资差异的一个主要而非唯一原因。除人力资本外，还有其他的原因，如性别歧视、市场分割和工资结构等原因也会导致性别工资差异。另外，女性教育回报率估计可能受到样本选择偏差的影响而被高估，这个问题在实证研究中需要得到足够的重视。下面我们将通过一个例子来认识这个问题。

5.4　案例

下面我们提供一个利用 Heckman 两阶段法处理样本选择偏差的案例。①

---

①　从国内外的经验研究中我们注意到：尽管对教育回报的研究文献非常多，但从农村角度分析男女性别工资差异的文献还非常少。其主要原因可能在于：一是数据的不可获性，多数现有的国内数据库均是来自于城市调查，来自农村的数据库非常少；二是农村人口的文化程度普遍较低，尤其是农村妇女，没有完成九年义务教育，甚至是文盲的妇女不是少数，因此对于这样的人群进行教育回报和性别工资的分析效果不会很明显。但正是由于这方面的研究还比较薄弱，就为我们提供了一个新的分析视角。

本案例所使用的数据来自 2000 年和 2008 年中国科学院农业政策研究所在中国六个省所做的农村住户调查数据。样本共包含 1199 户农户，样本个数 5569 个。这些样本分布在浙江、四川、河北、湖北、陕西、辽宁六省。我们截取了其中的一部分用于说明样本选择偏差对于回归结果的影响，并用 Heckman 两步法对其进行了纠正。

5.4.1　模型

我们分析的主要目的是估计农村成年男女教育回报率及其性别工资的差异。所使用的基础模型来自明瑟（1974）。具体模型如下。

$$\ln(Y_{s,i}) = \ln(Y_{0,i}) + rS_i + \beta_1 E_i + \beta_2 E_i^2 + \beta_3 gender_i + \alpha_1 land_i + \alpha_2 marriage_i + \alpha_3 asset_i + \alpha_4 train_i + u_i \tag{5-8}$$

Y_s 是小时工资，Y_0 是假设没有任何教育情况下的基础工资，i 是个体样本，r 是平均教育回报率系数，β_1 是经验估计系数，β_3 是性别工资差异的估计系数。α_1 是家庭土地面积对工资影响的估计系数，α_2 是婚姻状况对工资影响的估计系数，α_3 是家庭财产对工资影响的估计系数，α_4 是培训与否对工资影响的估计系数。很显然，对于这个方程的估计我们会遇到样本选择偏差的问题，因为提供工资数据的个体都是找到工作的劳动力的样本，而那些没有工作的劳动力是没有工资的。如果忽略这些差别，就会造成估计结果被高估。因此我们需要用 Heckman 两步法处理。

5.4.2　数据

我们首先对所使用的数据进行一个统计性描述，其结果如表 5－3 和表 5－4 所示。从表 5－3 我们可以看出，能够找到工作并提供工资数据的样本仅有 1095 个，占全部样本的 20%。小时工资（对数形式）均值为 1.25 元，工资的极差不大；家庭户均土地面积为 8.86 亩，标准差为 17.37，说明不同家庭所拥有的土地面积差异较大；2008 年家庭财产（对数形式）为 10.41，标准差为 1.61，说明这些家庭的财产差异不大。所调查样本中已经结婚的占比较大，男女比例适当，而受过劳动力培训的占比较小；教育程度普遍为 8 年，极差较大，达到 16 年。为了更好地说明男性和女性在教育和工资方面的差异，我们特将男性和女性的调查数据单独进行描述性统计（见表 5－4）。

表 5 - 3　　　　　　　　　　主要变量的统计性描述

变量	样本量	均值	标准差	最小值	最大值
小时工资（元）$\log(Y)$	1095	1.249444	0.9997727	−2.60269	5.945275
土地面积（亩）（$land$）	5443	8.860816	17.3738	0	351.2
婚否 1 = 是（$marriage$）	5569	0.8398276	0.3667988	0	1
2008 年家庭财产（$asset$）	5400	10.40748	1.613672	4.60517	15.31959
培训与否 1 = 是（$train$）	5066	0.1508093	0.3578982	0	1
教育程度（年）（S）	4282	8.009575	3.298744	0	16
经验（年）（E）	4281	25.68372	15.40996	−5	86
经验平方（$E2$）	4281	8.970647	9.391571	0	73.96
性别 1 = 男（$gender$）	5564	0.4917326	0.4999766	0	1

数据来源：2000 年中国科学院农业政策研究所在中国六个省所做的农村住户调查。

从表 5 - 4 中我们发现，在所调查的样本中，存在着女性小时工资和教育程度低于男性的现象。[①]

表 5 - 4　　　　　　男性和女性工资和教育的统计性描述

性别	教育程度		小时工资（对数）	
	平均值	标准差	平均值	标准差
男性	8.3	3.29	1.32	1.02
女性	7.7	3.28	1.09	0.92

5.4.3　估计结果

我们在调查数据的基础上分别进行了最小二乘法估计和 Heckman 两步法估计，估计结果见表 5 - 5。从回归的结果看，最小二乘法和 Heckman 两阶段法的估计结果存在较大差异。

首先，教育对于工资的影响。用最小二乘法估计的结果表明，教育程

---

① 一般而言，女性受教育程度高于男性一般发生在城市。对于大多数农村劳动力来说，女性的受教育程度普遍低于男性，这是由很多方面的因素造成的。这里我们只是讨论最小二乘法和 Heckman 两阶段法对教育回报率的影响，因此，女性受教育程度是否低于男性影响并不是很大。

度对于小时工资有着非常明显的促进作用,即每增加一年的教育,将使小时工资增加 6.8%；而实际上按照 Heckman 法估计,教育对于小时工资的影响其实只有 5.3%。其次,性别工资差异的估计系数也不同。从最小二乘法的估计结果看,男性工资比女性工资高,而用 Heckman 方法估计,女性比男性工资高,但均不显著。再次,使用最小二乘法和 Heckman 两阶段法估计男性和女性教育回报,结果均反映出男性的教育回报高于女性,但不显著。最后,用两种方法估计家庭土地面积、婚姻状况、家庭财产多少和培训与否对小时工资均没有表现出显著影响。

以上我们通过最小二乘法、Heckman 两阶段法对中国农村劳动力工资影响因素进行了分析,分析结果表明,教育对于小时工资有着显著的正向影响,说明在农村提高农村劳动力的素质是可以提高其劳动收入的。然而,两种方法所估计出来的结果略有差异:使用最小二乘法进行估计时,其估计结果有偏高的趋向；而使用 Heckman 两阶段法进行分析时,教育的作用有所下降,但仍然很显著。这就提示我们,在进行性别工资差异研究时应注意到可能存在着样本选择偏差问题,需要引起足够的重视。

表 5 - 5　　　　　　　　　不同估计方法对教育回报率的回归结果

	最小二乘法	Heckman 两阶段法
教育程度	0.068	0.053
	(3.75) ***	(2.07) **
经验	0.017	0.017
	(1.81) *	(1.78) *
经验平方	-0.031	-0.02
	(-1.88) *	(-1.04)
性别教育回报	0.002	0.018
	(0.11)	(0.56)
性别工资差异	0.21	-0.15
	(1.09)	(-0.24)
家庭土地面积	0.002	0.001
	(0.9)	(0.49)
婚否	0.025	0.338
	(0.28)	(0.63)

续表

	最小二乘法	Heckman 两阶段法
家庭财产	0.029	0.027
	(1.42)	(0.99)
培训与否	−0.03	−0.065
	(−0.4)	(−0.75)
常数项	0.008	0.72
	(0.03)***	(0.64)
逆米尔斯系数		−0.466
		(−0.58)
样本个数	949	949

注：（1）为最小二乘法估计结果，括号里为 T 值；（2）和（3）分别为 Heckman 两阶段法的第一阶段和第二阶段估计结果，括号里为 Z 值。*** 代表 1% 的显著性水平下显著；** 代表 5% 的显著性水平下显著；* 代表 10% 的显著性水平下显著。

5.5　结论

本章主要介绍了人力资本理论对于性别工资差异解释的有关模型和经验研究方法。

正如我们在现实中观察的那样，世界各国都普遍存在着女性工资低于男性的现象，对此，经济学家们从人力资本理论、性别歧视理论、市场分割理论和工资结构理论等不同的理论给予了不同的解释。本研究试图通过人力资本理论解释男女性别工资产生的根源。

从人力资本理论出发，性别工资差异的产生主要来源于两个方面：一个是学校教育的差异，另一个是工作经验的差异。

我们首先对学校教育进行了论述。学校教育对性别工资差异的影响主要来自两个方面，一个是教育年限不同，一个是专业选择不同。由于世俗观念、社会发展程度等原因，女性的起始教育程度低于男性。虽然最近几十年来，女性的教育程度有了很大的提高，但总体水平上仍然低于男性。由于教育决定收入，女性受教育水平低导致了性别工资差异的存在。另外，由于男女在智力、偏好及由于家庭分工不同，女性更倾向选择那些知识更新速度较慢的专业，也会导致性别工资差异的存在。

　　其次，我们论述了工作经验不同导致的性别工资差异。工作经验主要来源于一般在职培训和公司专门在职培训两个方面。一般而言，由于女性在家庭中承担的责任和义务，女性的从业时间要少于男性，因此，女性在进行在职培训决策时会考虑投资的成本与收益，并更倾向于一般培训；而男性由于没有职业中断期，并能够在工作中投入更多的精力，因此，在公司愿意支付部分培训费用的前提下，男性更愿意进行在职培训的投资，尤其是公司专业培训的投资。由于男女在工作培训的投资不同，导致他们工作经验的不同，因此造成了性别工资差异。

　　其实，男女性别工资差异更多的是一个实证问题，实证研究主要考察了男性和女性在教育回报率方面的差异，这个过程中需要解决的一个关键问题是样本选择偏差问题。处理样本选择偏差问题可以采用 Heckman 两阶段法。从国内外的经验研究看，大量的研究主要集中在城市男性和女性的教育回报研究上，而关于农村男女教育回报的研究则很少。直接原因是农村数据质量较城市调查差，其次是农村男女劳动力本身的教育程度都较低，难以形成更高的层次，使得对此问题的分析比较困难。这种状况需要政府和研究者共同努力去改变。

参考文献

陈良焜、鞠高升：《教育明瑟收益率的性别差异的实证分析》，《北京大学教育评论》2004 年第 2 期。

亚当·斯密：《国富论》（上卷），商务印书馆 1972 年版。

[美] 加里·S. 贝克尔：《人力资本——关于教育的理论与实证分析》，郭虹等译，中信出版社 2007 年版。

[美] 加里·斯坦利·贝克尔；《家庭论》，王献生、王宇译，商务印书馆 2007 年版。

张车伟：《人力资本回报率变化与收入差距："马太效应" 及其政策含义》，《经济研究》2006 年第 12 期。

李春玲、李实：《市场竞争还是性别歧视——收入性别差异扩大趋势及其原因解释》，《社会学研究》2008 年第 2 期。

刘泽云：《教育收益率的性别差异分析》，《妇女研究论丛》2008 年第 2 期。

[美] J. M. 伍德里奇：《积累经济学导论：现代观点》，中国人民大

学出版社 2003 年版。

Altonji，J. G.，"The Demand for and Return to Education when Education Outcomes are Uncertain," *Journal of Labor Economics*，1993，11（1）：48 – 83.

B Gustafasson and Shi Li，"Economic Transformation and the Gender Earnings Gap in Urban China," *Journal of Population Economics*，2000，（13）：305 – 329.

Blau，F. D.，Ferber M. A. and Winkler A. E.，*The Economics of Women*，*Men*，*and Work*，6th edition. Boston：Prentice Hall，2010：150 – 190.

Broaded，C. M.，Liu，C.，"Family Background，Gender and Educational Attainment in Urban China," *China Quarterly*，1996，145：53 – 86.

Brown，C. and Corcoran M.，"Sex-Based Differences in School Content and the Male-Female Wage Gap," *Journal of Labor Economics*，1997，15（3）：431 – 465.

Dougherty，C.，"Why are the Returns to Schooling Higher for Women than Men?" *Journal of Human Resource*，2005，40（4）：969 – 988.

Berndt，Ernst R.，*The Practice of Econometrics*：*Classic and Contemporary*，New York：Additon-Wesley Publishing Company，1990：152 – 163.

Gary Stanley Becker，*A Treatise on the Family*，Harvard University Press，1991.

Gary S. Becker，"Investment in Human Capital：A Theoretical Analysis," *Journal of Political Economy*，Supplement，1962，70（5）Part 2：S9 – S49.

Gary S. Becker，*Human Capital*：*A Theoretical and Empirical Analysis*，*with Special Reference to Education*，New York：National Bureau of Economic Research，1964.

Gary S. Becker，*The Economics of Discrimination*（*Second Edition*），Chicago：University of Chicago Press，1971.

Gary S. Becker and Barry R . Chiswick，"Education and the Distribution of Earnings," *American Economic Review*，1966，56（3）：358 – 369.

George Psacharopoulos and Harry Anthony Patrinos，"Return to Investment in Education：A Further Update," *Education Economics*，2004，（2）：111 – 136.

Gilbert R. Ghez and Gary S. Becker, *The Allocation of Time and Goods over the Life Cycle*, New York: Columbia University Press for the National Bureau of Economic Research, 1974.

Jacob Mincer, "A Study of Personal Income Distribution," New York: Columbia University, Dissertation Abstracts International, 1957, 17 (8): 1691.

Jacob Mincer, "Investment in Human Capital and Personal Income Distribution," *Journal of Political Economy*, 1958, 66 (4): 281 – 302.

Jacob Mincer, "On-the-Job Training: Costs, Returns, and Some Implications," *Journal of Political Economy*, 1962, 70 (5): 50 – 79.

Jacob Mincer, *Schooling, Experience and Earnings*, New York: Columbia University Press for the National Bureau of Economic Research, 1974.

Jacob Mincer and Solomon Polachek, "Family Investments in Human Capital: Earnings of Women," *Journal of Political Economy*, 82: 2 1974, 76 – 108.

Jacob Mincer and Haim Ofek, "Interrupted Work Careers: Depreciation and Restoration of Human Capital," *Journal of Human Resources*, 1982, 27 (1): 3 – 24.

James J. Heckman, "A Life Cycle Model of Earnings, Learning and consumption," *Journal of Political Economy*, 1976, 84 (4): S11 – S44.

Kane, T. J. and Rouse, C. E., "Labor-Market Returns to Two- and Four-Year College," *American Economic Review*, 1995, 85 (3): 600 – 614.

Kenneth J. Arrow, "Higher Education as a Filter," *Journal of Public Economics*, 1973, 2 (3): 193 – 216.

Michael A. Spence, "Job Market Signaling," *Quarterly Journal of Economic*, 1973, 87 (3): 355 – 374.

Michael A. Spence, *Market Signaling: Informational Transfer and Related Screening Processes*, Cambridge, Mass, Harvard University Press, 1974.

T. Paul Schultz, "Women's Role in The Agricultural Household: Bargaining and Human Capital," Yale University, Economic Growth Center, 1999. 9.

Theodore Schultz, "Capital Formation by Education," *Journal of Political Economy*, 1960, 68 (6): 571 – 583.

Theodore Schultz, "Investment in Human Capital," *American Economic Review*, 1961, 51（1）: 1 – 17.

Zhang, J., Zhao, Y., Park, A. and Song, X., "Economic Returns to Schooling in Urban China, 1988 – 2001," *Journal of Comparative Economics*, 2005, 33（4）, 730 – 752.

第6章

性别工资差异分析(1):平均
工资差异分解

刘晓昀

6.1 引言

很多国家的劳动力市场上都存在不同程度的性别工资差异,共同点是女性工资较男性要低 (Altonji,1999)。性别工资差异的量化指标有两种,第一种是男性和女性对数工资的差异,该指标能反映男性工资相对于女性工资的百分比,第二种是女性工资占男性工资的比例。不论采用哪种指标,女性工资低于男性是世界各国存在的普遍现象。例如,1985—1994年间 22 个工业化国家的数据显示平均性别对数工资差异为 0.301,日本最高,是 0.85,美国是 0.395,俄罗斯是 0.354,英国是 0.356,瑞典是0.216,斯洛文尼亚最低是 0.140 (Blau and Kahn,2003,表 2)。调查显示中国劳动力市场上也存在明显的性别工资差异,且这种差异随着中国经济改革的深入不断拉大。1988 年中国城镇女性年工资是男性的 84%(Gustafsson and Li,2000),1995 年下降到82.5%,2002 年进一步下降到80% (李实和古斯塔夫森,2008)。与城镇相似,农村非农性别工资差异也在扩大:农村平均对数工资差异从 1988 年的 0.315 上升为 1995 年的0.340 (Rozelle 等,2002)。

由于男性和女性生理差别和在社会扮演的角色不同,男性和女性在劳动生产力上有差别 (Dong and Zhang,2009)。但是大量的经验研究显示,性别生产力,通常表现为教育水平和工作经验,只能解释性别工资差异的一小部分。在文献中，不能被教育和经验等性别差异解释的性别工资差异被称为性别工资残差（residual wage gap）。Becker（1971）认为性别工资残差反映市场对女性的工资歧视。Bergmann（1974）认为劳动力市场对女性就业的歧视导致市场性别分割，市场性别分割也是导致性别工资差异的重要因素。市场歧视和分割不仅导致工资收入不平等，同时也造成要素配置失效。因此，研究性别工资差异的大小、发展变化、性别工资差异的原因以及工资歧视的大小、市场分割的影响等问题对制定正确的劳动力市场公共政策具有重要意义。

　　本章介绍性别工资歧视和劳动力市场分割理论对性别工资差异的解释，并介绍分析这两种因素对性别工资差异影响的经验研究方法。其中Blinder-Oaxaca 分解和 Brown 分解是经验研究中比较常用的方法。本章将对此方法进行详细介绍。因为性别工资差异只是工资差异中的一种表现，本章介绍的工资差异分解方法同样适用于分析其他人群间的工资差异。本章还介绍关于中国经济转型对性别工资差异与性别工资歧视的影响以及劳动力市场分割的经验研究结果。随后，给出一个关于城市性别工资差异分解的经验研究案例。最后，对全章内容进行简要总结。

6.2　性别歧视和市场分割理论解释

　　性别工资差异可以由多种理论进行解释，其中，人力资本、性别歧视、市场分割和工资分配结构是几种主要理论。本书第五章介绍了人力资本理论，第七章将介绍工资分配结构理论，本章重点介绍性别歧视、市场分割理论对性别工资差异的解释。

6.2.1　歧视经济理论

　　歧视通常是指具有相同生产能力的个体因为一些非生产性的特征（如性别、种族等）而受到不同对待。若是因为受到歧视而得到不同的工资，这种情况可以理解为工资歧视。如果雇主对具有相同生产能力的男性与女性雇员支付了不同的工资时，就可以认为存在性别工资歧视。还有一种歧视是职业或职位歧视，是指雇主故意将与男性雇员具有相同教育水平和生产能力的女性雇员安排到低工资、低位置的工作岗位上，而把高工资的工作留给男性雇员。

对于市场歧视现象，主要有两种解释。一种是 Becker 的歧视偏好理论（taste for discrimination，Becker，1971）。Becker 从消费者角度，认为歧视偏好是个人喜好，个人如果对他人提供的商品或服务有自己的偏好，如对他人种族、性别的偏好，而这种偏好能提高自己的主观福利，因此他愿意为此支付较高的价格，即使两个不同性别或种族的人提供的商品或服务完全相同。雇主、雇员和顾客的偏好都会导致市场歧视。

雇主不愿意去雇用某种特征的人时会出现雇主歧视。例如相对于男性，如果雇主更不喜欢女性的话，女性就不得不接受低于边际劳动生产率的工资，以弥补雇主雇用女性所造成的福利损失，通常表现为雇主效用函数的降低。此时就是对女性的性别歧视。

但是雇主的歧视程度不尽相同。设劳动力分为 A、B 两个群体，A 是受歧视的群体，W_A、W_B 分别为两个群体的工资，以 W_A/W_B 表示相对工资，则 A 类雇员的市场总需求曲线 D_1 为下倾状态（见图 6-1）。A 群体的供给量越大，相对工资就越低。供给量在 S_1 时，没有歧视。但是，供给量扩大到 S_2 时，相对工资降到 1/2。歧视程度弱的雇主利润大，扩大生产时增加了对 A 的需求，需求曲线右移，到 D_2 时，会消除歧视。所以，在完全竞争的市场环境下雇主歧视是不能长期存在的。

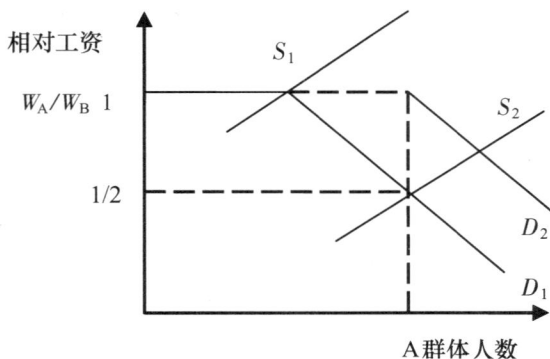

图 6-1　雇主歧视时的均衡工资

雇员的个人偏好也会造成歧视。假设所有雇员的工作能力相同，如果属于某一个主要群体（如白人）的人不喜欢同属于少数群体（如黑人）的人一起工作。若假设具有某个给定生产率雇员的市场工资率为 w，白人若被要求与黑人一起工作时，他的工资就需高于市场工资，为 $w + d$，其中 d 是对白人雇员种族偏好的经济补偿，也就是工资歧视。若雇主需要主要群体的人与少数群体的人一起工作，雇主就需要补偿属于主要群体的雇员，付出高于其生产率的工资。同样，在完全竞争条件下，雇员可以流动，雇主不需要同时雇用两个群体的雇员，所以雇员歧视不会长期存在。

顾客的偏见也会成为歧视的原因。假设顾客偏好某一特定人群向其提供服务，则会使得提供这一服务的人群倾向于这一特定人群。若顾客挑选自己偏好的人来为自己提供服务，可能需要支付高于市场价格的报酬；或者由于顾客的偏好，使得不受偏好的人在市场中受到歧视。例如高层管理人员多是男性，如果女性要进入偏好男性的职业中，就要接受较低的工资或付出更多的努力以获得认可。

歧视与市场不完全竞争有关。例如垄断的作用可使歧视在较长时期能存在。垄断的力量可以来自厂商、政府、组织、雇员。垄断厂商可以凭借对市场的垄断影响，根据自己的偏好，实现对劳动力的歧视，例如对女性的歧视（Barth and Dale-Olsen，1999）。有研究认为，工会也可以表现出垄断的作用，从而导致歧视的出现（Marshall，1965，Northrup，1944）。根据 Becker 的研究，白人对黑人的歧视不能在竞争市场中长期存在，但是如果白人组成垄断组织，可以强化这种歧视的作用。但是，关于工会的作用也有一些争议。例如工会数量很多，对歧视的影响不尽相同。有些研究认为工会不是歧视的主要原因（Ashenfelter，1972）。还有学者认为工会有助于减少企业内部的性别工资歧视，因为工会集体谈判条款能限制雇主的歧视行为（Elvira and Saporta，2001）。

对工资歧视的第二种解释是统计歧视理论。该理论认为，性别歧视不是由于雇主个人偏好造成的，而是由于信息不充分时出现的逆向选择问题，雇员仅仅由于身份属于某个特殊群体而受到歧视，从而产生统计歧视（Aigner and Glen，1977；Lundberg and Richard.，1983）。由于雇主不能对求职者掌握充分信息，不能准确了解求职者的实际工作能力，只能通过对具有某种特征（如性别）人群的平均生产率的先验判断进行选择。比如，雇主认为由于家庭责任的影响，女性对工作投入的精力比男性少、工作积极性低，当这种对女性群体的先验判断影响到对女性个人的招聘、工资决定、职位升迁时，就是对女性的统计歧视。我国近年劳动力市场上就出现很多对女性的歧视，一些部门认为女性工作能力较低，在职业招聘中拒绝女性，这就是统计歧视的一种表现。再如雇主在提供在职培训时，希望能让可以继续工作的人参加。当雇主面对女性雇员时，由于没有足够信息来区分哪些女性雇员职业生涯期长、哪些只是临时工作将来可能会离职，若让女性参加培训，雇主认为可能会受到损失。于是职业生涯期长的女性会因雇主对女性雇员流动性大的担心而受到不公平的对待。与偏好性歧视不同，统计歧视在信息不完全的情况下与利润最大化原则是一致的，因此不会由于市场竞争而消失（Phelps，1972）。

6.2.2 劳动力市场分割理论

男性和女性在职业和部门选择时极为不同，前者称为职业分割，后者称为部门分割。比如，工程师、技术员以及行政部门和企业领导人员男性比较多，而从事文秘、护士等和其他一些被领导的职位，女性比较多，这就是职业分割（occupational segregation）。外来男性农民工主要集中在建筑部门，而女性农民工则在饮食、美容美发、家政服务等行业比较集中，这种情况就是部门分割（sectoral segregation）。不论是哪种情况，相对男性，女性经常从事一些报酬较低的职业或进入报酬较低的部门。除了性别上的不同，很多其他不同群体的职业选择也有不同特点，如城市劳动力市场上农业与非农业户籍的劳动力具有不同的职业分布，外来农民工经常从事的是一些技术要求低、报酬低的工作。这些就表现为职业分割，是劳动力市场分割的结果。从性别角度，性别分割反映的是一些职业或部门被看作是"女性职业或女性部门"，另外一些被看作是"男性职业或男性部门"，男性和女性分别集中到不同的职业和部门，性别分布比例呈现失衡状态。劳动力市场的性别分割是导致性别工资差异的重要原因之一。

性别分割有供给方面的原因，也有需求方面的原因。从供给方面来看，由于传统性别分工，女性承担大部分家庭照料的责任。为了照料孩子和家庭，许多女性选择时间、地点比较灵活、体力消耗比较小的工作，这种工作报酬往往比较低。或者是由于社会传统习惯的原因，女性多选择从事一些"女性职业"。从需求方面看，由于对女性的偏见，雇主往往会在招聘、在职培训和提拔等决策时歧视女性。例如由于雇主歧视（Becker，1971）对女性就业造成的不利影响，或由于信息的不完善，导致的雇主对女性群体的歧视（Phelps，1972）。个人的偏好和社会歧视是相互作用的。例如，由于女性经常在劳动力市场上受到不公平的待遇，降低了女性在人力资本投资和择业上的积极性，使家庭和社会都认为女性应该从事所谓的"女性职业"。受这种思想的影响，女性被引导出这种从事"女性职业"的偏好。女性较男性差的工作业绩也会进一步加深雇主对女性能力低、事业心不强的偏见，从而加剧市场对女性的歧视（Phelps，1972）。

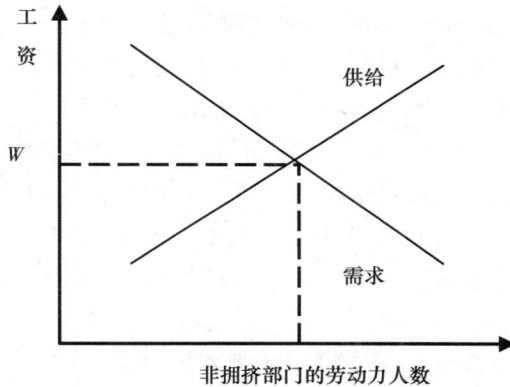

图 6 - 2　非拥挤部门的工资决定

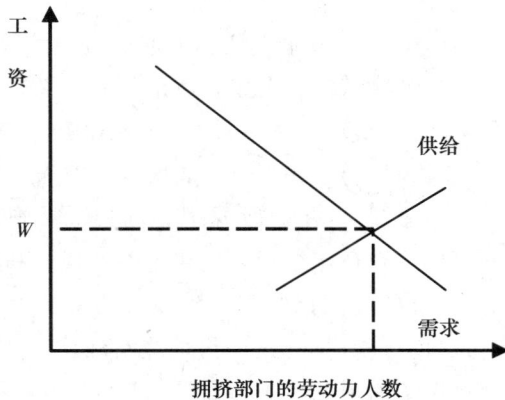

图 6 - 3　拥挤部门的工资决定

无论是什么原因，性别分割的后果就是女性被拥挤到有限的职业和部门，从而导致工资差异的产生。拥挤假说认为女性劳动力拥挤在部分职业中，造成这些职业中的劳动力过度供给，降低了工资水平。例如非拥挤的劳动力市场供需如图 6-2 所示，由于劳动力供给相对较少，工资相对较高；而拥挤的劳动力市场供需如图 6-3 所示，由于劳动力供给相对较多，工资水平相对较低（Bergmann，1974）。性别分割是劳动力配置失效的表现，将女性从拥挤部门转移到非拥挤部门，直到两个部门的劳动生产率以及工资水平相等时，可以增加社会总收入。

双重劳动力市场理论认为劳动力市场分为主要部门（primary sector）和从属部门（secondary sector）。主要部门通常具有高工资、工作稳定、具有良好的职业发展等特征。从属部门只能提供相对较低的工资、工作相对不稳定、发展机会较少。从属部门中教育、经验的收益也非常低（Doeringer and Piore，1971）。在主要部门中，员工招聘、解聘的成本较高，而在从属部门中，相应的成本较低，因此，主要部门的员工具有较高谈判力量，可以获得较高工资（Lindbeck and Snower，2001）。女性大多是在从属部门就业，收入低、就业不稳定，而男性在主要部门就业居多，从而造成性别工资差异。

性别职业分割程度的一个常用测度指标是邓肯指数（Duncan index）或差异指数（index of dissimilarity，Duncan and Duncan，1955）：

$$D = \frac{1}{2} \sum \left| \frac{F_i}{F} - \frac{M_i}{M} \right| \tag{6-1}$$

其中 F_i、M_i 分别是第 i 职业中女性和男性所占的人数，F、M 分别是女性和男性在全部职业中的总就业人数。该指数的含义是以某一性别劳动力在各职业的分布为标准，若要使另一性别的就业分布与此完全相同时，需要调整多大比例的人数才能达到相同。取值为 1 时表示所有职业完全分割，取值为 0 表示所有职业没有任何分割。例如，吴愈晓等人（2008）利用 1982 年、1990 年和 2000 年全国人口普查的抽样资料对 166 种非农职业的性别分割水平进行测算，得到 1982 年差异指数为 0.397（即表明若要消除职业的性别分割，大约 39.7% 的男性或女性要改变职业），1990 年值上升至 0.458，2000 年的值为 0.40。该研究还发现，不同地区、不同职业类型、不同教育程度或户口性质的就业人员，其职业性别分割程度有着明显的差异。[①]

---

①　由于职业种类划分不同，对职业分割程度的测量会有不同的结果。例如葛玉好（2007）得到的 1988—2001 年间城镇就业的 Duncan 指数大多在 0.11—0.14 之间。即使 Duncan 指数的结果不同，它仍可以用来进行比较研究，例如进行地区之间、年度之间的比较。

劳动力市场分割导致男性和女性集中在不同职业，若职业间又存在工资差异，则会出现男性和女性在平均工资水平上的差异。由于性别职业分割，女性在工资较低且工资增长较慢的职业工作，这是美国长期存在较高的性别工资差异的主要原因（Blau and Kahn，1996）。一般来说，性别职业分割程度的降低可有利于性别工资差异的减小（Cotter et al.，1995）。

6.3 平均工资差异分解方法介绍

分解性别工资差异的方法主要有两大类：一种是基于平均工资的分解，一种是基于整个工资分布的分解，本章介绍基于平均工资的分解。基于平均工资的分解方法产生较早，也简单方便，经验研究中较为常用。Blinder-Oaxaca 分解和 Brown 分解是两种经典的分解方法。它是在男性和女性不同的工资方程基础之上进行的分解，目的是将工资差异中可解释的部分分解出来，以得到对工资歧视的估计。

6.3.1 平均工资差异分解方法

（1）Blinder-Oaxaca 分解方法介绍

根据 Oaxaca（1973），假设男性和女性的工资方程分别为

$$w^i = x^i \beta^i + u^i \qquad i = m, f \qquad (6-2)$$

其中 w 是工资，x 是教育、经验等解释变量，β 是系数，u 是误差。

可有

$$\varpi^m - \varpi^f = \bar{x}^m b^m - \bar{x}^f b^f = \bar{x}^m b^m - \bar{x}^f b^m + \bar{x}^f b^m - \bar{x}^f b^f$$
$$= (\bar{x}^m - \bar{x}^f) b^m + \bar{x}^f (b^m - b^f) \qquad (6-3)$$

其中 ϖ^m，ϖ^f 分别为男性和女性的平均工资，$\bar{x}^m, \bar{x}^f$ 分别是男性和女性解释变量的均值，b^m, b^f 分别是男性和女性系数估计值。

令 $\Delta w = \varpi^m - \varpi^f$，$\Delta x = \bar{x}^m - \bar{x}^f$，$\Delta b = b^m - b^f$，则有

$$\Delta w = \Delta x b^m + \bar{x}^f \Delta b \qquad (6-4)$$

以上分解是以男性方程系数作为参照。若按照男性工资方程的回报，女性依据自己的解释变量均值而得到的平均工资 $x^f b^m$ 与男性平均工资 $x^m b^m$ 的差异是可以解释的，而剩余的是由在劳动力市场中不同的回报（往往由工资方程的系数来反映）所造成的不可解释部分。由于不可解释

部分通常是由劳动力市场结构反映,通常也被称为歧视。

如果按照女性方程系数作为参照,会有不同的分解结果:

$$\varpi^m - \varpi^f = (\bar{x}^m - \bar{x}^f) b^f + \bar{x}^m (b^m - b^f) \qquad (6-5)$$

$$或 \Delta w = \Delta x b^f + \bar{x}^m \Delta b \qquad (6-6)$$

意即若按照女性工资方程的回报,男性应该取得的工资与女性工资的差异是可以解释的,而剩余的是不可解释的歧视部分。

(2) 指数问题

以上可见,由于参照系数选择不同,布兰德-奥萨卡分解方法的结果会不同,这种问题称之为 Blinder-Oaxaca 分解的"指数问题"(index number problem)。对此,Cotton (1988) 提出一种解决方法,即选择一个无歧视工资结构 b^* 作为参照系数:

$$b^* = \gamma_m b^m + \gamma_f b^f \qquad (6-7)$$

其中 γ_m,γ_f 是男性和女性人数分布比例。分解结果为:

$$\begin{aligned} \varpi^m - \varpi^f &= \bar{x}^m b^m - \bar{x}^f b^f \\ &= \bar{x}^m b^m - \bar{x}^m b^* + \bar{x}^m b^* - \bar{x}^f b^* + \bar{x}^f b^* - \bar{x}^f b^f \\ &= (\bar{x}^m - \bar{x}^f) b^* + \bar{x}^m (b^m - b^*) + \bar{x}^f (b^* - b^f) \qquad (6-8) \end{aligned}$$

其中上式右侧第一部分是由于特征差异造成的可解释的部分,第二部分是由于男性劳动生产率高估所造成的差异,第三部分是女性劳动生产率被低估所造成的差异,后两部分为歧视部分。

此外,Neumark (1988) 提出选取全部样本的工资方程系数作为参照系数,即性别工资差异分解为:

$$\varpi^m - \varpi^f = (\bar{x}^m - \bar{x}^f) b^p + \bar{x}^m (b^m - b^p) + \bar{x}^f (b^p - b^f) \qquad (6-9)$$

其中 b^p 是将男性样本与女性样本合并之后,对全部样本的工资方程进行估计得到的回归系数。

按上述方法分解,结果具有唯一性。此外,文献中还有一些其他解决指数问题的方法 (如 Yun,2005,2008)。

(3) Brown 分解

前面分析歧视的原因时已经指出职业选择会影响到工资水平,而 Blinder-Oaxaca 分解中未考虑到男性和女性进入不同职业的差别。Brown 分解就考虑到职业选择因素,在上述方法基础上进一步将工资差异细分为职业内差异和职业间的差异 (Brown,1980)。

假设有多种职业选择,各性别的总平均工资等于各职业内平均工资的加权总和。性别工资差异可分解为：

$$\varpi^m - \varpi^f = \sum_j \left(p_j^m \varpi_j^m - p_j^f \varpi_j^f \right)$$

$$= \sum_j p_j^f (\bar{x}_j^m - \bar{x}_j^f) b_j^m + \sum_j p_j^f \bar{x}_j^f (b_j^m - b_j^f) + \sum_j \varpi_j^m (p_j^m - \hat{p}_j^f) +$$

$$\sum_j \varpi_j^m (\hat{p}_j^f - p_j^f)$$

$$(6-10)$$

其中 ϖ^m、ϖ^f 分别为男性和女性平均工资；ϖ_j^m、ϖ_j^f 分别为男性和女性在职业 j 的平均工资；p_j^m、p_j^f 分别为男性和女性在职业 j 的人数分布比例；$\hat{p}_j^f$ 是按照男性进入职业 j 的可能性估计对女性进入的预测。

分解结果为以下四部分：

$\sum_j p_j^f (\bar{x}_j^m - \bar{x}_j^f) b_j^m$ 为职业内工资差异可以被解释的部分；

$\sum_j p_j^f \bar{x}_j^f (b_j^m - b_j^f)$ 为职业内工资差异不能被解释的部分；

$\sum_j \varpi_j^m (p_j^m - \hat{p}_j^f)$ 为职业间工资差异可以被解释的部分；

$\sum_j \varpi_j^m (\hat{p}_j^f - p_j^f)$ 为职业间工资差异不能被解释的部分。

经验研究中计算 $\hat{p}_j^f$ 时，可以先对男性的职业分布 p_j^m 进行估计，取得估计系数后，再用女性的解释变量获得女性选择各职业的可能性预测，进而得到女性在各职业的预测分布 $\hat{p}_j^f$。例如用多元 Logit 模型估计职业选择：

$$p_j = \text{Prob} \ (y = occupation_j) = \frac{\exp \ (\gamma_j z)}{\sum_j \exp \ (\gamma_j z)} \quad j = 1, \ 2, \ \cdots, \ J \quad (6-11)$$

其中 y 为个人职业选择（共有 J 种），z 为解释变量。

先对男性样本进行估计，得到估计系数 γ_j 后，再用女性样本的解释变量代入模型，即可得女性的预测分布。

同 Blinder-Oaxaca 分解一样，Brown 分解也存在指数问题，即选择不同的参照组会有不同的结果。为此，研究中也提出解决这一问题的方法（Appleton，1999）。

（4）平均工资差异分解方法的拓展及进一步讨论

平均工资差异分解的目的是计算平均工资差异分解结果，便于理解工资差异的原因，并能够衡量出工资歧视的大小。这种方法具有简便实用的优点，并已经广泛应用于比较组群之间的差异。

但是 Blinder-Oaxaca 分解也存在一些需要进一步考虑的地方。除了前面讲过的指数问题，Blinder-Oaxaca 分解的缺陷还有：分解结果中不能解释的部分不完全是由歧视造成。这是因为，受教育程度和工作经验等可观测特征不能完全反映男性和女性劳动生产率的差别（Altonji，1999）。例如社交能力常常也是影响工作业绩及工资的原因，但是往往难以衡量，这些不可观测因素的存在，可能会夸大歧视的程度。还有的研究认为人力资本投资决策本身就是对于歧视认识之后的决策结果（前劳动力市场歧视），所以解释变量本身也包含了歧视成分，分解结果的可解释部分中也就包含歧视成分，因此，只把不可解释部分视为歧视是不合理的（Altonji，1999；Cain，1986）。另外，分解结果还会受到工资方程设定、职业分类的划分、解释变量的缺失、观测误差等问题的影响（Kunze，2008）。

随着研究的深入，已有文献还在其他一些方面对传统的 Blinder-Oaxaca 分解方法进行了拓展。比如，传统的 Blinder-Oaxaca 分解大多是基于线性回归方程，由于工资方程估计中存在许多复杂情形，Blinder-Oaxaca 分解方法还被拓宽至受限因变量模型等多种模型，如 Logit、Probit 等非线性模型（Fairlie，2006；Neuman，2004 等）。还有，由于数据调查只是对具有工资的人群，这就存在本书第五章讲到的样本选择问题。许多研究发现，若考虑到样本选择问题，工资分解的结果会有很大的不同。比如，Neal（2004）在控制样本选择后估计得出 19 世纪 90 年代黑人与白人之间的工资差异可能至少比调查的大 60%。如果考虑到女性的劳动市场参与选择，控制了构成变化，Mulligan（2005）发现美国的性别工资差异基本没有变化。再有，传统上 Blinder-Oaxaca 分解方法只能分解两组之间的差异，有研究已经设法进一步拓宽至多组之间差异的分解（如 Ñopo，2008）。

6.3.2 我国性别工资差异的经验研究

近年来，我国关于性别工资差异的研究文献比较丰富。研究普遍认为性别工资差异是我国劳动力市场上存在的一个重要的不平等。本节主要对性别工资差异测量及发展的文献进行简要回顾。

（1）性别工资差异发展变化的相关数据

我国也存在性别工资差异现象。对此，国内外很多实证研究进行了一些测算，表 6-1 罗列了部分文献中出现的结果。由于调查数据时间、涵盖范围、所统计的工资指标不同，及对性别工资差异的定义不同[1]，性别工资差异的计算结果各不相同（见表 6-1）。限于数据的来源，大部分研究文献是对个别年份的估计，但也有部分研究使用多年连续数据对性别工资差异的变动进行了比较（Margaret et al., 1997；葛玉好，2007；Zhang et al., 2008，结果见图 6-4）。

表 6-1　　　　　　　　部分文献中关于性别工资差异的结果

时间	女/男(%)	比较指标	资料来源
1978.7	79.1	月工资	中国统计出版社,《中国妇女统计资料》
1986.7	82.3	月工资	中国统计出版社,《中国妇女统计资料》
1988	84.4	年收入[1]	古斯塔夫森和李实(Gustafsson and Li,2000)
1988	55.3	年工资[2]	Margaret et al.(1997)城市调查 1988—1994
1988	73.0	月工资	Rozelle et al.(2002)1996 年 8 省农村调查
1988.7	84.5	月工资	中国统计出版社,《中国妇女统计资料》
1989	55.0	年工资	Margaret et al.(1997)城市调查 1988—1994
1989	94.2	小时工资	张丹丹(2004)CHNS 城市地区数据
1990	48.9	年工资	Margaret et al.(1997)城市调查 1988—1994
1990.9	77.5	年收入	全国妇联和国家统计局,第二期中国妇女社会地位调查
1991	76.4	小时工资	张丹丹(2004)CHNS 城市地区数据
1991	50.1	年工资	Margaret et al.(1997)城市调查 1988—1994
1992	85.9	月收入[3]	呼何等(Hughes and Margaret,2002)12 省就业调查
1992	46.8	年工资	Margaret et al.(1997)城市调查 1988—1994
1993	82.9	小时工资	张丹丹(2004)CHNS 城市地区数据
1993	47.1	年工资	Margaret et al.(1997)城市调查 1988—1994
1994	41.8	年工资	Margaret et al.(1997)城市调查 1988—1994
1995	82.5	年收入	Gustafsson and Li(2000)
1995	71.2	月工资	Rozelle et al.(2002)1996 年 8 省农村调查
1997	77.5	小时工资	张丹丹(2004)CHNS 城市地区数据
1999	78.0	年工资[4]	李实等人(2006)1999 年 6 省城市收入调查

---

　　[1]　例如，张丹丹（2003）中所用的性别工资差异为：（男性工资水平－女性工资水平）/女性工资水平。按此定义，从 1989 年到 1997 年，8 年间月工资的性别差异扩大了 20%、小时工资的性别差异扩大了 23%。

续表

时间	女/男(%)	比较指标	资料来源
2000.12	70.1	年收入	全国妇联和国家统计局,第二期中国妇女社会地位调查
2001	80.3	小时工资	王美艳(2005)5城市调查数据
2002	80	年收入	李实和古斯塔夫森,2008
2002	76.3	小时工资	姚先国等人(2008)城镇调查数据

注:1. 文中所用是年收入,包括工资、奖金、补助及其他劳动收入;2. 文中所用是年工资;3. 文中所用是月收入,包括工资、奖金、补助等;4. 文中年工资包括工资、奖金、补助等,不包括转移性收入、财产性收入。

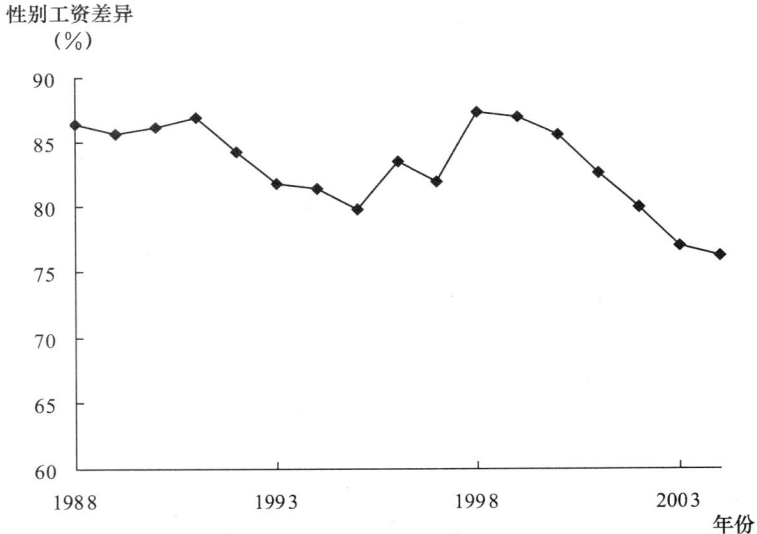

图 6-4　性别工资差异变化

数据来源: Zhang et al.（2008）①

　　由于就业类型、就业部门、行业、地区等的不同,工资不同,性别工资差异也会有所不同。另外,劳动者的教育、经验、职业种类等也会对工资产生影响,进而影响到性别工资差异。例如研究中发现:高教育程度劳动力的性别工资差异低于低教育程度的劳动力,40岁以上劳动力的性别

———————————

①　文中所用是年收入,包括工资、奖金、补助及其他劳动收入。

工资差异较大，40 岁及以下年龄组劳动力的性别工资差异相对较小，白领职业中的劳动力的性别工资差异小于蓝领职业（张丹丹，2004）。

　　对性别工资差异进行分解，讨论性别工资歧视的大小及变化是经验研究中经常进行的内容。表 6－2 罗列了部分文献中关于性别工资差异分解出现的结果。由于调查数据、研究时间、研究方法的不同，各文献研究中的结果各不相同（见表 6－2）。另外，由于数据的限制，大多数文献是对个别年份的调查估计，少数文献进行了多年的比较，例如葛玉好（2007）得出了 1988—2001 年的性别工资歧视结果（见图 6－5）。由于数据来源及所使用的方法不同，对我国性别工资差异的衡量及分解结果有所不同，这使得不同结果的比较没有太大意义。不过，讨论性别工资差异和歧视的变化趋势，特别是市场化转型中性别工资差异所呈现的变化等问题已引起很多研究的关注，例如市场化对性别工资差异的影响，职业分割、部门分割对性别工资差异的影响，迁移劳动力的就业及性别工资差异等。

表 6－2　　　　　　　　　　部分文献中关于性别工资差异的结果

时间	不可解释部分比重（%）	分解方法	资料来源
1988	50.2	Neumark 分解	Rozelle et al.（2002）1996 年 8 省农村调查
1989	25.2	Cotton 分解	张丹丹（2004）CHNS 城市地区数据
1992	39.9	Blinder-Oaxaca 分解	Hughes and Margaret（2002）
1992	37.9	Neumark 分解	Hughes and Margaret（2002）
1993	78.7	Cotton 分解	张丹丹（2004）CHNS 城市地区数据
1995	48.8	Neumark 分解	Rozelle et al.（2002）1996 年 8 省农村调查
1999	79.5	Brown 分解	李实等人（2006）城市职工调查
2001	93.5	Brown 分解	王美艳（2005）5 城市调查
2002	71.5	Brown 分解	姚先国等人（2008）城镇调查数据

数据来源：见表中第四列资料来源。

（2）经济转型与性别工资歧视

　　计划经济体制时代，所有劳动力的工作分配由国家统一决定，男女在就业机会上比较均等。从工资决定上看，国家对工资标准和工资定级有统

不能解释部分
（%）

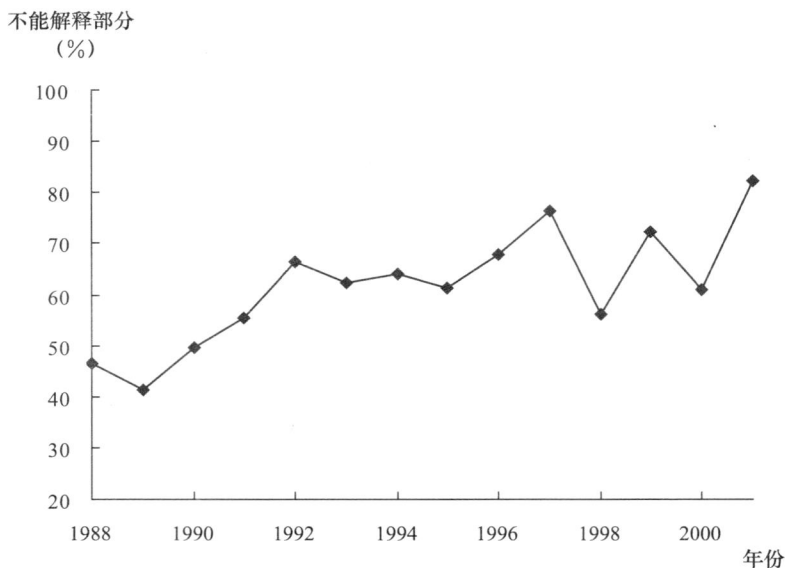

图 6 - 5   性别工资歧视变化

数据来源：葛玉好（2007）

一的管理规定，单位无权决定职工的工资，劳动者的人力资本回报较低。在这种情况下，性别工资差异较小。1978 年以来的市场经济改革过程中，企业等用人单位有了越来越多的经营自主权，政府对劳动力市场的干预越来越少。用人单位有权决定雇员的工作及工资，劳动力也开始进入市场进行竞争，劳动力之间的就业及工资差异开始显现。在经济转型过程中，性别工资歧视有何变化？已有的研究有以下三种结论：

第一，性别工资歧视减小。根据 Becker 的歧视理论，市场竞争的存在，使得要素配置趋于合理，歧视减小。中国经济转型过程中，企业面临愈加激烈的市场竞争环境，竞争的加剧将可能缩小劳动力市场上的性别工资差异（Becker，1971）。对此，经验研究提供了一些证据，证实在更市场化的部门歧视有所降低（Meng，1998；Liu et al.，2000）。Meng（1998）认为农村乡镇企业就业稀缺，很多就业由地方管理部门来分配，工资由企业或工厂决定；而农村流动劳动力在城市的就业行为更加接近于"自由的劳动力市场"，没有太多管制，雇主和雇员可以自由寻找合适的人，工资也由市场决定。农村乡镇企业部门内、职业内性别工资差异非常高，体现出乡镇企业部门的雇主对女性有更多的偏见。究其原因，可能是由于农村传统的性别歧视更大，市场化竞争则使性别歧视减小。另一项关于乡镇企业性别工资歧视的研究发现，农村乡镇企业中非市场化群体①的歧视基本上占据了全部的性别工资差异，而在市场化群体，歧视约占三分之二（Meng，1998）。另外，Liu et al.（2000）根据 20 世纪 90 年代上海和济南的调查数据，比较了国有、集体、私有等三种不同所有制部门的性别工资差异，发现从国有到集体和私有部门，性别工资歧视在下降。以上这些研究认为市场化改革减小了性别工资歧视。

第二，性别工资歧视加大。市场经济转型会使得原来计划体制下安排的较平等的状态逐渐消失，经济改革给予企业管理者以更大的工资决定权，有性别歧视意识的雇主可能会造成性别工资歧视的增多，歧视加大。例如 Margaret et al.（2002）发现在市场自由化程度大的部门歧视较大，在市场自由化程度低的部门里歧视较小。Gustafsson and Li（2000）通过对 1988 年和 1995 年中国城镇劳动力市场的抽样调查数据，发现歧视有所增长。张丹丹（2004）发现 20 世纪 80 至 90 年代，随着经济转型和市场化水平的提高，在职女性和男性劳动力的工资差异不断拉大，对女性的工资歧视也有扩大的趋势。因此，以上研究认为市场化过程中，性别工资歧视在扩大。

第三，市场化改革没有造成性别工资歧视的显著增加或减小，或者说，经济转型对性别工资歧视的影响尚不能确定。例如 Rozelle et al.（2002）通过对 1988 和 1995 年乡镇企业的调查资料分析，发现不能证实市场化改革措施和市场竞争的加强对性别工资歧视产生了显著影响。

虽然关于市场化对性别工资歧视影响的研究有不同结论，由于市场化衡量的困难、市场经济发展的不平衡（如城乡不平衡、地区不平衡），在这方面还需要进行更多的研究。

（3）市场分割及其性别工资差异

在我国城镇劳动力市场中存在明显的性别职业分割。例如李实等人（2006）发现女性职业更集中为办事人员和服务人员，男性更多为管理

---

① 市场化群体和非市场化群体的划分主要依据工作是否由劳动力市场决定。如果工作主要是相关部门分配，则属于非市场化群体；如果工作主要通过竞争得来，需要个人努力，则属于市场化群体。

人员和技术人员；女性集中的职业中，女性相对工资较低。葛玉好（2007）发现女性在"商业、公共饮食、物资供销和仓储业"的就业比例要高于男性，而在"党政机关和社会团体"的就业比例则远低于男性，且性别工资差异较小。

不同的职业选择会影响到性别工资差异（Brown，1980）。在对我国劳动力市场的研究中，也发现职业分割对性别差异的显著影响（Gustafsson等，2000；Rozelle等，2002）。而且经验研究发现，职业内歧视较之职业间歧视对性别工资差异的影响更大。王美艳（2005）考虑了职业分割对性别工资差异的影响，分解结果表明，性别工资差异主要是由于职业类型内不可解释部分的贡献（为86.91%），远大于由于职业类型不同而带来的工资差异的贡献（6.14%）。李实等人（2006）发现职业内性别工资歧视性因素对性别工资差异的贡献是68%。葛玉好（2007）的研究结果也证明1988—2001年间，除了某些年份（1992—1996年），职业类型选择对性别工资差异的影响并不大，即使最大的影响程度也不会超过20%。依据这些文献，可以认为缩小性别工资差异的关键是降低职业内的工资差异。

农村劳动力流动到城市后，其就业也存在性别工资差异。孟昕（Meng，1998）注意到迁移劳动力就业与城市劳动力的不同，对迁移劳动力的性别工资差异进行了探讨。该文发现职业内歧视比职业间歧视在性别工资差异中所起的作用更大（分别占59%和14%）。当然，职业选择上的性别歧视也在职业间差异中起到了很大作用（67%）。

（4）简短评论

为进一步了解劳动力市场、认识不同因素对就业参与及工资差异的影响，研究者已经进行了大量关于性别工资差异的经验研究，并取得了许多研究结果。歧视的大小、歧视的影响因素、社会发展对歧视的影响等是经验研究中常见的内容。对于性别工资歧视的大小，由于研究对象、分析的角度、研究时间、数据、模型设定等不同原因，会得出不同的结论，有些还需要进一步的讨论商榷。

由于我国处于市场经济转型，同时存在城乡差别，劳动力市场上还有很多复杂的问题需要进行更多的研究。例如关于市场化对性别工资歧视影响的讨论中，有的文献是通过市场化程度不同的职业比较来反映，有的是通过时间变化来说明，有的是通过设计一个市场化的指标来反映，这些方法虽然都能从一定程度上说明市场化的影响，但是市场经济改革过程中，并非只有市场竞争的增加，通常还伴随着生产技术的改进（生产技术的变化可能对男性和女性就业有不同影响）、就业市场的变化（如 20 世纪末出现的下岗失业问题[1]、21 世纪初以来出现的大学毕业生就业难，其中女生就业更难等）和制度的其他变革（如劳动保障的提高），所以，将市场化的作用与其他因素的作用区分开来也不是一件易事。再如，已有文献中对城市职工性别工资差异的研究较多，对农村地区、农村劳动力的性别工资差异研究较少。中国已经发生了大规模的由农村到城市的劳动力流动，而迁移劳动力在就业上与城市劳动力仍存在很大差别。虽然已有很多文献注意到迁移劳动力的就业特点，并对其中的性别工资差异问题进行了一些研究（例如 Meng，1998 和 2001；Rozelle 等，2002），但是由于农村家庭在劳动力资源分配上的特点，例如更多的是男性外出打工，女性留守农村，这导致农村迁移劳动力在就业搜寻、就业选择、就业时间等存在选择问题，这种情况下，工资决定将更为复杂，性别工资差异的研究也需进一步深入。

6.4　案例：职业分割与城市劳动力的性别工资差异

性别职业分割在我国城市劳动力市场中较为突出（如李实等，2006；葛玉好，2007）。如果再比较男性比例较多的职业和女性比例较多的职业，还可发现在女性集中的职业中，工资水平较低。因此，男性和女性不同的职业选择会导致性别工资差异（Brown，1980）。已有文献还发现，在考虑了职业选择之后，职业内部仍存在较大程度的性别工资歧视，而且对性别工资差异的贡献大于职业选择的性别歧视（如王美艳，2005；葛玉好，2007）。这说明由同工不同酬所引起的职业内性别工资差异是性别工资歧视中的主要问题，改善性别工资歧视应特别注重减小职业内的性别工资歧视问题。本节将以 2004 年调查数据的分析进行说明。

为简便起见，本案例将以一个小样本为例，介绍性别工资差异的分解过程。数据来自 2004 年的 CHNS 调查结果，本案例只研究城市劳动力市场，

---

① 例如杜凤莲等（2005）注意到 90 年代以来的大规模失业现象对性别工资差异的影响，研究发现失业经历加大了性别工资差异。

并只选取了户籍是城镇户口、年龄在 16—55 岁之间的、具有正规工资收入的、信息完整的部分劳动力样本,样本量 776 个,包括小时工资(元)、性别、经验①、已受教育年数、婚姻、职业种类(分为高级技术管理工作、一般技术管理工作、服务及非技术工作三类)②、家庭人口数、家庭抚养比、地区虚拟变量(是否东部地区、是否中部地区③)等变量信息。

样本数据的基本统计结果见表 6-3。数据比较可知女性在受教育年数、经验上稍小于男性,在职业的分布上男性和女性有些不同(见表 6-4),男性在高级技术管理工作中比例较多,且平均工资最高,女性在服务及非技术工作中比例较多,且平均工资最低。女性是否因为经验、教育等的欠缺而使得工资低于男性?女性是否因为多从事服务及非技术工作而平均工资低?这些都可从下面的实证分析来回答。

表 6-3 样本描述性统计结果

变量	男性		女性	
	均值	标准差	均值	标准差
工资(对数)	6.34	0.63	6.09	0.71
受教育年数	11.31	2.61	11.10	2.80
经验	23.45	9.54	19.99	9.37
经验平方	640.56	437.08	487.04	384.30
是否高级技术管理工作	0.48	0.50	0.30	0.46
是否一般技术管理工作	0.29	0.45	0.37	0.48
是否东部地区	0.40	0.49	0.42	0.49
是否中部地区	0.47	0.50	0.44	0.50
样本	441		335	

---

① 本案例以年龄 – 受教育年数 – 6 来估计工作经验。

② 高级技术管理工作包括高级专业技术工作者(医生、教授、律师、建筑师、工程师等)、管理者、行政官员/经理(厂长、政府官员、处长、司局长、行政干部及村干部等)等;一般技术管理工作包括一般专业技术工作者(助产士、护士、教师、编辑、摄影师等)、办公室一般管理人员、工作人员(秘书、办事员)等;服务及非技术工作包括服务员、看门人、售货员、洗衣工、保育员、普通工人等。

③ 本案例中东部地区包括辽宁、山东、江苏;中部地区包括黑龙江、河南、湖北、湖南;西部地区包括广西、贵州。

表 6 – 4　　　　　　　　男性和女性职业分布比例及平均对数工资

	职业分布（%）		平均对数工资	
	男性	女性	男性	女性
高级技术管理工作	48.30	30.15	6.48	6.24
一般技术管理工作	28.57	36.72	6.36	6.35
服务及非技术工作	23.13	33.13	6.02	5.67

在我国城市劳动力市场上也存在性别工资差异，这从样本数据的比较可以看出，男性和女性的平均对数工资差为 0.25，意即女性工资是男性工资的 78.22%。根据本章前述介绍，可知性别工资差异的原因一部分是由男性和女性自身的人力资本等（如教育等）决定，另外是因为男性和女性在劳动力市场上具有不同的回报。

首先根据 Mincer 的工资回归方程（Mincer, 1974）分别对男性和女性建立半对数工资回归方程：

$$lnwage = b_0 + b_1 school + b_2 \exp + b_3 \exp^2 + b_4 prof + b_5 tech + b_6 east + b_7 middle + u \tag{6 – 12}$$

这里的 wage 代表月工资，school、exp 分别表示受教育年数、经验（以年数表示），prof 和 tech 表示职业种类虚拟变量，分别是是否高级技术管理工作、一般技术管理工作，east 和 middle 表示地区虚拟变量，分别是是否东部地区、中部地区，u 为随机误差项。

F 检验可知男性和女性工资方程系数具有显著差异。对男性和女性工资方程回归估计结果见表 6 – 5，从中可以看出，无论男性和女性，受教育年数越大、经验越多的人，工资越高。不同职业之间的工资水平具有显著差异，无论男性还是女性，高级技术管理工作和一般技术管理工作的工资显著高于服务和非技术工作的工资。

表 6 – 5　　　　　　　　　　模型估计结果

	男性		女性		总体	
变量	系数	$p > |t|$	系数	$p > |t|$	系数	$p > |t|$
受教育年数	0.05	0.01	0.08	0.02	0.07	0.01
经验	0.01	0.01	0.00	0.01	0.01	0.01
经验平方	0.00	0.00	0.00	0.00	0.00	0.00
是否高级技术管理工作	0.35	0.08	0.39	0.09	0.40	0.06

变量	男性		女性		总体	
	系数	p > |t|	系数	p > |t|	系数	p > |t|
是否一般技术管理工作	0.28	0.08	0.47	0.09	0.38	0.06
是否东部地区	− 0.10	0.09	0.01	0.11	− 0.04	0.07
是否中部地区	− 0.13	0.09	− 0.03	0.11	− 0.08	0.07
常数	5.26	0.23	4.79	0.25	4.98	0.17
观测值	441		335		776	
R^2	0.14		0.24		0.19	

（1）Blinder-Oaxaca 分解和 Neumark 分解结果

根据公式（6-3）、（6-5）和表 6-3、表 6-5 的数据，计算可得 Blinder-Oaxaca 分解结果，见表 6-6。

表 6-6　　　　　　　　　　　分解结果

变量	男性系数加权		女性系数加权		Neumark 分解		
	$\Delta X b_m$	$\Delta b X_f$	$\Delta X b_f$	$\Delta b X_m$	$\Delta X b$	$(b_m - b) X_m$	$(b - b_f) X_f$
受教育年数	0.01	− 0.29	0.02	− 0.29	0.01	− 0.20	− 0.10
经验	0.05	0.23	0.01	0.27	0.02	0.21	0.04
经验平方	− 0.01	− 0.09	0.02	− 0.12	0.03	− 0.14	0.02
是否高级技术管理工作	0.06	− 0.01	0.07	− 0.02	0.07	− 0.02	0.00
是否一般技术管理工作	− 0.02	− 0.07	− 0.04	− 0.05	− 0.03	− 0.03	− 0.03
是否东部地区	0.00	− 0.05	0.00	− 0.04	0.00	− 0.02	− 0.02
是否中部地区	0.00	− 0.04	0.00	− 0.05	0.00	− 0.02	− 0.02
常数	0.00	0.47	0.00	0.47	0.00	0.29	0.18
加总	0.09	0.15	0.08	0.17	0.10	0.06	0.08
比例（%）	37.51	62.49	32.36	67.64	40.49	25.69	33.83

即对数工资总差异 0.25 可以分解为：

可以由特征差异解释的部分：$\sum (\bar{x}^m - \bar{x}^f) b^m = 0.09$，占 37.51% 。

不能解释的部分：$\sum \bar{x}^f (b^m - b^f) = 0.15$，占 62.49% 。

或

可以由特征差异解释的部分：$\sum (\bar{x}^m - \bar{x}^f) b^f = 0.08$，占 32.36% 。

不能解释的部分：$\sum \bar{x}^m (b^m - b^f) = 0.17$，占 67.64%。

本节还同时计算了 Neumark 分解结果。在对男性和女性样本合并而成的总样本进行估计时，得到一个新的参照系数（见表 6-5）。然后根据公式（6-8）对性别工资差异进行分解，可得到纽马克分解结果：

由于特征差异可解释的部分：$\sum (\bar{x}^m - \bar{x}^f) b = 0.10$，占 40.49%。

由于男性劳动生产率被高估所造成的歧视：$\sum \bar{x}^m (b^m - b) = 0.06$，占 25.69%。

由于女性劳动生产率被低估所造成的歧视：$\sum \bar{x}^f (b - b^f) = 0.08$，占 33.83%。

分解结果说明，由解释变量不同所造成的性别工资差异仅占 32.36% - 40.49%，也就是说，虽然女性的人力资本水平稍低，但不是造成工资低的最主要原因。由回归系数差别所造成的不可解释部分的贡献（常被视为歧视程度）较大（59.51% - 67.64%）。说明女性在劳动力市场上受到与男性不同的对待，回报偏低，所以工资较男性低。意即劳动力市场上对女性的歧视，造成男性和女性之间存在较大的性别工资差异。

（2）Brown 分解结果

上述分解中将职业种类视为解释变量，但是，一般来说，男性和女性在职业分布中有明显差别，即存在职业分割现象。而不同的职业中工资决定也有所不同。那么，本案例中是否也存在着职业选择上的性别差异？若男性和女性存在差异，考虑到职业选择不同对工资差异的影响，可以对性别工资差异进行 Brown 分解。

本案例中职业有三种，分别是高级技术管理工作、一般技术管理工作、服务及非技术工作。男性和女性在这三种职业中的分布见表 6-4。从中可见男性和女性职业分割较为明显。高级技术管理工作中男性比例较多，且工资水平较高，而一般技术管理工作、服务及非技术工作中女性较多，且工资水平较低。特别是服务及非技术工作中男性和女性比例相差 10%，且工资水平最低。

Brown 分解前需要对每人进入各行业的概率 p_j 进行模拟，本章采用多元 Logit 模型进行估计，模型形式为：

$$p_j = \text{Prob}(y = occupation_j) = \frac{\exp(\gamma_j z)}{\sum_j \exp(\gamma_j z)} \quad j = 1,2,3 \quad (6-13)$$

其中 y 为个人职业，z 为解释变量，包括受教育年数、年龄、年龄平方、婚姻、家庭人口数、家庭抚养比例（13 岁以下和 65 岁以上老人在家庭人口中的比例）、地区虚拟变量。选择的参照组为服务及非技术工作。

卡方检验表明男性和女性在职业种类选择上存在结构差异，表 6 - 7 列出了男性和女性进入不同职业可能性的估计结果。结果显示，受教育年限较长，可增大进入高级技术管理工作和一般管理工作的可能性；家庭抚养比例大的女性更倾向于进入高级技术管理工作和一般管理工作。

表 6 - 7　　　　　　　　　　　多元 Logit 估计结果

职业	变量	男性系数	$p > |z|$	女性系数	$p > |z|$	男性边际效应	$p > |z|$	女性边际效应	$p > |z|$
高级技术管理人员	受教育年数	0.46	0.00	0.43	0.00	0.05	0.00	0.03	0.03
	年龄	0.19	0.25	0.01	0.95	0.05	0.11	0.02	0.45
	年龄平方	0.00	0.36	0.00	0.73	0.00	0.21	0.00	0.67
	婚姻	0.54	0.34	0.24	0.70	0.04	0.73	- 0.01	0.91
	家庭人口数	- 0.07	0.56	- 0.02	0.90	- 0.02	0.41	0.01	0.59
	家庭抚养比	0.01	0.30	0.02	0.07	0.00	0.13	0.00	0.54
	是否东部地区	0.64	0.13	0.15	0.74	0.11	0.21	- 0.02	0.81
	是否中部地区	1.39	0.00	0.85	0.07	0.19	0.02	0.08	0.34
	常数	- 9.71	0.00	- 6.98	0.03				
一般技术管理人员	受教育年数	0.39	0.00	0.55	0.00	0.01	0.21	0.08	0.00
	年龄	- 0.03	0.85	- 0.17	0.30	- 0.04	0.19	- 0.04	0.20
	年龄平方	0.00	0.92	0.00	0.21	0.00	0.33	0.00	0.19
	婚姻	0.67	0.24	0.60	0.32	0.06	0.49	0.11	0.31
	家庭人口数	0.01	0.92	- 0.14	0.29	0.01	0.51	- 0.03	0.25
	家庭抚养比	0.00	0.90	0.02	0.02	0.00	0.25	0.00	0.07
	是否东部地区	0.32	0.46	0.44	0.36	- 0.03	0.66	0.08	0.38
	是否中部地区	0.96	0.03	0.83	0.08	- 0.01	0.85	0.09	0.35
	常数	- 4.19	0.18	- 4.47	0.14				
	观测值	441		335					
	Log likelihood	- 408.77		- 312.77					

依据男性职业选择估计模型的系数，可以对女性进入各职业的可能性进行估计，并得到估计职业分布（见表 6 - 8）。可以看出，如果女性在职

业进入上受到与男性相同的对待，则会增加进入高级管理工作的可能，降低从事服务及非技术工作的可能。

表 6 - 8　　　　　　　男性和女性职业分布（%）

	男性实际	女性实际	女性预测
高级技术管理工作	48.30	30.15	44.08
一般技术管理工作	28.57	36.72	30.98
服务及非技术工作	23.13	33.13	24.94

对各职业的工资方程估计结果见表 6 - 9，可以看到，受教育年数增加，对于男性从事高级技术管理工作和一般技术管理工作的工资都具有显著正向影响，对于女性从事高级技术管理工作和服务及非技术工作来说，教育有显著的正向影响，对于其他情况，教育变量的系数为正，但是影响不显著。另外，教育对女性工资的影响大于男性。

表 6 - 9　　　　　　　各职业的工资方程估计结果

职业	变量	男性		女性	
		系数	$p > \lvert t \rvert$	系数	$p > \lvert t \rvert$
高级技术管理工作	受教育年数	0.07	0.00	0.13	0.00
	经验	0.04	0.04	0.00	0.95
	经验平方	0.00	0.16	0.00	0.33
	是否东部地区	- 0.05	0.72	0.30	0.11
	是否中部地区	0.05	0.67	0.21	0.21
	常数	5.02	0.00	4.15	0.00
	观测值	213		101	
	R^2	0.11		0.25	
一般技术管理工作	受教育年数	0.05	0.01	0.05	0.13
	经验	0.00	0.84	0.00	0.92
	经验平方	0.00	0.35	0.00	0.86
	是否东部地区	- 0.17	0.27	- 0.12	0.55
	是否中部地区	- 0.18	0.22	- 0.07	0.72
	常数	5.75	0.00	5.80	0.00
	观测值	126		123	
	R^2	0.09		0.04	

职业	变量	男性		女性	
		系数	$p > \mid t \mid$	系数	$p > \mid t \mid$
服务及非技术工作	受教育年数	0.01	0.84	0.07	0.02
	经验	0.01	0.88	0.02	0.45
	经验平方	0.00	0.95	0.00	0.53
	是否东部地区	− 0.08	0.71	− 0.05	0.79
	是否中部地区	− 0.46	0.04	− 0.27	0.15
	常数	6.01	0.00	4.98	0.00
	观测值	102		111	
	R^2	0.10		0.12	

根据 Brown 分解公式可得总差异 0.25 可以分解为:

职业内由特征差异解释的部分: $\sum_j p_j^f(\bar{x}_j^m - \bar{x}_j^f)b_j^m = 0.03$,占 13.39%。

职业内由特征差异不可解释的部分: $\sum_j p_j^f \bar{x}_j^f(b_j^m - b_j^f) = 0.16$,占 64.15%。

职业间工资差异可以被解释的部分: $\sum_j \varpi_j^m(p_j^m - \hat{p}_j^f) = 0.01$,占 4.50%。

职业间工资差异不可解释的部分: $\sum_j \varpi_j^m(\hat{p}_j^f - p_j^f) = 0.04$,占 17.95%。

该结果显示性别工资差异中可解释的部分占 17.90%,其中职业内由解释变量不同造成的差异占了较大比重。不可解释部分占 82.10%,其中主要是由职业内的性别工资歧视引起。

通过以上三种分解可以看出,根据布朗分解方法计算得出的性别工资歧视较大,即考虑到男性和女性职业选择的不同后,可解释的部分所占的比重减小,不可解释部分所占比重增加,反映出歧视的作用更大。一方面是职业选择间的歧视,例如本案例中,对于女性就业来说,部分高收入、高地位的职业(如厂长、政府官员、处长、司局长、行政干部及村干部等干部,和医生、教授、律师、建筑师、工程师等高级专业技术工作者)进入难度加大,职业进入中存在的性别歧视使得职业选择对性别工资歧视贡献较大（17.95 %），也大于可解释部分的贡献（17.90%）；另一方面是职业内的歧视，而且，职业内的性别工资歧视又是歧视中的主要问题。

本案例结果说明在我国城市劳动力市场上存在严重的性别不平等现象。不平等的原因，一方面是性别职业分割明显，这成为当前就业市场上不利于女性的一个重要问题，特别是在就业压力增大的时候，不利于女性工资水平的提高和性别工资差异的减小。另一方面是性别工资歧视较大，其中以职业内的性别工资歧视所占的贡献为主。改善职业内同工不同酬的现象，可以减小性别工资差异。

当然，本案例也存在一些局限之处，例如由于样本量的限制，职业种类的划分较为粗略，仅为三类，而职业种类的划分不同，分解结果不同；受样本所限，解释变量的选取也不尽详细等。

6.5　结论

本章就劳动力市场中出现的性别工资差异现象进行了讨论，内容包括性别工资差异的原因及理论解释、经验研究中常用的一种对性别工资差异进行分解的方法——平均工资差异分解，其中主要介绍了 Blinder-Oaxaca 分解方法和 Brown 分解方法，并对"职业分割与城市劳动力的性别工资差异"的案例进行了简要讨论。

社会中存在着很多性别差异现象，性别工资差异是其中之一。导致性别工资差异的原因是复杂的，已有研究从人力资本、个人偏好、市场分割等方面进行了解释。其中，不是由于年龄、教育程度、经验等可观测的人力资本等特征所造成的性别工资差异，常常被视为性别工资歧视。歧视的来源是多方面的：思想文化中的性别意识使得一些人出于自己的偏好（例如雇主、雇员、生产者歧视）造成对女性的歧视；社会中形成的一些对女性就业的歧视（例如统计歧视）。另外，职业选择上的不同，即女性大多集中在工资水平较低的职业而形成的职业分割，也是女性工资较低的一个原因。

劳动力市场中的性别歧视反映了对女性劳动的不公正对待，性别工资歧视的大小也可以反映社会中的性别歧视大小。经验研究中经常用对平均工资差异进行分解的方法来衡量性别工资歧视的大小，例如 Blinder-Oaxaca 分解方法和 Brown 分解方法。这种分解方法是在对工资方程进行回归的基础上，将性别工资差异分解为可以由特征如经验、教育等的差异引起的可以解释的部分，和由工资方程的系数不同所引起的不可解释部分。后一部分常被用来反映歧视的程度。借助于这种方法，许多文献发现，虽然教育、经验等特征对性别工资差异的形成起到了一定作用，但是性别工资歧视的贡献仍非常显著，包括职业内的性别工资歧视，和职业选择上的性别歧视。

在我国经济转型过程中，劳动力市场结构发生了深刻变化，性别差异工资差异问题也更加复杂。市场化对性别工资歧视的影响是许多研究关注的内容。虽然已有一些文献进行了多方面的研究，但考虑到改革内容的复杂性，关于市场化对性别工资差异的影响仍需要提供更多的经验证据。再如，鉴于我国劳动力市场中存在大量的迁移劳动力，对总体性别工资差异的影响越来越大，而目前已有研究中大多是对城镇劳动力的分析，对农村劳动力的调查分析较少，所以，对于中国总体性别工资差异的研究仍需要更加全面详细的调查研究。

参考文献

杜凤莲、王晶:《中国城镇人口失业与性别的收入差异》，《市场与人口分析》2005 年第 11 期。

葛玉好:《部门选择对工资性别差异的影响》，《经济学》（季刊）2007 年第 1 期。

李利英、董晓媛:《性别工资差异中的企业效应》，《经济研究》2008 年第 9 期。

李实、马欣欣:《中国城镇职工的性别工资差异与职业分割的经验分析》，《中国人口科学》2006 年第 5 期。

李实、古斯塔夫森:《中国城镇失业、提前退休和性别收入差距的变化》，载李实、史泰丽和古斯塔夫森主编:《中国居民收入分配研究 Ⅲ》，北京师范大学出版社 2008 年版。

全国妇联和国家统计局:《第二期中国妇女社会地位抽样调查主要数据报告》，http：// www. stats. gov. cn/ tjgb/ qttjgb/ qgqttjgb/ t20020331 _ 15816. htm.

《全国有女职工 8168.7 万人占职工总数 36.3%》，2009 年 9 月，人民网（http：//acwf. people. com. cn/GB/99061/169242/169264/10125910. html）。

王美艳：《中国城市劳动力市场上的性别工资差异》，《经济研究》2005 年第 12 期。

吴愈晓、吴晓刚：《城镇的职业性别隔离与收入分层》，《社会学研究》2009 年第 4 期。

姚先国、黄志岭：《职业分割及其对性别工资差异的影响——基于 2002 年中国城镇调查队数据》，《重庆大学学报》（社会科学版）2008 年第 2 期。

张丹丹：《市场化与性别工资差异研究》，《中国人口科学》2004 年第 1 期。

中华全国妇女联合会妇女研究所等：《中国妇女统计资料》，中国统计出版社 1991 年版。

Aigner Dennis J. and Glen G. Gain, "Statistical Theories of discrimination in the labor market," *Industrial and Labor Relations Review*, 1977, 30：175 – 187.

Altonji, Joseph and Blank, Rebecca, "Race and Gender in the Labor Market," *Handbook of Labor Economics*, Elsevier Science, 1999.

Appleton, S. , J. Hoddinott and P. Krishnan, "The Gender Wage Gap in Three African Countries," *Economic Development and Cultural Change*, 1999, 47 (2)：289 – 312.

Ashenfelter, Orley, "Racial Discrimination and Trade Unions," *Journal of Political Economy*, 1972, 80：435 – 464.

Barth, E. , Dale-Olsen, H. , "Monopolistic Discrimination and the Gender Wage Gap," NBER Working Paper No. 7197, 1999.

Becker, Gary S. , *The Economics of Discrimination*. Chicago：The University of Chicago Press. 1971 (Original edition, 1957) .

Bergmann, B, R, "Occupational Segregation, Wages and Profits When Employers Discriminate by Race and Sex," *Eastern Economic Journal*, 1974, 1：103 – 110.

Blau, Francine D and Kahn, Lawrence M, "Wage Structure and Gender Earnings Differentials：An International Comparison," *Economica*, 1996, 63：S29 – S62, 1996.

Blau, Francine D. and Lawrence M. Kahn, "Understanding International Differences in the Gender Pay Gap," *Journal of Labor Economics*, 2003, 21 (1): 106 – 144.

Blinder, A. S., "Wage Discrimination: Reduced Form and Structural Estimations," *Journal of Human Resources*, 1973, 18 (4): 436 – 455.

Brown, R., M. Moon, and B. Zoloth, "Incorporating Occupational Attainment in Studies of Male Female Earnings Differentials," *Journal of Human Resources*, 1980, 15 (1): 3 – 28.

Cain Glen G., "The Economic Analysis of Labor Market Discrimination: A survey," *Handbook of Labor Economics*, Elsevier Science Publishers, 1986.

Cotter, D. A., DeFiore, J. M., Hermsen, J. M., Kowalewski, B. M., & Vanneman, R., "Occupational Gender Desegregation in the 1980s," *Work and Occupations*, 1995, 22 (1): 3 – 21.

Cotton, J., "On the Decomposition of Wage Differentials," *The Review of Economics and Statistics*, 1988, 70 (2): 236 – 243.

Doeringer, P. and Piore, M., *Internal Labor Market and Manpower Analysis*, Lexington, Mass.: Heath, 1971.

Dong X. and Zhang L., "Economic Transition and Gender Differentials in Wages and Productivity: Evidence from Chinese Manufacturing Enterprises," *Journal of Development Economics*, 2009, 88 (1): 144 – 156.

Duncan, O. D., Duncan, B., "A Methodological Analysis of Segregation Indices," *American Sociological Review*, 1955, 20 (2): 210 – 217.

Elvira, M. M., and I. Saporta, "How Does Collective Bargaining Affect the Gender Pay Gap?" *Work and Occupations*, 2001, 28: 469 – 90.

Fairlie, Robert W., "An Extension of the Blinder-Oaxaca Decomposition Technique to Logit and Probit Models," *Journal of Economic and Social Measurement*, 2006, 30, 305 – 316.

Gustafsson, Bojorn and Shi Li, "Economic Transformation and the Gender Earnings Gap in Urban China," *Journal of Population Economics*, 2000, 13 (2): 305 – 329.

Hughes James, Margaret Maurer-fazio, "Effects of Marriage, Education, and Occupation on the Female/male Wage Gap in China," *Pacific Economic*

Review, 2002, 1: 137 – 156.

Kunze, Astrid, "Gender Wage Gap Studies: Consistency and Decomposition," *Empirical Economics*, 2008, 35: 63 – 76.

Li, Liying and Dong, Xiaoyuan, "Economic Transition and the Gender earnings Gap in Chinese Industry: the Role of Firm Characteristics," *Contemporary Economic Policy*, 2011, 29 (1): 67 – 87.

Liu Pak-Wai, Xin Meng, Junsen Zhang, "Sectoral Gender Wage Differentials and Discrimination in the Transitional Chinese Economy," *Journal of Population Economics*, 2000, 13: 331 – 352.

Lundberg, Shelly J. and Richard Startz, "Private Discrimination and Social Intervention in Competitive Labor Markets," *American Economic Review*, 1983, 73: 340 – 347.

Margaret Maurer-Fazio, James Hughes, "The Effects of Market Liberalization on the Relative Earnings of Chinese Women," William Davidson Working Paper Number 460, March 2002.

Margaret Maurer-Fazio, Thomas G. Rawski, and Wei Zhang, "Gender Wage Gap in China's Labor Market: Size, Structure, Trends," The Davidson Institute Working Paper Series, July 1997.

Marshall, F. Ray, *The Negro and Organized Labor*, New York: John Wiley, 1965.

Meng Xin, "Gender Occupational Segregation and its Impact on the Gender Wage Differential Among Rural-urban Migrants: a Chinese case study," *Applied Economics*, 1998, 30: 741 – 752.

Meng Xin, Junsen Zhang, "The Two-Tier Labor Market in Urban China Occupational Segregation and Wage Differentials between Urban Residents and Rural Migrants in Shanghai," *Journal of Comparative Economics*, 2001, 29: 485 – 504.

Meng, X. , "Male-female Wage Determination and Gender Wage Discrimination in China's Rural Industrial Sector," *Labor Economics*, 1998, 5: 67 – 89.

Mincer, Jacob, *Schooling, Experience and Earnings*, Columbia University Press for NBER, 1974.

Mulligan, Casey B. and Yona Rubinstein, "Selection, Investment, and

Women's Relative Wages Since 1975," NBER Working Paper 11159, NBER. 2005.

Neal, Derek, "The Measured Black-white Wage Gap Among Women is Too Small," *Journal of Political Economy*, 2004, 1, 1 – 28.

Neuman, S, and R. Oaxaca, "Wage Decompositions with Selectivity-corrected Wage Equation: A Methodological Note," *Journal of Economic Inequality*, 2004, 2 (1): 3 – 10.

Neumark, D., "Employers' Discriminatory Behavior and the Estimation of Wage Discrimination," *Journal of Human Resources*, 1988, 23 (3): 279 – 295.

Ñopo, Hugo, "An extension of the Blinder – Oaxaca decomposition to a continuum of comparison groups," *Economics Letters*, 2008, 100: 292 – 296.

Northrup, Herbert R., *Organized Labor and the Negro*, New York: Harpers, 1944.

Oaxaca, R., "Male-Female Wage Differentials in Urban Labor Markets," *International Economic Review*, 1973, 14: 693 – 709.

Phelps, Edmund, "The Statistical Theory of Racism and Sexism," *American Economic Review*, 1972, 62 (4): 659 – 661.

Rozelle S, Dong X, Zhang L, Mason A., "Gender Wage Gaps in Post-ReformRural China," *Pacific Economic Review*, 2002, 7 (1) : 157 – 179.

Yun, M. S., "A Simple Solution to the Identification Problem in Detailed Wage Decompositions," *Economic Inquiry*, 2005, .43 (4) : 766 – 772.

Yun, M. S., "Identification Problem and Detailed Oaxaca Decomposition: A General Solution and Inference," *Journal of Economic and Social Measurement*, 2008, 33: 27 – 28.

Zhang J., Han J., Liu, P. and Zhao Y., "Trends in the Gender Earnings Differential in Urban China 1988 – 2004," *Industrial and Labor Relations Review*, 2008, 61 (2): 224 – 243.

第 7 章

性别工资差异分析(2)：
分布分解*

李晓华　姜　俪　韩　军

7.1　引言

　　无论是发达国家，还是发展中国家，劳动力市场中的女性平均工资普遍低于男性，中国也不例外（Gustafsson and Li, 2000；Appleton, et al., 1999；Blau and Kahn, 1996）。第 6 章介绍了几种基于均值的性别工资差异分解方法。这一章介绍基于工资分布的性别工资差异分解方法。均值差异描述的是男女职工在工资分布集中趋势上的差异，反映了工资分布不同分位性别工资差异加权平均后的信息。均值差异分解关注直接与性别有关的因素，比如人力资本特征的性别差异以及市场对人力资本特征回报的性别差异。这种采用均值来刻画性别工资差异的优点在于简洁而明快，但无法深入挖掘那些影响性别工资差异但与性别没有直接关系的经济制度因素，也无法区分和阐述不同工资水平女性所受待遇的差异。

　　Juhn et al.（1991）对美国白人与黑人工资差异的分析表明，不同群体工资差异不仅反映群体之间的差异，同时这种差异也受整个市场工资结构的影响。Blau and Kahn（1996）将工资结构看作是劳动力市场中各类技能（包括可观测和不可观测）的价格组合以及被经济体中特殊部门雇用所获得的租金。由于技能性别差异的存在，比如女性教育水平较低或者

---

　　*　感谢国家自然科学基金（项目编号：71003104）对本研究的资助。

工作经验较少，市场对教育和经验回报的提高会导致性别工资差异的扩大。由于存在市场性别分割，女性通常集中在低工资的职业和行业，市场工资差异扩大会带来性别工资差异扩大。工资分布差异分解可以用来分析工资结构和工资差异对性别工资差异的影响。

许多经验研究还表明，劳动力市场中不同分位上的性别工资差异其实并不相同。由于性别歧视和性别分割，许多职业女性在提升时面临比男性更苛刻的条件，同时也有许多女性只能进入收入低、提升机会少的职业和行业，在文献中前者被称为"天花板效应"（glass ceiling effect），后者被称为"黏地板效应"（sticky floor）。"天花板效应"通常表现为高分位性别工资差异更为显著，而"黏地板效应"则使低分位差异更为严重（Albrecht et al. , 2003；Arulampalam et al. , 2007；Chi and Li, 2008；Kee, 2006）。

性别工资差异在各个分位上所呈现的异质性，表明仅采用均值分解方法分析性别工资差异是不够的。为了更深入地探寻男性和女性工资分布差异的成因，工资差异分布分解方法逐步得到发展，并在众多经验分析得到应用，其基本思路也是将工资差异分解为个体特征效应和特征价格效应。这种分解技术不仅可以用来研究工资分布的变动，也可以用于研究性别工资分布差异。

从分解技术的演进过程来看，由均值分解迈向分布分解的过渡性方法是 Juhn, et al.（1991）提出的基于传统最小二乘法回归的分解方法，虽然该分解方法针对的是性别工资均值差异的变动，但新意之处在于将无法观测部分的影响（残差）表示为标准差和标准化残差分布的乘积，即在均值分解的基础上引入了标准差这一表征工资分布特征的元素，从而解析出工资不平等上升对性别工资均值差异变动的影响。Blau and Kahn（1996，1997）运用该方法分析了工资结构和工资差异对美国以及其他工业化国家性别工资差异的影响。这种分解方法在文献中被称为 JMP 分解方法，是分析性别工资差异变化的重要工具。

Juhn, et al.（1993）提出的分解方法承袭了 Juhn, et al.（1991）充分利用残差信息的思想，将工资方程中的残差作为个体在残差分布中所处位置的函数值，从而对工资分布变动的成因展开分析，这种方法成为工资差异分布分解的里程碑。仅当随机样本满足经典线性回归模型的假定时，Juhn, et al.（1993）分解才能自然拓展到各分位开展分解，成为相适宜的工资分布分解方法。然而，现实数据很难同时满足参数线性和同方差这些相对苛刻的假定。Koenker and Bassett（1978）提出的条件分位回归模型为解决 Juhn et al.（1993）分解中的异方差问题奠定了理论基础。Machado and Mata（2005）给出了基于条件分位回归的分布分解过程。该方法不仅可以对工资分布变动进行分解，也可以应用于性别工资分布差异分解。Melly（2005）和 Autor et al.（2005）将 Machado and Mata（2005）分解中的特征价格效应进一步细分为组间价格差异的影响和残差价格差异的影响，循着这条思路形成了基于条件分位回归的 JMP 分布分解方法，文献中称之为 Quantile-JMP 分解。

　　本章的主题是从分布的视角分析性别工资差异。首先，介绍基于 Juhn 等人 1991 年提出的分解法，即 JMP 分解法。在此基础上，介绍条件分位回归的理论基础和开展 Quantile-JMP 分解的具体步骤。然后，以中国城市性别工资差异作为经验研究案例，详细阐述如何使用 JMP 分解方法研究性别工资差距。最后，对本章内容进行简要小结。

7.2　基于均值回归的 JMP 分解方法

　　Mincer（1970）提出的工资方程表征了一种工资决定机制，即工资等于劳动者个体的各类特征（技能）数量和相应价格乘积之和，这一方程为考察工资分布影响因素奠定了理论基础。劳动者个体特征包括可观测特征（技能）和不可观测特征（技能），与之对应，劳动者特征价格分为劳动者可观测特征（技能）价格和不可观测特征（技能）价格，这些价格组合可称之为工资结构（wage structure）。其中不可观测特征（技能）和相应价格乘积之和即为 Mincer 工资方程中的误差项。

　　在经典线性回归模型假定条件下，各个组群（例如，男性和女性）Mincer 工资回归方程的误差均值为零，换言之，组群的工资均值等于各个可观测特征（技能）数量和对应价格乘积之和。于是，以往的性别工资均值差异分解为可观测特征（数量）差异和相应价格差异。当工资方程满足经典线性回归模型假定时，了解了工资总体的均值和标准差就能通过正态分布密度函数将整个工资分布刻画出来。

　　那么如何根据 Mincer 工资方程将工资标准差表现出来，并最终将工资分布描述出来，并且获得工资分布的影响因素？这是掌握工资分布的核心，同时也是工资分布分解的基础。

7.2.1 JMP 分解方法介绍

Juhn et al.（1991）研究了美国黑人与白人在 20 世纪 60 年代至 80 年代的工资趋同减缓问题，其分析框架延续了 Blinder-Oaxaca 分解所采用的 OLS 估计，即在满足高斯马尔科夫假定[①]的基础上分析工资差异问题。提出的分解方法的关键之处在于引入残差，并通过标准化过程将残差表现为其标准差和标准化后的残差分布之乘积，[②] 这个过程描述了 Mincer 工资方程的工资分布特点。

以往的性别工资均值差异分解，通常将工资差异中的不可解释部分完全归因于劳动力市场歧视。相比更早的 Oaxaca 分解等方法，JMP 方法做出了可贵的技术改进。JMP 分解从工资分布的角度，考虑了性别之间在不可观测特征（技能或能力）上的差异，并考察不同时期工资分布的离散程度（残差标准差，亦称之为工资不平等，或不可观测特征价格）对性别之间工资差异变动的贡献，从时间维度上对性别之间工资差异进行了更为深入的剖析。这种分解方法因此在性别工资差异分析中得到了广泛而持久的使用。本章的经验研究案例将介绍 JMP（1991）分解方法的技术路线以及具体的操作方法。

尽管 Juhn et al.（1991）对性别工资差异关注点仍然在均值，但是该分解的技术基础，即将工资方程中的残差写成残差标准差与标准化后的残差分布之乘积的思想，引导后来的研究逐步从均值分解过渡至分布分解。

值得注意的是 Juhn et al.（1991）分解需要满足男性和女性残差额同方差假定，而当现实中性别之间残差额非同方差时，这种分解方法得到的结果就无法自然地拓展到工资分布上。

7.2.2 有关经验研究结果

Blau and Kahn（1996）将工资结构看作是劳动力市场中各类技能

---

① 高斯马尔科夫假定包括：对参数而言为线性，随机抽样性，条件均值为零，不存在完全共线性，同方差性。

② 具体来说，在统计学的分析框架中，假如给定随机变量 y，我们将它减去均值 μ 并除以其标准差 σ，可以定义一个新的随机变量 z，即 $z = \dfrac{y - \mu}{\sigma}$。$z$ 是满足均值为 0 和方差为 1 的随机变量，这一过程称为对随机变量 y 的标准化。

（包括可观测和不可观测）的价格组合以及被经济体中特殊部门雇用所获得的租金。技能价格一般会受到相对供给、技术、需求构成或者是一个国家的工资决定制度的影响。譬如，高度集中的工资决定制度，将倾向于降低企业之间和产业之间工资差异，并且会有意识地出台一些旨在提高低工资工人相对工资的政策，这些都会间接减少性别工资差距。

Blau and Kahn（1996）通过性别工资差距的国际比较研究发现，相比其他发达国家，美国的性别工资差距相对要高。而工资结构（技能价格）是导致美国相对较高的性别工资差距的重要原因。进一步来看，美国的工资不平等（wage inequality，不可观测技能的价格）和非集中的工资决定制度是导致美国性别工资结构差距大，并最终导致性别工资差距显著的重要因素。Blau and Kahn（1996）研究意味着，由于工资不平等程度的提高（不可观测技能价格上升），女性相对技能的提高可能并不会缩小性别差距，而只能保持性别差距不被扩大。如果女性的性别特异性（gender-specific）没有提高，那么，性别工资差距将会扩大。因此，从女性自身角度来看，要努力游向上游，通过提高技能水平缩小与男性差距；从需求角度来看，那些弱化性别特异性的需求出现（即那些更偏好女性的需求）将会降低性别之间不可观测部分的差异，进而缩小性别工资差距；从工资决定制度来看，相对集中的工资决定制度会在一定程度上缩小工资不平等，进而缩小性别工资差距。

有研究表明不可解释部分，尤其是工资不平等（残差价格）对于性别工资差异变动会产生影响。Blau and Kahn（1997）采用美国1979年和1988年的PSID数据，分析了尽管工资结构向不利于低工资劳动者的方向发展，而性别工资差异仍然呈下降的趋势。研究发现，这种下降是由于性别特异性因素的影响超过了可度量与不可度量的价格效应。还发现，相对于中等技能和低技能女性劳动力，劳动力市场供求变动更不利于高技能女性。

7.3　基于条件分位回归的分布分解方法

Quantile-JMP分解方法是在工资分布分解领域奠基性方法 Juhn et al.（1993）提出的分解方法的基础上，经过 Machado and Mata（2005）、Melly（2005）和 Autor et al.（2005）发展后形成。本节重点介绍这一分解方法。

7.3.1　Quantile-JMP 分解方法介绍

（1）JMP1993 分解

Juhn et al.（1993）提出的分解方法承袭 JMP 分解（Juhn et al.，1991）的基本思想，即将工资方程写作可观测特征（技能）数量和对应价格乘积之和，再加上不可观测部分，并用不可观测部分的分布来刻画工资分布。由于 JMP 分解（Juhn et al.，1991）受到男性和女性残差额同方差假定的限制，Juhn et al.（1993）后来的工作将工资方程中的不可观测部分（残差）看作是由两部分构成：个体在残差分布中的分位和残差的分布函数，并充分利用残差分布信息对应工资分布的思想，进一步对工资不平等展开了讨论。这种分解方法被简称为 JMP1993 分解，它正式将工资差异分解引入了分布分解的领域，成为工资差异分解的一个里程碑。Juhn et al.（1993）用该分解方法分析美国男性在 1963 年至 1989 年间工资分布变动的成因。本节将该分解方法应用于性别工资分布差异分解，因此下面表述都将围绕男性和女性。

Mincer 工资方程可以表达为：$\ln w_{ig} = X_{ig}\beta_g + \varepsilon_{ig}$　　　　　　（7－1）

这里，w 表示工资，$\ln w$ 是工资的对数，X 是影响工资的度量个人可观测特征的解释变量，β 是工资方程的参数，度量可观测特征（技能）价格的变动，ε 是不可观测部分。

JMP1993 分解的基本思想是将方程（7－1）中的残差 ε_{ig} 看作是由两部分构成：个体在残差分布中的分位 τ_{ig} 与残差的分布函数 $F_g(\ )$，其中 $g = m, f$，分别表示男性和女性。根据累计分布函数的定义，可以得到：

$$\varepsilon_{ig} = F_g^{-1}(\tau_{ig} \mid X_{ig})　　　　　　（7－2）$$

其中 $F_g^{-1}(\cdot \mid X_{ig})$ 表示组群 g 控制了个体特征 X_{ig} 的累计残差分布的反函数。于是方程 7－1 可改写为

$$\ln w_{ig} = X_{ig}\beta_g + F_g^{-1}(\cdot \mid X_{ig})　　　　　　（7－3）$$

这样，性别之间工资差异可以分解成三个部分：个人可观测特征（技能）分布的变动（X 分布的变动），可观测特征（技能）价格的变动（β 的变动）以及残差分布的变动。

在该框架下，为了进行正式分解，需要引入两个基准。朱恩等人（Juhn, et al.，1993）通过引入可观测特征（技能）价格和残差分布这两

个基准来分离三种不同的效应，其中将 $\bar{\beta}$ 定义为男性和女性可观测特征（技能）的平均价格，将 $\bar{F}^{-1}(\cdot \mid X_i)$ 定义为平均累计残差分布，从而可以将男性和女性的工资分布分别分解为：

$$\ln w_{ig} = \left[X_{ig}\bar{\beta} + \bar{F}^{-1}(\tau_{ig} \mid X_{ig}) \right] + X_{ig}(\beta_g - \bar{\beta}) + \left[F_g^{-1}(\tau_{ig} \mid X_{ig}) - \bar{F}^{-1}(\tau_{ig} \mid X_{ig}) \right]$$

$$(7-4)$$

（7－4）式右边第一项和第二项分别反映了工资分布中个人可观测特征（技能）的数量和价格效应部分；第三项则捕捉了不可观测部分的分布效应。

为了进行性别工资差异的分解，需要分别对男性和女性的工资分布构造两种反事实状态。举例来说，第一种反事实状态，用 C_1 表示，即将平均价格和平均累计残差分布作为计算男性和女性工资分布基础①，写作为：

$$\ln w_{ig}^{C1} = X_{ig}\bar{\beta} + \bar{F}^{-1}(\tau_{ig} \mid X_{ig}) \qquad (7-5)$$

第二种反事实状态，用 C_2 表示，即将平均累计残差分布作为男性和女性工资分布基础，得到：

$$\ln w_{ig}^{C2} = X_{ig}\beta_g + \bar{F}^{-1}(\tau_{ig} \mid X_{ig}) \qquad (7-6)$$

根据式（7－5）和（7－6）的男性和女性的两种反事实状态工资分布，再结合两者的实际工资分布，如式（7－7）所示，即可进行性别工资差异分布分解：

$$\ln w_{ig} = X_{ig}\beta_g + \varepsilon_{ig} = X_{ig}\beta_g + F_g^{-1}(\tau_{ig} \mid X_{ig}) \qquad (7-7)$$

于是，τ 分位点上性别工资差异分解公式为：

$$\ln w_{\tau,m} - \ln w_{\tau,f} = \left[\ln w_{\tau,m}^{C1} - \ln w_{\tau,f}^{C1} \right]$$
$$+ \left[(\ln w_{\tau,m}^{C2} - \ln w_{\tau,f}^{C2}) - (\ln w_{\tau,m}^{C1} - \ln w_{\tau,f}^{C1}) \right] \qquad (7-8)$$
$$+ \left[(\ln w_{\tau,m} - \ln w_{\tau,f}) - (\ln w_{\tau,m}^{C2} - \ln w_{\tau,f}^{C2}) \right]$$

式（7－8）中右边第一项表示性别之间可观测特征（技能）差异导

---

① 参照组的选择，即构造反事实工资分布时所选择的基础（或称之为参照组），在性别工资差异分布分解中也同样重要，Fortin and Lemieux（1998）在经验分析中分别考虑了以男性工资分布和全样本工资分布作为参照分布的两种分解，研究发现分解结果对参照分布的选择是极为敏感的。

致的性别工资分布差异;第二项表示可观测特征(技能)的价格差异带来的性别工资分布差异;最后一项表示性别之间残差分布差异引起的性别工资分布。

Juhn et al.(1993)之所以能够开展工资不平等分布分解,是因为该方法利用了残差分位可以对应到残差分布的思想。在保持残差分位不变的条件下,赋以该分位对应的平均残差分布反函数的残差值,就可以构造当个人特征和工资结构不变,只有残差分布发生变动时的反事实工资分布。

JMP1993 分解将 Blinder-Oaxaca 均值分解拓展到了工资分布分解上,成为研究工资分布差异问题的重要突破,但由于其遵循线性回归模型分析框架,因此也就引发了假定与现实存在矛盾的问题。因此,只有在符合严格的假定且不存在模型误设的情况下,JMP1993 分解才能对工资分布完全分解,否则,当存在如异方差或者自变量与误差项相关等问题时,将会影响分解结果的可靠性。

(2)条件分位回归

如前所述,只有当现实数据满足经典线性回归模型时,JMP 分解才是合适的工资分布分解方法。然而,现实的样本数据大多很难同时满足参数线性和同方差这些相对苛刻的假定,导致估计结果将不再是最佳线性无偏估计,也无法准确刻画出因变量 Y 的条件分布与自变量 X 之间的关系。Koenker and Bassett(1978)提出的条件分位回归模型为解决 JMP 分解中存在的问题提供了一条解决途径。

一般说来,随机变量 Y 的分布函数定义为 $F(Y) = \Pr(Y \leqslant y)$,$Y$ 的 τ 分位数函数 $Q(\tau)$ 定义为 $Q(\tau) = \inf\{Y : F(Y) \geqslant \tau\}$,$\forall \tau \in (0,1)$。在参数线性假设下,Koenker and Bassett(1978)提出如下条件分位回归模型:

$$Q_{\tau}(Y \mid X) = X\beta(\tau) \tag{7-9}$$

其中 Y 表示因变量(在工资差异分解中一般表示对数工资);X 表示自变量矩阵(在工资差异分解中一般表示一系列影响工资水平的因素,比如教育、经验和年龄等);$\tau \in (0,1)$ 表示因变量条件分布的分位点;$\beta(\tau)$ 表示各个分位点的回归系数,是条件分位回归模型中等待估计的参数。当我们获得 $\beta(\tau)$ 的估计值后,就可以得到因变量的条件分布关于自变量的函数,该函数就可以完整描述因变量 Y 的条件分布与自变量 X 的关系。

Koenker and Bassett(1978)用加权最小绝对离差(weighted least absolute deviations，WLAD，间或称为 LAD）方法估计 $\beta(\tau)$，即求解式（7 - 10）的线性规划问题。

$$\min_{\beta}\Big[\sum_{\{i:Y_i\geq X_i\beta\}}\tau\,|\,Y_i - X_i\beta\,| + \sum_{\{i:Y_i< X_i\beta\}}(1-\tau)\,|\,Y_i - X_i\beta\,|\Big] \tag{7-10}$$

通过求解式（7 - 10）获得 $\beta(\tau)$ 的估计值，就可以得到式（7 - 9）即条件分位回归估计模型。该模型可以用来描述给定一列自变量时因变量的整个条件分布。

分位回归模型相比传统线性回归方程具有如下特点：①分位回归的函数是离差绝对值加权和，给出关于位置的稳健测度，从而估计的系数对于因变量中特异值并不敏感；②当误差分布是非正态分布时，它的估计比普通最小二乘估计更有效率；③能够解决一般线性回归模型的异方差问题（Buchinsky and Hahn，1998）。

但是条件分位回归模型展现的是自变量对因变量条件分布的效应，不能反映自变量分布变动对因变量分布变动的边际效应，从而无法将因变量的分布差异或变动直接分解出自变量分布效应。

（3）基于条件分位回归的 MM2005 分解

Machado and Mata（2005）给出了基于条件分位回归的分布分解过程，简称为 MM2005 分解。该分解方法可将性别工资分布差异分解为可观测特征（技能）分布效应和价格变动，分三个步骤开展：

第一步：估计各分位的条件工资分布。根据 Koenker and Bassett（1978）提出的条件分位回归模型进行各个分位点的估计，获得对数工资的条件分位回归估计模型：

$$Q_\tau(\ln w\,|\,X) = X\beta(\tau) \tag{7-11}$$

$\tau \in (0,1)$ 表示对数工资分布的各分位点，$Q_\tau(\ln w\,|\,X)$ 表示给定 X 条件时，第 τ 分位的对数工资分布，从而以 X 为条件的对数工资分布就可以被完整地描述出来。

第二步：利用概率积分变换理论（probability integral transformation）[①]，将工资的条件分布转化为工资的边际分布。由于条件分布无法反映总体中自变量分布的差异性，而仅仅反映当所有劳动力拥有相同的可观

---

① 如果 U 是服从 [0，1] 均分布的随机变量，那么，该随机变量的值与其所在的分位是相同的，即 $F^{-1}(U)$ 的分布是 F 或者 $F(U) = U$。

测特征时的工资分布,因此仅仅得到工资的条件分布是不够的。因此,MM2005 分解的第二步是获得工资的边际密度函数,具体过程如下:

①从服从 [0,1] 均匀分布的总体中随机抽取,生成样本量为 m 的一个随机样本 $u_1,\cdots,u_m$,$u_i \sim \mathrm{U}[0,1]$。这 m 个随机生成的样本由于其来自服从 [0,1] 均匀分布的总体,根据概率积分变换理论,则可得 $F(u_i) = u_i$,于是可将这 m 个随机样本作为 m 个分位点,即获得条件分位回归模型中的 m 个 τ 值;

②分别估计男性和女性的条件分位回归模型:$Q_\tau(\ln w_g | X_g) = X_g \beta_g(\tau)$。其中可观测特征(技能)矩阵表示作 X_g,它是一个 $n_g \times k$ 的自变量矩阵。要估计 $\beta_g(\tau)$,先要确定 τ 值。利用过程①中随机生成的样本量为 m 的样本,$\tau \in \{u_i\}$,估计 $Q_\tau(\ln w_g | X_g)$,做 m 次分位回归,从而产生 m 个分位回归估计系数 $\beta_g(\tau)$。

③从 g 组群的样本中取 m 个随机样本形成 $m \times k$ 的 g 组群的个体观测特征(技能矩阵),用 X_g 表示,$X_g = [X_{g1}, X_{g2}, \cdots, X_{gm}]^T$。其中 X_{gi} 表示从 g 组群的样本中抽取的第 i 个个体的可观测特征(技能)向量,$i = 1, \cdots, m$。

④由过程②中的条件分位回归模型估计得到的参数 $\beta_g(\tau)$,$\tau = \{u_1, u_2, \cdots, u_m\}$ 和过程③中的 $X_g = [X_{g1}, X_{g2}, \cdots, X_{gm}]^T$,根据 $\ln w_g = X_g \beta^g(\tau)$ 计算获得一组样本量为 m 的随机样本,即 $\{\ln w_{gi}^* \equiv X_{gi}^* \beta_g(u_i)\}_{i=1}^m$。此处之所以加上 " * " 是为了表示这里的工资样本是经过上述过程得到的,而不是实际的样本。利用该样本就可以得到 g 组群(带有协变量的)工资边际密度函数 $f^*(\ln w_g; X_g)$。

这个步骤的基本思想为:工资边际密度函数 $f(\ln w) = \iint_{X,\tau} \hat{Q}_\tau (\ln w | X) g(X) f(\tau) \partial X \partial \tau$。因为 τ 是从 [0,1] 均匀分布中抽取的随机变量,$f(\tau) = 1$,从而上式可简化为 $f(\ln w) = \iint_{X,\tau} \hat{Q}_\tau(\ln w | X) g(X) \partial X \partial \tau$ [参见 Autor, et al.,(2005)]。

第三步估计反事实工资边际密度函数,然后进行性别工资差异的分布分解。

在正式进行分解之前,要进行反事实工资分布构造。如果分解以男性为基准,那么女性的反事实工资分布构造如下,即要得到以男性工资结构为基准,而自变量分布为女性自身的反事实工资分布。该构造过程只需要通过将男性自体抽样（bootstrap sample）过程中的 $X(m)$ 以 $X(f)$ 作为替换，就可获得反事实的女性工资边际密度函数 $f^{c*}(\ln w_m; X_f)$。于是性别工资的各类分布统计量的差异可以分解为：

$$
\begin{aligned}
\nu[f(\ln w_m)] - \nu[f(\ln w_f)] &= \nu[f^*(\ln w_m; X_m)] - v[f^*(\ln w_f; X_f)] + residual \\
&= \{\nu[f^*(\ln w_m; X_m)] - \nu[f^{c*}(\ln w_m; X_f)]\} \\
&\quad + \{\nu[f^{c*}(\ln w_m; X_f)] - \nu[f^*(\ln w_f; X_f)]\} \\
&\quad + residual
\end{aligned}
\tag{7-12}
$$

其中 $\nu(\cdot)$ 表示分布的统计量（比如分位、方差等）[1]。分解式右边的第一项是协变量分布［个体可观测特征（技能）分布变化］的效应；第二项表示条件分位回归系数［可观测特征（技能）价格］效应[2]，而第三项则是剩余项（residual），它是由于工资边际密度估计误差所致[3]。

Machado and Mata（2005）利用在所有可能的分位上开展分位回归，得到工资分布的边际密度，建立起基于条件分位回归模型的工资分布分解方法。从原则上看，在所有可能的分位上开展分位回归是能够描述整个条件分布的。在通过某一个组群估计 β_τ 来构建另一组群的反事实分布后，可以利用这个反事实分布计算得到总的特征（技能）效应和特征（技能）价格效应。

在 MM2005 分解中存在两个具有吸引力的特点。一是利用条件分位回归模型能将工资分布刻画为个体特征部分和特征回报部分，这与 Blinder-Oaxaca 分解有着类似的形式。但是，Blinder-Oaxaca 分解中的 OLS 模型仅能考察工资的集中趋势，而条件分位回归模型不仅能刻画工资的集中趋势，还可以捕捉条件工资离散化的特征（例如，工资残差）。二是在局部均衡的假定下，可以采用条件分位回归模型构造反事实工资分布。比如，当劳动力市场的女性拥有和男性相同的特征回报时，女性工资的分布情况。

此外，MM2005 分解解决了 JMP1993 分解中存在的两大缺陷：第一，JMP1993 分解是建立在 OLS 估计工资分布条件均值回归模型的基础上，只有当误差项满足同方差且对称时，更严格一点当误差项为正态分布，且

---

[1]　一旦我们获得工资边际密度函数，就可以获得各种分布统计量的值。

[2]　这两项分别相当于本章前述分解中的构成效应和工资结构效应。

[3]　Machado and Mata（2005）在分解中并未对这个剩余项作进一步处理。但其实证结果显示，剩余项对工资分布变动影响不可忽视。

满足独立同分布假定的情况下,该模型就能自然拓展到工资分布的各分位上。这些严苛的条件很难在现实的数据中实现,但这些严苛的条件可以在条件分位回归模型中得到放松。因此,以条件分位回归模型为基础的 MM2005 分解方法解决了 JMP1993 分解中第一个缺陷;第二,JMP1993 分解各个反事实分布变动加总后无法得到总的工资分布变动。因为 $X_g\beta_g$ 和 $F^{-1}(\cdot\,|\,X_g)$ 是随机变量,而 $F(\ln w_{ig})$ 是两者加和的分布,所以 $F(\ln w_{ig})$ 不但取决于 $X_g\beta_g$ 和 $F^{-1}(\cdot\,|\,X_g)$ 的各自分布,还取决于它们的联合分布(协方差),然而 JMP1993 分解中没有计算协方差对工资分布的影响(参见 Autor et al.,2005)。

　　但 MM2005 分解无法像 JMP1993 分解一样,将性别工资分布差异分解为可观测特征(技能)分布效应、可观测特征(技能)价格效应和残差分布效应。MM2005 分解只能将性别工资分布差异分解为个体可观测特征(技能)分布效应和可观测特征(技能)价格效应,不可观测部分的影响被杂糅在可观测特征(技能)分布效应和价格效应中。

　　(4) Quantile-JMP 分解

　　Melly(2005)和 Autor et al.(2005)以 JMP1993 分解思想为基础,利用 MM2005 的分解技术,成功地将性别工资分布差异分解为可观测特征(技能)分布效应、可观测特征(技能)价格效应和残差价格效应。该方法被称为 Quantile-JMP 分解。

　　Melly(2005)用条件分位回归模型估计得到的中位数即 50 分位点的回归系数来衡量分布集中趋势,获得 $\ln w_{ig} = X_{ig}\beta_g(50) + \varepsilon_{ig}$。为了进一步将残差效应中的系数效应(即残差价格)分离出来,Melly(2005)将分位系数矩阵写作:

$$\beta_g(\tau) = \beta_g(50) + [\beta_g(\tau) - \beta_g(50)], \tag{7-13}$$

　　于是分位系数矩阵就可以分解为两个部分:中位数系数效应和残差系数(价格)效应。

　　Quantile-JMP 分解方法的基本思想是根据男性和女性的条件分位回归模型分别获得的 $k \times m$ 的系数矩阵 $\beta_g(\tau)$, $g = m,f$,其中 k 表示条件分位回归模型中可观测特征(技能)种类,m 表示分位个数,即 τ 的个数。

　　将 $\beta_g(\tau)$ 系数矩阵中 50 分位点上的系数,即 $\beta_g(50)$ 作为度量可观测特征(技能)的价格,用 β_g^b 表示,即 $\beta_g^b \equiv \beta_g(50)$。这里 β^b 所起的作用

与 Blinder-Oaxaca 分解中的 β_{OLS} 是类似的，均可描述工资分布的集中趋势，两者区别在于 β_{OLS} 是通过估计条件均值方程得到，而 β^b 是通过估计条件中值方程得到。

各个分位点上回归系数与 $\beta_g(50)$ 的差可用来度量残差不平等，称之为残差价格 β_g^w，$\beta_g^w(\tau) \equiv [\beta_g(\tau) - \beta_g^b] = [\beta_g(\tau) - \beta_g(50)]$。由于定义 $\beta^b \equiv \beta(50)$，计算后可得到 $\beta^w(50) = 0$，从而残差分位系数矩阵度量了给定 X 时工资 w 的离散程度。

Autor et al.（2005）将 $\beta_g(50)$ 看作是组间价格，而将 $\beta_g(\tau) - \beta_g(50)$ 看作是组内价格（残差价格）。于是男性和女性的条件分位回归模型可以写作为：

$$Q_\tau(\ln w_{ig} \mid X_{ig}) = X_{ig}\beta_g(\tau)$$
$$= X_{ig}\beta_g(50) + [X_{ig}\beta_g(\tau) - X_{ig}\beta_g(50)] \equiv X_{ig}\beta_g^b + X_{ig}\beta_g^w$$
$$(7-14)$$

式（7-14）是 Quantile-JMP 分解的思想基础。在工资条件分位回归模型设定正确的前提下，g 组群对数工资 $\ln w$ 的边际密度函数受三个因素影响，分别是个体可观测特征（技能）分布 X_g，可观测特征（技能）价格 β_g^b，和残差价格矩阵 β_g^w，写为：

$$f(\ln w_g) \equiv f(\ln w_g; X_g, \beta_g^b, \beta_g^w)。 \qquad (7-15)$$

在进行性别工资分布差异分解之前，首先需要构造反事实工资边际密度函数。以男性作为基准，构造女性的两个反事实状态下的工资边际密度函数，分别表示为：

$$f^{C1}(\ln w_f) \equiv f(\ln w_f; X_f, \beta_m^b, \beta_m^w) \qquad (7-16)$$
$$f^{C2}(\ln w_f) \equiv f(\ln w_f; X_f, \beta_f^b, \beta_m^w) \qquad (7-17)$$

那么，男性和女性之间工资分布差异可以表示为：

$$\Delta\nu = \nu[f(\ln w_m; X_m, \beta_m^b, \beta_m^w)] - \nu[f(\ln w_f; X_f, \beta_f^b, \beta_f^w)] \qquad (7-18)$$

结合式（7-16）、（7-17）和（7-18），可将性别之间工资分布差异分解为：

$$\Delta\nu = \nu(f(\ln w_m; X_m, \beta_m^b, \beta_m^w)) - \nu(f(\ln w_f; X_f, \beta_f^b, \beta_f^w))$$
$$= [\nu(f(\ln w_m; X_m, \beta_m^b, \beta_m^w)) - \nu(f(\ln w_f; X_f, \beta_m^b, \beta_m^w))]$$
$$+ [\nu(f(\ln w_f; X_f, \beta_m^b, \beta_m^w)) - \nu(f(\ln w_f; X_f, \beta_f^b, \beta_m^w))]$$
$$+ [\nu(f(\ln w_f; X_f, \beta_f^b, \beta_m^w)) - \nu(f(\ln w_f; X_f, \beta_f^b, \beta_f^w))] \qquad (7-19)$$

式（7-19）中右边第一项表示由于性别可观测特征（技能）分布差异导致的性别之间工资分布差异部分；第二项表示由于可观测特征（技能）价格差异导致的性别工资分布差异部分；最后一项表示因为残差价格差异导致的性别工资分布差异部分。值得注意的是，每个部分对于性别之间工资分布差异的影响依赖于分解顺序。因此在经验分析过程中，Autor, et al.（2005）根据劳动力个体可观测特征（技能）、可观测特征（技能）价格和残差价格的顺序展开分解后，再逆序进行了分解。

Autor et al.（2005）还将上述分解框架进一步运用于残差分布变动分解。如果在工资总体分布 $f(\ln w_g; X_g, \beta_g^b, \beta_g^w)$ 中令 $\beta_g^b = \beta^b = 0$，则 $f(\ln w_g; X_g, \beta_g^b = 0, \beta_g^w)$ 就变成工资残差分布 $X_{ig}\beta_g^w$。于是性别之间残差分布差异可以分解为可观测特征（技能）分布差异效应和残差价格差异效应。当以男性作为基准组时，女性的反事实工资残差分布为 $f(\ln w_f; X_f, \beta^b = 0, \beta_m^w)$。那么，男性和女性工资残差分布差异可分解为：

$$\Delta\nu_R = \left[\, \nu(f(\ln w_m; X_m, \beta^b = 0, \beta_m^w)) - \nu(f(\ln w_f; X_f, \beta^b = 0, \beta_m^w)) \,\right]$$
$$+ \left[\, \nu(f(\ln w_f; X_f, \beta^b = 0, \beta_m^w)) - \nu(f(\ln w_f; X_f, \beta^b = 0, \beta_f^w)) \,\right]$$

$$(7-20)$$

式（7-20）中右边第一项是性别之间可观测特征（技能）分布差异效应；第二项是性别之间残差价格差异效应。该分解式表明，特征分布变动效应是其对工资分布总体变动效应的一个部分。换言之，特征分布变动是通过两个途径影响工资分布总体变动，一方面是直接效应，另一方面是通过影响残差分布间接影响工资分布总体变动。

与 JMP1993 分解相比，基于分位回归模型的 Quantile-JMP 分解既能够自然拓展到工资分布的各分位上，又可以将个体特征（技能）分布差异效应、可观测特征（技能）价格差异效应和残差价格差异效应加总为男性和女性工资分布总体差异，因此，Quantile-JMP 分解相比 JMP1993 分解更为优越。

7.3.2 有关经验研究结果

以往多数研究采用经典线性回归模型分别估计男性和女性的特征回报（教育回报率等），而当研究视角由均值转向分布时，估计男性和女性在不同分位上特征回报就需要采用由 Koenker and Bassett（1978）提出的条件分位回归模型，检验"天花板效应"和"黏地板效应"究竟是由个体特征分布差异引起的，还是由特征回报差异所带来的。

Albrecht et al.（2003）采用 1998 年瑞士数据发现，在控制了年龄、教育、部门、行业和职业后，"天花板效应"仍然存在。Kee（2006）采用 2001 年澳大利亚住户收入和劳动（Household Income and Labour Dynamics，HILDA）数据，发现仅在私人部分存在很强的"天花板效应"。在控制个人特征差异后，这种"天花板效应"也不会消失，表明特征回报差异是导致这种效应的主要因素。

Gupta et al.（2006）采用美国 PSID 和丹麦面板数据并运用新的分解方法，比较了 1983 年和 1995 年美国与丹麦性别工资差异的变动。丹麦性别工资差异上升是由于在可观测的人力资本回报方面女性越来越居于劣势，并且在不可观测生产率方面的排名下降无法抵消她们在可观测数量上的上升。在美国的情况则相反，在数量上的趋同抵消了负面影响，包括劳动力市场工资离散程度的上升，因此性别工资差异缩小。丹麦高分位上的性别工资差异上升最快，而美国性别工资差异在高端和中端都大幅下降。

Arulampalam et al.（2007）采用 1995—2001 年欧洲社区住户面板数据，发现在不同国家以及公共部门和私人部门性别工资差异是不同的。"天花板效应"通常都存在，有一些还存在"黏地板效应"。Arulampalam 等人认为，欧洲国家的儿童照看条例和工资制度可以部分解释不同国家和部门性别工资差异的不同。

与国外丰富的经验研究相比，关于中国性别工资分布差异的经验研究仍显不足。Millimet and Wang（2006）采用 1995 年中国居民收入调查数据，发现性别工资差异在工资分布的低端比高端更为严重，并运用以随机占优理论（Stochastic Dominance）拓展的 Jenkins（1994）分位分解方法得到，在性别工资分布差异的低端有 1/3—1/2 是由于歧视导致的。Zhang et al.（2008）采用 1988—2004 年中国城镇居民调查数据（Urban Household Survey，UHS），利用 JMP 分解方法研究中国城镇性别工资差异扩大的趋势，发现高收入男女职工的可观测技能差异的缩小降低了性别工资差异扩大的程度，而低收入男女职工无论是可观测技能数量及其回报差异，还是不可观测技能数量及其回报差异都趋于加大，因此导致女性相对男性工资均值比率从 1988 年的 86.3% 下降到了 2004 年的 76.2%。Chi and Li（2008）分析了 1987—2004 年的 UHS 数据，发现中国城镇性别工资差异呈现"黏地板效应",认为这可能与非国有企业对人力资本水平较低的女性支付过低的工资报酬相关联。

7.4 案例:性别收入差距的分解——来自中国城市的经验证据

已经有不少经验研究来分析西方或者中国城市的性别收入差距(Bishop et. al, 2005;Blau and Kahn 1997;Blau and Kahn 2006;Zhang, et al. 2008)。这些大多使用 JMP1991 的方法,对观测不到的部分做详细分解,这也正是 JMP 方法相对于之前的各种分解方法的优势所在。介绍 JMP1991 分解方法的模型构建以及具体的操作步骤是这部分的主要内容。为了提供一个经验分析的例子,在接下来的案例中,我们使用来自中国城市的数据,以观测不到的部分来衡量实际能力,考察性别收入差距分解后各因素对于总的性别收入差距变化的影响。

本部分所用数据来自中国国家统计局城调队进行的《中国城市住户家计调查》。该调查连续多年,覆盖了全国众多城市的家庭。考虑到该数据尚未公开发表,本案例部分我们只使用 1988 年和 2004 年两年数据,每年只选取约两百个样本,从所有变量中仅选取了最主要的四个变量。出于本案例的研究目的,我们排除了那些 18 岁以下 60 岁以上的样本以及不工作的样本。

以个人实际对数收入作为被解释变量,以受教育年限和工作年限等个人特征为主要解释变量,根据朱恩等人(Juhn, et al., 1991)分解方法的基本思路建立如下计量方程,将男性收入决定方程表达为:

$$\ln w_{mt} = X_t \beta_t + \sigma_t \theta_t \qquad (7-21)$$

X_t 是个人特征向量,β_t 是各个特征价格向量。此时残差项是二项乘积,其中 θ_t 为标准化之后的男性收入回归残差(其均值为 0,方差为 1)。而 σ_t 为男性收入回归残差的标准差,也即 θ_t 的系数。假设男性收入结构为非歧视性的收入结构,那么女性收入可以通过以上男性收入公式来计算出来,那么第 t 年的性别收入差距为:

$$D_t = \ln w_{mt} - \ln w_{ft} = \Delta X_t \beta_t + \sigma_t \Delta \theta_t \qquad (7-22)$$

公式(7-22)显示性别收入差距可以分解为观测到的变量差距 ΔX_t 与 β_t 的乘积,以及观测不到的标准化之后的残差项的差距 $\Delta \theta_t$ 与系数 σ_t 的乘积。这衡量的是同一年的性别收入差距的分解，现在引入年份之间的差异，那么性别收入差距可以分解为：

$$D_1 - D_0 = (\Delta X_1 - \Delta X_0)\beta_1 + \Delta X_0(\beta_1 - \beta_0) + (\Delta\theta_1 - \Delta\theta_0)\sigma_1 + \Delta\theta_0(\sigma_1 - \sigma_0)$$

$$= [(X_{1m} - X_{1f}) - (X_{0m} - X_{0f})]\beta_{1m} + (X_{0m} - X_{0f})(\beta_{1m} - \beta_{0m}) + [(\theta_{1m} - \theta_{1f}) - (\theta_{0m} - \theta_{0f})]\sigma_{1m} + (\theta_{0m} - \theta_{0f})(\sigma_{1m} - \sigma_{0m})$$

$$(7-23)$$

现在公式（7-23）里面的四项，第一项为观测到的数量效应，衡量的是劳动力市场上观测到的男女之间教育和经验等差异所导致的收入差距。第二项为观测到的价格影响，衡量的是劳动力市场上男性收入方程里教育和经验等的系数变化所引起的性别收入差距变化。第三项为间隙效应，衡量的是女性处于男性残差收入分布中位置的变化。女性这个相对位置变化，可能原因是女性观测不到的能力数量发生变化，也有可能是劳动力市场的歧视因素引起的。第四项为观测不到的价格效应，源自于男性残差收入不平等随着时间有所变化。因为总体来说，观测不到的能力女性弱于男性，那么男性能力回报的上升会恶化女性的相对收入。

公式（7-23）里面的四项相加即为总的性别收入差距，所以这四项各自的贡献是我们做男女收入差距分解最为关注的方面。

下面我们主要讨论如何使用 JMP 分解方法进行实证研究。[①]

公式（7-23）的前两项很容易得出，通过对 1988 年和 2004 年的样本分年分性别按照基本的 Mincer 收入方程做回归，就可以得到所需各参数的具体数值。据此，简单代数运算后得到公式（7-23）第一项的数值为 -0.0683，这意味着观测到的人力资本数量长期以来是在减少性别收入差距。考虑到改革开放之前女性受教育机会很少，而随着改革开放和计划生育等等的影响，女性不但获得了平等教育机会，而且近年来年轻女性的教育水平甚至开始超过男性，因此人力资本数量因素减少性别收入差距是比较容易理解的。公式（7-23）第二项的数值为 0.0689，意味着观测到的价格影响却是显著拉大性别收入差距。比如多年来教育回报持续上升，

---

① 本案例改编自 Zhang et al. （2008），仅从原文所用数据中抽取一小部分样本供演示 JMP 分解方法用。考虑到此示例数据的样本量和可用变量都很少，本部分略去了变量描述、回归结果介绍等内容。有关 JMP 方法以及中国性别收入差距的更多内容请参见此文英文发表版本以及本章所引文献。

会明显增加性别收入差距。

就这两项分解结果而言,一个为负一个为正,而且相加起来接近于0,意味着各个可观测因素的数量和价格变化对性别收入差距的综合影响非常微小。考虑到总体性别收入差距拉大很明显（见 Zhang, Han, Liu 和 Zhao, 2008）,因此我们可以推断出不可观测因素（如能力、歧视、制度等难以度量和观测的因素）是造成性别收入差距拉大的最主要原因。之前 Oaxaca 方法将性别收入差距全部分解成观测因素数量和价格的影响,现在使用 JMP 方法我们知道事实上性别收入差距中很大一部分来自于不可观测因素,这就可以看出 JMP 方法的好处了。

至于公式（7-23）中性别收入差距分解的第三项和第四项,最重要是计算以下各项的值:$\theta_0\sigma_{1m}$,$\theta_{0m}\sigma_{1m}$,$\theta_0\sigma_{0m}$,$\theta_1\sigma_{1m}$,$\theta_{0m}\sigma_{0m}$ 和 $\theta_{1m}\sigma_{1m}$。前面四项则需要逐一考虑。要计算 $\theta_0\sigma_{1m}$,我们需要先计算出 1988 年（也即初始年）每个女性的残差收入水平对应当年男性残差收入分布的话处于怎样的位置（分位,percentile）,进而得出其对应于 2004 年（也即结束年）男性残差收入分布的实际收入值。要计算 $\theta_{0m}\sigma_{1m}$ 的话,只要得出 1988 年男性残差收入所处的分位并计算出将其对应到 2004 年男性残差收入分布时的实际收入值。类似地,我们可以计算出 $\theta_0\sigma_{0m}$,$\theta_1\sigma_{1m}$,$\theta_{0m}\sigma_{0m}$ 和 $\theta_{1m}\sigma_{1m}$。最后两项分别对应于自己的残差项,所以平均起来应该是 0,我们也可以对此进行计算,测试其是否为零。

表 7-1　　　　　　　中国城市性别收入差距:JMP 分解结果

	性别收入差距变化	贡献率(%)
总性别收入差异的变化	0.2020[1]	100
观测到的数量效应 $[(X_{1m} - X_{1f}) - (X_{0m} - X_{0f})]\beta_{1m}$	-0.0683	-33.8
观测到的价格效应 $(X_{0m} - X_{0f})(\beta_{1m} - \beta_{0m})$	0.0689	34.1
间隙效应 $[(\theta_{1m} - \theta_{1f}) - (\theta_{0m} - \theta_{0f})]\sigma_{1m}$	0.1572	77.8
观测不到的价格效应 $(\theta_{0m} - \theta_{0f})(\theta_{1m} - \theta_{0m})$	0.0443	21.9

从分解方程的第三项数值来看,间隙效应对于性别收入差距扩大产生

---

[1]　1988 年男女收入分别为 7.69 和 7.53;2004 年男女收入分别为 9.04 和 8.68。由于这是选取的北京部分数据,收入高于全国平均水平。

了较大作用，也即女性观测不到的能力所处的位置受到一定程度的恶化。但是对性别收入差距变化贡献最大的还是分解方程的第四项，也就是观测不到能力的价格上升所起的作用，这是性别收入差距拉大的最主要因素。中国改革开放的过程伴随着收入决定的市场化和分散化，很多潜在能力包括社交能力和 EQ 等的回报也都不断上升，而这些上升也造成了处于相对弱势的女性在劳动力市场的收入方面处于不利的地位。

7.5　结论

本章承接前一章的内容，继续介绍性别工资差距研究的分解方法，讨论与其有关的理论模型和经验研究方法。

Juhn et al.（1991）以及 Juhn et al.（1993）提出的分解方法正是从均值分解迈向分布分解的标志性进步。这一方法的改进在于将研究视角从可观测部分深入到无法观测部分，通过对残差数量信息和分布信息的挖掘，从而实现对工资分布变动成因的分析。要强调的是，JMP 分解始终是基于最小二乘法（OLS）回归的，要求随机样本必须满足经典线性回归模型的诸多假定，而现实数据是较难满足这些要求的。随着研究技术的发展和进步，一些学者提出了基于条件分位回归的分布分解方法，将工资差异分解技术向前推进了一大步。这些技术上的进步为深入理解工资结构变动（包括性别工资差异变动）及推动因素提供了可能。

目前，国际上关于性别工资差距的经验研究文献已经十分丰富，本章中所介绍的几种分解方法先后在一些重要文献中得到应用，在大量的经验研究中性别工资差异问题得到充分描述和讨论，为相关政策的制定提供了依据。迄今为止，国内关于性别工资差异的经验研究已经有了比较好的基础，但还有很大的发展空间。直接原因是我国的微观数据不够丰富，特别是工资数据度量的科学性和准确性还有较大的提高和改善空间。缺乏准确的数据信息，相关研究开展起来很有难度。另一方面的原因则是对性别问题研究的忽视，从政策制定者到国内研究者以及其他相关人群对社会性别平等的关注度普遍不足。"社会发展自然会带来妇女发展"的思维定式容易忽视发展可能带来的诸如扩大差别以及剥夺脆弱群体发展机会等负面作用。包括工资收入在内的多方面的性别差别和性别等级化，将给女性带来社会资源利用的不平等，还有可能出现经济发展而女性利益受损、社会地位下降的局面。因此特别需要不断以社会性别观点来分析政策对两性的影响及如何能实现两性平等。

参考文献

Albrecht, J. , Bjorklund, A. , Vroman, S. , "Is There a Glass Ceiling in Sweden?" *Journal of Labor Economics*, 2003, 21 (1): 145 – 177.

Appleton, S. , Hoddinott, J. , Krishnan, P. , "The Gender Wage Gap in Three African Countries," *Economic Development and Cultural Change*, 1999, 47 (2): 289 – 312.

Arulampalam, W. , Booth, A. L. , Bryan, M. L. , "Is There A Glass Ceiling over Europe? Exploring the Gender Pay Gap across the Wage Distribution," *Industrial and Labor Relations Review*, 2007, 60 (2): 163 – 186.

Autor, D. H. , Lawrence, F. K. , Melissa, S. K. , "Rising Wage Inequality: The Role of Composition and Prices," Harvard Institute of Economic Research Working Papers 2096, 2005.

Bishop, J. A. , Luo, F. , Wang F. , "Economic Transition, Gender Bias, and the Distribution of Earnings in China," *The Economics of Transition*, 2005, 13 (2): 239 – 259.

Blau, F. D. , Kahn, L. M. , "Wage Structure and Gender Earnings Differentials: An International Comparison," *Economica*, 1996, 63 (250): S29 – S62.

Blau, F. D. , Kahn, L. M. , "Swimming Upstream: Trends in the Gender Wage Differential in the 1980s," *Journal of Labor Economics*, 1997, 15 (1): 1 – 42.

Blau, F. D. , Kahn, L. M. , "The U. S. Gender Pay Gap in the 1990s: Slowing Convergence," *Industrial and Labor Relations Review*, 2006, 60 (1): 45 – 66.

Blinder, A. S. , "Wage Discrimination: Reduced Form and Structural Estimates," *The Journal of Human Resources*, 1973, 8 (4): 436 – 455.

Buchinsky, M. , Hahn, J. , "An Alternative Estimator for the Censored Quantile Regression Model," *Econometrica*, 1998, 66 (1): 653 – 671.

Chi, W. , Li, B. , "Glass ceiling or sticky floor? Examining the Gender Earnings Differential across the Earnings Distribution in Urban China, 1987 –

2004，" *Journal of Comparative Economics*，2008，36（2）：243 – 263.

Gupta，N. D. ，Oaxaca，R. L. ，Smith，N. ，"Swimming Upstream，Floating Downstream：Comparing Women's Relative Wage Progress in the United States and Denmark，" *Industrial and Labor Relations Review*，2006，59（2）：243 – 266.

Gustafsson，B. ，Li，S. ，"Economic Transformation and the Gender Earnings Gap in Urban China，" *Journal of Population Economics*，2000，13（2）：305 – 329.

Jenkins，S. P. ，"Earnings Discrimination Measurement：A distributional Approach，" *Journal of Econometrics*，1994，61（1）：81 – 102.

Juhn，C. ，Murphy，K. ，Pierce，B. ，"Accounting for the Slowdown in Black-White Wage Convergence，" *In Workers and Their Wages：Changing Patterns in the United States.* edited by Marvin H. Kosters，Washington：American Enterprise Institute Press，1991.

Juhn，C. ，Murphy，K. ，Pierce，B. ，"Wage Inequality and the Rise in Returns to Skill，" *Journal of Political Economy*，1993，101（3）：410 – 442.

Kee，H. J. ，"Glass Ceiling or Sticky Floor? Exploring the Australian Gender Pay Gap，" *Economic Record*，2006，82（259）：408 – 427.

Koenker，R. W. ，Bassett，G. Jr. ，*Regression Quantiles. Econometrica*，1978，46（1）：33 – 50.

Machado，J. A. F. ，Mata，J. ，"Counterfactual Decomposition of Changes in Wage Distributions Using Quantile Regression，" *Journal of Applied Econometrics*，2005，20：445 – 465.

Melly，B. ，"Decomposition of Differences in Distribution Using Quantile Regression，" *Labour Economics*，2005，12：577 – 590.

Melly，B. ，"Estimation of Counterfactual Distributions Using Quantile Regression，" Mimeo，SIAW，University of St. Gallen，2006.

Millimet，D. ，Wang，L. ，"A Distributional Analysis of the Gender Earnings Gap in Urban China，" *Contributions to Economic Analysis & Policy*，2006，5（1）：1 – 48.

Mincer，J. ，"The Distribution of Labor Incomes：A Survey with Special Reference to the Human Capital Approach，" *Journal of Economic Literature*，

1970, 8 （1）: 1 – 26.

Oaxaca, R. , "Male-Female Wage Differentials in Urban Labor Markets,"
International Economic Review, 1973, 14 （3）: 693 – 709.

Zhang, J. , Han, J. , Liu, P. , Zhao, Y. , "Trends in the Gender Earn-
ings Differential in Urban China, 1988 – 2004," *Industrial and Labor Relations
Review*, 2008, 61 （2）: 224 – 243.

第 8 章

性别工资差异分析(3):企业层面数据和雇主—雇员匹配数据的分析

张莉琴

8.1 引言

性别工资差异,是指具有完全相同的劳动生产率水平的男女在提供相同的劳动时,仅仅由其性别不同而得到不同的报酬。根据 Becker (1957)的定义,性别工资差异应当归结于两方面的因素:男女劳动效率的差异和市场对女性的歧视。

研究性别工资差异一般要通过构建工资函数将不能被解释的男女工资差异残值视为性别工资差异。但是,对工资函数差异残值存在两种不同的看法,一种看法认为在控制了衡量劳动力生产效率的变量后,工资差异的残值就反映了歧视;而另一种看法认为,在充分市场竞争的条件下,歧视由于不具有经济效率而不可能长期存在,工资差异的残值只反映那些没有观察到的男女生产效率差异,而不反映歧视。对后一种看法,由于歧视在长期内无法存在只能在非常严格的假设条件下得出,目前的市场结构和经济制度很难满足如此严格的条件,而且我们也可以观察到工资的性别歧视是一直存在的,因此一般的研究者倾向于认为工资差异的残值可以反映歧视的存在。

但已有的研究仍然存在较大不足。由于企业层面数据难以获得,现有的关于工资性别差异的研究更多的是使用户层面 (household-level) 数据或个人层面 (individual-level) 数据,常用男性和女性的一些特征 (如受教育年限和工作经验)来作为男女工作效率(或能力)的替代变量。这种做法遭致三方面的批评:首先,该工资函数无法与工资增长激励模型(incentive-compatible models of wage growth)和生命周期工资下的强制性储蓄模型(forced-saving models of life-cycle wage profiles)相区分;其次,这些替代变量能否准确反映男女生产效率很值得怀疑,例如,一般回归结果会表明年龄越大的人工资水平越高,但年龄大的人确实比年轻人劳动效率高吗?答案当然是不一定;最后,在使用户层面或个人层面数据时,工资差异中不能解释的部分往往很大,Rozelle et al.(2002)使用户数据对中国农村劳动力参与非农业工作的研究结果表明,工资性别差异中不能被解释的部分高达70%—80%。把这个残值全部归结于歧视,很难让人信服的。

正是因为户层面和个人层面的数据存在以上缺陷,因此一些经济学家强烈建议对工资性别差异(包括种族差异)的研究应在企业层面展开,因为企业才是性别工资不平等真正发生的地方(Baron and Bielby,1980;Acker,1990)。

目前考察企业对性别工资差异的影响的方法,主要有两大类:

第一类是基于企业层面数据的分析方法。判断的标准是,在完全竞争条件下,企业应该按照工人的边际产出支付工资。如果工人的边际产出等于他(或她)的工资,那么就表示不存在歧视;如果边际产出高于工资,那么就存在歧视。即:在企业层面比较男女职工的边际产出比和工资比,如果 MP_f/MP_m 与 w_f/w_m 没有显著差异,表示不存在歧视;如果 MP_f/MP_m 显著大于 w_f/w_m,表示歧视妇女;如果 MP_f/MP_m 显著小于 w_f/w_m,表示企业补贴妇女。该方法被广泛用于分析经济转型、贸易自由化、技术革新等对性别工资差异的影响。

第二类是基于雇主—雇员匹配数据的分析方法。除了考察个人禀赋因素外,还考察企业内部的工资性别差异,其基本方法是在 Becker 模型中加入企业变量。该方法由于含有远比个人数据更丰富的信息,其分析更深入。

本章我们将在介绍性别工资差异相关理论的基础上,结合案例就这两类方法进行分别介绍。

8.2　性别工资差异的理论

本节将介绍关于性别工资差异的理论研究，首先我们考虑将基于偏好的歧视（包括来自雇主、雇员或顾客的歧视），另外还将考虑统计性歧视、职业隔离及工会作用对性别工资差异的影响。

8.2.1　基于性别偏好的歧视理论

关于造成性别工资差异的理论解释，其中最重要的是 Becker 的基于性别偏好的歧视理论。在这里，分别介绍基于雇主的、雇员的和顾客的性别偏好的歧视理论。

（1）雇主歧视

雇主歧视（employer discrimination）是女性劳动力最容易遇到的性别歧视，这里介绍 Becker（1971）的模型。假设一个企业的生产函数有三种投入：男工（L_m）、女工（L_f）和资本（K）。如果雇主对女性存在歧视，他会厌恶雇用女性，那么他在做雇工决策时，他追求的是效用最大化，而不是利润最大化。雇主的效用函数可以表示为：

$$U = U(\pi, L_f) \tag{8-1}$$

U 为雇主的效用，π 为利润，利润函数为：

$$\pi = PQ(L_m, L_f, K) - w_m L_m - w_f L_f - rK \tag{8-2}$$

P 为产品的价格，w_m 和 w_f 分别为男工和女工的市场工资，r 为利率。在短期内，当雇主的效用最大化时，男工的工资等于他的边际产出，而女工的工资则要小于她的边际产出。

$$PQ_m = w_m \tag{8-3}$$

$$PQ_f + \frac{\partial U / \partial L_f}{\partial U / \partial \pi} = w_f \tag{8-4}$$

$(\partial U / \partial L_f) / (\partial U / \partial \pi)$ 为女工就业数量的边际利润替代效应，即雇主对妇女的歧视值。与利润最大化情况下相比，对妇女的歧视将会使雇主短期内雇用女工的数量减少。而那些不歧视或少歧视妇女的工厂，则会雇用更多的女工，相应利润更高。

（2）雇员歧视

雇员歧视（employee discrimination），是指男工对女工的歧视。在这种情况下，即使雇主对妇女没有歧视，他只关心利润，但由于男工不喜欢同女工在一起工作，所以男工会要求在工资上给予补偿，男工的工资函数为：

$$w_m = w_m(L_f) \tag{8-5}$$

雇主在追求利润最大化条件下，雇用男工的条件仍然为男工的边际产出等于他的边际产品（$PQ_m = w_m$），但女工的雇用条件则为：

$$PQ_f - \frac{\partial w_m}{\partial L_f}L_m = w_f \tag{8-6}$$

（$-\partial w_m/\partial L_f$）· L_m 为男工对女工的歧视值，即雇用最后一个女工而需要增加的对男工工资的补偿。女工得到的工资等于其边际产出减去男工对女工的歧视值。男工对女工歧视程度越高，他们要求的补偿越多，所以雇主将不得不减少雇用女工。

可以看出，与来自雇主的歧视相同，是否存在男工对女工的歧视，同样可以用两者的边际产出比率是否等于工资比率来衡量，如果女工—男工的边际产出比率大于女工—男工的工资比率，那么存在歧视；反之，则表明对女性存在补贴。

（3）顾客歧视

Becker 最后介绍了顾客歧视。顾客歧视是指因被服务对象的个人偏好而造成的歧视。在这种模型中，对于那些需要直接与顾客接触的工作，如果顾客对女性存有偏见，那么顾客在购买女性雇员服务时所获得的效用要小于男性雇员提供的服务，相应地这类顾客在购买女性雇员服务时只愿意付更低的价格。因此，当存在顾客歧视时，女性雇员工资会被降低，直到降低到当女性雇员只服务女性顾客或者是无偏见的男性顾客时的服务报酬，或者是降低到女性雇员能从事其他不与顾客接触行业的报酬。

在实践中，顾客歧视对女性的影响，则主要反映在职业隔离，而不是工资差距。当存在顾客歧视时，女性雇员会因为工资减少而离开那些与顾客接触的职业，而寻求工资较高而不与顾客接触的职业。只有当不与顾客接触的工作岗位不够时，才会迫使女性寻求与顾客接触的工作，这个时候顾客歧视才会导致性别工资差异。由于大多数工作并不要求与顾客接触，因此顾客歧视会造成性别职业隔离，但不会造成性别工资差距（Madden，1975）。

8.2.2　统计歧视理论

统计性歧视是由于统计方法不全面，或是由于信息不完全造成的。所谓统计性歧视，是将一个群体的典型特征视为该群体中每一个个体所具有的特征，如果群体中的个体与这个群体的典型特征差别较大时，雇主利用这个群体的典型特征作为雇用标准，就产生了统计性歧视。具体来讲，雇主在雇用工人之前，都会事先对求职者的个人特征做出评价，对其潜在生产率做出评估，但是他们却很难详细地了解每一个求职者的具体特征，因此他们只能借助于每一个求职者所属群体的特征，对求职者做出评估。可是群体特征并不能完全替代个体特征，不能完全真实地反映出个体的生产率，因此这种情况下，即使雇主不存在个人偏好，统计性歧视也会产生。

当统计性歧视涉及固定群体、性别、民族、种族时，其危害更大。如果大多数雇主凭借社会某些现象所表现的负面影响而否定那一类人全体的素质，那么，那些有才能的个体不仅会被当作平均水平的工人对待，甚至会被莫名地排斥在某些工作领域之外，而且长此以往，他们也没有热情去提高自身的知识和技能水平。

统计性歧视在很多方面都可以看到，大多数国家普遍存在这一现象。例如：传统上妇女被排除在工程师等数学能力要求较高的职业之外，结果妇女在报考学校和择业时容易倾向于人文社会科学，这个结果反过来又会强化人们认为妇女对工程不感兴趣的成见。统计性歧视不仅能将个人的群体特征类型化，而且还能减弱个人对教育和培训进行投资的激励，从而反过来又强化关于原有群体特征的成见。

8.2.3　职业隔离理论

职业隔离是劳动力市场上性别歧视的常见现象，Bergmann（1974）首次系统地分析了劳动力市场上的职业隔离现象，Johnson and Stafford（1998）进一步研究了雇主性别偏好在形成职业隔离中的作用，认为由于歧视的存在，女性往往更难进入高收入行业的企业工作，在劳动力市场上表现为女性大量集中在低收入行业，而高收入部门女性比例较低。同样，在企业内部也存在职位的性别隔离情况，如果在内部分配收入差距较大的企业，性别工资差异越大并且女性被更多地集中在收入较低的工作岗位上，那么表明企业内部在职位安排上对女性存在较大的歧视。

职业隔离现象的造成可能有很多原因。第一种可能是，某种职业的雇主歧视要比其他职业更严重。第二种可能是，由于社会道德的原因或制度和法律限制女性进入某些职业，从而女性选择不同的职业。第三种可能是，在进入劳动力市场前，人力资本投资和非劳动力市场活动导致男女在不同职业间的比较优势不同，尽管这些差异应该为职业隔离所内生的。

国际经验证明，职业隔离可以解释性别工资差异的很大一部分。Johnson and Stafford（1998）估计了1989年的职业隔离对性别工资差异的影响，认为职业隔离是造成性别工资差异的主要原因，而同一企业内男女工资是平等的，工资水平与他们的劳动效率相一致。Hellerstein et al.（1998）对以色列制造业企业的研究也得出同样的结论：女性确实被隔离在低工资和低效率的企业，但在同一企业里，女性的工资虽然较少但同时生产效率也低，由此认为不存在歧视。Bayard et al.（2003）应用包括美国所有州和所有行业的雇主—雇员匹配数据研究发现，妇女被隔离在较低收入的职业、行业、企业和岗位，并且这些因素贡献了性别工资差距的相当一部分，但是性别仍然是造成性别工资差距的最主要因素，贡献了工资差距的一半左右，这一点与前两项研究结论明显不同。

8.3　关于性别工资差异的企业数据分析方法及案例

如同8.2.1节理论框架所阐述的，在完全竞争的劳动力市场中，女性—男性的相对工资应等于他们的相对边际产品。在只有户层面或个人层面数据时，由于缺乏边际产品数据，要实证检验劳动力市场是否为完全竞争市场非常困难。而应用企业数据可以直接估计边际产品（或边际利润），通过检验女性—男性的相对边际产品和相对工资是否相等，就可以检验关于不存在性别工资歧视的假说。

Cox and Nye（1989）研究了19世纪法国纺织业的性别工资歧视，他们首先估计了男性和女性的边际产出，接着比较了相对生产效率和相对工资，研究结果表明在相对生产效率和相对工资之间没有明显差异，由此拒绝了性别歧视的假设。Hellerstein et al.（1998，1999）对以色列制造业的研究通过估计生产函数和工资方程，发现相对工资和边际产出的差距并不显著，支持了性别工资差距反映男女之间的生产效率差异，而不是性别歧视的观点。Zhang and Dong（2009）应用中国企业层面数据，通过比较男性、女性相对边际产出和相对工资,发现在国有企业,男性—女性相对边际产出比率高于他们的相对工资比率,表明女性在接受补贴;在私有企业则相反,男性—女性相对边际产出比率低于他们的相对工资比率,女性面临性别歧视。

下面,我们将主要介绍两种利用企业层面数据分析性别工资差异的方法。

8.3.1　线性模型:女性—男性相对边际产出和相对工资由生产函数和工资方程的回归系数及相应均值计算求得

在这里,我们介绍 Zhang and Dong (2009) 所使用的方法。该方法是将生产函数和工资方程联立估计,分别得到男性—女性雇员的边际产出比率和工资比率,两个方程估计均为线性估计。

(1) 生产函数

采用生产函数模型形式有两类,Cobb-Douglas 生产函数和 Trans-log 生产函数。两种模型形式各有长处:Cobb-Douglas 生产函数的优点是待估系数即为各要素投入的产出弹性;Trans-log 函数的优点则是函数形式非常灵活,对各要素投入之间的替代弹性没有限制。

因变量为企业增加值[1]的 Cobb-Douglas 函数形式:

$$\ln Q = \ln A + \beta_1 \ln L_m + \beta_2 \ln L_f + \beta_3 \ln K \tag{8-7}$$

Q 为增加值,A 为常数项,β_1、β_2 和 β_3 为产出弹性,L_m 和 L_f 分别为男性和女性雇员数量,K 为固定资本投入。在假设不存在歧视的前提下,雇主关心的只是利润最大化,因此有 $d\pi/dL_f = 0$。这个假设,同 Cobb-Douglas 函数基本假设一起,意味着:

$$\frac{\beta_2 L_m}{\beta_1 L_f} = \frac{w_f}{w_m} \tag{8-8}$$

即:在没有歧视的情况下,女性与男性的边际产出比率应等于他们的

---

① Griliches and Ringstad (1971) 总结了以增加值作为生产函数因变量的几个优点:第一,原材料作为一个内生投入,用增加值作因变量可以避免估计原材料这个变量,省却了内生性的麻烦;第二,以增加值作因变量的生产函数,方便用于行业特点差异很大的企业之间的横向比较;第三,以增加值为因变量的生产函数可以从生产函数一般形式的两种极端假设情况下推导出来:一种情况是,原材料和增加值之间的替代弹性无限大,那么有 $Y = f(K, L) + M$;另一种情况是,原材料和增加值之间的替代弹性为零,即原材料与产出之间的关系是一个固定比率。

工资比率。如果存在对女性的歧视,那么方程的左边应该大于右边。

因变量为企业增加值的 Trans-log 函数形式为:

$$\ln Q = \ln A + \beta_1 \ln L_m + \beta_2 \ln L_f + \beta_3 \ln K + \beta_4 ((\ln L_m)^2/2) + \beta_5 ((\ln L_f)^2/2)$$
$$+ \beta_6 ((\ln K)^2/2) + \beta_7 (\ln K)(\ln L_m) + \beta_8 (\ln K)(\ln L_f) +$$
$$\beta_9 (\ln L_m)(\ln L_f) \tag{8-9}$$

不存在歧视的情况下,应满足以下条件:

$$\frac{\beta_2 + \beta_4 \ln L_f + \beta_8 \ln K + \beta_9 \ln L_m}{\beta_1 + \beta_3 \ln L_m + \beta_7 \ln K + \beta_9 \ln L_f} \times \frac{L_m}{L_f} = \frac{w_f}{w_m} \tag{8-10}$$

如果存在对妇女的歧视的情况,那么方程的左边应该大于右边,即相对男性而言,女性拿到的工资少于她们为企业创造的价值。

(2) 工资方程

要衡量是否存在工资性别歧视,需要分别获得女性—男性的边际产品比率和工资比率。边际产出比率可以通过生产函数获得。对于工资比率,如果企业数据有分性别的工资数据,那么就可以直接将女性—男性相对工资与相对边际产品相比就可以了。但如果企业数据只有全部工人的平均工资,而没有分性别的平均工资。这里介绍一种推导女性—男性相对工资的方法,它是根据女性雇员比率和平均工资水平之间的关系来推导出女性—男性工资比。Maure-Fazio (1999) 曾应用 Svejnar (1984) 的方法对 1988—1994 年中国分行业城镇职工的女性—男性工资比率进行了测算。工资方程为:

$$\ln \varpi = \beta_{0d} + d_f F + X' \beta + \varepsilon \tag{8-11}$$

ϖ 为企业职工平均工资,F 为女性雇员占全体雇员的比重,X 为影响生产效率 (即无歧视工资水平) 的一组变量,β_{0d}、d_f、β 为待估系数,ε 为残差项。女性与男性工资比为 d_f 的反对数,即:

$$w_f/w_m = e^{d_f} \tag{8-12}$$

由此,就可以得到女性—男性的工资比率 (w_f/w_m)。

(3) 线性模型方法的特点

线性模型方法最大的优点是生产函数和工资方程的待估系数均为线性形式,估计起来较为简单。但该方法也存在明显不足,我们从上文的推导 (式 8-8 和式 8-10) 中也可以看到,从生产函数推导女性—男性的相对边际产出无法由回归参数直接得到,而是通过回归参数及相应解释变量的均值来计算求得的。这样,相对边际产出会受到各解释变量均值的影响,当这些解释变量呈偏态分布时（即均值和中位数相差较多），选用均值或中位数来计算相对边际产出，结果会明显不同。

8.3.2　非线性模型：直接估计女性—男性相对边际产出

与线性模型不同，非线性模型则可以由回归参数直接估计出女性—男性相对边际产出。Hellerstein et al.（1998）就利用以色列企业层面数据，应用非线性模型估计了女性—男性的相对边际产出和相对工资，如果女性—男性相对边际产出大于相对工资，则推翻企业按竞争市场条件给付工资的假说，性别歧视解释则成为可能。其方法详述如下。

假设一个制造企业 i 在时间 t 的 Cobb-Douglas 生产函数为

$$Y_{it} = A_t \cdot K_{it}^{\alpha} U_{it}^{\beta} QL_{it}^{\gamma} e^{\mu_{it}} \tag{8-13}$$

Y 为产出，A 反映在时间 t 的技术状况，K 为资本投入，U 为原材料投入，QL 为反映质量的劳动投入，μ 为随时间变化的企业中性技术进步。

$$QL = L\Big[1 + (\phi_F - 1)\frac{F}{L} \Big] \cdot \Big[1 + (\phi_M - 1)\frac{M}{L} + (\phi_O - 1)\frac{O}{L} \Big]$$
$$\cdot \Big[1 + (\phi_T - 1)\frac{T}{L} + (\phi_E - 1)\frac{E}{L} \Big] \tag{8-14①}$$

其中，L 为企业工人数，F 为女性工人数量，M 为年龄在 35—54 岁之间（中年工人）的男性工人数量，O 为年龄在 55 岁以上（老工人）的工人数量，T 为技术工人数量，E 为工程师数量。在生产函数中，ϕ 为工人的相对边际生产效率差异：ϕ_F 为女性相对男性的边际产品，ϕ_M 为年龄

---

① QL 方程的简单推导如下：

假设工人按性别和职业区分，职业分为两类，S 和 U 分别代表熟练工人（skilled）和非熟练工人（unskilled）。这样无约束的劳动的质量为：

$$QL = UM + \phi_F UF + \phi_S SM + \phi_F \phi_S \phi_{FXS} SF$$

或者

$$QL = L + (\phi_F - 1)UF + (\phi_S - 1)SM + (\phi_F \phi_S \phi_{FXS} - 1)SF$$

这里 UM 为男性非熟练工人数量，UF 为女性非熟练工人数量，SM 为男性熟练工人数量，SF 为女性熟练工人数量。相对边际产出效率相等的条件限制意味着 $\phi_{FXS} = 1$。同比例分布限制意味着 $UF = F[1 - (S/L)]$，$SM = S[1 - (F/L)]$，$SF = S(F/L)$，我们可以得到：

$$QL = L + (\phi_F - 1)F[1 - (S/L)] + (\phi_S - 1)S[1 - (F/L)] + (\phi_F \phi_S \phi_{FXS} - 1)S(F/L)$$

当限定 $\phi_{FXS} = 1$，就可以得到：

$$QL = L\Big[1 + (\phi_F - 1)\frac{F}{L} \Big]\Big[1 + (\phi_S - 1)\frac{S}{L} \Big]$$

类似推导可以得到方程（8-14）。

35—54 岁工人相对 34 岁以下工人的边际产品，ϕ_O 为 55 岁以上工人相对 34 岁以下工人的边际产品，ϕ_T 为技术工人相对非技术工人的边际产品，ϕ_E 为工程师相对非技术工人的边际产品。

QL 方程的假设条件：不同性别、年龄、职业的工人代表不同的生产效率，但他们在相应分类间是可以完全替代的，即：女性和男性工人之间可以完全替代，不同年龄工人之间可以完全替代，非技术工人、技术工人、工程师之间可以完全替代。另外，QL 方程还含有两个潜在限制条件：第一个是同比例分布限制，举例来说，女性在各个年龄段分布比例、在各个职业的分布比例与他们在企业所有劳动力中比例是相同的。第二个限制条件是一个人口特征组的相对边际产品为固定的，这意味着，举例来说，年轻妇女相对于年轻男子的边际产品与中年妇女相对于中年男子的边际产品相等。

这样估计的生产函数形式为：

$$\ln Y = \gamma \ln \left[(L+(\phi_F-1)F)(1+(\phi_M-1)\frac{M}{L}+(\phi_O-1)\frac{O}{L})(1+(\phi_T-1)\frac{T}{L}+(\phi_E-1)\frac{E}{L}) \right.$$
$$\left. \cdot (f(X/L;\phi_X)) \right] + \text{non-labor inputs} + \text{higher order terms} + \text{controls} + u$$

$$(8-15)$$

这里，除了（方程 8-14）提及的变量外，X 为个人特征变量（包括婚姻状况、教育水平、种族等），$f(\cdot)$ 为一个压缩后的方程形式。这些变量均为正态分布，那么在样本均值，ϕ_F 表示女性相对于男性的边际生产率。如果生产效率相同，那么该值等于 1。参数 ϕ_M 和 ϕ_O 衡量中年工人相对于年轻工人、老工人相对于年轻工人的边际生产率。参数 ϕ_T 和 ϕ_E 衡量技术工人相对于非技术工人、工程师相对于非技术工人的边际生产率。

Hellerstein 等人还估计了不同类别工人的相对工资，通过回归企业的工资支出，以企业工人的人口特征为变量，方程如下：

$$\ln w = a' +$$

$$\ln \left[(L+(\lambda_F-1)F)(1+(\lambda_M-1)\frac{M}{L}+(\lambda_O-1)\frac{O}{L})(1+(\lambda_T-1)\frac{T}{L} \right.$$

$$\left. +(\lambda_E-1)\frac{E}{L})f(X/L;\lambda_X) \right]$$

$$(8-16)$$

这里，w 为企业工资支出，a' 为对照组的 log（工资）。同理，λ_F 表示女性相对于男性的工资；λ_M 和 λ_O 分别衡量中年工人相对于年轻工人、老工人相对于年轻工人的工资；λ_T 和 λ_E 衡量技术工人相对于非技术工人、工程师相对于非技术工人的工资。如果不同性别、年龄、职业的工人的工资差异为 0 时，$\lambda = 1$。

估计方法则采用联合估计生产函数（方程 8 – 15）和工资方程（方程 8 – 16），然后通过检验性别与年龄组的 ϕ 与 λ 是否相等，来检验相对工资是否等于相对边际产品。既然 ϕ_F 和 λ_F 分别估计女性相对男性的边际产品和工资，那么如果 $\phi_F > \lambda_F$ 发生时，经验就可以推翻关于企业在按竞争市场条件下支付工资，性别歧视则提供了一种可能的解释。

Hellerstein et al.（1998）的实证研究结果发现：$\phi_F > \lambda_F$，女性的劳动效率比男性少 15%（$\phi_F = 0.85$），但是工资比男性少了 32%（$\lambda_F = 0.68$），这意味着超过一半的工资差异是由歧视贡献。

该方法最大的特点是女性—男性的相对边际产出和边际工资均是由回归方程参数直接得到，得出的是否存在性别歧视的结论应该说比利用线性模型要更可靠一些。它的缺点是回归方程需要非线性估计，方法比较复杂。

8.3.3　案例：利用企业层面数据分析中国制造业工人的工资性别差异①

案例采用 Zhang and Dong（2009）的研究结果。该案例研究方法和方程如 8.3.1 节所述，这里只介绍该案例的数据来源和回归结果分析。

（1）数据来源

该文所使用数据为世界银行在 2001 年所做的关于"竞争、技术和企业"（competition，technology and enterprise）调查数据。样本选点包括北京、上海、天津、广州和成都五座城市，共调查 1500 家企业，调查年度包括 1998 年和 2000 年两年。所调查的企业涉及的行业达到 10 个，属于制造业的纺织品和皮革加工、日用品生产、电子配件、电子设备汽车及配件生产 5 个行业，属于服务业的会计、广告、后勤服务业、通讯、信息技术 5 个行业。

---

① 本书附带 CD 提供了基于本案例的数据文件及 stata 命令文件。

（2）回归结果分析

表8-1为不同所有制对性别工资差异的影响分析结果，表8-2为根据表8-1估计得到的参数计算的女性—男性相对边际产出率和工资率（方法见8.3.1节）。

表 8 - 1　　性别工资差异：生产函数与工资函数联立模型估计结果

生产函数	（1）	（2）
因变量	Log（增加值）	Log（增加值）
Log（男性）	0.436 ***	0.575 ***
	（0.161）	（0.048）
Log（女性）	0.708 ***	0.091 **
	（0.144）	（0.045）
Log（原材料）		
Log（资本）	− 0.205 ***	0.282 ***
	（0.076）	（0.018）
Log（男性）× log（男性）	0.107 ***	
	（0.031）	
Log（女性）× log（女性）	0.084 ***	
	（0.026）	
Log（资本）× log（资本）	0.042 ***	
	（0.007）	
Log（男性）× log（女性）	− 0.181 ***	
	（0.048）	
Log（男性）× log（资本）	− 0.002	
	（0.023）	
Log（女性）× log（资本）	− 0.059 ***	
	（0.017）	
私有企业	0.353	0.522 ***
	（0.476）	（0.180）
私企×log（男性）	0.050	− 0.134 **
	（0.209）	（0.058）
私企×log（女性）	0.048	0.137 **
	（0.176）	（0.054）
私企×log（男性）×log（男性）	− 0.046	
	（0.036）	
私企×log（女性）× log（女性）	− 0.017	
	（0.030）	

续表

生产函数	(1)	(2)
因变量	Log(增加值)	Log(增加值)
私企 × log(男性) × log(女性)	0.051	
	(0.057)	
R^2	0.706	0.688
工资函数		
因变量	Log(平均工资)	Log(平均工资)
女性比率	-0.696 ***	-0.693 ***
	(0.172)	(0.172)
私有企业	0.178	0.172
	(0.115)	(0.115)
私企女性比率	0.244	0.263
	(0.225)	(0.225)
R^2	0.194	0.195
样本量	1520	1520

说明：1. 括号内为标准差。***、** 和 * 分别表示在 0.01、0.05 和 0.1 水平显著；

2. 生产函数控制了年度、企业年龄、行业、地区等变量，工资函数还控制了企业规模、企业年龄、年度和地区等变量。

3. 列（1）的生产函数为 C—D 形式，列（2）为 Trans-log 形式。

研究结果表明，在国有企业，尽管相对于男性来说，女性的工资水平较低（女性—男性工资比，即 w_f/w_m，大约为 50%），但是她们的生产效率更低 [女性—男性边际产出比，即 $(PQ_f/PQ_m) \cdot (L_m/L_f)$，不足 20%]。女性的边际产出弹性 [即 ln（女性）变量的系数] 接近于 0，这说明在国有企业女性冗员现象比较严重。Trans-log 生产函数与工资函数的联立模型检验结果显示，女性—男性的工资比率在 5% 的水平上显著高于他们的边际产出比率。虽然 Cobb-Douglas 生产函数与工资函数的联立模型检验结果在 10% 水平上并不显著，但从数值上看，女性—男性工资比率还是比较明显地高于边际产出比率。以上结果表明，国有企业在补贴女性。在私有企业，尽管相对国有企业，私有企业女性相对男性的工资比率较高（女性工资接近男性的 70%），但她们的生产效率更高，女工的边际产出要略高于男工。Cobb-Douglas 生产函数与工资函数的联立模型检验结果显示,女性—男性的工资比率在 10% 的水平上显著低于他们的边际产出比,表明私有企业在歧视女性。

表 8 - 2　　　　　　**女性—男性的边际产出比率与工资比率**

		(1)	(2)
私企	边际产出比率	0.925	1.080
	工资比率	0.637	0.651
	检验两比率相等的 P 值	0.208	0.062
国企	边际产出比率	0.130	0.300
	工资比率	0.499	0.500
	检验两比率相等的 P 值	0.014	0.199

说明:列(1)的生产函数为 C—D 形式,列(2)为 Trans-log 形式。

8.4　关于性别工资差异的雇主—雇员匹配分析方法及案例

如前文职业隔离理论中所介绍的,职业、行业、企业和岗位中的性别隔离是性别工资差异的重要来源(Bergmann,1974;Bielby and Baron,1986;Groshen,1990),而雇主—雇员匹配分析方法是研究性别隔离的重要方法。

根据 Cain(1986)的定义,工资水平 Y 取决于:

$$Y = \alpha Z + X\beta + e \tag{8-17}$$

其中 X 是所有对生产率水平高低有影响的可以由企业观察到的一组个人特征变量,Z 是性别虚拟变量,女性等于 1,男性则等于 0,α 是反映性别歧视的系数,如果该系数小于 0 就说明对女性存在性别歧视。

根据上述定义,X 包括了所有决定劳动生产率水平的个人特征,如果在经验分析中能够将所有这些因素全部包括进去的话,剩余的男女性别工资差异中不可解释的部分即残差工资差异就是由性别歧视造成的,如 Oaxaca(1973)和 Blinder(1973)对男女性别工资差异的分解就是在这样的假设下进行的。但是在使用个人层面数据时,工资差异中不能解释的部分往往很大,将残值全部归结于歧视是很难让人信服的。因此,基于雇主—雇员匹配数据的工资函数可以认为是基于个人层面数据工资函数的改进。它除了控制个人特征，还加进了企业控制变量。基于雇主—雇员匹配数据的工资函数可以表示如下：

$$Y = \alpha Z + X\beta + \lambda firm + e \tag{8 - 18}$$

雇主—雇员匹配数据因为包含了比个人层面数据更为丰富的信息，因此它可以分析在控制了个人特征、职业、行业、企业和职位等多重维度后的性别工资差异。

大量的实证研究利用雇主—雇员匹配数据来分析性别工资差异。Gupta et al.（2005）关于丹麦的研究表明，职业隔离比行业和企业隔离对性别工资差距影响更大。Groshen（1991）和 Bayard et al.（2003）均利用雇主—雇员匹配数据对美国的性别工资差异进行了分析，不同的是：Groshen（1991）对 1974 年、1980 年、1983 年的数据分析表明，职业隔离是性别工资差距的主要原因，由此她认为男性和女性是如何被隔离进入行业、企业和岗位是理解性别工资差异的关键；而 Bayard et al.（2003）利用 1990 年数据发现，职业隔离可以解释性别工资差距相当一部分，但发现即使控制了人力资本特征，岗位内的性别差异仍是造成工资差异的重要因素，也即性别歧视在发生作用。在对中国的经验研究方面，Dong（2005）发现中国性别工资差异在私有化后变大，而且 Li and Dong（2010）还发现性别工资差异的主要部分来自企业内部。

下面我们将介绍两种流行的雇主—雇员匹配数据分析方法，一种是考虑企业的固定效应，另一种是考虑女性在劳动力市场结构中所占比例的方法。

8.4.1　考虑企业的固定效应

以 Li and Dong（2010）的研究为例来看如何利用雇主—雇员匹配数据分析企业在性别工资差异中的固定效应。该文沿用 Blinder-Oaxaca 分解的基本思路，参照 Meng（2004）对男女性别工资差异的分解方法，在工资方程的回归中加入企业虚拟变量，用以下工资方程对男女分别回归：

$$\ln W_{ij}^m = \alpha^m + \beta^m X_{ij}^m + \sum_{j=2}^n r_j^m DUMfirm_j + \varepsilon_{ij}^m \tag{8 - 19}$$

$$\ln W_{ij}^f = \alpha^f + \beta^f X_{ij}^f + \sum_{j=2}^n r_j^f DUMfirm_j + \varepsilon_{ij}^f \tag{8 - 20}$$

式中 $\ln W_{ij}$ 表示第 j 个企业的第 i 个工人的小时工资的对数,上标 m 和 f 分别代表男性和女性,X 是反映个人特征的变量,这里包括工龄、工龄的平方和受教育水平,$DUMfirm_j$ 是第 j 个企业的虚拟变量,β 和 γ 分别是个人特征和企业虚拟变量的系数,α 是常数项,ε 是残差项。

根据回归结果,企业 j 的工资方程可以写为:

$$\ln \widehat{W}_{ij}^m = \widehat{\alpha}^m + \widehat{\beta}^m X_{ij}^m + \widehat{r}_j^m \tag{8-21}$$

$$\ln \widehat{W}_{ij}^f = \widehat{\alpha}^f + \widehat{\beta}^f X_{ij}^f + \widehat{r}_j^f \tag{8-22}$$

则男女之间的性别工资差异可以分解为:

$$\Delta \ln \bar{W}_j = \ln \overline{\widehat{W}}_{ij}^m - \ln \overline{\widehat{W}}_{ij}^f = \underbrace{(\widehat{\alpha}^m - \widehat{\alpha}^f)}_{价格效应} + (\widehat{\beta}^m - \widehat{\beta}^f)\bar{X}^f + \underbrace{\widehat{\beta}^m(\bar{X}_{ij}^m - \bar{X}_{ij}^f)}_{禀赋效应} +$$

$$\underbrace{(\widehat{\gamma}_j^m - \widehat{\gamma}_j^m)}_{企业效应} \tag{8-23}$$

如果企业效应的确存在的话,那么上述企业特征将如何影响企业效应的大小?为了考察企业特征对性别工资差异的影响,Li and Dong(2010)在确定因变量时有两种思路。一种是将企业男女之间的平均工资差异作为因变量,将可能影响企业工资决定的关键的企业特征变量作为自变量,由于工资差异的一部分来自于男女的禀赋差异,为了控制禀赋差异在产生性别工资差异中的影响,在回归中还必须加入男女之间人力资本的差异作为控制变量,即:

$$\Delta \ln W_j = \chi + \delta(\bar{X}_j^m - \bar{X}_j^f) + \eta Z_j + v_j \tag{8-24}$$

另一种思路是沿用 Bryk and Raudenbush(1992)的方法,首先对(8-21)式和(8-22)式回归,分别得出各企业对男性和女性工资支付的企业效应,如果两者相等,则企业不存在性别工资差异;如果不等的话,两者的差就反映了企业内部的性别工资差异。然后以该差作为因变量进行回归,因这里的企业效应已经扣除男女性人力资本禀赋的差异,因此该回归中的自变量只包括反映企业特征的指标,即:

$$(\widehat{\gamma}_j^m - \widehat{\gamma}_j^f) = \phi + \rho Z_j + \kappa_j \tag{8-25}$$

上述两种思路的因变量是从不同的环节反映了控制男女性禀赋差异后的企业内的男女性别工资差异,从理论上讲回归结果应该基本一致,因此两种方法的运用可以提高回归结果的可信性。

我们还可以参考 Gupta et al.（2005）的做法，将工资方程里的男性和女性工人放在一起，方程表示如下：

$$\ln w_{ijklm} = \alpha + \gamma f_i + O_j\beta_I + E_l\beta_E + JC_m\beta_{JC} + X_{ijklm}\delta + v_{ijklm} \qquad (8-26)$$

这里，对个人 i，其职业为 j、行业 k、企业 l、岗位 m；w 为小时工资，f 为表示性别的虚变量（1 = 女性，0 = 男性）。O、I、E 和 JC 有两种表示方法：一种表示职业、行业、企业和岗位（job cell）的固定效应，另外一种表示女性在上述四种劳动力市场结构中所占的比例。[①] X 为人力资源特征变量。

γ 为女性虚变量的系数，在控制了一系列职业、行业、企业、工种的虚变量后，岗位（JC）的系数可以捕捉岗位间（between-job-cell）的工资差异。γ 为女性—男性在岗位内（with-job-cell）的工资差异，是控制人力资源特征、职业、行业、企业、岗位后的残值，可以用性别歧视来解释。那么性别工资差异中被控制变量所解释的部分为 $1 - \gamma$ /原始性别工资差异。

8.4.2　考虑女性在劳动力市场结构中所占比例

这类方法的特点就是，通过在工资方程中控制女性在劳动力市场结构中所占的比例，来分析性别工资差异中行业、职业、企业、岗位的隔离效应，性别变量的系数就为控制变量后的性别工资差异。

在这里，我们以 Bayard et al.（2003）的研究为例来说明该方法的运用。

其工资方程如下：

$$w_{poiej} = \alpha + \beta F_p + rOCC\%F_o + \delta IND\%F_i + \lambda EST\%F_e + \theta JOB\%F_j + X_{poiej}\phi + \varepsilon_{poiej} \qquad (8-27)$$

这里，w 为 log（小时工资）；F 为性别虚变量，当个人 p 为女性时等于 1；$OCC\%F$ 为女性在职业 o 的女性比例，$IND\%F$ 为在行业 i 的女性比例，$EST\%F$ 为在企业 e 的女性比例，$JOB\%F$ 为在岗位 j 的女性比例。一系列控制变量表示为 X。

在估计方程（8 – 15）的基础上，可以构建工资分解方程，女性与男

---

① 在 8.3.2 节中已经介绍。

性之间的工资对数差表示为如下形式:

$$w_f - w_m = \beta' + r'(OCC\%F_f - OCC\%F_m)$$
$$+ \delta'(IND\%F_f - IND\%F_m) + \lambda'(EST\%F_f - EST\%F_m)$$
$$+ \theta'(JOB\%F_f - JOB\%F_m) + (X_f - X_m)\phi' \quad (8-28)$$

在这里,各个变量的下标 f 和 m 分别代表女性和男性。这种分解就将工资差异归因于各具体的隔离:职业隔离 ($r'(OCC\%F_f - OCC\%F_m)$),行业隔离 ($\delta'(IND\%F_f - IND\%F_m)$),企业隔离 ($\lambda'(EST\%F_f - EST\%F_m)$) 和岗位隔离 ($\theta'(JOB\%F_f - JOB\%F_m)$);还有其他可观测到的特征造成的差异 (($X_f - X_m)\phi'$);还有,最重要的就是在控制了所有四个方面的隔离后,性别差异 (可以认为岗位内的差异),被 β' 所捕捉。这个分解为典型的奥萨卡 (Oaxaca) 分解,给予男性和女性同样的系数。

我们可以从表 8 - 3 中看到,第 (1) 列只是报告了女性—男性每小时工资的原始差距,差距是 - 0.375,表明女性工资比男性低 37.5%。第 (2) 列报告了在工资回归方程引入女性在职业、行业、企业和岗位中的比例变量。可以发现,在控制了职业、行业、企业和岗位隔离后,性别工资差距下降了约 1/3,至 - 0.244。在女性职工比例较高的企业,工资较低,而在企业内部女性又进一步集中在工资较低的岗位。在没有其他控制变量 (特别是教育) 的情况下,职业隔离和行业隔离与一般经验相反,在女性职工比例较高的职业和行业,其工资较高。不过,如 B 组回归结果显示,在控制了个人特征变量后,职业隔离和行业隔离效应同样与一般预期相同,在女性职工比例较高的职业和行业,其工资较低。

性别工资差距的分解不仅需要回归系数,还需要各变量的女性和男性均值之差 (列 3)。列 (4) 报告了每个变量对于工资差距的贡献,列 (5) 回报了相对贡献。在 A 组回归结果,列 (5) 的估计表明,在控制了职业、行业、企业和岗位后,仍有接近 2/3 的工资差距 (65.1%) 是由性别差异贡献的。超过 1/3 (34.7%) 的女性—男性工资差距,是由于较高比例的女性集中在企业的较低工资岗位。

表 8 - 3　　　　估计的 log（工资）差异：控制性别，女性在职业、
　　　　　　　行业、企业和职位中的比例

	系数估计 （1）	系数估计 （2）	均值差,女 性—男性(3)	对工资差距 的绝对贡献 (2)×(3)(4)	对工资差距的 相对贡献(5)
A. 全部分解,无控制:					
女性	- 0. 375	- 0. 244	1. 00	- 0. 244	0. 651
	（. 001）	（. 002）			
职业中女性比例		0. 180	0. 180	0. 032	- 0. 087
		（. 013）			
行业中女性比例		0. 122	0. 248	0. 030	- 0. 081
		（. 026）			
企业中女性比例		- 0. 188	0. 338	- 0. 064	0. 170
		（. 019）			
岗位中女性比例		- 0. 243	0. 536	- 0. 13	0. 347
		（. 008）			
R^2	0. 121	0. 14			
B. 全部分解,控制基本变量:					
女性	- 0. 375	- 0. 193	1. 00	- 0. 193	0. 514
	（. 001）	（. 002）			
职业中女性比例		- 0. 103	0. 180	- 0. 019	0. 050
		（. 006）			
行业中女性比例		- 0. 171	0. 248	- 0. 043	0. 113
		（. 018）			
企业中女性比例		- 0. 173	0. 338	- 0. 059	0. 156
		（. 014）			
岗位中女性比例		- 0. 098	0. 536	- 0. 053	0. 141
		（. 004）			
R^2	0. 121	0. 432			

　　资料来源：Bayard et al. （2003）。

8.4.3　案例：利用雇主—雇员匹配数据分析中国制造业工人的性别工资差异

　　案例借鉴了 Li and Dong （2010） 的研究结果，研究方法如 8.4.1 节所述。这里介绍该案例的数据来源和回归结果分析。

（1）数据来源

来自于江苏省南京市的 163 家企业和 3412 个工人的具有详细企业特征和个人特征的数据。

（2）结果分析

表 8－4 的结果分析表明，加入企业效应后，工作经验的系数变化不很明显，但教育水平的系数显著下降。并且女性的教育回报下降更多，这一变化意味着控制住企业效应后，从市场上看女性教育回报比男性低，与控制企业效应以前女性的教育回报高于男性相比，这说明女性的工资更大程度上由所进入的企业工资水平决定，即企业的工资水平对女性收入的决定作用大于男性。控制住企业效应使教育的回报显著下降这一事实，说明在不考虑企业效应而单纯估计人力资本特征的工资方程中高估了教育的回报，控制企业效应能够对工资的决定和男女性别工资差异有更准确的估计。

为了进一步说明企业工资政策在工资决定中的作用，运用 Dickens and Katz（1987）的研究方法计算企业政策作用的上下限。在现有回归的基础上再对小时工资的对数形式作一个仅包括企业虚拟变量的回归，这一回归将所有的工资决定全部解释为企业政策的作用而与个人特征无关，这是企业工资政策的最大限度，这一回归的 R^2 被作为企业政策的上限。企业政策的下限是在个人特征的基础上加入企业特征后对工资决定的解释能力的上升幅度，即同时包括企业变量和个人特征时回归的 R^2 与仅包括个人特征的回归的 R^2 的差，结果如表 8－4 的最后两行所示。可以看出，在男性的工资决定中企业工资政策的解释能力在 57% 和 76% 之间，而女性的这一比例在 54% 和 82% 之间。企业工资政策在工资决定中的这种作用意味着我们在研究男女性别工资差异时必须对企业的作用给予充分的重视。

为了进一步论证企业在决定男女性别工资差异中的作用，对样本期间各年的性别工资差异分别按两种方法进行分解，一种方法按常用 Blinder-Oaxaca 分解，这种方法不考虑企业在性别工资差异中的作用，另一种是在第一种方法的基础上将企业的效应考虑进去，两种方法结果的不同可以为我们检验企业在性别工资差异中的作用提供一定的支持，结果如表 8－5 所示。可以看出，在传统的 Oaxaca 分解方法中将企业效应考虑进去以后，1994—2001 年各年的由禀赋差异和歧视所能解释的男女性别工资差异的部分均大大降低，而企业效应对工资差异所能解释的部分在大部分年份都在 50% 以上，这说明性别工资差异的主要部分还是来自于企业内部，企业才是性别工资差异真正发生的地方。

表 8−4　　　　　　　　　加入企业效应对工资决定方程的影响

	OLS				企业固定效应			
	男性		女性		男性		女性	
	系数	T	系数	T	系数	T	系数	T
工龄	0.016	7.70	0.015	4.36	0.020	16.86	0.017	9.47
工龄的平方	0.000	0.16	0.000	2.69	0.000	−9.05	0.000	−3.57
小学	0.201	5.35	0.134	2.31	0.121	5.51	0.042	1.37
初中	0.314	9.00	0.404	7.45	0.203	9.72	0.164	5.56
高中	0.568	16.08	0.819	15.01	0.321	15.01	0.284	9.28
技校	0.700	16.41	1.066	15.02	0.420	16.17	0.284	6.80
大学	0.960	26.35	1.291	22.72	0.471	20.97	0.449	13.69
常数项	−0.105	−2.63	−0.434	−7.20	0.607	15.51	0.632	13.22
年份虚拟变量	Yes		Yes		Yes		Yes	
企业效应					Yes		Yes	
样本个数	16293		7987		16293		7987	
Adj. R^2	0.199		0.285		0.7643		0.8294	
企业效应上限							0.7439	0.8158
企业效应下限						*	0.5651	0.5449

表 8−5　　　　　　　　　性别工资差异的分解

	FIRM-EFFECT		OLS		FIRM-EFFECT		OLS	
未解释	0.0186	13.10%	0.0770	53.34%	0.032	21.61%	0.084	57.33%
禀赋	0.0354	24.97%	0.0674	46.66%	0.031	20.96%	0.062	42.67%
企业效应	0.0909	61.93%			0.084	57.43%		
全部	0.145	1.000	0.144	1.000	0.146	1.000	0.146	1.000

8.5　结论

研究性别工资差异一般通过构建工资函数，将不能被解释的男女工资差异残值视为性别工资差异。现有的关于工资性别差异的研究很多是利用户或个人层面数据，用男性和女性的一些特征（如受教育年限和工作经验）来作为男女工作效率（或能力）的替代变量。但这种做法至少有两个缺点：这些替代变量能否准确反映男女性生产效率很值得怀疑，并且工资差异中不能解释的部分往往很大，而把这个残值全部归结于歧视难以让人信服。正是因为户层面和个人层面的数据存在以上缺陷，因此一些经济学家强烈建议对工资性别差异（包括种族差异）的研究应在企业层面展开。

目前考察企业对性别工资差异的影响的方法，主要有两类，一类是基于企业层面数据，另一类是基于雇主—雇员匹配数据。

（1）基于企业层面数据的分析方法。判断的标准是，在完全竞争条件下，企业应该按照工人的边际产出支付工资。如果工人的边际产出等于他（或她）的工资，那么就表示不存在歧视；如果边际产出高于工资，那么就存在歧视。要做到这点，需要得到男性—女性工人的相对边际产品和相对工资，一般做法是通过构建生产函数和工资方程来实现。在具体估计方法上，常用的有两种：①线性模型，女性—男性相对边际产品和相对工资由生产函数和工资方程的回归系数及相应均值计算求得。该方法最大的特点是生产函数和工资工程的待估系数均为线性形式，估计起来较为简单。但该方法也存在明显不足，就是我们关心的相对边际产品比率均无法直接由回归参数得到，而是通过计算回归参数和相应解释变量的均值来计算求得的。②非线性模型，直接估计女性—男性相对边际产品。该方法最大的特点是女性—男性的相对边际产出和边际工资均是由回归方程参数直接得到，得出的是否存在性别歧视的结论应该说比线性模型的要更可靠一些。它的缺点是回归方程需要非线性估计，方法比较复杂。

（2）基于雇主—雇员匹配数据的分析方法。除了考察个人禀赋因素外，还考察企业内部的工资性别差异。其基本方法是在 Becker 模型中加入企业变量。该方法由于含有远比个人数据更丰富的信息，可以分析在控制了个人特征、职业、行业、企业和岗位等多重维度后的性别工资差异。本章也介绍了两种常用的具体方法：考虑企业的固定效应、考虑女性在劳动力市场结构中所占比例，这类方法的特点是通过在工资方程中控制女性在劳动力市场结构中所占的比例，来分析性别工资差异中行业、职业、企业、岗位的隔离效应，性别变量的系数就是控制其他变量后的性别工差异。

参考文献

Acker, J. , "Hierarchies, Jobs, Bodies: A Theory of Gendered Orgaizations," *Gender & Society*, 1990, 4 (2): 139 – 158.

Bayard, Kimberly, Judith Hellerstein, David Neumark, Kenneth Troske, "New Evidence on Sex Segregation and Sex Differences in Wage from Matched Employ-Employer Data," *Journal of Labor Economics*, 2003, 21 (4): 887 – 922.

Becker, Gary S. . *The Economics of Discrimination*. Chicago: The University of Chicago Press, 1957.

Bergmann, B. R. , "Occupational Segregation, Wages and Profits When Employers Discriminate by Race or Sex," *Eastern Economic Journal* 1974, 1: 103 – 110.

Bielby, W. T. , Baron, J. N. , "Sex Segregation within Occupations," *American Economic Review* 1986, 76 (2): 43 – 47.

Blinder, Alan S. , "Wage Discrimination: Reduced Form and Structural Estimates," *Journal of Human Resources*, 1973, 8 (4): 436 – 455.

Bryk and SW Raudenbush, *Hierarchical Linear Models: Applications and Data Analysis methods*, Sage Publications Newbury Park, N. J, 1992.

Cain, Glen G, "The Economic Analysis of Labor Market Discrimination: A Survey," in: O. Ashenfelter and R. Layard, eds. , *Handbook of labor economics*, 1986, 1: 693 – 785.

Cox, D. and Nye, J. V. "Male-female Wage Discrimination in Nineteenth-century France," *The Journal of Economic History*, 1989, 49: 903 – 920.

Dickens, W. T. and L. F. Katz, "Inter-industry Wage Differences and Industry Characteristics," In Lang, K, and J. S. (Eds.), *Unemployment and the Structure of Labor Markets*. Basil Blackwell, New York, 1987: 48 – 89.

Dong, Xiao-yuan and Zhang, Liqin, "Economic Transition and Gender Differentials in Wages and Productivity: Evidence from Chinese Manufacturing Enterprises," *Journal of Development Economics*, Elsevier, 2009, 88 (1): 144 – 156.

Dong, Xiao-Yuan, "Wage Inequality and Between – firm Wage Dispersion in the 1990s: A Comparison of Rural and Urban Enterprises in China," *Journal of Comparative Economics*, 2005, 33 (4): 664 – 687.

Griliches, Z. and Ringstad, V. , *Economics of Scale in the Form of the Production Function*, Amsterdam: North-Holland, 1971.

Groshen, E. L. , "The Structure of Female/Male Wage Differential: Is It Who You Are, What You Do, or Where You Work," *The Journal of Human Resources*, 1990, 26 (3) : 457 – 472.

Groshen, E. L. , . "The Structure of the Female/Male Wage Differential: Is It Who You Are, What You Do, or Where You Work?" *Journal of Human Resources*, 1991, 26 (3): 457 – 472.

Gupta, Nabanita Datta and Donna S. Rothstein, "The Impact of Worker and Establishment-level Characteristics on Male – Female Wage Differentials: Evidence from Danish Matched Employee – Employer Data," *Journal of Labour*, 2005, 19: 1 – 34.

Hellerstein, J. K. and Neumark, D. , "Wage Discrimination, Segregation, and Sex Differences in Wage and Productivity within and between Plants," *Industrial Relations*, 1998, 37: 232 – 260.

Hellerstein, J. K. , Neumark, "Sex, Wages, and Productivity: An Empirical Analysis of Israeli Firm-Level Data," *International Economic Review*, 1999, 40 (1): 95 – 123.

Johnson, G. E. and F. P. Stafford, "Alternative Approaches to Occupational Exclusion," in I. Persson and C. Jonung, eds. *Women's Work and Wages*, London: Routledge, 1998.

Li, Liying and Xiao-yuan Dong, "Economic Transition and the Gender Earnings Gap in Chinese Industry: The Role of Firm Characteristics," *Contemporary Economic Policy*, 2010.

Madden, Janice F. , "Discrimination-A Man-ifestation of Male Market Power?" In Cynthia Lloyd, ed. Sex, *Discrimination and the Division of Labor*, New York: Columbia University Press, 1975.

Maurer-Fazio, M. , Rawski, T. G. and Zhang, W. , "Inequality in the Rewards for Holding up Half the Sky: Gender Wage Gaps in China's Urban Labor Market, 1998 – 1994," *The China Journal*, 1999, 41: 55 – 88.

Meng, Xin, "Gender Earnings Gap: the Role of Firm Specific Effects," *Labour Economics*, 2004, 11: 55 – 573.

Oaxaca, R. , "Male-Female Wage Differentials in Urban Labor Markets," *International Economic Review*, 1973, 14: 693 – 709

Rozelle S. , Dong X. , Zhang L. and Mason A. , "Gender Wage Gaps in Post-reform Rural China," *Pacific Economic Review*, 2002, 7 (1): 157 – 179.

Svejnar, J. , "The Determinants of Industrial-sector Earnings in Senegal," *Journal of Development Economics*, 1984, 15: 289 – 311.

第 9 章

流动人口社会融合的性别差异：
工资融合模型

张丹丹

9.1 引言

在中国经济增长取得举世瞩目成就的同时，一个不能忽略的现象是大量劳动力从农村转移到城市。劳动力的自由流动对资源的合理配备及提高劳动力市场效率方面起着至关重要的作用。本章关注中国城乡移民的劳动力市场表现以及不同性别之间的差异。

自新中国成立以来，中国有着长达 40 年的城乡劳动力市场分割。在这种二元经济体系下，劳动力的跨区域流动是被严格限制的。直到 1980 年中后期，在城乡收入差距的推动下，农业生产的大量剩余劳动力逐渐突破城乡二元经济的障碍开始在城市寻求务工经商的机会。随着 1980—1990 年初城市经济的快速发展，城市对劳动力的需求大增，进一步加快了农村劳动力进城的脚步（Zhao，2000）。同时，城乡流动的制度性限制也在不断的放松，使得越来越多的农村劳动力进入到城市。根据国家统计局的统计，经过 20 年城乡移民过程，到 2009 年已经有 1.5 亿的外来务工人员在城市中工作，占城市劳动力总数的三分之一。

尽管对农民工进城务工现象的是非有着各种争议，但不容置疑的是大量廉价劳动力的流入已经成为中国的经济增长的源泉。尽管农村外来劳动力为中国的经济发展作出了巨大的贡献，但他们依然在城市劳动力市场上受到不公平的待遇。由于对城市居民利益的保护和担心农民工进城后带来的诸多负面的影响，农民工在城市中仍遭到和当地人不同的待遇，比如工资低、工作时间长、劳动条件差、缺乏基本的社会保障等等。在中国一个特有的现象是：农民工没有城市居民的身份，他们被要求办理"暂住证"，地方政府对他们实行特别管理并限制他们获得和当地人同等的待遇（Du et al. , 2006）。

农民工在劳动市场上的弱势地位已经引起了学者和政策制定者的关注。目前已有大量的研究关注农民工相对城市工的劳动力市场表现。很多研究发现，农民工和城市劳动力之间存在显著的工资和职业获得上的差别，农民工在外出务工地处于劣势地位（Meng, 2000；Meng and Zhang, 2001；Zhao, 2003；Du et al. , 2006；Park et al. , 2006）。但是以前的研究大部分只分析了单一时点上的就业和不平等状况。我们还并不了解农民工和城市劳动力这种固有的收入差距是如何随时间变化的。

此外，还需要特别关注的是女性农民工的问题。农民工群体中女性占有相当的比例，作为弱势群体，她们在劳动力市场的表现尤其值得关注。根据 2000 年人口普查数据显示，在农民工群体中女性劳动力的比重为43%（Zhang, 2009）。而有研究表明农村女性外出的工作受到歧视和不公平的待遇（Lou et al. , 2004）。目前关注农民工女性就业等劳动力市场表现的研究非常有限，几乎很难找到有价值的文献、特别是实证研究的结果。而我们知道通常意义上女性在劳动力市场是处于相对弱势地位的，比如有研究发现：在城市劳动力当中女性的劳动参与率和工资较男性低，并且这种弱势的地位随时间的推移有扩大的趋势（张丹丹，2004）。因此，本章要进一步关注女性劳动力在农民工群体中的相对地位，以弥补现有研究中的空白。

在进行实证分析前，本章将系统介绍收入不平等和国际移民文献中研究移民和当地劳动力动态工资差异的基本方法。在实证案例部分对中国城乡劳动力流动过程中男性和女性劳动力的工资趋同差异进行比较分析。本章的下一节将介绍两类分析动态工资差距变化的方法，即动态工资分解法和工资趋同模型，并给出分别采用这两种方法的实证案例。

9.2　工资趋同中的性别差异理论框架

为了研究移民在当地劳动力市场中的表现，国际移民文献采用"工资趋同模型"来研究移民是否或在多长时间内能和当地劳动力融合。这个方法主要是用来解释一个在西方移民流入国家普遍观察到的现象,即移民通常在刚刚参与目的地劳动力市场时工资较低与当地的劳动力相比处在劣势地位,然而随着他们在目的地居住时间的增加,移民的工资通常能逐渐赶超当地的劳动力。这个移民和当地劳动力工资差距不断缩小的现象被命名为"工资趋同"(wage assimilation)。这个概念是由 Barry Chiswick 在其 1978 年发表在《政治经济学期刊》(*Journal of Political Economics*)上的文章"美国化对外籍男性劳动力劳动收入的影响"(The Effect of Americanization on the Earnings of Foreign-born Men)中首次提出。他认为移民和当地劳动力最初的收入差距主要是由于缺少跨国的劳动技能转移导致的,也就是说在出发地积累的劳动力技能和经验很难迅速应用到目的地劳动力市场中。比如,移民在初到目的地时由于缺少对当地劳动力市场的了解,缺乏信息和收集信息的渠道,并且很可能在语言、文化和风俗习惯上存在差异,因此移民在出发地积累的人力资本不能立刻在目的地的劳动力市场上产生相应的价值。而此后随着在当地劳动力市场上时间的推移,移民逐渐积累了大量的当地的劳动市场经验和信息,就可以逐渐实现工资的"趋同"了。

为了在计量上识别和衡量工资趋同。Chiswick 和 Borjas 两位劳动经济学家分别创造和发展了工资趋同模型来识别工资趋同现象并衡量工资趋同的程度。具体的方程形式将在 9.3.2 一节中进行详述。

对于在工资趋同模型中的性别差异,现有的工资趋同文献并没有详述。通常研究工资趋同是将不同性别分开来分析,而并不混同。唯一将不同性别同时考虑到工资回归方程中的是 Baker and Benjamin 于 1997 年发表在《美国经济评论》(*American Economic Review*)上的文章。此文侧重分析了家庭角色分工在移民工资趋同中所起的作用。比如,移民家庭中的妻子在刚刚到达流入地时通常从事低技能的工作并以此来支援其丈夫在流入地的人力资本投资。其主要表现在移民家庭中的丈夫通常工作的时间少于当地家庭中的丈夫们,而移民家庭中的妻子则通常比当地人的妻子工作时间长;而妻子们由于从事的工作缺乏人力资本投资的性质,因此她们与当地人相比的劳动参与率和收入会随着时间的推移不断地下降,而丈夫虽然在初始状态下与当地劳动力存在较大差距,但是随着他们人力资本的不断积累,他们会最终超越当地人的劳动力市场表现。Baker and Benjamin 在实证上证明了这一现象的存在，这也说明（已婚）女性相对于其丈夫在流入地劳动力市场上处于劣等的地位，因此她们在移民过程中的劳动力市场表现更值得关注。

本章将分别就中国农民工和城市工中男性和女性劳动力的工资趋同进行分别的研究，并比较男性和女性劳动力在工资趋同中的差异和特征，以此来提高对不同性别工资趋同的认识并提供以中国城乡移民为例的实证案例。

9.3　研究工资差异变化的计量方法

在工资不平等和国际移民文献中主要采用两个方法来分析动态工资的变化趋势和影响因素——动态工资分解法（dynamic wage decomposition）和工资趋同法（wage assimilation）。这两种方法都被用来分析工资的动态变化，并且对数据的要求基本相同——需要使用两期以上的横截面数据（cross-sectional data）。虽然这两种方法都可以被用来比较两个族群之间的工资差异，但是它们在研究问题的侧重和基本模型的设置上存在一些差异。具体来讲，动态工资分解法是分析两个族群平均工资的差异及不同因素对这一差异的贡献。工资趋同法则是跨年份追踪不同的族群对列，并比较同一队列中移民和当地劳动力的收入差距是否会随时间的推移而缩小。为了消除不同队列之间的特征差异导致的收入变化，工资趋同法控制了一系列的个体特征解释变量。其基本思想是比较两个特征"几乎完全"相近的两个人——移民和当地劳动者的工资差异和随时间的变化。总的来说，动态工资分解法比较的是两个族群的平均工资，而工资趋同法比较的是个体移民和与之在个体特征方面非常类似的当地劳动力的工资差异。本节将对两种方法进行详细的介绍，对这两类模型的认识将有助于我们理解西方实证经济学对同一问题的多角度思考及探索。

9.3.1　动态工资差距分解法（Dynamic wage decomposition）

在 Oaxaca（1973）标准（一期）工资分解法的基础上，Smith and Welch（1989）推导出（二期）动态工资分解方法来分析工资差距随时间变化的决定机制。与 Oaxaca 分解的基本思想类似的是，Smith and Welch 也将动态工资差距的变化分解为可以由个人特征的差异解释部分和由工资方程中系数的差异解释部分（这部分通常被认为与歧视相关）。Smith and Welch（1989）在方法上的创新在于，他们突破了此前对静态工资差距的分析而第一次对工资差异的动态变化进行了分解。Smith and Welch 引入这一模型分析了哪些因素导致在 1940—1980 年间美国黑人和白人间工资差距大幅度缩小。这个模型可以用来分析分性别的移民工与本地工人工资差距的变化，并比较工资差距变化的性别差异。

下面具体介绍根据本章目的修改的 Smith-Welch 动态工资差异分解模型：

$$\Delta \ln R = \big[(x_1 - x_2)' - (x_3 - x_4)' \big] b_4 \qquad (1. \ \text{i})$$
$$+ (x_1 - x_3)'(b_3 - b_4) \qquad (1. \ \text{ii})$$
$$+ (x_1 - x_2)'(b_2 - b_4) \qquad (1. \ \text{iii})$$
$$+ x_1 \big[(b_1 - b_2) - (b_3 - b_4) \big] \qquad (1. \ \text{iv}) \qquad (9-1)$$

$\ln R$ 衡量的是不同族群间工资差异，$\Delta \ln R$ 则代表工资在两个年份间的差距。x 代表影响工资决定的个人特征（如教育程度、工作经验等），b 是个人特征的边际工资回报（即工资方程的系数）。角标 1 和 3 指当期和基期的移民工的特征及边际回报，相应的 2 和 4 则指的是非移民工的特征及其工资回报。利用以上的方程，我们可以把移民工和非移民工群体之间工资差异的变化分解为四个部分。公式中第一部分（1.i），被命名为"主影响"部分，其衡量的是平均群体特征差异的变化而带来的预期工资差异的变化。举例来说，如果移民工和非移民工两个人群之间的平均"受教育年限"的差距随时间减小，那么两个人群间工资的差距也将随之缩小。第二部分（1.ii）被称为"群体交互项"。它衡量的是由于人群间固有的工资回报差异而抵消掉的平均群体特征改善的部分。也就是说如果移民工（基期）的边际工资回报率低于非移民工，即 $b_3 - b_4 < 0$，那么移民工群体个人特质的改善（$x_1 - x_3 > 0$）会扩大工资差异。第三部分（1.iii）被命名为"年份交互项"。它衡量的是给定固有的群体间资质差异，由边际回报跨年度变化带来的预期工资差距的变化。比如非移民个人特征的边际工资回报随时间提升，即 $b_2 - b_4 > 0$，则由于移民工的资质通常低于非移民工（$x_1 - x_2 < 0$），两个群体之间的工资差距则会进一步扩大。第四部分（1.iv）被称为"群体—年份交互项"，其衡量的是边际工资回报差异变化带来的预期工资差距的变化。如果市场的公平性提高，群体间的工资回报差异随时间变小，即 $(b_1 - b_2) - (b_3 - b_4) > 0$，给定基期移民工特征（$x_1$）的前提下，移民工的工资相对非移民工会提高的更快，从而导致工资差距的缩小。

通过以上的方法，不同人群间跨时间变化的"粗"工资差异（raw wage gap）就可以被分解为影响方向不同的四个部分。在通常的状况下，第一和第四部分为帮助工资差距缩小的因素，而第二和第三部分则是更可能导致工资差距扩大的因素。而具体每个组成部分的大小及符号则由对数据的实证分析来判断。分解公式 9 - 1 可以分别运用到男性和女性的子样本分析分性别的移民工和非移民工资差异的变化趋势。

Smith and Welch 在其 1989 年的文章中使用以上方法，运用美国人口普查数据分析了美国黑人和白人工资差距在 1940—1980 年间的变化。动态工资分解的结果（见 Smith and Welch，1989，p. 538，表 12）显示由于黑人和白人男性在"受教育年限"上的差距逐年缩小，"主影响"的部分在不同的年龄组中对工资差异缩小的贡献在 6% —36% 之间。但是由于黑人男性的教育回报在所有年份均低于白人，为了赶超白人的工资水平，黑人的平均教育程度必须要比白人提高更快才可以实现。因此，工资分解第一部分的"正"教育影响在一定程度上被工资分解的第二部分"种群影响"抵消掉了。但对相对年轻的黑人和白人男性组，作者仍然发现了15% 左右的净影响。即总的来说教育差距的弥合可以带来的黑人—白人间工资差距的缩小。与预期不同的是第三部分"年份交互项"实际上缩小了黑人—白人的工资差距，作者的解释是在经济大萧条的历史背景下，1940 年间教育的工资边际回报不可思议的高，而此后到 1980 年教育的边际回报相对较低。因此出现了逆向影响。而工资分解的最后一个部分显示黑人和白人教育边际回报差距的缩小在很大程度上减少了两个人群之间的工资差距。

另一个很好地使用动态工资分解方法的实证研究是 Heckman、Lyons and Todd（2000）的文章。他们的研究应用 Smith-Welch 的动态工资分解法分析了 1960—1990 年间美国黑人—白人工资差异的变化。与 Smith and Welch（1989）的表述略有不同的是他们把工资分解方程（公式 9 - 1）中的前两项合并，认为这两项都是用来衡量平均的"特征"变化的贡献；第三项和第四项的合并被看成"系数"（或价格）差异变化的贡献。Heckman、Lyons and Todd（2000）对动态工资分解的结果做了更多的敏感性测试，其分解结果和 Smith and Welch（1989）的发现基本保持一致。

Smith and Welch（1989）及 Heckman、Lyons and Todd（2000）都在文章中强调使用"动态工资分解法"需要注意的一个关键问题是劳动力市场的选择性问题。动态工资分解只是针对所有在劳动力市场上有工资收入的劳动力。如果低工资水平的人退出了劳动力市场，那么不再考虑这部分人的工资收入自然会导致平均工资的上升。此外，由于不同的群体可能经历不同程度的劳动力市场退出比率和市场选择的过程，这种选择性的差异会产生对动态工资变化趋势的有偏估计。因此，Smith and Welch（1989）及 Heckman、Lyons and Todd（2000）建议在观察到不同研究群体的劳动力市场参与率随时间变化存在较大差异的情况下，要特别考虑劳动力市场选择性的问题，并使用 Heckman 两阶段等方法对工资方程进行调整。

9.3.2 工资趋同模型（Wage assimilation model）

Chiswick（1978）不仅提出"工资趋同"这一概念，同时也给出了最初的工资趋同模型。这一模型以标准 Mincer（1974）的人力资本收入模型为出发点，基于一期的截面数据对移民需要经历多长时间才能适应当地的劳动力市场进行了实证上的分析。具体来说，考虑到移民和当地劳动力不同的人力资本积累模式，Chiswick（1978）对当地劳动力和移民给出了不同的实证方程形式。在计量模型中思维可用 i 代表劳动力个体，并用 n 特别指代当地劳动力。

首先，假定当地劳动力只在当地（即美国）完成他们的全部人力资本投资并且在离开学校后一直在当地劳动力市场上工作，且他们的教育回报（ r ）不随其教育年限（ S ）的不同而改变，根据 Mincer（1974）的工资方程，当地劳动力的工资方程可以写为：

$$\ln r_{n,i} = \ln r_0 + rS_i + b_1 T_i + b_2 T_i^2 + U_i \tag{9-2}$$

这里 T_i 代表潜在的劳动力市场经验（ = 年龄 - 受教育年限 - 5 ）； $r_{n,i}$ 代表工资收入； U_i 是随机扰动项（Mincer，1974）。

其次，由于移民在不同的国家（劳动力市场上）进行了劳动力市场经验和人力资本的积累，因此思维可在移民的收入方程中加入了反映当地工作经验的变量（ YSM ）。移民工资回归的公式显示如下：

$$\ln r_i = \ln r_0 + rS_i + C_1 T_i + C_2 T_i^2 + C_3 (YSM_i) + C_4 (YSM_i)^2 + U_i$$

$$\tag{9-3}$$

这里的 S_i 和 T_i 与当地人回归方程中的一致，分别指教育程度和潜在的劳动力市场经验；与当地人方程不同的是移民方程中加入了 YSM_i 和其平方项。YSM_i 是指移民在目的地时间的长短，衡量的是其在目的地劳动力市场上的经验。它的计算方法是用数据收集的年份减去移民到达目的地国家的年份。在方程（9 - 3）中，由于年龄影响已经在 T_i 和其平方项中得到控制，所以 YSM_i 的系数（C_3）反映了移民在目的地劳动力市场多待一年比在出发地劳动力市场上多待一年所能获得的额外工资收益。如果 C_3 为正数，则其表示了移民在劳动力市场上的工资，随着在当地劳动力市场上经验的增加会不断提高。由于工资回报和在当地劳动力市场经验之间的关系存在非线性的关系，即随着在目的地年份的增加，工资报酬的边际收益可能会下降，因此加入了 YSM_i 的平方项。

"工资趋同"的概念是与当地劳动力相比，因此移民的当地劳动力市场经验的回报（C_3）加上全部潜在劳动力市场经验的回报（C_1）和当地劳动力的潜在全部劳动力市场回报（b_1）的差值，即是移民相对当地劳动力工资随经验增加的速率——"工资趋同"系数。如果这一系数为正，则说明移民当地劳动力市场经验的工资回报高于当地人，即其工资水平在不断赶超当地劳动力。

Chiswick 的模型（公式 9 - 2 和 9 - 3）反映了移民和当地人的工资差距是如何变化的以及这一变化是如何决定的。此后，这一模型被广泛地应用到研究人力资本积累、性别、语言能力、出发地在移民"工资趋同"中的作用（Chiswick，1980；Long，1980；Carliner，1980）。而一般采用的模型形式把两个分开的方程合并为一个回归方程。具体计量模型如下所示：

$$\log Wage_i = \beta_0 X_i + \beta_1 I_i + \beta_2 YSM_i + \varepsilon_i \tag{9 - 4}$$

这里 $Wage_i$ 代表个体 i 的工资水平公式；X_i 代表一组社会经济特征向量（包括教育变量和年龄变量）；I_i 表示的是识别是否移民的虚拟变量（等于 1 表示为移民，等于 0 表示当地劳动力）；最后 YSM_i 如在公式（9 - 3）中的定义代表移民在目的地国家居住的年份，因此对当地人来说，这个变量的取值为 0。通常也加入 YSM_i 的平方项来识别工资和当地劳动力市场经验的非线性关系。

移民虚拟变量（I_i）前的系数 β_1 衡量的是初到目的地国家时移民和当地劳动力之间最初的工资差距。由于年龄的影响已经在 X_i 中控制，YSM

前的系数 β_2 代表了"工资趋同"作用（相当于公式 9 - 2 和 9 - 3 中的 $C_3 + C_1 - b_1$ ），即它衡量了移民相对当地劳动力的工资增长速度。

基于这个模型，Chiswick（1978）利用 1970 年美国人口普查数据检查了移民花多长时间才能适应美国劳动力市场。两个基本的实证结论是：（1）对于初到目的地劳动力市场的移民，其收入要显著低于那些在劳动力市场上有较长工作经验的早期移民；（2）快速增长的移民工资使得他们的工资水平能够最终赶追当地人的工资。这一研究提供的实证证据第一次揭示出了年龄（移民年限）和工资之间的高相关性和移民收入相对当地人的高增长率。Chiswick（1978）把这种移民收入的高增长归结为移民过程选择的结果。因为通常在西方发达国家有能力的移民更可能被选择进入到目的地的劳动力市场中，所以他们会比当地劳动力更有动力去努力工作。

尽管 Chiswick（1978）的模型解释了移民工资趋同的现象并给出了合理的解释，但其模型本身存在固有的问题。1985 年 Borjas 发表在《劳动经济学期刊》（*Journal of Labor Economics*）上的"趋同与移民特征队列差异的再思考：1980 年代的移民收入到底发生了什么？"一文中首次对 Chiswick 的单期截面数据模型提出了质疑。他认为如果考虑到移民特征在不同时间的差异，利用单期的截面数据模型可能对真实的"趋同"影响产生有偏的估计。

Borjas 提出，Chiswick（1978）发现的快速工资趋同影响更可能是由于不同时期移民的队列差异导致，而不是移民在当地劳动市场上人力资本积累的结果。Borjas 指出由于移民政策的变化，在 1970—1980 年间移民的规模、出发地国家都发生了很大的变化，因此移民的结构特征和质量也存在较大的差异。Borjas（1985）利用 1970 年和 1980 年两年的美国人口普查数据重新检验了移民相对当地劳动力的"工资趋同"。他发现如果低技能的劳动力越来越多地进入美国，在没有控制队列特征的前提下，比较一期的工资水平会低估移民的工资增长速度从而产生有偏的估计，而偏差的方向由移民质量变化的趋势而定。

因此，Borjas（1985）建议在 Chiswick（1978）模型的基础上加入"队列"变量（即到达当地劳动力市场的年份）。具体的计量模型如下。

移民的工资方程：

$$\ln Wage_{lt} = \phi_{it}X_{lt} + \delta_i Age_{lt} + \alpha YSM_{lt} + \beta Cohort_{lt} + \sum_{t=T}^{L} \gamma_{it} Year_{lk} + \varepsilon_{lt}$$

$$(9-5)$$

当地劳动力的工资方程：

$$\ln Wage_{lt} = \phi_{nt}X_{lt} + \delta_n Age_{lt} + \sum_{t=T}^{L} \gamma_{nt} Year_{lk} + \varepsilon_{lt} \qquad (9-6)$$

这里 $Wage_{lt}$ 指的是个人 l 在截面时间 t 上的工资水平；X_{lt} 是一组社会经济控制变量；年龄是 Age_{lt}，移民方程中的 $Cohort_{lt}$ 是移民到达目的地国家的年份；YSM_{lt} 是居住在移入地的时间长短；$Year_{lt}$ 是调查时点的年份虚拟变量。其中，在一般化的模型中，年龄、移民时长可以采用非线性的形式如加入平方项等。Borjas 在方程中加入年龄变量的考虑是区分 16 岁以下年轻移民和大龄移民在目的地劳动力市场上的不同表现。因为年龄小的移民可以在目的地接受更多的当地教育，并可以更好地融入当地的劳动力市场，他们后期的劳动力表现也要好于大龄的移民。

对方程（9-5）和（9-6）中系数的解释和公式（9-3）和（9-4）中基本一致。YSM_{lt} 的系数 α 衡量的是多花一年在目的地比在出发地所带来的额外工资收益。和当地人比较产生的"工资趋同"影响可以用 $\alpha^* = (\delta_i + \alpha) - \delta_n$ 来计算，这里的 δ_i 和 δ_n 分别是移民和当地人工资回归模型中的年龄回报系数。因此，α^* 衡量的是移民在移入地劳动力市场上多待一年相对于当地人工资增长的速度。

由于数据收集年份、移民到流入地劳动力市场上的年份和移民在流入地劳动力市场上待的年份之间是多重共线的关系，即在移民的工资方程（9-5）中 $Cohort_{lt} + YSM_{lt} = Year_{lk}$。Borjas（1985）的模型存在方程识别问题。因此，为了能够估计计量模型（9-5）和（9-6），Borjas 建议在方程估计的过程中考虑一些限制条件。一个通常使用的限制条件是假定移民和当地人工资方程中的年度影响是一致的，即 $\gamma_{it} = \gamma_{nt}$。换句话说是假设外在的宏观经济条件对外来移民和当地劳动力的影响没有差别。在这个限制条件下，需要使用两步法来估计工资的 OLS 回归方程：首先，估计当地人的工资回归公式（9-6），在获得系数的同时，把 γ_{nt} 的值记录下来并用这个常数来替换移民回归中的系数 γ_{it}；然后，再估计移民的工资方程（9-5），这里 γ_{it} 已经被替换为公式（9-6）中 γ_{nt} 的值。

在考虑了队列之间的差异后，Borjas（1985）利用改进的模型和两期的截面数据发现，男性移民工资的增长率要比未考虑到队列差异的 Chiswick 模型计算出的增长率低很多。这个发现与 Borjas 的美国移民素质在 1970 年下降的假设是一致的。因此，尽管 Borjas（1985）的模型并没有颠覆基于 Chiswick 模型发现的移民和当地人的工资趋同的趋势，Borjas（1985）的模型被普遍认为可以更准确地估计移民工资趋同的影响。

一个对 Borjas 模型比较普遍地引申是把 Borjas 的模型合并为一个方程，同时引入了很多特征和移民身份变量以及调查年份之间的交互项。这样做的目的是为了在不影响回归结果的前提下获得更大的样本量。有的文献采用一个方程估计的形式以获得更可靠的估计样本，但是没有引入交互项，而是假设移民和当地人的工资决定没有显著的差别。

大量近期应用 Borjas 模型的实证研究，分析美国、加拿大、澳大利亚和欧洲等西方主要移民流入地国家移民的工资趋同；有的研究进一步扩展了"工资趋同"模型来研究更多的与移民趋同相关的研究。比如，Friedberg（1992）在 Borjas 模型的基础中加入了移民的年龄，以此来控制低龄移民在积累当地人力资本和年长移民的不同过程。Meng and Gregory（2005）重点研究了跨国婚姻对移民工资趋同过程中产生的作用，他们发现在考虑了跨国婚姻的内生性因素并控制了人力资本禀赋的影响之后，跨国的婚姻选择可以显著地提高移民收入增长的速度并帮助移民更快地适应当地的劳动力市场竞争。Antecol，Kuhn and Trejo（2006）比较了澳大利亚、加拿大和美国三个国家的移民工资趋同的差异并强调了不同移民制度对移民劳动力市场表现的影响。Clark and Lindley（2006）提供了英国的移民趋同的证据，他们发现工资趋同的速度随种族（白人或非白人）以及移民的种类的不同而有所差异。

此外，Baker and Benjamin（1997）检查了家庭角色在移民工资趋同中的作用，从而把"工资趋同"模型研究的领域扩展到了家庭夫妻合作的层面。为了检验"家庭投资假设"，Baker and Benjamin（1997）在 Borjas 模型的基础上将妻子和丈夫作为被解释变量分开控制，即方程的右边包括妻子移入到目的地的年份、时间的长短以及丈夫即方程的右边包括妻子移入到目的地的年份、时间的长短。他们利用加拿大的数据证实了移民家庭夫妻之间存在合作，并且家庭的构成与移民的"趋同"有着重要的关系。在 Baker and Benjamin（1997）的启发下，Blau，Kahn，Moriarty and Souza（2002）利用美国的数据检查了美国移民家庭中的夫妻之间在劳动力市场表现上的差异。有趣的是，美国的实证研究与加拿大存在很大的差异。美国的移民家庭中不存在明显的家庭合作，即妻子做出牺牲而扶助丈夫的人力资本积累，而是妻子与丈夫同样进行人力资本的积累以实现在劳动力市场上与当地人的同化。Cobb-Clark and Crossley（2004）利用澳大利亚移民的面板数据也发现与"家庭投资假设"不一致的结论，即移民家庭中占据主导地位的成员（不一定是丈夫）和占次要地位的成员（不一定是妻子）的工资"趋同"过程没有明显的差异。

在过去的二十年的国际移民文献中，工资趋同模型逐渐发展成为一种成熟的方法来分析移民和当地人之间的动态工资差距。其实证研究的方向也从方法上的讨论，逐渐过渡到研究如何能更好地衡量移民工资趋同的路径并更深入地理解移民与当地劳动力同化的过程。

9.4　案例："中国男女农民工相对工资变化趋势的比较"

尽管已经有大量的研究关注国际移民中的劳动力市场表现的趋同问题，但对于举世瞩目的中国城乡移民，我们仍不了解他们在制度性障碍存在的政策背景下是否能适应流入地的劳动力市场并实现与当地劳动力的同化。为了弥补这一研究空白，本节利用"中国住户收入分配调查"数据分析了进城打工的农民工相对于城市劳动力的工资动态变化过程及其性别差异。在方法上，我们将分别采用在"计量模型"部分中详述的动态工资分解法和工资趋同模型来分析男性和女性农民工的工资水平相对于城市劳动力是如何随时间变化的。

分析数据来自于中国社会科学院经济所在 1999 年和 2002 年进行的"中国住户收入分配调查"（CHIPS）。该调查在两个调查年份都采用独立的抽样，在 1999 年的调查覆盖了 6 个省 13 个城市，而 2002 年的数据覆盖了 12 个省的 28 个城市。由于研究的需要，我们只保留了两年调查中都包括的 11 个城市。这些城市包括 5 个大城市（北京、沈阳、郑州、成都和兰州）和 6 个中小型城市（锦州、徐州、开封、平顶山、南充和平良）。这些城市分布在中国的不同地区，对整个中国城市劳动力市场来说，具有一定的代表性。

"中国住户收入分配调查"对住户城市居民和农民工样本进行了分别

的数据采集并采用不同的调查问卷。尽管使用不同的问卷,城市劳动力和农民工问卷和信息大部分都可以进行相互比较,并且两者都包括了详细的就业和收入信息。同时在农民工调查数据中也包含了进行"工资趋同"分析必要的变量,如到达城市的时间以及在城市居住的时间。为了达到研究的目的,个人样本被限定为16岁到65岁的劳动力年龄人口。城市居民指的是所有非农户口的劳动力,而农民工样本为那些16岁以后到达城市的劳动力。因此,在保留了所有关键信息齐备的样本后,最终的样本分别包括了4786个城镇居民和2131个农民工。

表9-1是分年份对不同性别的城市劳动力和农民工进行的描述性统计分析。对比城市劳动力和农民工的小时工资差异,我们可以看到农民工的小时工资显著低于城市劳动力的工资。在1999年男性农民工的工资为3元/小时,是城市工平均工资的67%,到了2002年不平等的程度进一步扩大,男性农民工的工资降低为城市工工资的44%;而无论是农民工还是城市劳动力,女性的工资水平一直处于劣势地位,是男性工资的73%—87%,在1999年女性农民工是城市劳动力的平均工资的56%,在2002年比重下降到47%。也就是说,无论男性还是女性劳动力,农民工和城市工的工资差距都在随时间扩大。而由于男性农民工的平均工资水平跨年度出现下降,女性农民工相对于城市工的工资水平下降没有男性劳动力显著。

从教育程度来看,农民工的平均受教育年限为7年,比城市工的受教育年限低3—4年。男性的教育程度和女性没有显著的差别。城市工的平均教育程度跨年度有所增加,而农民工的教育水平却略有下降。

男性和女性农民工相比,男性在城市劳动力市场上的时间更长,男性在1999年和2002年平均在城市居住的时间分别为5.8年和7.8年,而女性在城市居住的时间分别为4.6年和6.1年。并且,50%的男性农民工和66%的女性劳动力是1995年后到达城市的。

农民工和城市工在所有制、行业和职业分布上都有很大的差距。比如,城市工主要在国有单位工作(2002年的比例为65.4%),而大部分农民工都在城市的个体和私营单位工作(2002年的比例为72%)。就行业分布来说,35%—37%的城市男性劳动力在制造业行业;而农民工更多地集中在批发、零售和餐饮业,另外的19%—23%集中在社会服务业部门。可以看出,农民工与城市工相比更可能在第三产业就业。就职业分布

来说，大部分男性农民工从事自我经营（41.8%—51.7%）或者为低技
能工人（36.8%—32.2%）。而城市工更可能是高层管理人员、专业技术
人员或办事人员。这些行业和职业上分布的差异似乎说明农民工和城市工
在劳动力市场上存在分割，农民工只能在有限的职业和行业中就业。但是
随着时间的推移，更多的城市工和农民工开始分享类似的工作。一个显著
的变化是，可能是由于国有企业改制的影响，城市工在国有部门的就业大
幅度下降（从1999年的89.5%到2002年的65.4%），同时大量的城市就
业转移到私营部门。此外，也有更多的城市居民进入到第三产业和低技能
劳动力行列中。这说明城镇劳动力更多与农民工处在同一个劳动力市场上
竞争。

表 9 - 1　　　　　　　　　　　描述性统计分析

	男性				女性			
	城市工		农民工		城市工		农民工	
	1999年	2002年	1999年	2002年	1999年	2002年	1999年	2002年
小时工资（元）	4.483 (3.394)	6.329 (4.034)	3.000 (2.915)	2.812 (2.565)	3.898 (2.572)	4.692 (3.141)	2.184 (1.657)	2.200 (1.725)
已婚的比例(%)	88.24	83.49	87.32	92.21	87.93	80.51	81.62	93.18
健康的比例(%)	96.57	96.49	98.1	97.54	95.48	94.42	98.37	97.76
党员的比例(%)	35.44	26.45	3.88	4.58	20.58	18.9	0	1.32
受教育年限(年)	11.36 (2.687)	11.461 (2.664)	8.47 (2.571)	8.38 (2.303)	11.32 (2.573)	11.59 (2.391)	8.16 (2.467)	7.65 (2.48)
教育水平分布(%)								
大学及以上	11.84	8.49	1.14	0.45	8.11	6.14	0.55	0
大专	22.02	17.56	3.35	1.39	21.69	20.14	2.19	1.64
中专	11.98	11.18	2.67	2.64	16.59	13.66	3.75	1.82
高中	22.87	30.43	17.27	17.33	27.62	35.92	11.59	10.75
初中	29.92	31.16	53.58	58.11	24.32	23.42	55.43	54.68
小学	1.35	1.1	16.72	15.92	1.5	0.66	20.45	20.35
小学以下	0.02	0.08	5.27	4.17	0.18	0.07	6.04	10.76
年龄	40.44 (9.065)	42.204 (10.031)	33.47 (8.923)	35.05 (8.498)	37.97 (8.345)	39.71 (9.539)	30.78 (7.751)	33.92 (7.94)

续表

	男性				女性			
	城市工		农民工		城市工		农民工	
	1999 年	2002 年	1999 年	2002 年	1999 年	2002 年	1999 年	2002 年
移民年限(年)	—	—	5.80 (4.462)	7.79 (5.260)	—	—	4.577 (3.444)	6.081 (3.945)
队列分布(%)								
1989 年及之前到 　达流入地	—	—	16.99	17.54	—	—	8.81	5.9
1990—1994 年间到 　达流入地	—	—	28.24	25.6	—	—	24.84	25.71
1995—1999 年间到 　达流入地	—	—	54.78	39.46	—	—	66.35	44.76
2000—2002 年间到 　达流入地	—	—	—	17.4	—	—	—	23.62
在所有制单位中的分布(%)								
国企	89.45	65.36	19.45	15.37	88.97	56.81	16.91	11.88
私营及个体	4.56	15.01	62.83	72.08	3.84	15.02	65.18	78.45
合资及外商投资	3.28	6.83	1.38	0.63	2.82	5.26	0.31	0
其他	2.7	12.8	16.34	11.91	4.38	22.9	17.6	9.68
在行业中的分布(%)								
农林牧副渔业	3.43	1.02	0.43	0.24	2.6	0.47	0.21	0.21
制造业	35.8	37.09	15.82	9.22	34.08	26.69	12.6	8.98
建筑业	5.33	7.46	5.39	4.57	4.14	2.81	1.11	1.03
其他二产	11.45	14.87	3.18	3.03	7.99	8.13	1.16	0.35
批发、零售及餐饮	7.88	12.13	43.06	44.96	12.76	18.2	48.34	52.6
社会服务	4.92	12.6	19.2	23.28	8.45	24.66	21.05	27.33
其他三产	15.54	9.53	5.13	5.59	19.91	10.91	7.67	3.12
政府和社会组织	11.3	1.71	2.81	2.37	5.99	2.81	2.53	1.3
其他	4.35	3.61	4.97	6.76	4.08	5.33	5.32	5.07
在职业中的分布(%)								
私营企业主或 　自我经营	1.48	3.95	41.77	51.7	0.98	3.75	39.88	56.47
主管	15.48	10.18	1.19	0.59	6.45	1.75	0.31	0
专业技术	23.26	15.38	6.41	4.08	24.47	13.99	2.27	1.61
行政管理	15.83	13.07	5.22	2.66	19.55	21.75	3.67	1.66

续表

	男性				女性			
	城市工		农民工		城市工		农民工	
	1999 年	2002 年	1999 年	2002 年	1999 年	2002 年	1999 年	2002 年
工人	42.35	54.92	36.81	32.16	46.57	51.9	43.27	32.19
其他	1.6	2.5	8.6	8.81	1.99	6.86	10.6	8.06
合同类型分布(%)								
固定工	72.32	36.87	0.9	0.24	67.55	26.09	0.57	0.11
长期合同	18.01	30.89	6.34	7.99	21.1	26.47	3.42	5.5
短期合同	3.9	14.86	28.3	25.77	5	20.8	27.87	21.47
自雇经营	2.81	6.32	61.72	64.32	2.15	6.3	64.4	71.07
其他	2.95	11.06	2.74	1.68	4.2	20.34	3.73	1.86
在城市中的分布(%)								
北京	29.3	47.66	22.17	14.17	27.78	48.62	24.26	15.39
沈阳	19.06	13.58	14.28	16.51	20.8	15.8	16.17	18.6
锦州	4.42	18.74	8.56	2.95	4.33	14.98	8.85	3.32
徐州	3.76	1.57	7.03	2.99	3.05	1.89	7.05	3.78
郑州	6.39	3.72	2.58	13.12	6.28	4.21	3.16	10.3
开封	1.92	0.91	4.89	3.87	2.11	0.82	5.74	3.9
平顶山	5.01	1.34	8.89	3.23	4.75	1.31	8.88	3.67
成都	12	5.29	10.88	20.72	13.16	4.51	8.28	24.64
南昌	3.32	1.13	6.66	4.13	3.23	1.1	7.66	3.44
兰州	11.21	4.84	5.11	15.12	11.09	5.44	5.14	10.51
平凉	3.6	1.24	8.94	3.19	3.42	1.31	4.82	2.45
样本数	2689	1221	471	707	2097	910	318	525

注：括号中是标准差。所有的统计结果都进行了城市样本加权。小时工资已经用省的消费价格指数调整到以 1999 年为基数的水平。

9.4.1　动态工资分解

在这一部分，我们先来对农民工工资与城市工之间日益扩大的工资差距进行动态工资分解。基于斯密和威尔兹的动态工资分解模型，具体的计量方程表示如下：

$$(\overline{\ln w_{02}^u} - \overline{\ln w_{02}^r}) - (\overline{\ln w_{99}^u} - \overline{\ln w_{99}^r}) = (\widehat{\beta}_{02}^u \bar{X}_{02}^u - \widehat{\beta}_{02}^r \bar{X}_{02}^r) - (\widehat{\beta}_{99}^u \bar{X}_{99}^u -$$

$\widehat{\beta}_{99}^r \bar{X}_{99}^r$)

$$= \widehat{\beta}_{99}^u [(\bar{X}_{02}^u - \bar{X}_{02}^r) - (\bar{X}_{99}^u - \bar{X}_{99}^r)] \qquad (\text{i})$$

$$+ (\widehat{\beta}_{02}^u - \widehat{\beta}_{02}^r) (\bar{X}_{02}^r - \bar{X}_{99}^r) \qquad (\text{ii})$$

$$+ (\bar{X}_{02}^u - \bar{X}_{02}^r) (\widehat{\beta}_{02}^u - \widehat{\beta}_{99}^u) \qquad (\text{iii})$$

$$+ \bar{X}_{99}^r [(\widehat{\beta}_{02}^u - \widehat{\beta}_{02}^r) - (\widehat{\beta}_{99}^u - \widehat{\beta}_{99}^r)] , \qquad (\text{iv})$$

$$(9-7)$$

这里 u 代表城市工，r 代表农民工，99 指的是 1999 年，02 则指的是 2002 年。通过上述的方程分解，我们可以把农民工和城市工的工资差距分解为特征决定的部分（i 和 ii）和用工资回归系数决定的部分（iii 和 iv）。

为了进行工资的动态分解，必须先获得农民工、城市工在 1999 年和 2002 年的工资回归方程的系数。因此，首先要进行工资方程的估计。根据 Mincer（1974）的人力资本工资回归模型，我们采用下面的方程形式进行估计。

$$\ln w_i = \alpha + \beta_1 YOS_i + \beta_2 \exp_i + \beta_3 \exp_i^2 + \gamma Other_i + u_i \qquad (9-8)$$

这里 w 是指小时工资收入；YOS 指受教育年限；exp 是指工作经验，是通过（年龄 – 受教育年限 – 6）计算的，对农民工来说是工作经验即包括在农村也包括在城市的工作经验；$Other$ 代表一组个人特征、工作特征和城市特征控制变量，个人特征包括婚姻状况、健康状况、是否是党员；工作特征包括所在单位的所有制、行业和职业，以及一组城市虚拟变量。计量方程（9-8）的估计分年份对男性、女性并分城市工和农民工进行分别的估计。回归估计的结果报告在表 9-2 和表 9-3 中。

表 9-2　　　　　　　　　　　　男性的工资方程回归结果

（被解释变量：小时工资的自然对数）

	城市工		农民工	
	1999 年	2002 年	1999 年	2002 年
受教育年限	0.039***	0.052***	0.074***	0.041***
	(0.005)	(0.011)	(0.015)	(0.013)

续表

	城市工		农民工	
	1999 年	2002 年	1999 年	2002 年
潜在工作经验	0.032***	0.034***	0.009	0.021*
	(0.007)	(0.010)	(0.011)	(0.011)
潜在工作经验平方项	-0.001***	-0.001***	-0.000	-0.000**
	(0.000)	(0.000)	(0.000)	(0.000)
已婚虚拟变量(已婚=1)	-0.018	0.142	0.153*	0.084
	(0.054)	(0.094)	(0.094)	(0.097)
健康虚拟变量(健康=1)	0.231***	0.117	0.215	0.419***
	(0.059)	(0.107)	(0.150)	(0.160)
党员虚拟变量(党员=1)	0.083***	0.089	0.146	-0.075
	(0.023)	(0.055)	(0.212)	(0.103)
常数项	0.367**	0.441**	-0.483	-0.201
	(0.160)	(0.222)	(0.330)	(0.325)
样本数	2689	1221	471	707
R^2	0.331	0.309	0.347	0.217

注：括号中是标准差。***代表系数在 1% 的水平上显著；**代表系数在 5% 的水平上显著；*代表系数在 10% 的水平上显著。每个回归都用城市样本量进行加权。回归中还控制了以下虚拟变量：城市、所有制、行业、职业和合同类型。

表 9-3　　　　　　　　　**女性的工资方程回归结果**

（被解释变量：小时工资的自然对数）

	城市工		农民工	
	1999 年	2002 年	1999 年	2002 年
受教育年限	0.039***	0.039***	0.058***	0.043***
	(0.006)	(0.014)	(0.019)	(0.013)
潜在工作经验	0.036***	0.031***	0.022	0.012
	(0.006)	(0.011)	(0.017)	(0.012)
潜在工作经验平方项	-0.001***	-0.001***	-0.000	-0.000*
	(0.000)	(0.000)	(0.000)	(0.000)
已婚虚拟变量(已婚=1)	-0.036	-0.028	-0.143	-0.010
	(0.045)	(0.084)	(0.131)	(0.110)

	城市工		农民工	
	1999 年	2002 年	1999 年	2002 年
健康虚拟变量(健康 = 1)	0.135 **	− 0.000	0.284	0.326
	(0.065)	(0.097)	(0.338)	(0.204)
党员虚拟变量(党员 = 1)	0.021	0.163 ***	–	− 0.028
	(0.040)	(0.059)	–	(0.240)
常数项	0.492 ***	0.631 **	0.063	0.192
	(0.167)	(0.252)	(0.430)	(0.462)
样本数	2097	910	318	525
R^2	0.406	0.369	0.253	0.251

注:括号中是标准差。*** 代表系数在 1% 的水平上显著;** 代表系数在 5% 的水平上显著;* 代表系数在 10% 的水平上显著。每个回归都用城市样本量进行加权。回归中还控制了以下虚拟变量:城市、所有制、行业、职业和合同类型。

从工资回归结果看,与人力资本投资理论的发现一致,受教育年限的增加显著地提高了男性和女性工人的工资回报,回归系数显示每提高一年的教育程度,平均工资会提高 3.9% —7.4%。在 1999 年,农民工的教育回报率要高于城市工,特别是对于男性劳动力来说。这个结果与 Meng and Zhang(2001)的实证结果类似。Meng and Zhang 的研究利用上海 1995 年和 1996 年的数据发现农民工更可能集中在教育回报高的市场部门,而城市工则更可能在市场化程度低、教育回报也相对低的部门工作。然而,农民工高教育回报的优势在 2002 年就消失了,城市劳动力教育回报率显著地提升,而农民工的教育回报则显著下降。以男性劳动力为例,城市工的教育回报从 1999 年的 3.9% 提高到 2002 年的 5.2%;农民工的教育回报从 1999 年的 7.4% 下降到 2002 年的 4.0%。

跨性别比较发现,城市男性和女性劳动力的教育回报在 1999 年的时候都是 3.9%,而到了 2002 年男性的教育回报要显著高于女性。而农民工群体中,女性劳动力在 1999 年的教育回报(5.8%)要显著低于男性(7.4%),而到了 2002 年女性和男性教育回报之间的差距在缩小(分别为 4.3% 和 4.0%)。这可能说明在城市劳动力中,女性对教育投资的相对市场回报要小于男性,而在农民工群体中女性和男性的教育回报趋于平等。

　　另一个重要的解释变量是潜在的工作经验。它对城市工的工资有显著的影响，但是对农民工的工资影响不明显。主要的原因可能是因为农民工的潜在工作经验中包含了部分在农村的工作经验，而这些经验可能对其在城市的工资报酬没有显著贡献。即使如此，2002 年的时候男性农民工工作经验的回报在 10% 的水平上显著，这可能说明在城市中的工作经验对决定农民工的工资回报起了更加重要的作用。

　　根据工资方程回归的结果，我们进一步利用 Smith and Welch 的动态工资分解模型来分析农民工和城市劳动力之间工资差距的变化。工资差距分解的结果请见表 9 - 4。表 9 - 4 的上半部分是男性劳动力的工资分解结果，下半部分是女性的工资分解结果。男性在 1999 年和 2002 年工资对数的差异为 0.34。经过工资分解后，扩大的工资差异被分解为四个部分。工资方程系数带来的差异（身份和年份的交互项 identity-year interaction）解释了大部分的工资差距扩大（58.4%）；而"主要的影响部分（main effect）"，即特征的差异缩小了 11.8% 工资差距。由于（i）和（ii）被认为是总的禀赋的差异导致的工资差异，而剩下的（iii）和（iv）是由于系数的变化导致的工资差异。只有 2.6% 的工资差距变化可以用不同年份两个群体禀赋的差异来解释；而剩下的 97.4% 的工资差距扩大是工资方程的系数决定的。

　　此外，不同的解释变量对工资差距的扩大起着不同的作用。受教育程度贡献了 125.8% 扩大的工资差异。这主要是由于农民工教育回报跨年度的大幅度下降。与其他变量（如工作经验）相比，受教育程度是最主要的扩大工资差距的因素。与此相反的是，工作经验缩小了 44.3% 两个人群间的工资差距。

　　对女性来说（见表 9 - 4 的下半部分），总的农民工和城市工之间的工资差距跨年度扩大了 0.1226，是男性工资差距的三分之一。在扩大的工资差距中，161.2% 是由于工资方程系数的差异带来的。受教育程度和工作经验都为工资差距的扩大作出了贡献，其中受教育年限贡献的部分占整个工资差距扩大的 98.9%，工作经验贡献的部分为 47.7%。和男性劳动力类似，受教育程度是扩大农民工和城市工工资差距的最主要因素。对男性和女性农民工群体来说，和城市劳动力相比，他们越来越弱势的地位主要是由于他们的教育程度低且同时被市场低估造成的。

表 9 - 4 动态工资差异分解

	i	ii	iii	iv
	主影响	种群交互项	年份交互项	种群—年份交互项
男性				
小时工资对数的变化			0.342	
受教育程度	0.008	− 0.0018	0.038	0.393
	(2.23)	(− 0.32)	(10.97)	(114.80)
潜在工作经验	− 0.026	0.008	− 0.035	− 0.116
	(− 7.72)	− 2.43	(− 10.35)	(− 33.98)
其他变量	− 0.022	0.042	0.132	− 0.077
	(− 6.27)	(12.24)	(38.42)	(− 22.44)
总的贡献	− 0.04	0.049	0.134	0.2
	(− 11.76)	(14.36)	(39.04)	(58.37)
女性				
小时工资对数的变化			0.123	
受教育程度	0.03	0.002	− 0.001	0.122
	(24.77)	(1.77)	(− 0.84)	(99.75)
潜在工作经验	− 0.045	0.018	− 0.021	0.079
	(− 36.32)	(14.76)	(− 16.88)	(64.55)
其他变量	− 0.071	− 0.012	0.159	− 0.139
	(− 58.19)	(9.98)	(129.69)	(− 113.06)
总的贡献	− 0.086	0.008	0.137	0.063
	(− 69.74)	(6.55)	(111.97)	(51.23)

注:括号中是标准差。

9.4.2 工资趋同模型

前一部分分析了农民工和城市劳动力工资的差距,这个差距随时间的变化以及导致收入差距进一步扩大的主要因素。在这一部分中,我们将从另一个角度分析农民工和城市工动态的工资差距。基本思想是跨年度"跟踪"同一个农民工队列(同期达到目的地城市的农民工),观察他们的工资水平是否会随着在流入地务工时间的推移和当地劳动力的工资趋同。我们利用工资趋同模型对这个趋势进行分析。

如前一部分所示,在中国劳动力市场上,农民工和城市劳动力的工资决定机制存在很大的差异。因此我们采用 Borjas（1985）对两个群体进行分别工资回归方程分析方法研究中国农民工的工资趋同问题。基本的计量模型的设定如下。

农民工的工资方程为：

$$\ln Wage_{it} = X_{it}\beta_{rt} + \gamma_{r1}\exp_{it} + \gamma_{r2}\exp_{it}{}^2 + \kappa_1 YSM_{it} + \kappa_2 YSM_{it}{}^2 +$$

$$\sum_{k=l}^{L} \pi_k Cohort_{ik} + \theta_{rt}Year_{it} + \varepsilon_{it} \qquad (9-9)$$

城市劳动力的工资方程为：

$$\ln Wage_{it} = X_{it}\beta_{ut} + \gamma_{u1}\exp_{it} + \gamma_{u2}\exp_{it}{}^2 + \theta_{ut}Year_{it} + \varepsilon_{it} \qquad (9-10)$$

这里，$\ln Wage_{it}$ 被定义为小时工资的对数；X_{it} 代表一组个人特征变量（与公式 9-8 中的一致）和一组城市虚拟控制变量；$\exp_{it}$ 是潜在的工作经验：$Year_{it}$ 是年份虚拟变量（1 为 2002 年，0 为 1999 年）。在农民工的工资回归方程中 YSM_{it} 是农民工在流入地所待的年份，$Cohort_{ik}$ 是一组虚拟变量，指的是农民工是哪一时段到达目的地的，这两个变量的系数也反映了工资趋同的影响。

主要变量的计量估计结果见表 9-5。前两列是男性城市工和农民工的工资回归结果，后两列是相应的女性工资回归结果。从男性农民工工资回归方程可以看到，工资水平随着在流入地务工时间的增长而增加。系数说明农民工在外出务工经商地增加一年的务工经历，其工资水平会比农村务工经验增加一年增长 5.1%。由于在流入地时间的平方项也是显著的，说明在流入地的时间与工资增长的关系不是线性的，而是边际增长的幅度在不断的减少，成倒 U 形曲线。农民工工资的最高值出现在到达城市后的 17 年左右。女性农民工在外出务工地的工资增长模式和男性极为类似，每增加一年的打工经验，其工资水平会额外地提高 5.5%，且工资随时间的增长也成倒 U 形曲线。在控制了在外出务工地的工作经验（YSM）后，潜在的工作经验（Exp）对工资的影响不显著。说明农民工在城里务工的经历对其收入有显著的决定作用，随着农民工在城市中务工时间的增加，他们的工资会逐渐提高，并缩小他们和当地劳动力的工资差距。

但农民工在流入地能否实现和当地人工资的趋同？为了回答这个问题，我们需要把农民工在城市里的工资增长速度和城市劳动力进行比较。一个直接的方法是用 农民工 YSM 的系数加上 Exp 的系数减去城市劳动力 Exp 的系数，来计算趋同系数。对男性劳动力，计算得到的趋同系数是

$0.051 + 0.01 - 0.034 = 0.027$；对女性劳动力，系数为 $0.055 + 0.013 - 0.033 = 0.035$。这个系数为正数，说明农民工在外出务工地每工作一年，他们的边际工资增长要比城市劳动力工作一年的工资回报高。因此，我们可以得到农民工和城市工的工资不断趋同、工资差距不断缩小的结论。

表 9 - 5　　　　　　　　　　工资趋同模型估计

（被解释变量：小时工资对数）

	男性		女性	
	城市工	农民工	城市工	农民工
潜在工作经验	0.033 ***	0.01	0.033 ***	0.013
	(0.006)	(0.008)	(0.006)	(0.01)
潜在工作经验平方项	-0.001 ***	-0.0002	-0.001 ***	-0.000 **
	(0.000)	(0.000)	(0.000)	(0.000)
YSM	—	0.051 ***	—	0.055 **
		(0.019)		(0.022)
YSM 平方项	—	-0.002 ***	—	-0.001 *
		(0.001)		(0.001)
1990—1994 年间到达流入地虚拟变量	—	-0.025	—	-0.014
		(0.075)		(0.113)
1995—1999 年间到达流入地虚拟变量	—	0.073	—	0.168
		(0.114)		(0.150)
2000—2002 年间到达流入地虚拟变量	—	0.054	—	0.257
		(0.169)		(0.196)
样本数	3910	1178	3007	843
R^2	0.334	0.238	0.365	0.226

注：括号中是标准差。*** 代表系数在 1% 的水平上显著；** 代表系数在 5% 的水平上显著；* 代表系数在 10% 的水平上显著。每个回归都用城市样本量进行加权。回归中控制了受教育程度、受教育程度和年份的交叉项、党员虚拟变量、已婚虚拟变量、健康虚拟变量、健康与年份的交叉项、城市虚拟变量、城市虚拟变量与年份的交叉项，以及所有制、行业、职业和合同类型的虚拟变量集合。

既然农民工的工资可以不断向城市劳动力靠拢，那能否说明农民工的工资将最终赶超城市劳动力呢？这主要取决于两个群体工资的初始状态。

农民工初到城市劳动力市场上时的工资和当地劳动力平均工资的差异决定了农民工是否以及需要花多长的时间才能赶超当地人。农民工最初的平均工资水平反映在队列（Cohort）虚拟变量的系数中。我们将农民工进城的年份按时间分成了四组，即 1989 年前，1990—1994 年，1995—2000 年和 2000—2002 年。其前面的系数说明了某个时段进城的农民工的平均工资和 1989 年前进城农民工相比的差距。1989 年前进城农民工的平均工资则包含在回归方程的常数项中。因此，通过这些信息我们可以计算出不同队列的农民工进城时的初始工资状态。

有了工资的初始状态（Cohort 和常数项的系数）和工资随时间增长的边际速率（YSM 的系数），我们可以根据图形分析来演示农民工和城市劳动力的工资随时间增长的轨迹。基本的图形分析见图 9-1，男性为黑色线，女性为灰色线，实线代表城市劳动力，虚线代表农民工。我们可以看到对于 1995--1999 年进入城市的农民工来说，他们的初始工资要显著低于同等教育程度和其他个体特征的城市工，虽然随着在城里打工时间的增加，农民工工资增长的速度要快于"同质"的城市劳动力，但由于初始工资较低他们的工资水平始终不能赶超当地劳动力，而且随着时间的推移，大约在 10 年左右与城市劳动力工资差距达到最小后，农民工和城市工的收入差距会不断扩大。女性农民工和男性的工资变化趋势是一致的，只不过由于女性和当地劳动力市场上的女性劳动力相比，初始工资处于更加劣势的地位，她们更加无望在外出务工地受到平等对待。总的来说，在中国城市劳动力市场上，城市男性的工资水平是最高并一直保持这个优势，其次是城市女性，再次是男性农民工，最后是女性农民工。可见，农民工和女性在劳动力市场上都处于工资劣势地位。女性农民工则受到双重不平等待遇的交叉影响，是城市劳动力市场上最需要关注的群体。

9.5　结论

本章利用两种不同但都被广泛使用的方法分析了农民工相对于城市劳动力的工资差距及其动态变化过程以及不同性别间的差异。动态工资分解法是比较两个群体的平均工资水平差异的跨时间变化及其决定因素。而工资趋同模型则是跨年度"跟踪"同一个时期到达目的地劳动力市场的农民工，观察他们的工资水平的变化，并且和"同质"的城市劳动力工资

log小时工资

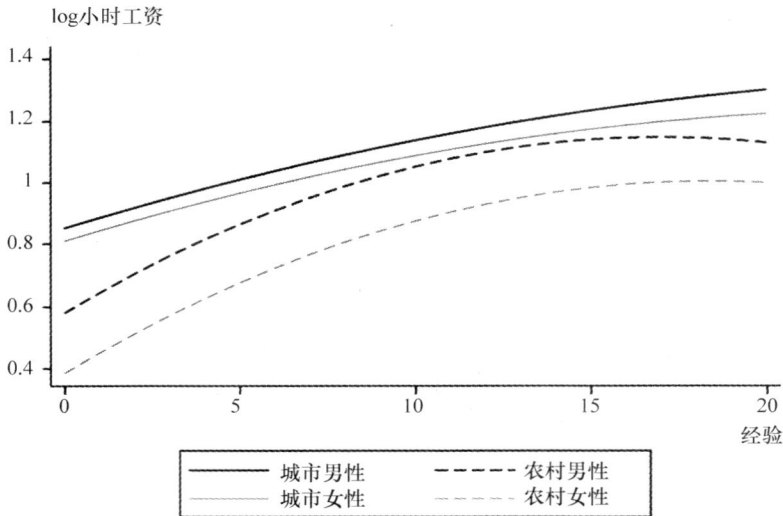

图 9-1　工资与城市工作经验的关系

注:图形中的截距是根据"已婚"、"健康"、"非党员"、"个体私营"、"批发、零售、餐饮行业"、"低技能工人"、"临时合同工"、"北京"、"1999 年"、"在1995—1999 年间到达务工地"这些特征的回归系数计算的。"受教育年份"则是采用城市工或农民工的分别的平均受教育年限。

　　进行比较。这两种方法从不同的角度分析了两个群体相对工资的动态变化。其方法和思路可以被更广泛地应用到揭示不同群体的劳动力市场表现,并将我们的分析视角从静态角度扩展到动态角度。

　　在本章的实证部分,我们利用 1999 年和 2002 年 11 个大中型城市的调查数据并采用上述的两种方法分别对农民工与城市劳动力工资差距的变化进行了分析。首先,描述统计发现农民工和城市劳动力的平均工资差距在四年间显著扩大,特别是男性农民工,由于平均工资水平的下降,与城市劳动力的工资差距大幅增加。本章进一步利用 Smith 和 Welch 的方法对农民工和城市工工资差距的扩大进行分解后发现,教育回报的下降是导致男性和女性农民工与城市劳动力平均工资差距扩大的最主要原因。同时我们发现潜在的劳动力市场经验缩小了男性农民工和城市工之间的工资差距,却扩大了女性农民工和城市工之间的工资差距。这可能说明,男性农民工主要是通过工作经验的积累来实现工资的增长,而女性则更需通过提高教育程度来实现工资的增加。

　　此外，我们采用勃赫斯的移民工资趋同模型分析了随着在外出务工地时间的推移，农民工的工资水平是否能和"同质"（具有同样特征）的当地人接近。当控制了一些个人特征、就业特征和城市特征后，我们发现同一个队列农民工的工资是随时间不断增加的。并且农民工工资的增加速度要明显快于当地劳动力。但是由于农民工在初到城市劳动时的工资水平要显著低于当地人，其工资仍无法最终赶超当地劳动力。尤其是女性农民工处于对农民工和对女性的双重歧视性待遇下，她们在城市劳动力市场上处于最为劣势的地位。

　　总的来说，工资趋同模型的发现与西方移民国家中观察到的移民最终可以超过当地劳动力的劳动力市场表现的结论是不一致的。这个现象可能揭示了中国城市劳动力市场的制度性障碍对农民工的不平等待遇。这种劳动力市场上的歧视使得他们即使通过不断的努力也无法摆脱初始状态下的工资差距，也无法实现与当地劳动力的平等对待。因此，只有通过消除对农民工群体的歧视性待遇才能从根本上保障农民工的切实利益。

参考文献

　　娄彬彬、郑真真、Rachel Connelly 和 Kenneth Roberts：《农村年轻妇女的外出经历》，载郑真真、解振明主编《人口流动与农村妇女发展》，社会科学文献出版社 2004 年版。

　　张丹丹：《市场化与性别工资差异研究》，《中国人口科学》2004 年第 1 期，第 1—32 页。

　　Antecol, Heather, Peter Kuhn, and Stephen Trejo, "Assimilation via Prices or Quantities? Sources of Immigrant Earnings Growth in Australia, Canada and the United States," *The Journal of Human Resources*, 2006, XLI (4): 821 – 840.

　　Baker, Michael and Dwayne Benjamin, "The Role of the Family in Immigrants' Labor Market Activity: An Evaluation of Alternative Explanations," *The American Economic Review*, Sep. 1997, 87 (4): 705 – 727.

　　Blau, F. D., L. M. Kahn, J. Y. Moriarty, and A. P. Souza, "The Role of the Family in Immigrants' Labor-Market Activity: Evidence from the United States," *National Bureau of Economic Research Working Paper Series* No. 9051, Jul. 2002.

Borjas, George J., "Assimilation, Changes in Cohort Quality, and the Earnings of Immigrants," *Journal of Labor Economics*, Oct. 1985, 3 (4): 463 – 89.

Chiswick, Barry R., "The Effect of Americanization on the Earnings of Foreign-born Men," *The Journal of Political Economy*, Oct. 1978, 86 (5): 897 – 921.

Chiswick, Barry R., "An Analysis of the Economic Progress and Impact of Immigrants," Final Report to the U. S. Department of Labor. Washington: U. S. Department of Labor, 1980.

Carliner, Geoffrey, "Wages, Earnings, and Hours of First, Second and Third Generation American Males," *Economic Inquiry*, Jan. 1980, 18 (1): 87 – 102.

Clark, Ken and Joanne Lindley, "Immigrant Labour Market Assimilation and Arrival Effects: Evidence from the UK Labour Force Survey," *IZA Discussion Paper* No. 2228, Jul. 2006.

Cobb-Clark, Deborah and Thomas F. Crossley, "Revisiting the Family Investment Hypothesis," *Labour Economics*, 2004, 11: 373 – 93.

Du, Yang, Robert Gregory, and Xin Meng, "Impact of the Guest Worker System on Poverty and Wellbeing of Migrant Workers in Urban China," *Unpublished Monograph*, Mar. 2006.

Friedberg, Rachel M., "The Labor Market Assimilation of Immigrants in the United States: The Role of Age at Arrival," The Brown University, 1992.

Heckman, James J., Thomas M. Lyons, and Petra E. Todd, "Understanding Black-White Wage Differentials, 1960 – 1990," *The American Economic Review*, May 2000, 90 (2): 344 – 49.

Long, James E., "The Effect of Americanization on Earnings: Some Evidence for Women," *Journal of Political Economy*, Jun. 1980, 88 (3): 620 – 29.

Meng, Xin, *Labour Market Reform in China*, Cambridge: Cambridge University Press, 2000.

Meng, Xin and Junsen Zhang, "The Two Tier Labor Market in Urban China: Occupational and Wage Differentials between Residents and Rural Migrants in Shanghai," *Journal of Comparative Economics*, 2001, 29 (3): 485 – 504.

Meng, Xin and Robert Gregory, "Intermarriage and the Economic Assimilation of Immigrants," *Journal of Labor Economics*, 2005, 23 (1): 135 – 75.

Mincer, Jacob A. "Introduction to 'Schooling, Experience, and Earnings'", *NBER Chapters, in: Schooling, Experience, and Earnings*, pages 1 – 4 National Bureau of Economic Research, Inc. 1974.

Oaxaca, Ronald, "Male-Female Wage Differentials in Urban Labor Markets," *International Economic Review*, 1973, 14 (3): 693 – 709.

Park, Albert, Dewen Wang, and Fang Cai, "Migration and Urban Poverty and Inequality in China," *Unpublished Monograph*, Dec. 2006.

Smith, James P. and Finis R. Welch, "Black Economic Progress after Myrdal," *Journal of Economic Literature*, Jun. 1989, 27 (2): 519 – 64.

Zhao, Yaohui, "Rural-to-urban Labor Migration in China: The Past and The Present," in L. A. West and Y. Zhao eds. , *Rural Labor Flows in China*, Berkeley: Institute of East Asian Studies, Berkeley: University of California Press, 15 – 33: 2000.

Zhao, Zhong, "Rural-Urban Migration in China-What Do We Know and What Do We Need to Know?" *Unpublished Monograph*, China Center for Economic Research, Peking University, Beijing, P. R. China, May 2003.

Zhang, Dandan, "Essays on Rural-to-Urban Migration and Its Consequences in Urban China," *PhD Dissertation at the Australian National University*, July 2009.

第 10 章

社会性别与非正规就业：多项
自选择偏误的纠正

袁　霓

10.1　引言

　　非正规就业一直是近年来国际范围内关注的话题，有资料显示，在发展中国家，有半数以上的非农劳动者从事非正规就业；在拉丁美洲和亚洲，分别有 51% 和 71% 的劳动者从事非正规就业（ILO，2005；Chen，2008）。2002 年中国城镇非正规就业的人数在 1.07 亿—1.24 亿人之间，大约占城镇劳动者的 43%—50%（吴要武、蔡昉，2006）。即使在发达国家，劳动统计学家也开始使用非正规就业的概念。在经济最为发达的美国，各种非正规形式的灵活就业约占就业总量的 30%，日本的非全日制灵活就业形式也占所有就业的 25%（何平、华迎放等，2008），因此非正规就业被称为吸纳就业的"海绵"。无论对发展中国家还是发达国家，非正规就业都是解决就业问题的重要途径。

　　非正规就业研究的性别视角不可或缺。因为虽然现在女性劳动力市场参与率比历史上任何时候都要高，但由于劳动力市场上存在着性别隔离，女性更多地集中在低质量的、非正规的就业领域（Heintz，2006）。在许多国家，女性从事非正规就业的比例比男性高，在拉丁美洲，男性从事非正规就业的比例为 48%，而女性这一比例为 58%；在亚洲，73% 的女性劳动者从事非正规就业，而 70% 的男性劳动者从事正规就业（ILO，2005；Chen，2008）；在中国，据第二次中国妇女社会地位调查，中国非正规就业市场的劳动力中女性占 52.58%、男性占 47.42%，女性比例略高于男性，但差异并不显著①（谭琳与李军峰，2003）。即使在非正规就业中，也存在着劳动分工的性别差异，非正规就业金字塔的上层以男性群体为主，而女性聚集的职业或职位常常是那些技术要求低、收入较低或无收入、劳动时间长、内容琐碎的工作，如非农自我雇用工人、家政服务人员等（Heintz，2006；任远、彭希哲，2007）。

由于就业中存在的纵向或横向的隔离以及女性在性别分工中所承担的生育、哺育子女和操持家务等任务，不但非正规就业者的收入一般低于正规就业者的收入，而且非正规就业中的工资性别差异通常要大于正规就业中的工资性别差异。对拉丁美洲的研究显示，在非正规就业中，男性收入是正规就业中男性收入的 65%，而女性收入仅为正规就业中女性收入的44%，这表明非正规就业中的女性处于收入的最低端（Chant and Pedwell，2008）。谭琳、李军峰（2003）发现，在中国的非正规就业中女性收入是男性的 63.45%，比正规就业中女性与男性收入之比低 8.98%。

与正规就业者相比，非正规就业者不仅在经济收入方面处于不利地位，而且通常缺乏劳动稳定性和社会保护，没有必要的社会福利和医疗保障。因此女性更多地集中在非正规就业，不仅会成为女性自我发展的制约性约束，也意味着女性在劳动力市场中的边缘化，从而降低女性非正规就业者向上流动的可能性。由此非正规就业不仅仅是一种劳动力现象，还与妇女问题、贫困问题、公共福利等密切相关。

虽然人们观察到非正规就业中的性别隔离及非正规就业中存在的性别收入差异，然而非正规就业与性别、收入之间的关系是非常复杂的。为什么非正规就业会存在并得到大力发展？为什么女性更有可能成为非正规就业者？非正规就业中的性别收入差异究竟有多大？这些问题都值得我们进一步探讨。本章从非正规就业的界定入手，通过文献梳理分析非正规就业存在的理论根据，并探讨非正规就业中存在的性别特征。由于收入是衡量劳动力市场中机会平等的一个中心指标，本章重点对非正规就业中的性别收入差异进行介绍。第六章讲到，在估计工资方程时可能存在选择性偏误，因此需要对自选择偏误进行纠正。当只存在就业与不就业两种选择时，我们可以应用 Heckman（1979）的方法来纠正选择性偏差。然而当把就业类型进一步分为正规就业、非正规就业时，即就业选择的类型成为

---

① 　第二次中国妇女社会地位调查没有包括进城打工的农民工。如果这部分人也包括进来，中国非正规就业中男女性比例的差异可能会更大。

多元时，Heckman 的方法不再适用。Lung-Fei Lee（1983）、Bourguignon et al.（2001）把对选择性偏差纠正的方法扩展到多项选择。本章将分别介绍这两种计量方法，并用中国数据提供一个案例分析，最后在结论部分对全章内容进行简要总结并指出当前研究的不足和未来的研究方向。

10.2   非正规就业与性别差异文献综述

10.2.1   非正规就业的界定

非正规部门（informal sector）的概念最早是由社会人类学家哈特（K. Hart）在 1971 年提出的，在 1972 年国际劳工组织（ILO）关于肯尼亚的就业报告中首次对非正规部门相关问题进行了研究，而 1993 年第 15 届国际统计学家年会上正式给出了非正规部门的定义：非正规部门指以个人或家庭经营为基础的小规模的从事商品生产、流通和服务的单位，包括微型企业、家庭型的生产服务单位和自营劳动者。

表 10 – 1   国际劳工组织关于非正规经济的模式概念框架图

按类型划分的生产单位	按就业身份划分的工作								
	个体劳动者（own-account workers）		雇主（employers）		对家庭有贡献的工人（contributing family workers）	雇员（employees）		生产者合作社成员（members of producers' cooperatives）	
	非正规	正规	非正规	正规	非正规	非正规	正规	非正规	正规
正规部门企业					1	2			
非正规部门企业	3		4		5	6	7	8	
家庭	9					10			

注：1. 根据 1993 年第 15 届国际劳动统计大会的定义，"非正规部门企业"指私营的非法人企业，其就业规模低于根据国情确定的某一标准（一般为 5 名或 10 名工人）。"家庭"是作为生产单位而言的。

2. 深颜色格指根据定义在有关生产单位类型中不存在的工作；浅颜色格指在有关生产单位类型中存在的工作，但与我们关注的问题无关（标号为 7 的格子除外）。无颜色格是关注的重点，它们代表非正规经济不同部门的工作类型。

3. 非正规部门就业 = 3 + 4 + 5 + 6 + 7 + 8

   非正规就业 = 1 + 2 + 3 + 4 + 5 + 6 + 8 + 9 + 10

　　"非正规部门"概念提出后被许多国家不同程度加以引用，但不同国家对"非正规部门"的界定有所不同。在对非正规部门的研究过程中发现非正规性就业不仅发生在非正规部门，也发生在正规部门，因此非正规部门就业难以涵盖不断产生的各种非正规性的经济形式，为此，2003 年第 17 届国际统计学家年会上提出了非正规就业（informal employment）的概念。所有在非正规部门的就业、正规部门中的非正规工作及自营劳动都是非正规就业。非正规部门就业与非正规就业的最大区别是观察单位不同。非正规部门就业是以就业部门或者以生产单位为观察单位的，而非正规就业观察单位是工作，它是指经济活动中非正规性工作的总数，不管该工作是在正规部门还是在非正规部门（具体解释见表 10-1）。

　　根据国际劳工组织的报告《体面劳动与非正规经济（2002）》，非正规经济指单元格中 1-10 的经济活动，非正规就业指不论在正规的或非正规的企业中进行的所有非正规工作，或指在一定的参照期内所有从事非正规工作的人，即单元格 1-6 和 8-10 的和。格 1 和格 5 指对家庭有贡献的工人，即没有正规部门企业（格 1）或非正规部门企业（格 5）的就业合同和不受源于工作的法律或社会保护的工人（有就业合同、工资、社会保护等对家庭有贡献的工人被视为正规就业的雇员）。格 2、格 6 和格 10 指有非正规工作的雇员，无论受雇于正规部门企业（格 2）或非正规部门企业（格 6）的雇员或作为有酬家庭工人（格 10）。格 3 和格 4 指拥有自己非正规企业的个体劳动者（格 3）和雇主①（格 4）。格 7 指在非正规部门企业但有正规工作的雇员（这种情况有可能发生，如在以规模作为唯一划分标准时该企业被确定为非正规企业）。格 8 指非正规的生产者合作社成员。格 9 指供家庭自我消费的产品生产者，如自给自足的农业生产者。

　　非正规就业的概念在实际中仍然存在较多的争论。作为一种经济活动，非正规就业在发达国家和发展中国家普遍存在，但在发达国家早期文献中通常不使用非正规就业的概念，多使用非典型就业（atypical employment）或非标准工作（nonstandard work），这种非典型工作包括非全日工

---

　　①　由于非正规工人和非正规部门的企业主都具有高度的脆弱性，国际劳工组织将非正规部门企业雇主（格 4）也纳入非正规就业关注的范围。

作 (part-time work)、临时就业 (temporary work)、劳务派遣 (dispatched work)、偶然工作 (contingent work) 等。在中国最初使用的是灵活就业的概念。

10.2.2 非正规就业的测算

国际劳工组织推荐比较完善的非正规就业统计方法是汇总法,即把属于非正规就业的几类人员数量进行加总。但要比较不同国家的非正规就业人数相当困难,这是因为各国对非正规就业界定不同,非正规就业包括的具体工作种类因传统习惯和其他因素的影响有一些差别,另一方面由于采用不同定义,非正规就业数据收集不一致 (ILO,2002)。

表 10 - 2   **不同国家与地区非正规就业规模比较** (2002 年)   (单位:%)

非正规就业的比例	非洲	拉丁美洲与加勒比海地区	亚洲
非农就业中	78	57	45—85
城镇就业中	61	40	40—60
新增就业中	93	83	缺省

资料来源: Becker (2004, p. 19)。

表 10 - 2 给出了不同国家和地区非正规就业规模比较。在非农就业中,非洲国家非正规就业的比例是 78%,拉丁美洲与加勒比海地区非正规就业的比例为 57%,而亚洲这一比例为 45%—85%。[①] 每年的新增就业中,在非洲国家有 93% 来自非正规就业,在拉丁美洲与加勒比海地区这一比例为 83%。

根据国际劳工组织数据 (ILO,2005),在 15 个欧洲国家,自我雇用、兼职工作、临时工作占到了总就业的 30%,而美国这一比例为 25%。虽然并不是所有的自我雇用、兼职工作、临时工作都是非正规就业,但这类工作大部分缺乏社会保障或不被劳动法和社会保障制度所覆盖。

在中国,因为统计数据采集系统的问题,还不能完全按照汇总法进行非正规就业统计,所以还没有非正规就业规模统计的确切数字。目前在中

---

① 此处数据与引言中的数据有差异,正如前文所述,不同数据来源得到的非正规就业比例有所不同。

国主要采用三种方法对非正规就业的规模进行统计：把符合非正规就业基本特征的不同群体数据进行汇总；差值余额法；利用抽样数据对非正规就业进行估计（任远、彭希哲，2007）。吴要武、蔡昉（2006）利用 2002年 12 月劳动与社会保障部所做的 66 个城市家庭抽样调查数据，对中国非正规就业规模进行了估计。该数据调查时，劳动与社会保障部采纳了国际劳工组织关于非正规就业的建议并兼顾中国转型过程中的特殊问题，在问卷中为"岗位特征"设计了较详尽的问题，这给推算中国城镇的非正规就业规模提供了可能。该项数据分析表明，2002 年中国城镇非正规就业的人数应该在 1.07 亿—1.24 亿人，大约占城镇劳动者的 43%—50%，这与大多数中东欧转型国家的比例接近（国际劳工组织，2006）。利用该数据分析发现首次进入劳动力市场的劳动者，从事非正规就业的比例在75% 以上。姚宇等人（2006）利用政府公布数据，以差值法为估计上线，汇总法为估计下线，取两者的中间值，推算出中国非正规就业总量 2002年为 1.2 亿人，2004 年上升为 1.36 亿人。如果考虑到农民工与城镇社区服务就业，2002 年中国非正规就业人数为 2 亿至 2.18 亿人之间（任远、彭希哲，2007）。

10.2.3　非正规就业产生的原因

（1）非正规就业的理论分析

关于非正规就业的理论研究可以追溯到二元经济结构理论时期。刘易斯（1954）在其论文《劳动力无限供给条件下的经济发展》中指出，在经济发展初期存在二元经济结构，从而提出资本主义部门和维持生计部门概念。后来在《再论二元经济》中使用了"非正式"经济部门的表述，他认为一国经济不是简单分为两个部门，在资本主义部门和小规模的农业部门之间还有许多规模不等的生产部门，这类部门可被称为非正式经济部门。

在托罗达的《第三世界经济发展》一书中，可以找到"正规部门"与"非正规部门"的称谓。只要农业部门中存在隐性失业，且农业部门与工业部门的劳动收入保持差距，农业部门的过剩劳动力就会对工业部门形成源源不断的无限供给。一个人在做迁移决策时，必须在获得高收入职业可能性与在相当一段时间内成为失业者的风险之间进行权衡，流入城市的农村劳动力为了生存基本上都要先在非正规部门谋生。托罗达认为，非正规部门与农业部门的关系最为密切，它可以使农村剩余劳动力从贫困和就业不足中摆脱出来。同时正规部门要依靠非正规部门为它提供廉价的投入品和生活消费品，非正规部门反过来又要依靠正规部门的发展为它提供较高的收入和消费者。

自从 20 世纪 70 年代国际劳工组织正式提出非正规部门称谓后，关于非正规就业的讨论一直在进行。对非正规部门成因的探讨主要有以下几种思想学派（chen，2008）。

①二元论学派（the dualist school）

由国际劳工组织于 20 世纪 70 年代提出。该理论认为，非正规部门从事边缘性生产活动，它为贫困人口提供收入，在危险的时期形成一张保护网，这与正规部门是截然不同的（ILO，1972；Hart，1973；Sethuraman，1976；Tokman，1978）。二元论学派认为，经济的缓慢增长或人口增长的相对过快导致社会不能够提供足够的就业岗位来吸收剩余劳动力，这是非正规经济活动持续性的主要原因。

②结构性学派（the structuralist school）

由 Caroline Moster 和 Alexandro Portes 以及其他学者在 20 世纪 70 年代后期和 80 年代初提出。该理论把非正规经济部门（微型企业）看做附属于资本主义大企业的次生经济单元，认为它能够实现较低的投入、具有较低的劳动力成本，从而提高了大型资本主义企业的竞争力。结构性学派与二元论学派的区别在于把这两种不同的生产方式不仅看做是共生的，而且相互依赖、不可分离的（Moster，1978；Castells and Portes，1989）。该学派认为非正规生产关系产生和持续的原因，是资本主义制度发展的天性而不是经济增长缓慢。

③法规主义学派（the legalist school）

由 De Soto（1989）于 20 世纪八九十年代提出。该理论认为非正规部门由那些"有勇气"的微型企业家组成，他们选择非正规活动是为了避免进行正规登记的成本、时间和精力。根据 de Soto 等人的理论，如果政府的程序很麻烦并且具有高成本，微型企业家就会继续选择从事非正规生产。根据这种观点，过多的政府规章制度会遏制私人企业的发展。

有些新自由主义经济学家进一步提出，非正规企业家不仅故意避开规章制度和税收，在某些情况下还会从事非法的生产和服务，甚至采用犯罪的运作方式，来规避税收、商业规章、电费、租金和其他正规活动的成本

（Maloney，2004）。因此，有些学者把非正规经济称之为地下经济或黑色经济，并指出非正规经济的增长会减少政府财政收入，削弱政府提供社会服务的能力。

④自愿主义学派（th voluntarist school）

该理论强调个人的理性选择，认为非正规部门企业家通过计算在正规部门或非正规部门的相对成本和收益后选择从事正规或非正规活动，这些人的福利因从事非正规活动而提高。但是人们也意识到在经济危机或经济下滑时非正规就业会增加，这表明许多人可能被迫从事非正规就业。同时由于制度和政策的原因，许多非正规就业者被排除在政府规章制度和保护之外。另有一些学者指出非正规就业关系通常反映出雇主的一种选择或偏好，而不是雇员的。

⑤综合理论（integrative theory）

以上每一种理论都只能解释非正规就业成因的一部分，而不是全部。由于非正规就业的规模及就业形式繁多，需要一个完整的理论框架来分析非正规就业，Perry et al.（2007）提出的退出（exit）和排斥（exclusion）理论，为分析各种不同形式的非正规就业建立了一个综合的理论框架。

综合理论把非正规就业的原因大体划分为四种：

第一种是选择退出正规就业（exit）。一些自我雇用者为规避注册或税收成本选择或主动从事非正规就业，另外一些正规就业者在权衡相对的成本和收益后主动选择成为非正规经济中的自我雇用者。然而有很多劳动者并不是主动选择从事非正规就业，他们成为非正规就业者是由于没有其他选择或者是传统。

第二种是面临进入正规部门的障碍（entry）。对于自我雇用者来说，如果登记和交易的成本能够降低，特别是他们能够感受到正规化的收益，例如得到书面的可实施的商业合同或者市场信息，他们将乐于成为正规就业者。换言之，如果从事正规就业不那么困难并且其收益是可以得到保障的，一些非正规就业者会主动成为正规就业者。另外，很多非正规就业者也希望能够得到和正规雇员一样的福利和保障，但雇主却选择以非正规就业形式雇用他们（见第四种"被剥夺"）。

第三种是被正规部门所排斥（exclusion）。由于政策、规章制度制订者的疏忽、偏见或忽视等原因，许多国家的社会福利和保护还没有扩展到非正规就业者和自我雇用者。另外，很多非正规就业者也没有意识去争取他们作为公民所应享受的社会福利和保护,或者他们没有能力和意愿去进一步发展生意使之正规化。

第四种是被剥夺(exploitation)。为了降低劳动成本,许多雇主选择以下做法:仅在核心部门雇用少量的正规雇员,而在非核心部门雇用非正规就业者;规避公司的工资发放总额税收和雇主应该上缴的社会保险或退休金;规避雇主应该履行的其他义务。在这些情形下,是雇主而不是雇员在规避规章制度和税收。类似的,一些大型企业在没有登记合同和风险共享的情况下让小企业为其提供商品和服务,从而产生非正规就业。

表 10 - 3　　　　　　　　　　不同类型非正规就业的原因

非正规就业分类	综合理论的解释
非正规雇主	选择退出正规就业(exit)
非正规雇员	被剥夺(exploitation)
个体劳动者	被正规部门所排斥(exclusion)
临时工	被正规部门所排斥和被剥夺(exclusion + exploitation)
生产者合作社成员	被剥夺(exploitation)
对家庭有贡献工人	被正规部门所排斥和被剥夺(exclusion + exploitation)

注:1. 临时工被排除在固定工人所享受的利益之外,并被雇主或包工头剥削。

2. 对家庭有贡献工人被排除在国家福利之外,在家庭内部分配时也可能被家庭经营领导或家庭其他成员剥夺。

以上四种原因能够解释大多数类型的非正规就业。从表 10 - 3 不难看出不同原因的非正规就业对各类非正规就业者福利的影响是不同的。

(2)非正规就业持续发展的现实原因

非正规就业持续发展的现实原因很复杂,对大多数国家和地区而言,非正规就业持续发展的原因主要有经济增长、经济结构调整、经济的全球化及劳动力市场弹性化。

①经济增长缓慢

一些国家的经济长期处于零增长或低增长,另一些国家采取资本密集型产业,造成"失业性增长"。在正规部门不创造或很少创造新工作岗位的情况下,许多沮丧的求职者只能进入非正规就业领域。另一种情形是高科技的增长创造更多高技术的工作而不是技术水平低下的制造业工作,这样那些低技能的求职者只好从事非正规就业。

②经济转轨与经济结构调整

已有数据显示，在经济转轨和金融危机期间非正规经济更易得到扩张。在经济转轨期间，大量国有企业倒闭，企业大量裁员，很多人在别无选择的情形下进入非正规就业领域。例如，中国国有企业改革过程中释放出大批下岗人员，城市中的失业问题日益突出，而非正规就业的兴起在一定程度上缓解了这一问题，使企业改革得以比较顺利进行，对社会稳定起到了积极作用。"九五"期间（1995—1999 年），中国从业人员新增 1921万人，增长了 10.1%，同期，非正规部门从业人员新增 1422 万人，占从业人员增长总量的 74.0%。而与此同时，正规部门职工总数下降了 3135万人（胡鞍钢、杨韵新，2001）。而经济危机、失业率上升也是非正规就业产生的一个诱因。

③经济全球化

我们正处在一个全球化的时代，2007 年全球贸易占到了世界 GDP 的60%（ILO and WTO，2009）。全球贸易与投资需要集中资本，特别对大公司而言需要资本能够快速方便地在国家与地区之间流动，而劳动力（特别是低技能的劳动力）是很难流动的。为提高全球竞争力，越来越多的投资者移向低劳动成本国家或转向非正规雇用。为了降低劳动力成本，提高产品竞争力，许多国家政府也放松了对劳动力的控制，扩大劳动力市场的灵活性，赋予雇主在雇用、解雇和工资等方面更大的权利，使得非正规就业者在发达国家和发展中国家都在迅速增加。1998 年到 2003 年期间，欧盟全日制工作岗位减少了 12.5 万个，而非全日制岗位增加了 250万个。2004 年后的近十年来，90% 非洲新增加的就业岗位都属于非正规部门（ILO，2005）。在中国，每年新增就业的 60% 是社区就业，而社区就业主要是各种非正规就业（胡鞍钢、杨韵新，2001）。

经济全球化促进了发展中国家非正规经济的发展，而非正规经济的发展也减少了发展中国家分享经济全球化的益处。有资料显示，非正规经济会降低一个国家出口的多样性。非正规经济每提升 10%，出口的多样性就会降低 10%（ILO and WTO，2009）。经济全球化不仅使许多国家的非正规就业人员迅速增加，也可能由于广泛采用最新科技成果、推进生产自动化，在一定范围内造成了大量工人失去工作岗位，结构性失业更加严重，其结果是一些企业将正式员工转为没有最低工资保障、社会保障或福利的计件工人或临时工。

④劳动力市场弹性化

随着经济发展中日益增加的灵活性和市场竞争的日益加剧,企业往往需要更加灵活的就业安排,诸如分包、临时就业等。此外许多国家发生了从制造业为主向服务业为主的产业重心移动,而服务业的市场需求更具多样性和不确定性,使得劳动力的需求变得日益弹性化(石美遐,2007),即大量采用非正规雇用或弹性用工,以此取代雇用大量固定工的传统作业方式,从而产生大批新的灵活就业劳工群体(任远、彭希哲,2007)。

非正规就业的发展在一定程度上促进了经济发展与就业,特别是对于发展中国家,非正规经济具有生存性的意义。发展中国家经济相对落后,人口众多,社会保障制度普遍不完善,劳动力通常具有无限供给,正规就业吸纳劳动力的能力又有限,而非正规就业由于进入成本较低和灵活多样,在解决就业、缓解贫困方面发挥了巨大的作用。然而另一方面,非正规经济也给发展中国家带来许多问题与矛盾,非正规就业与贫困及社会保障的缺乏之间通常有紧密的联系。虽然从事非正规就业不一定就贫困,从事正规就业就一定能够脱离贫困,但非正规就业者的平均收入通常要比正规就业者的平均收入低,因此在非正规就业者中贫困的比例要比正规就业者中贫困的比例高(Chen,2008)。此外,与正规就业者相比,非正规就业者具有较少的职业晋升机会或面临更大的工作风险,如较低的社会保障,不安全、不健康的工作环境。即使是那些较高层次的非正规就业者,也常常由于不能得到充分的市场信息而可能会丧失很多市场机会。

在中国,非正规就业也是当前学术界讨论的一个热点问题。蔡昉(2005)认为中国城市就业非正规化的过程是与一定的产业结构调整和所有制变化相关联的,就业非正规化与经济改革和产业结构调整方向一致。虽然从岗位的稳定性、社会保护的程度、工资水平和其他待遇以及劳工标准来看,这种非正规化就业的确带来诸多问题,但是这种新生的就业形式及其特殊机制却有助于利用尚未完全成熟的劳动力市场配置就业、缓解失业和下岗难题。然而,随着非正规部门就业的劳动力不断增加,他们的收入和保护又是如此之少,必然会构成一个庞大的低收入群体,加剧收入分配的不公平。因此,增加就业并不必然会缓解不平等,如果为穷人创造的就业机会大部分都集中在非正规部门,而这些部门的工资本来就很低而且增加的速度慢于平均收入,更大大慢于高收入阶层的收入,那么其收入差距总是呈现扩大趋势，这就必然扩大不平等（白凤森，2000）。

10.2.4　女性与非正规就业

在引言中我们提到，女性通常比男性更易从事非正规就业，在发展中国家或发达国家非正规就业的女性化都是不争的事实（UN，2000；Chen，2001）；与男性相比，女性从事的非正规就业更多地集中在收入低、工作不稳定的职业和行业；非正规就业者的性别工资差异比正规就业者的要大。下面，我们探讨非正规就业对女性福利的影响以及非正规就业女性化的原因。

（1）非正规就业对女性福利的影响

非正规就业对女性福利的影响较为复杂。一方面，非正规就业对女性的福利具有积极的影响。非正规就业促进了女性就业的增长，并使得一些女性能够兼顾社会劳动与家庭责任。非正规就业因其对从业人员的性别、年龄、文化、技能、体力的要求不高，其准入门槛相对较低，为劳动力市场上处于弱势地位的女性提供了较多的就业机会。女性可以通过自己劳动得到收入脱离贫困，取得一定程度上的经济独立。另一方面，非正规就业对女性职业发展和福利具有负面影响。首先，女性在非正规就业中处于边缘化地位。在失业率上升，迫使许多沮丧的男性求职者进入非正规就业时，女性往往被推入到非正规就业的最底层（ILO，2002）。特别是在那些推行高科技发展的国家，需要更多高技术的工作，而男性通常具有更多机会，女性只能进入非正规经济的较低层次工作（Carr and Chen，2002）。其次，由于非正规就业者平均收入低于正规就业者的平均收入，并且非正规就业者中的性别收入差距要大于正规就业者中的性别收入差距，因此非正规就业的发展可能会导致男女两性之间收入差距的进一步扩大，从而强化了女性在劳动力市场的从属地位。最后，非正规就业女性的社会福利与医疗、社会保障不足，更容易陷入贫困的风险。事实上，非正规就业者的社会保护一直是非正规就业研究中的重要问题。非正规就业者不仅面临工作与收入的不稳定性，更面临职业安全和健康风险，而从事非正规就业的女性则是更脆弱、更缺乏保护的人群（ILO，2002）。

（2）女性劳动非正规化的原因

①从需求角度分析

第一，相比较男性，女性在正规就业中更容易受到排斥，女性更难以进入正规就业并更容易被排挤出正规就业。在经济危机后,女性比男性更难回到以前的就业状态 (Carr and Chen,2004)。1995 年墨西哥的经济危机中,大量女性在各行各业被辞退,危机过后,她们只能从事非正规就业。在纺织与成衣企业工作的女性中,52% 的女性工作在少于 5 人的工厂里,而男性则接管了以前由女性从事的那些正规就业 (Cardero et al.,2000)。在经济转轨时期,女性就业也比男性受到更为普遍的影响和冲击。以中国数据为例,根据 1993 年全国总工会对 7 省进行的社会调查报告,发现女工占失业工人总数的 60% (孟宪范,1995),并且女性下岗以后再就业比男性更加困难 (Gale Summerfield,1994)。Dong et al. (2006)发现从 2002 年至 2003 年期间,女性的失业率从 9.0% 上升至 12.7%,而男性从 7.6% 上升至 8.2%。据国家统计局 2003 年 12 月对中国 45 个城市所做的一项有关城市失业家庭的调查,在最近三年有过失业经历的女性比男性比例高 17%,平均失业时间女性比男性长 2 个月,女性再就业概率仅仅相当于男性的 62% (Du and Dong,2009)。女性失业后还面临着劳动力市场对弱势群体的排斥。特别是在正规经济部门不能提供充足的就业岗位时,这种社会排斥更为明显。由于这种排斥的存在,女性一旦下岗失业很难重返正规部门,可选择的通常只有"向下行",进入低一层的非正规劳动力市场。由此许多女性在没有丧失劳动能力的情况下,一部分人过早地离开了劳动力市场,另一部分人被迫从事非正规就业。2002 年中国城镇居民生活调查和农村进入城市的暂住户生活调查显示,拥有本地城市户籍的人口中,从事非正规就业比例最高的三个年龄组为 36—40 岁、40—45岁、46—50 岁,正好与城镇下岗再就业人员的年龄特征相吻合 (任远,彭希哲,2007)。宋月萍和董晓媛 (Song and Dong,2009) 的研究发现,在 20 世纪 90 年代末中国国有企业劳动整合之后,女性比男性更可能遭遇向下的职业流动,从事低收入、低技能的工作。

　　第二,经济结构调整与经济全球化的影响。女性在经济结构调整过程中有向第三产业聚集的趋势,根据中国妇联 1990 年和 2000 年的中国妇女地位调查结果,十年中女性在第三产业的比重增加了 7.1%,在 2000 年有将近 1/3 的城镇女性劳动者聚集到第三产业,比男性高 9%。女性在第三产业多聚集于零售、餐饮、社会服务等传统的服务部门,在信息技术、金融保险、科技咨询等新兴服务业则所占比例很少,而传统服务业的市场需求更具有多样性和不确定性,多采用非正规就业。在经济全球化的过程中，在发展中国家，特别是在东南亚和东亚及南美国家，许多就业岗位是由以出口导向为主的企业创造的。数据显示，1995 年上述地区大约创造了 2700 万个就业岗位，而其中 70%—80% 的就业岗位针对女性，主要集中于成衣、玩具和电器小产品类（Carr and Chen，2004）。为了降低劳动成本，企业通常以非正规形式雇用工人，或者把部分生产程序外包到家庭生产。因此经济全球化的影响，发展中国家出口导向型企业的兴起，推动了女性劳动非正规化。

第三，企业在雇用上的性别偏好。国家对劳动力市场的性别歧视缺乏有效的监督和制约机制，用人单位往往不愿聘用女性，人为地提高条件设置障碍。性别歧视增加了妇女就业的阻力，根据 2000 年中国六城市劳动力市场调查数据，不同所有制单位对性别存在不同的雇用倾向：国有单位男性劳动力的比例偏高，职工男女性别比为 1.2，非国有制单位女性劳动力比例高于男性，男女性别比为 0.75（金一虹，2006）。采用正规雇用的国有单位更倾向于雇用男性劳动力，而在非国有单位，其中相当一部分是采用非正规雇用的个体私人经济组织，女性劳动力比较集中（蔡昉，2002）。但女性在劳动力市场中的这种限制在多大程度上是雇主的歧视还是女性的自我选择，还有待于进一步研究（Sylvia and Carolyn，2008）。

②从供给角度分析

第一，传统家庭分工影响女性从事正规就业。由于传统的"男主外、女主内"家庭分工，女性通常在家庭生活、子女和老人照料等方面承担较多的责任和时间投入，并且女性的社会网络与男性相比处于劣势，这造成在就业市场上她们比男性的竞争力低，较难进入正规就业而多从事非正规就业。

第二，女性的教育程度比男性低。通常认为，教育程度越低从事非正规就业的概率会越高。拉丁美洲的资料显示，具有高学历（研究生以上）或高技能的劳动者从事非正规就业的可能性低而且工作稳定，而低学历、低技能的劳动者从事非正规就业的比例明显要高（WTO and ILO，2009）。随着生产技术的进步，对高技能工人需求的不断增加而对低技能工人需求趋于减少，很多女性在这个过程中趋于不利地位，相较男性来说，她们因为教育水平低而从事低技能的工作。此外，部分女性缺乏积极进取精神，主体意识和权利意识淡薄，不善于为自己争职业向上流动的机会和应有的待遇及权利，也是女性就业非正规化的原因之一。

第三，部分从业人员对非正规就业有一定需求。因为非正规就业较为弹性化，与女性的家庭角色冲突小一些。在荷兰，非正规就业被认为是协调工作和家庭责任的重要方式，在非全日制从业的女性中有70%—80%自愿选择了非正规就业（时美遐，2007）。与欧美国家比较，发展中国家（包括中国）因个人或家庭原因自愿选择非正规就业的比例还较低。

10.3　经验研究方法——多项自选择偏误的纠正

很多文献发现非正规就业收入比正规就业收入低，女性收入比男性低。度量这些收入差异需要估计工资方程，但这时可能会存在样本自选择性的问题。这是由于不同就业类型从业人员的分布并不是随机的，而极有可能是自选择的结果。自选择性偏差的存在会导致普通最小二乘法（OLS）估计结果的不一致性（inconsistency），因此我们必须对自选择性问题进行处理，以纠正估计偏差。当就业选择类型只有就业与非就业两种时，我们可以应用 Heckman（1979）的方法来纠正选择性偏差。然而，当把就业进一步分为正规和非正规两种类型时，个人的选择变成三种，因此 Heckman 方法不再适用，需要对其进行扩展。Lee（1983）、Bourguignon et al.（2001）将选择性偏差的纠正扩展到了多项选择的情形。

和 Heckman 的方法一样，Lee 方法与 Bourguignon 等人方法也包括工资和就业选择决定方程，只是此处的就业选择类型多于两个。两种方法基本点都是先估计多元 Logit 模型（Multinomial Logit），得到样本选择项，然后把样本选择项作为新的解释变量加入到原来的工资方程中，使工资方程可以用普通最小二乘法进行估计。这两种方法的根本区别在于对工资方程中的误差项与就业选择决定方程中的误差项关系的假设不同。下面分别介绍这两种计量方法。

10.3.1　Lee **方法**

设需要估计的工资方程为：

$$Y_s = X_s \beta_s + u_s, \qquad s = 1, 2, 3, \cdots, M \qquad (10-1)$$

就业选择决定方程为：

$$I_s^* = Z_s \gamma_s + \eta_s \qquad (10-2)$$

$$E(u_s \mid X, Z) = 0 , \qquad V(u_s \mid X, Z) = \sigma_s^2 \qquad (10 - 3)$$

其中 Y_s 表示第 s 个就业类型的收入变量；X_s 和 Z_s 分别为表示个人特征、家庭特征、地理特征等的外生变量；I_s^* 表示选择某种就业类型的"效用"；β_s 和 γ_s 分别为工资方程与就业选择决定方程中的估计参数；u_s 和 η_s 分别为工资方程与就业选择决定方程中的随机扰动项；$E(u_s \mid X, Z)$ 与 $V(u_s \mid X, Z)$ 分别表示 u_s 的条件期望与条件方差；$s = 1, 2, 3, \cdots, M$ 表示不同就业类型选择，这里 $M = 3$。

当对不同就业类型的工资方程分别使用普通最小二乘法进行估计时，如果未观测到影响工资和就业类型选择的个人特征相互影响，就会导致误差项 η_s 和 u_s 不独立，则方程（10 - 1）中的解释变量 X_s 会与随机扰动项 u_s 存在某种相关性，因此运用普通最小二乘法对工资方程进行估计会得到参数 β_s 的非一致估计。为克服可能存在的非一致估计，Lee 方法将 Heckman 两阶段样本选择纠正模型扩展到多项选择的情形。具体过程分为两步：

第一步：运用最大似然法估计多元 Logit 模型，得到参数 γ_s 的估计值。

因为仅当选择就业状态 s 时，即满足

$$I_s^* > \underset{j \neq s}{Max}(I_j^*) \qquad (10 - 4)$$

收入变量 Y_s 才会被观察到。令

$$\varepsilon_s = \underset{j \neq s}{Max}(I_j^* - \eta_s) \qquad (10 - 5)$$

则（10 - 4）式等价为

$$Z_s \gamma_s > \varepsilon_s \qquad (10 - 6)$$

假设 η_s 独立、同分布，并服从最小极值（Gumbel）分布（即独立无关选择假设），其分布函数和概率密度分别为 $G(\eta) = \exp(-e^{-\eta})$，$g(\eta) = \exp(-\eta - e^{-\eta})$。

利用 McFadden（1973）所证明的结论，得到多元 Logit 模型

$$P(Z_s \gamma_s > \varepsilon_s) = \frac{\exp(Z_s \gamma_s)}{\sum_j \exp(Z_j \gamma_j)} \qquad (10 - 7)$$

利用最大似然法估计上式，可得到就业选择决定方程中参数 $\gamma_s (s = 1, 2, \cdots, M)$ 的估计值。

第二步：利用参数 γ_s 的估计值计算样本选择项，并作为新的解释变

量加入到工资方程中,再利用普通最小二乘法估计工资方程中的参数 β_s。

令 $J_s(\varepsilon_s) = \Phi^{-1}F_s(\varepsilon_s)$ (10 – 8)

其中 $F_s(\varepsilon_s)$ 为 ε_s 的分布函数,Φ 为标准正态分布的分布函数,则 $J_s(\varepsilon_s)$ 被转换为服从标准正态分布的随机变量。

假设 u_s 的期望值与 $J_s(\varepsilon_s)$ 期望值线性相关,记 ρ_s 是 u_s 与 $J_s(\varepsilon_s)$ 的相关系数,扩展 Heckman(1979)结论,Lee 方法得到:

$$E(u_s \mid Z_s\gamma_s > \varepsilon_s) = -\sigma_s\rho_s\frac{\phi[J_s(Z_s\gamma_s)]}{F_s(Z_s\gamma_s)} \qquad (10 – 9)$$

其中 ϕ 是标准正态分布的概率密度,则 β_s 的一致估计可通过对下式做最小二乘法得到:

$$Y_s = X_s\beta_s - \sigma_s\rho_s\frac{\phi[J_s(Z_s\gamma_s)]}{F_s(Z_s\gamma_s)} + \nu_s \qquad (10 – 10)$$

其中 ν_s 为独立的随机项,$-\dfrac{\phi[J_s(Z_s\gamma_s)]}{F_s(Z_s\gamma_s)}$ 为样本选择项 λ_s。

通过对样本选择项估计系数 $\sigma_s\rho_s$ 的符号及其显著性的考察,可以判断工资方程的普通最小二乘法估计结果是否存在选择性偏差并确定选择性偏差的幅度。如果第 s 个工资方程中选择项系数为正,则 ρ_s 为正(σ_s 永为正)。而根据定义选择项 λ_s 永为负,这意味着人们对就业类型 s 的自选择是负向的,表明对就业类型 s 的小时工资被低估了。

10.3.2   BGF 方法[①]

在用 Lee 方法进行样本选择性偏误进行纠正时,公式(10 – 10)的推导依赖于一个重要的假定:$\rho_s[u_s$ 与 $J_s(\varepsilon_s)$ 的相关系数]与 $Z_j\gamma_j$ 的任意组合($j=1$,2,$\cdots$,M)独立,然而这种假设通常并不成立[②]。因此在估计公式(10 – 10)时 ρ_s 不能被看做参数。由此 Lee 方法是建立在一个比较严格的假定之上。为解决这一问题,BGF 方法在 Lee 方法的基础上,进行了改进。

为不失一般性,假设就业类型 1 的工资水平被观测到,由此求 β_1 的一致估计。

---

① BFG 方法是 Bourguignon、Fournier 和 Gurgand(2001)提出的多项自选择偏误纠正方法的简称。此部分推导比较复杂,本章只做简单介绍,详见原文。

② 因为从 ε_S 的定义中可看出,ε_s 与 u_s 的联合分布是依赖于 $Z_j\gamma_j$(1,2,3,$\cdots$,M)的。

$$Y_1 = X_1\beta_1 + u_1 \tag{10-11}$$

定义

$$\eta_s{}^* = \Phi^{-1}[G(\eta_s)], \quad s = 1,2,3,\cdots,M \tag{10-12}$$

则 $\eta_s{}^*$ 服从正态分布。若 u_1 服从正态分布，则 u_1 与 $\eta_s{}^*$ 服从二维正态分布。

Bourguignon 等人认为 *Lee* 方法把不同就业类型选择决定方程中的误差项归结在了一起，使得关于 ρ_s 的假设过于严格。他们只对 u_1 与 η_s 的关系进行了假设，即假设 u_1 的期望值与 $\eta_s{}^*$ 的期望值线性相关。[①]

设 $\tilde{\rho}_s$ 是 u_1 与 $\eta_s{}^*$ 的相关系数，由于 $\eta_s{}^*$ 之间彼此独立，则 u_1 可表达为 $\eta_s{}^*$ 的线性组合，即

$$u_1 = \sigma_1 \sum_s \tilde{\rho}_s \eta_s{}^* + \omega_1 \tag{10-13}$$

其中 ω_1 为残差项，与所有的 $\eta_s{}^*$ 不相关，且 $E(\omega_1) = 0$。通过比较复杂的计算，得到：

$$Y_1 = X_1\beta_1 + \sigma_1\left[\tilde{\rho}_1 m(P_1) + \sum_{s>1} \tilde{\rho}_s \frac{P_s}{(P_s - 1)} m(P_s)\right] + \nu_1 \tag{10-14}$$

其中 ν_1 是随机扰动项，期望值为零，且与（13-14）式中的其他项不相关。P_s 是由多元 Logit 模型（10-7）计算得到的第 s 个就业选择类型的概率；其中：

$$m(P_1) = E[\eta_1^* \mid I_1^* > \underset{j \neq 1}{Max}(I_j^*)] \tag{10-15}$$

$$m(P_s)\frac{P_s}{P_s - 1} = E[\eta_s^* \mid I_1^* > \underset{j \neq 1}{Max}(I_j^*)], \quad s > 1 \tag{10-16}$$

$m(P_1)$ 和 $\dfrac{P_s}{(P_s-1)}m(P_s)$ $(s > 1)$ 为 M 个样本选择项。因此总的来说，此种方法仍旧分为两步：

第一步，估计方程（10-7），得到 P_s 的拟合值 $\hat{P}_s$ 并计算 M 个样本选择项。

---

① 　Bourguignon 等人认为 u_1 与 η_s（$s = 1, 2, 3, \cdots, M$）的相关系数外生，即与 $Z_j y_j$ 独立。

第二步，由于公式（10－14）中的随机扰动项 ν_1 满足与其他项不相关的性质，用普通最小二乘法估计方程（10－14），可得到参数 β_1 和选择项系数 $\sigma_1\bar{\rho}_s$（s＝1，2，3，…，M）的一致估计。与 Lee 方法不同，方程（10－14）中的样本选择项与就业选择类型的个数（M 个）相同。通过对选择项估计系数大小及其显著性的考察，可以判断就业类型 1 的工资方程的普通最小二乘法估计结果是否存在选择性偏差并确定选择性偏差的幅度。与 Lee 方法相比，BGF 方法不仅能够识别自选择对个人在某个就业状态的偏差方向，并且能够对任意两个就业状态之间的自选择偏差进行分析。例如，当 M＝1，2，3 分别表示正规就业、非正规就业和无就业时，在正规就业工资方程 1 估计结果中，若非正规就业选择项系数 $\sigma_1\bar{\rho}_2$ 的估计值为正，表明正规就业者的工资被高估了，即拥有劣质不可观测特征的劳动者离开了正规就业，而进入非正规就业，如果正规工作在人群中被随机指派，正规就业者的工资会较低。

蒙特卡罗（Monte Carlo）模拟试验表明 Lee 方法只有在相对较小的样本中获得较好的一致估计，BGF 方法在处理多项自选择模型问题时具有相对的优势和更广泛的应用，即使在 η_s 不满足独立无关选择假设的条件下，仍能得到一致估计。但由于 BGF 方法每个工资方程中都包含 M 个选择项，有可能会存在多重共线性问题。

10.4 案例：中国城镇非正规就业的收入研究

自中国经济体制改革以来，中国的劳动力市场经历了结构性的转变，其中非正规就业的发展受到政府和学者的普遍关注。本案例使用中国健康与营养状况调查（China Health and Nutrition Survey，CHNS）数据，根据 Mincer（1974）人力资本模型，利用 BGF 方法对非正规就业、正规就业的工资方程进行估计，对中国城镇非正规就业的性别特征进行分析，根据国际劳工组织非正规就业的定义及 CHNS 数据的特点，有雇工的个体经营者、长期工、合同工定义为正规就业，无雇工的个体经营者、临时工、领取工资的家庭工人、无报酬的家庭帮工等定义为非正规就业，由此表10－4给出了根据 CHNS 数据得到的1997—2006 年中国城镇正规与非正规就业的比例。

表 10 – 4　　　　　1997—2006 年中国城镇居民正规、非正规就业比例　　（单位：%）

	1997 年			2000 年			2004 年			2006 年		
	男	女	平均	男	女	平均	男	女	平均	男	女	平均
正规	79.09	74.68	77.03	78.95	71.37	75.48	68.14	65.62	67.03	66.67	60.11	63.80
非正规	20.91	25.32	22.97	21.05	28.63	24.52	31.86	34.38	32.97	33.33	39.98	36.20
样本数	899	786	1685	879	744	1623	722	573	1295	726	564	1290

1997 年，中国城镇非正规就业的比例为 22.97%，2006 年这一比例上升至 36.20%，这一数据与其他学者得到的结论基本一致。

进一步分析正规就业者、非正规就业者的个人基本特征（结果未在文中列出）。无论是在正规就业还是在非正规就业中，女性普遍比男性年轻；非正规就业者的受教育程度要比正规就业者的受教育程度低，这反映了受教育程度是劳动者是否从事非正规就业的一个重要因素。在正规就业中，女性受教育程度有升高的趋势，1997 年女性受教育程度比男性要低，到 2000 年男性女性受教育程度基本持平，到 2004 年和 2006 年女性比男性高，表明女性要获得正规就业，需要拥有比男性更高的受教育程度。在非正规就业中，女性的受教育程度则要比男性低（2006 年例外），这可能是在改革初期大量中年女性过早离开了正规就业市场，而这些女性的受教育程度相对比较低。

非正规就业中男女性的月工资[①]都分别远远低于正规就业中男女性的月工资，且收入差异在逐渐扩大（见表 10 – 5）。1997 年正规就业者的平均工资是非正规就业者平均工资的 1.08 倍，而到 2006 年，这一比例上升至 1.57 倍。此外非正规就业中男女性的收入差异要大于正规就业中的男女性收入差异，且正规就业中的性别收入差异相对稳定甚至呈下降趋势，而非正规就业中的性别收入差异在逐渐扩大。如果把女性收入看做 1，1997 年正规就业中的男女性别收入比是 1.17，非正规就业中的男女性别收入比是 1.35，而到 2006 年，这一比例分别为 1.11 和 1.49。非正规就业

---

① 在现实中，正规就业者会有一些社会福利、补助等，非正规就业者可能会得到食物、住宿等，而这些数据通常很难准确收集。此外非正规就业者由于工作时间、收入的不确定性，使得收入数据更是难以准确获得，因此比较正规与非正规就业者的收入存在一定难度，此处只单纯比较月工资。

者的受教育程度普遍低于正规就业者,根据人力资本理论,教育程度是决定收入的重要因素之一,但收入偏低仍旧是中国非正规就业的基本特征之一。

表 10 - 5　1997—2006 年中国城镇正规和非正规就业者平均月工资　（单位：元）

年份	正规就业				非正规就业			
	男	女	平均	样本数	男	女	平均	样本数
1997	455.78	388.97	425.44	1220	452.38	334.15	392.42	140
	(255.50)	(213.53)	(239.59)		(342.20)	(200.98)	(284.86)	
2000	746.01	619.88	691.30	1086	704.19	533.48	617.45	185
	(912.40)	(766.61)	(854.15)		(741.06)	(454.75)	(616.82)	
2004	1027.82	893.39	970.30	797	935.13	739.72	845.52	157
	(814.50)	(631.41)	(744.26)		(1368.44)	(901.28)	(1178.00)	
2006	1438.96	1291.03	1377.84	760	1050.56	704.68	878.43	213
	(2079.67)	(4490.06)	(3294.70)		(824.07)	(451.01)	(685.81)	

注：括号内是标准差。

在统计描述部分,我们已经发现了与正规就业者相比,非正规就业者的收入偏低,但其影响因素是多方面的。下面我们根据明瑟人力资本模型对收入函数进行估计,并分析非正规就业中的性别收入差异。

考虑到前文提到的多项自选择偏误,本案例采用 BGF 方法进行修正。尽管普通最小二乘法的估计结果是有偏差的,但为了与纠正选择性偏差的估计结果进行比较,在表中列出两种估计方法的结果（见表 10 - 6）。在收入方程中的解释变量为年龄、性别、受教育年限、婚姻状况、健康状况,并对地区及年份进行了控制。在第一阶段的多元 Logit 方程中（结果未在文中列出）,额外加入了家中是否有 65 岁以上老人、家中子女分年龄段的虚拟变量。

在用 BGF 方法估计正规就业工资方程结果中, _ m1、_ m2、_ m3 分别表示在正规就业工资方程中正规就业、非正规就业、无就业选择项估计系数。_ m1 与_ m2 前系数显著,表明该方法是正规就业工资方程合适

表 10-6

BGF 与 OLS 方法估计工资方程结果比较

	BGF 方法						OLS 方法					
	正规就业		非正规就业		正规就业		非正规就业	
	估计系数	标准误	估计系数	标准误	估计系数	标准误	估计系数	标准误
女性	-0.094***	0.03	-0.352***	0.092	-0.143***	0.017	-0.337***	0.049
年龄	-0.015	0.016	0.062	0.042	0.018**	0.007	0.039**	0.019
年龄平方	0.0003	0.0002	-0.001	0.001	-0.0001	0.0001	-0.001**	0.0002
已婚	0.009	0.037	0.095	0.115	0.009	0.032	0.133	0.101
教育年限	0.040***	0.011	0.050**	0.026	0.042***	0.003	0.039***	0.008
健康状况较好	0.036*	0.02	0.073	0.057	0.040**	0.019	0.062	0.053
控制年份变量	是		是		是		是	
控制地区变量	是		是		是		是	
_m1	-0.265***	0.076	0.575	0.513				
_m2	-0.559**	0.244	0.055	0.218				
_m3	-0.06	0.182	0.297	0.422				
常数	5.512***	0.427	4.899***	0.839	5.015***	0.142	5.038***	0.364
样本容量	3546		610		3546		610	

注：*** 表示 1% 水平显著，** 表示 5% 水平显著，* 表示 10% 水平显著。

的估计方法。选择项前系数的负（正）表明了工资的低（高）估，因此
_ m1 与 _ m2 前系数为负，说明正规就业者存在着负的自选择性，即正规
就业者的工资被低估了。该结果表明拥有劣质的不可观测特征的人们有可
能成为正规就业者，导致正规就业者的小时工资水平被低估。由于正规工
作具有对人力资本的较高回报和较高的收入水平，因而往往成为城镇劳动
力市场上的优势部门。然而，具有劣质的不可观测特征的人们却占据了正
规工作，说明劳动力资源的配置还缺乏效率。这也意味着，正规工作存在
着进入障碍。

在用 BGF 方法估计非正规就业工资方程结果中，所有选择项的系数
（_ m1、_ m2、_ m3）不显著，表明普通最小二乘法是估计非正规就业
工资方程的合适估计方法。[①]

在以下分析中，正规就业工资方程采用 BGF 方法估计结果，非正规
就业工资方程采用普通最小二乘法估计结果。

在控制一系列个人、家庭和地区特征后，女性的月工资水平依然要低
于男性。月工资的这一性别差异不仅存在于正规就业者中，而且也存在于
非正规就业者中。在其他条件相同时，正规就业中女性月工资比男性月工
资低 9.0%〔exp（ - 0.094） - 1〕，而在非正规就业中，女性月工资比男
性低 28.6%〔exp（ - 0.337） - 1〕，这表明非正规就业中男女性的收入
差异要远大于正规就业中男女性的收入差异。如果用普通最小二乘估计方
法，在其他条件相同时，正规就业中女性月工资比男性月工资低 13.3%
〔exp（ - 0.143） - 1〕，即纠正选择性偏差之后，正规就业者内部存在的
性别月工资差异比用普通最小二乘法估计出的性别月工资差异要小。一个
可能的解释是，相比较女性，男性从事正规就业的自我选择性更强，因此
在普通最小二乘法估计结果中，男性的工资水平更高。如果自选择性偏差
得到纠正，即男性和女性随机地被指派成为正规就业者，那么男性和女性
之间的工资水平差异会减少。在非正规就业工资方程中，两种方法得到的
女性变量前系数的估计值差异不大。

在非正规就业中，年龄变量前的系数为正，年龄平方前的系数为负，
这与人力资本理论中工作经验的影响（这里用年龄作为工作经验的代理

---

① 在 CHNS 数据中，收入变量特别是非正规就业者的收入变量缺省较多，可能会导致此处
估计的偏误。

变量）应是凹型的相符，但在正规就业工资方程中年龄变量不显著。正规就业中的教育回报率（4%）比非正规就业中的教育回报率（3.9%）略高，但差异不大。无论是在正规就业还是非正规就业中，一个劳动者的健康状况较好，其收入会增加，但只有在正规就业工资方程中，健康变量在 5% 水平上显著。

10.5 结论

非正规就业是一个全球现象，从发达国家到发展中国家普遍存在。由于非正规就业具有进入成本低、市场化程度高和就业形式灵活等特点，创造了大量就业。然而由于存在劳动力市场性别分割，女性不仅比男性更多地从事非正规就业，而且女性更易聚集在非正规就业金字塔的底层。

非正规就业及其性别特征的研究与就业、性别平等、贫困问题、公共福利等密切相关。收入是衡量劳动力市场机会平等的一个重要指标，本章重点对非正规就业中的性别收入差异进行分析，并对非正规就业产生的原因及女性劳动非正规化的原因进行了探讨。考虑到在估计工资方程中可能存在的样本选择性偏误，本章分别介绍了 Lee 和 BGF 两种计量方法。

在中国，非正规就业的产生是经济体制改革深化、产业结构调整及城镇化等多方因素的综合作用，这已成为一种重要的就业模式。城市劳动力人口中超过 40% 从事非正规就业，非正规就业对中国国内生产总值的贡献率也超过了 35%（任远、彭希哲，2007）。虽然在中国非正规就业中男女性比例差异不大，女性比男性从事非正规就业的比例略高，但中国的非正规就业市场中仍存在显著的性别特征，男女两性各自集中于某些特定的行业与职业，并且非正规就业者中男女性收入差距大于正规就业者中男女性收入差距。

虽然人们观测到女性劳动非正规化这一现象普遍存在并试图对这一现象加以解释，然而对这一问题的理论探讨还远远不够成熟。此外由于性别作为一个社会分层器与其他社会特征，比如阶层、种族、年龄、教育、健康、关系网络等的影响是相互交叉的，由此对于不同社会群体的女性，非正规就业产生的原因会不同，这就需要从性别角度出发构造一个多维（包括阶层、种族以及其他社会分层器）视角来研究非正规就业。然而目前在非正规就业的研究中，大多把女性看做是同质群体，对性别与其他社会分层器交互作用对女性非正规就业的讨论还较少，需要进一步深入研究。

参考文献

白凤森：《对拉美失业问题的再认识》，《拉丁美洲研究》2000 年第 5 期，第 27—33 页。

蔡昉：《中国人口与劳动问题报告——城乡就业、问题与对策》，社会科学文献出版社 2002 年版，第 268 页。

蔡昉：《非正规就业：发挥劳动力市场配置资源作用》，《前线》2005 年第 5 期，第 17—19 页。

何平、华迎放等：《非正规就业群体社会保障问题研究》，中国劳动社会保障出版社 2008 年版。

国际劳工组织：《体面劳动与非正规经济》，国际劳工大会第 90 届会议报告六，2002 年。

国际劳工组织：《亚洲的体面劳动：对 2001—2005 年结果的报告》，局长报告 2006 年，第 8—9 页，韩国釜山。

胡鞍钢、杨韵新：《就业模式转变从正规化到非正规化—我国城镇非正规就业状况分析》，《管理世界》2001 年第 2 期，第 69—78 页。

金一虹：《女性非正规就业：现状与对策》，《河海大学学报》（哲学社会科学版）2006 年第 3 期，第 6—10 页。

[美] 威廉·阿瑟·刘易斯：《二元经济论》，施炜等译，北京经济学院出版社 1989 年版。

[美] 托罗达：《第三世界的经济发展》（下），于同申等译，中国人民大学出版社 1991 年版。

全国妇联、国家统计局：《第二期中国妇女社会地位调查主要数据报告》，2001 年。

孟宪范：《改革大潮中的中国女性》，中国社会科学出版社 1995 年版。

任远、彭希哲：《2006 中国非正规就业发展报告：劳动力市场的再观察》，重庆出版社 2007 年版。

石美遐：《非正规就业劳动关系研究——从国际视野探讨中国模式和政策选择》，中国劳动社会保障出版社 2007 年版。

谭琳、李军峰：《我国非正规就业的性别特征分析》，《人口经济》2003 年第 5 期，第 11—18 页。

吴要武、蔡昉：《中国城镇非正规就业：规模与特征》，《中国劳动经济学》2006 年第 4 期。

姚宇：《灵活就业者的特征分析》，国家发改委、世界银行举办的"中国劳动力市场政策研讨会"，2006 年。

Bourguignon, François, Fourier, Martin and Gurgand, Marc, "Selection Bias Correction Based on the Multinomial Logit Model," Mimeo. CREST, 2001, France. Available at: http://www. crest. fr/pageperso/lmi/gurgand/selmlog. htm.

Cardero, M. E. , Barron, A. and Gomez, L. "NAFTA's impact on the female work force in Mexico," Mexico City, UNIFEM, 2000.

Carr, Marilyn and Chen, Martha, "Globalization, Social Exclusion and Work with Special Reference to Informal Employment and Gender," Policy Integration Department. Working Paper No. 20 (Geneva: International Labour Office), 2004.

Carr, Marilyn and Chen, Martha, "Globalization and the Informal Economy: How Global Trade and Investment Impact on the Working Poor," Working Paper on the Informal Economy, Working No. 1 INTEGRATION (Geneva: International Labour Office), 2002.

Caroline Moser, "Informal Sector or Petty Commodity Production: Dualism or Dependence in Urban Development?" *World Development*, 1978, Vol. 6: 1041 – 1064.

Castells, M. and Protes, A. , "World Underneath: The Origins, Dynamics, and Effects of the Informal Economy," In A. Portes et al. (eds) *The Informal Economy*, London: The Johns Hopkins Press, 1989.

Chen, Martha, "Women in the Informal Sector," *SAIS Review*, 2001, 11 (1) Winter-Spring: 71 – 82.

Chen, Martha, "Informality and Social Protection: Theories and Realities," *IDS Bulletin*, 2008, Vol. 39 (2): 18 – 27.

De Soto, Hernando, *The Other Path: The Economic Answer to Terrorism*, New York: Harper Collins, 1989.

Dong, Xiao-yuan, Jiangchun Yang, Fenglian Du, and Sai Ding, "Women's Employment and Public-Sector Restructuring: The Case of Urban China," In Grace O. Lee and Malcolm Warner. eds. *Unemployment in China: Economy, Human Resources and Labour Markets*, pp. 87 – 109, London and New York: Routledge, 2006.

Fenglian Du, Xiao-yuan Dong, "Why Do Women Have Longer Durations of Unemployment than Men in Poststructuring Urban China?" *Cambridge Journal of Economics*, 2009, 33: 233 – 252.

Hart, K. , "Small Scale Entrepreneurs in Ghana and Development Planning," *Journal of Development Planning*, July, 1971.

Hart, Keith, "Informal Income Opportunites and Urban Employment in Ghana," *Journal of Modern African Studies*, 1973, 11 (1): 61 – 89.

Heckman, J. J. , "Sample Selection Bias as a Specification Error," *Econometrica*, 1979, 47 (1): 153 – 61.

Heintz, James, "Globalisation, Economic Policy and Employment: Poverty and Gender Implications," (Geneva: International Labour Office, Employment Policy Unit, Employment Strategy Department), o [Online] aAvailable at: www. ilo. org/public/english/employment/strat/download/esp 2006 – 3. pdf. 2006.

K. F. Becker, *Fact Finding Study: The Informal Economy*, Swedish International Development Agency, 2004.

Lee, L. F. , "Generalized Econometric Models with Selectivity," *Econometrica*, 1983, 51: 507 – 512.

ILO. , "World Employment Report 2004 – 2005: Employment, Productivity and Poverty Reduction," Geneva: International Labor Office, 2005.

ILO. , "Women and Men in the Informal Economy: A Statistical Picture," Geneva: International Labor Office, 2002.

ILO. , "Employment, Incomes and Equality: A Strategy for Increasing Productive Employment in Kenya," Geneva: International Labor office, 1972.

ILO and WTO, "Globalization and Informal Jobs in Developing Countries," A joint study of the International Labour Office and the Secretariat of the World Trade Organization, 2009.

McFadden, D. L. , "Conditional Logit Analysis of Qualitative Choice Behavior," In P. Zarembka (ed.) *Frontiers in Econometrics*, New York: Academic Press, 1973.

Maloney, William F. , "Informality Revisited," *World Development*, 2004, 32 (7): 1159 – 1178.

Mincer, J. , "Schooling Experience and Earnings, National Bureau of Economic Research," New York, 1974.

Perry, G. E. , Maloney, W. F. , Arias, O. S. , Fajnzylber, P. , Mason, A. D. and Saavedra-Chanduvi J. , "Informality: Exit and Exclusion," World Bank Latin American and Caribbean Studies, Washington DC: World Bank, 2007.

Sethuraman, Salem V. , "The Urban Informal Sector: Concept, Measurement and Policy," International Labour Review, 1976, Vol. 114 (1) : 69 – 81.

Song, Yueping and Xiao-Yuan Dong, "Gender and Occupational Mobility in Urban China during the Economic Transition," Unpublished manuscript, 2009.

Summerfield, Gale, "Economic Reform and the Employment of Chinese Women," *Journal of Economic Issues*, 1994, 28 (3): 715 – 32.

Chant, Sylvia and Carolyn Pedwell, "Women, gender and the informal economy: An Assessment of ILO Research and Suggested Ways Forward," International Labour Office, – Geneva: ILO, 2008.

Tokman, "An Exploration into the Nature of Informal-formal Sector Relationships," World Development, 6, Oxford, Pergamon Press Ltd. , 1978.

UN, "The World's Women 2000: Trends and Statistics," New York: UN Statistical Division, 2000.

第 11 章

家庭内部资源配置中的性别差异

齐良书

11.1 引言

妇女在经济上的劣势地位不仅表现在劳动力市场上，在家庭内部，商品、闲暇、家庭决策权等资源的分配也往往不利于妇女。由于家庭内部资源配置对个人福利水平和人力资本积累有着直接影响，故而家庭内部资源配置中的性别差异也日益受到关注。

经验研究显示，妇女在家庭中的决策权低于男性。即使在英、美这样的发达国家，一般情况下也是男性在家庭重大决策中居于主导地位（Hardill et al, 1997; Biddlecom and Kramarow, 1998）。甚至在那些妻子收入高于丈夫收入的家庭中，妇女的家庭决策权也仍然低于男性（Tichenor, 2005）。

理论上，如果家庭成员的偏好是一样的，家庭决策者的目标是家庭效用最大化，那么家庭决策权掌握在男性手中还是掌握在妇女手中，家庭内部资源配置的结果应当是相同的。但是实际情况并非如此。一些研究发现，妇女倾向于将更多的资源配置给子女，以改善子女的福利状况或增加其人力资本投资（Thomas, 1990; Lundberg et al, 1997）。而且有证据表明，不同性别的家庭决策者在配置家庭资源时存在一定的性别偏向。妇女掌握更多的家庭资源，更有利于改善女儿的健康状况（Thomas, 1994）。

然而，妇女总是缺少对最重要的家庭资产的支配权。多数情况下，土地是发展中国家农村最重要的资产，而土地所有权中的性别差距是极其明显的（Deere and Leon 2003；Goebel，2005）。但也有例外，在有的农村地区，由于产业结构的变化，男性外出工作的机会增加，农业已经不是主要的收入来源。在这种情况下，妇女对土地的所有权得到改善，但工作负担却加重了，在家庭中的决策权则没有提高（Rao，2006）。

家庭中的人力资本投资通常优先考虑男性。在最重要的两种人力资本投资形式——医疗保健和教育方面，妇女都受到歧视。与男孩相比，女孩罹患营养不良的比例较高（Sen and Sengupta，1983），生病后得到诊治的几率较低（Yount，2003）或获得的医疗服务的质量较差（Jonsson et al. 2005）。在其他条件都相同的情况下，女孩受教育的机会总是低于男孩（Broaded and Liu，1996；Shapiro and Tambashe，2001；Cobb-Clark et al.，2005；Aslam and Kingdon，2008；Lincove，2009）。

家庭内部资源配置中妇女的劣势地位最悲剧性的表现是，在一些发展中国家，许多妇女的生命权被剥夺。Sen（1990）指出，一些国家的人口出生性别比失衡，意味着数以亿计的女孩在出生前遭受了选择性流产。这一观点得到了其他学者经验研究的支持（Klasen and Wink 2002；Das Gupta 2005）。

与国外丰富的研究成果相比，国内关于家庭内部资源配置中性别差异的经验研究还不多见。高梦滔和姚洋（2004）的研究表明，在我国农村，处于生育期和抚育期的女性往往在健康投资上获得优先地位，揭示出女性在抚育后代方面的比较优势对于女性的健康投资至关重要。谢霄亭和高梦滔（2004）发现，在生存经济条件下，母亲的劳动参与程度增加会减少女孩的受教育年限，增加男孩的受教育年限，而父亲则相反。相比之下，海外学者对中国家庭内部资源配置中的性别差异问题给予了更多的关注。Hare et al.（2007）的研究显示，中国农村的家庭联产承包责任制虽然以家庭为单位，但两性的权益实际上是不对称的。截止到 2002 年，越来越多的农村妇女在结婚的同时失去了责任田，并且如果土地政策不改变，这一趋势还将愈演愈烈。MacPhail and Dong（2007）发现，以家务劳动时间、家务劳动责任和家庭决策权来衡量，中国农村女性在家庭中的地位低于男性；女性的家务劳动时间随工资收入提高而减少，但不受工作时间长短的影响。Song（2008）对中国农村家庭内部资源配置中的性别差异进行了实证检验，结果表明：妻子的谈判能力越强，家庭用于子女教育和子女衣着的支出比例越大；家庭中存在不利于女孩、特别是 6 岁以下女孩的性别歧视;妻子的谈判能力与家庭中对女孩的歧视没有显著关系。家庭内部资源配置中的性别差异并非固定不变,而是因国家和地区的不同而有所不同,并且是随着经济发展、社会变迁、政策演变而不断变化的。因此,关于这个问题的经验研究要针对各国的具体情况,并且要不断进行下去。

　　本章的主题是与家庭内部资源配置中的性别差异有关的经验研究方法。为了给经验分析提供必要的理论基础,首先介绍关于家庭内部资源配置的各种理论模型。接下来,在经验分析方法上,重点讲解如何检验家庭资源共享假说,以及如何检验家庭内部资源配置中是否存在性别歧视。随后,给出一个关于谈判能力对家庭内部资源配置影响的经验研究案例,并具体指出在阐释回归结果时应当特别注意的问题。最后,对全章内容进行简要总结。

11.2　家庭内部资源配置的理论模型

　　家庭内部资源配置遵循什么样的规则?为什么其结果往往对妇女不利?为了对此作出解释,经济学家构建了多种理论模型。按照家庭决策者——绝大多数情况下是夫妻双方——的目标是否一致,这些模型可以分成两类:一致同意模型(Consensus Models)和非一致同意模型(Nonconsensus Models)[①]。

11.2.1　家庭内部资源配置的一致同意模型

　　顾名思义,一致同意模型是假定在家庭决策过程中,家庭成员的目标和偏好是完全一致的,就好像是一个人一样。这类模型中最早出现、同时也是影响最广的,是 Becker 于 1965 年提出的单一家庭模型(Unitary Family Model)。由于单一家庭模型把新古典经济学对个人行为动机的假设直接应用到对家庭行为的研究中,因此又被称为"新古典家庭模型"。此后在单一家庭模型的基础上,还发展了一类描述父母如何在子女间分配资源的模型,统称父母偏好模型(Parental Preference Models)。

　　(1)单一家庭模型

　　单一家庭模型把家庭视为最小的决策单位,个人效用函数与家庭效用

---

　　①　本部分参考了 Behrman(1997)的模型分类。

函数没有区别。这等同于假设家庭中仅有一个成员（Becker，1965）。换言之，这个模型的基本假设是所有家庭成员有着同样的目标函数或偏好，并且共享所有的资源（resource pooling）[①]。

考虑一个由夫妻二人组成的家庭，以上标 m 代表男性，f 代表女性。设家庭目标函数为：

$$\text{MAX} \quad U = U \ (C^m, \ C^f, \ L^m, \ L^f, \ G) \tag{11-1}$$

其中，C 为从市场上购买的消费品或服务构成的向量，L 为闲暇时间，G 为家庭产品向量。家庭配置资源的约束条件为：

$$\text{s. t.} \quad I^m + I^f + \ (w^m + w^f) \ T = C^m + \ C^f + GI \cdot p_{GI} + w \ (L + D) \tag{11-2}$$

$$G = G \ (D, \ GI) \tag{11-3}$$

$$L \geqslant 0, \ D \geqslant 0, \ C \geqslant 0, \ GI \geqslant 0 \tag{11-4}$$

其中，I 为非劳动收入，w 为工资率，T 为总时间，GI 为生产家庭产品所需的投入品向量，p_{GI} 为投入品的价格，D 为生产家庭产品所耗费的家务劳动时间。消费品的价格标准化为 1。式（11-2）为由收入约束和时间约束共同构成的预算约束，其中时间约束为 $T =$ 市场劳动时间 $+ L + D$；式（11-3）为家庭产品生产函数；式（11-4）为非负约束。

根据以上目标函数和约束条件，家庭效用最大化的一阶条件为

$$\frac{\partial U}{\partial C^i} = \lambda \tag{11-5}$$

$$\frac{\partial U}{\partial L^i} = \lambda w^i \tag{11-6}$$

$$\frac{\partial U}{\partial G} \frac{\partial G}{\partial GI} = \lambda p_{GI} + \theta \frac{\partial G}{\partial GI} \tag{11-7}$$

$$\frac{\partial U}{\partial G} \frac{\partial G}{\partial D} = \lambda p_W + \theta \frac{\partial G}{\partial D} \tag{11-8}$$

$$i = m, \ f$$

式（11-5）—（11-8）的经济含义是，在单人家庭中，每种资源的配置都遵循边际效用等于边际成本的原则。其中，式（11-6）和（11-8）分别决定了家庭的闲暇时间 L 和家务劳动时间 D。按照式（11-2）

---

① 本章中的"资源共享"是指家庭成员在进行家庭内部资源配置之前，把他们的资源放在一起共同支配。至于每个家庭成员最终得到多少资源，则取决于家庭内部资源配置的结果。

中暗含的时间约束，由于时间总量 T 是一个常数，所以家庭的市场劳动时间 $T-L-D$ 也可推出。

如果多人家庭与单人家庭配置资源的方式完全相同，也就是说，家庭成员之间共享资源且不存在任何冲突，如推卸责任、搭便车、欺骗等，同时，不同家庭成员又具有不同的比较优势，那么可以推论，家庭成员之间必将出现完全的分工（Becker，1991）。在劳动市场上工资相对更高的一方——通常是男性——将把全部非闲暇时间用于市场劳动；而在家庭生产上效率相对更高的一方——通常是女性——将把全部非闲暇时间用于家务劳动。当然，现实中家庭内部的性别分工通常是不完全的。原因在于，由于男女之间的生理特质不同，男性和女性的时间并不能完全相互替代。事实上，男性和女性的时间在许多活动上存在着互补性。互补意味着有男女双方的家庭比只有男女一方的家庭效率更高，但是，由于需要两性共同生产某些商品，所以，互补性就削弱了时间配置上的性别分工。不过，"男主外、女主内"的家庭性别分工基本模式仍然成立。与男性相比，女性更多地把时间配置到家庭部门。

不仅如此，Becker指出，男女之间不仅存在生理差异，更重要的是存在后天人力资本投资差异（Becker，1991）。父母对男孩进行的人力资本投资是市场导向的，有利于提高男孩在劳动市场上的生产率；对女孩进行的人力资本投资则是家庭导向的，主要是有利于提高女孩在家庭内部的生产率。于是，性别分工导致两性人力资本投资差异；两性人力资本投资差异又反过来强化了性别分工。

虽然单一家庭模型的前提假设与现实有着较大距离，但从这个模型可以得到一些关于市场价格等外生因素变化将如何影响家庭内部资源配置（主要是时间配置）的有用推论。而且，其他各种一致同意家庭模型也都沿用了单一家庭模型的基本分析框架。

（2）父母偏好模型

父母偏好模型的基本假设与前面介绍的单一家庭模型相同，即假设父母具有一个共同的效用函数。为了解释家庭资源在子女人力资本投资上的分配方式，父母偏好模型又假设这个效用函数可以分解成两部分：父母本人的消费和孩子成年后的收入。孩子成年后的财产可以是他们凭借自己的人力资本挣得的，也可以是父母馈赠给他们的。而孩子的人力资本取决于父母早年对他们的投资。于是，父母就需要在自己的消费、对孩子的人力资本投资和对孩子的馈赠三个目标之间配置资源，以最大化总效用。

家庭决策者，也就是父母的目标函数可写为：

MAX　　$U = U (C, Y_1, Y_2, \cdots, Y_n, T_1, T_2, \cdots, T_n)$　　　　（11 - 9）

其中，C 为父母本人的消费；Y_j 为第 j 个孩子成年后的收入；T_j 为父母向第 j 个孩子馈赠的收入。

约束条件为：

s. t.　　$W = C + \Sigma T + \Sigma H$　　　　　　　　　　　　　　（11 - 10）

$Y_j = Y (H_j; E_j)$　　　　　　　　　　　　　　　　　（11 - 11）

其中，W 为父母的总收入；H_j 为父母对第 j 个子女的人力资本投资；E 代表子女的先天禀赋。式（11 - 10）是预算约束；式（11 - 11）是子女的收入生产函数，其一阶偏导数 $\partial Y/\partial H > 0$，表示人力资本投资的收益率为正；对人力资本投资的二阶偏导数为负，$\partial^2 Y/\partial H^2 < 0$，表示人力资本投资的边际收益递减。

子女的总收入包含两部分：一是自己的收入 Y，二是父母转移来的收入 T。根据父母是否关注子女的收入来源，父母偏好模型又可细分为两种：

①财富模型（Wealth Model）

财富模型假设父母只关心子女的总收入，并不关心子女收入的具体来源。换言之，在父母眼中，Y 与 T 是可以完全相互替代的。此外，财富模型还假设父母对每个子女的关心程度都相同，父母可以通过馈赠 T 对收入低的子女进行补偿。

Becker and Tomes（1976）分析了父母拥有足够资源可以通过馈赠对收入低的子女进行补偿的情况。按照效用最大化的基本原理，父母对每个子女的人力资本投资量应为 H_i^*，H_i^* 的数值应使人力资本投资的边际收益率（即最后一单位 H_i 所带来的 Y_i）正好等于金融资产的收益率。父母配置给第 i 个子女的超过 H_i^* 的资源则应视为转移收入。

按照以上设定，如果子女的收入生产函数（11 - 11）的二阶交叉偏导数为正（$\partial^2 Y/\partial H\partial E > 0$），则子女的先天禀赋差异会因父母的人力资本投资而强化。$\partial^2 Y/\partial H\partial E > 0$ 意味着，子女的天赋越好，人力资本投资收益率越高。因此，为了最大化自己以及整个家庭的效用，父母会对天赋较好的子女进行更多的人力资本投资。又由于父母对子女一视同仁，希望子女的总收入尽量平等，所以会给予天赋较差的子女更多的转移收入。

引入社会性别视角,由于历史上长期形成的关于性别分工的社会规范以及劳动市场上的性别歧视和性别隔离,一般而言,男孩在劳动市场上获取收入的"天赋"较好,其人力资本投资收益率高于女孩。按照财富模型,这将导致父母更愿意对男孩进行人力资本投资。由于父母可以通过馈赠的方式补偿女孩,比如给女孩更多的陪嫁,家庭内部资源配置的不平等可以在家庭内部解决,不需要公共政策干预。

②收入—馈赠分离(SET)模型(Separable Earnings-Transfers Model)

Becker and Tomes 的财富模型假设父母拥有足够资源,可以通过馈赠对收入低的子女进行补偿,这对许多家庭来说是不现实的。因此,Behrman et al.(1982)放弃了这一假设,提出了收入—馈赠分离(SET)模型。SET 模型假设,子女自己的收入和馈赠给子女的收入给父母带来不同的效用;也就是说,父母对子女自己的收入的偏好与父母对向子女的馈赠的偏好是可分的。父母的目标函数于是改写为:

$$U = U \left[C, V_Y (Y_1, Y_2, \cdots, Y_n), V_T (T_1, T_2, \cdots, T_n) \right] \qquad (11-12)$$

其中,V_Y、V_T 是两个次级效用函数,分别表示子女自己的收入和向子女的馈赠给父母带来的效用。为了简化问题,Behrman et al.(1982)假设父母把现有的所有资源都用于子女的人力资本投资;子女长大成人之后,再对他们进行馈赠,以最大化父母的效用。这样一来,人力资本投资决策就只需考虑次级效用函数 V_Y 了。

V_Y 的形式取决于两方面因素。一是父母对效率和公正的权衡。如果父母只对效率感兴趣,那么不同子女的收入就是可以完全替代的,当子女数为 2 时,V_Y 的无差异曲线呈一条直线(图 11-1 中的 A);如果父母只对公正感兴趣,那么不同子女的收入就是完全不可替代的,V_Y($n=2$)的无差异曲线呈直角(图 11-1 中的 B),就是说父母的效用是由收入较低的孩子的收入决定的。中间情况是父母在追求效率的同时也顾及公正,此时不同子女的收入就是部分可替代的,V_Y($n=2$)的无差异曲线为凸向原点的曲线(图 11-1 中的 C)。

影响 V_Y 函数形式的另一方面因素是父母对每个子女的关心程度是否相同。父母对子女的关心程度受多种因素影响,如子女的性别、出生顺序、相貌、性格、智力、健康状况等。关心程度与公正目标无关。父母可能极度关注公正,但同时对不同子女的关心程度又是不同的(图 11-2)。父母对每个子女的关心程度是否相同,影响的是 V_Y 的无差异曲线的位置,

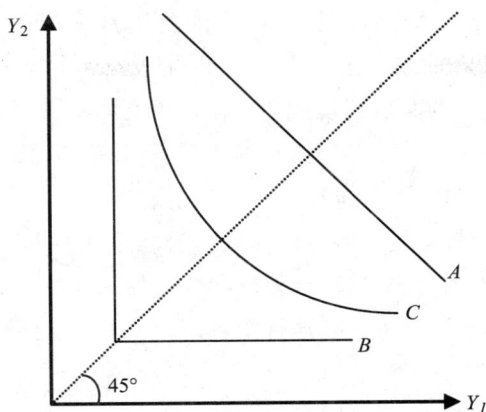

图 11 - 1　父母的公正—效率权衡

而不是形状。

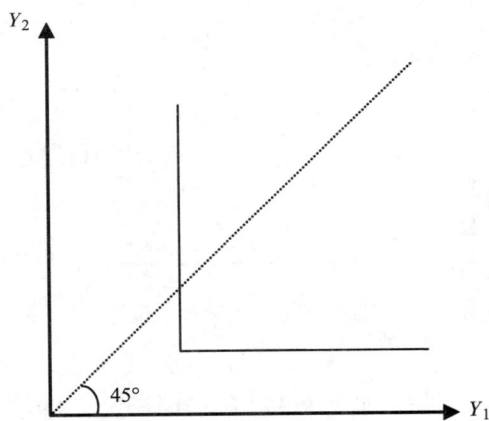

图 11 - 2　公正 ≠ 对子女关心程度相同

为了求出最优人力资本投资数量，需最大化 V_Y，服从约束条件（11 -
11）和（11 - 13）：

$$\sum p_{Hj} H_j \leqslant R \qquad\qquad (11 - 13)$$

其中，p_{Hj} 为单位人力资本投资的成本；H_j 为对第 j 个子女的人力资本
投资数量；R 为父母拥有的可用于孩子人力资本投资的资源总量。

最优人力资本投资数量的确定如图 11 - 3（n = 2）。A 是次级效用函

数 V_Y 的无差异曲线,其形状(凸向原点的曲线)和位置(以 45°线为轴对称)表明,父母既非极度追求效率,也非极度追求公正,而是介于中间;父母对两个子女的关心程度相同。B 是子女的收入可能性边界,是由收入生产函数(11 - 11)、两个子女的天赋 E_1 和 E_2 以及人力资本投资成本 p_{H1} 和 p_{H2} 决定的。由于 E_1 和 E_2、p_{H1} 和 p_{H2} 通常并不相等,故而图 11 - 3 中的 B 并不以 45°线为轴对称。最优人力资本投资数量为 A 和 B 的切点 H,父母应更多地投资于第 1 个子女。当然,各种外生因素也有可能导致子女的收入可能性边界为 C。在这种情况下,父母就应更多地投资于第 2 个子女。

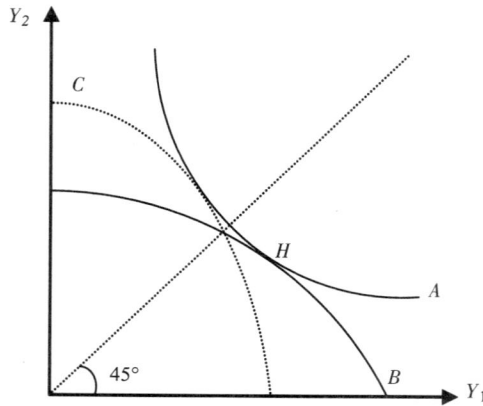

图 11 - 3　最优人力资本投资数量的确定

Behrman et al. (1982)进一步讨论了当次级效用函数 V_Y 为 CES 型,收入生产函数为 Cobb-Douglas 型时,SET 模型下的家庭内部人力资本配置问题。模型推导表明,若不同子女的人力资本投资成本相等($p_{Hi} = p_H$)且父母对每个子女的关注程度相同,则偏重效率的父母会通过人力资本投资强化子女的天赋差异,即对优势子女多投资;偏重公正的父母会通过人力资本投资来缩小子女的天赋差异,即对弱势子女多投资;在效率与公正之间的权衡恰好处于某一特定程度(具体而言,是 CES 效用函数中的 $\rho = 0$,此时 CES 函数退化为 C - D 函数)时,父母的人力资本投资对于子女的天赋而言是中性的,既不强化、也不弱化子女间的天赋差异。这些结论与财富模型的结论有所不同。按照 SET 模型,虽然男孩的天赋(与获取货币收入有关的能力）一般优于女孩，但家庭人力资本投资中既有可能出现有利于男孩的偏向，也有可能出现有利于女孩的偏向。实际结果取决于父母对效率与公正的权衡。

若父母对不同子女的偏好程度有差异，则在以上结论的基础上，更受父母偏爱的子女会得到更多的人力资本投资。按照 SET 模型，家庭内部资源分配既会强化也会弱化子女由生理和社会导致的禀赋差异，在前者出现时，需要公共政策干预。

11.2.2　家庭内部资源配置的非一致同意模型

一致同意模型假定家庭成员——特别是家庭决策者，如父母偏好模型中的父母——的目标完全一致，忽略了家庭成员的偏好差异以及家庭内部的合作与冲突。相比之下，非一致同意模型把家庭内部资源配置看做一个博弈过程，更好地反映了家庭内部资源配置的实际状况。非一致同意模型特别适合用来分析夫妻双方之间的博弈，而这正是一致同意模型的最主要弱点。

非一致同意家庭模型假设家庭决策者——通常是夫妻双方——具有不同的个人效用函数；家庭内部资源配置是夫妻双方博弈的结果，而不是双方共享资源、按家庭效率最大化原则进行配置的结果。按照对博弈规则所作的假设，非一致同意模型可分为合作博弈模型和非合作博弈模型两类。它们的一个主要区别是，合作博弈模型通常只允许帕累托最优的分配结果；非合作博弈模型则允许非帕累托最优的分配结果。不过，也有的模型并未对博弈规则作出明确假设。

（1）纳什谈判模型（Nash-Bargaining Model）

家庭内部资源配置的纳什谈判模型假设夫妻双方各有一个"底线"（bottom line）（又称"威胁点"，threat point），底线决定了双方在家庭内部的谈判能力，双方都以从家庭中得到超过底线的效用增量为目标进行博弈。由此得到的纳什谈判解确定了家庭资源的分配（Manser and Brown，1980；McElroy and Horney，1981）。

假设个人效用函数为：

$$U^i = U^i (C^m, C^f, L^m, L^f), i = m, f \qquad (11-14)$$

如果男女双方没有建立家庭，各自选择消费品与闲暇时间来最大化自己的个人效用：

Max　$U^i = U^i \ (\ C^i, \ L^i\ )$　　　　　　　　　（11 − 15）

s. t.　$I^i + p_w^{\ i} T^i = C^i + L^{\ i} w^i$　　　　　　（11 − 16）

所得出的最优消费品 C 和闲暇时间 L 是外生既定变量 I^i, w^i 的函数。将其代入式（11 − 15），得到最大效用水平:

$V_0^i = V_0^{\ i} \ (\ I^i, \ w^i, \ \theta^i\ )$　　　　　　（11 − 17）

显然，V_0^i 为 i 的间接效用函数，θ 为其他影响家庭以外获利机会的因素。纳什谈判模型将 V_0 设为家庭中夫妻双方谈判的底线（Manser and Brown，1980；McElroy and Horney，1981）。这意味着如果任何一方在家庭中得到的效用低于 V_0^i，谈判就将破裂，家庭就将解体。

如果男女双方组成家庭，男性和女性将联合选择每个人的 C（消费）和 L（闲暇时间），以最大化一个纳什生产函数型家庭效用函数（McElroy and Horney，1981）:

Max　$N = \ (\ U^m - V_0^{\ m}\ ) \ (\ U^f - V_0^{\ f}\ )$　　　　（11 − 18）

s. t.　$\sum I^i + \sum w^i T^i = \sum C^i + \sum w^i L^i$　　（11 − 19）

$L^i \geqslant 0, \ C^i \geqslant 0$　　　　　　　　（11 − 20）

其中，消费品 C 的价格已标准化为 1。家庭效用最大化一阶条件为:

$$\frac{\partial L}{\partial C^i} = \frac{\partial U^m}{\partial x^i \ (\ U^f - V_0^f\ )} + \frac{\partial U^f}{\partial x^i \ (\ U^m - V_0^m\ )} - \lambda \leqslant 0 \qquad （11 − 21）$$

$$\frac{\partial L}{\partial L^i} = \frac{\partial U^m}{\partial x^i \ (\ U^f - V_0^f\ )} + \frac{\partial U^f}{\partial x^i \ (\ U^m - V_0^m\ )} - \lambda w^i \leqslant 0 \qquad （11 − 22）$$

$$\partial L / \partial \lambda = \sum I^i + \sum w^i T^i - \left(\sum C^i + \sum w^i L^i \right) = 0 \qquad （11 − 23）$$

$C^i \geqslant 0, \qquad L^i > 0$　　　　　　　　（11 − 24）

由式（11 − 22）—式（11 − 24）可得到每种资源的最优配置:

$x^i = x^i \ (\ I', \ w'; \ V_0^i, \ V_0^j\ ), \ x = C, L$　　　（11 − 25）

以上是纳什谈判模型的基本框架。此外，考虑到家庭与个人的不同，即为了生产家庭产品，需要投入时间和其他商品，故而还可以将家庭产品生产函数（11 − 3）及其非负约束（11 − 4）补充进去，最后求得最优的 C^i、L^i、D^i 和 GI。

图 11 − 4 是对纳什谈判模型的一个简化图解。其中，UPF 为由各种外生因素确定的家庭效用可能性边界；V_0^i、V_0^j 分别为夫妻双方的底线。显然，只有 UPF 上介于 E 和 F 之间的点才是可能的均衡点。按照式（11 − 18）设定的家庭目标效用函数，最终的谈判均衡点应为 D 点，D 点是使

矩形 *ABCD* 的面积达到最大值的 UPF 上的点。容易看出，家庭内部资源配置的结果对底线较高的一方更为有利。

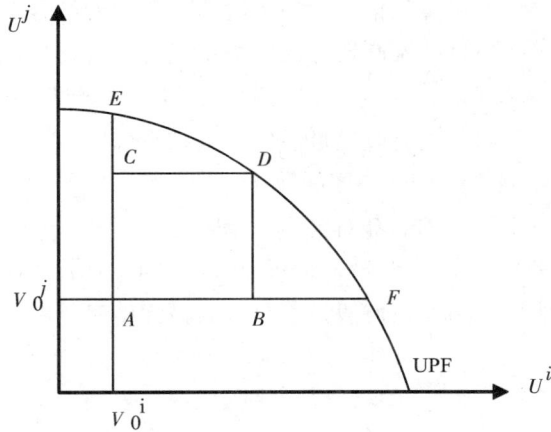

图 11 - 4　家庭内部纳什谈判均衡

与男性相比，妇女在家庭外获得收入的能力通常比较低，也就是说妇女的底线通常低于男性。从模型可以推出，这将导致妇女在家庭内部分配中得到的资源少于男性。事实上，除了夫妻双方的相对收入、财产等家庭内部因素以外，谈判能力还与许多家庭以外的因素有关，如：社会支持、社会规范、婚姻市场状况等（Agarwal, 1997）。总体而言，这些因素都不利于妇女。尤为注意的是，家庭外部非经济因素往往限制着家庭内部因素对妇女谈判能力的影响。例如，在许多妻子收入高于丈夫的家庭中，妻子的谈判能力仍然低于丈夫。因此，要深入理解并设法改善妇女在家庭内部的处境，家庭外部的大环境是不可忽视的。

如上所述，早期的纳什谈判家庭模型大都把底线设为个人在家庭之外的效用。也就是说，一旦夫妻中有一方在家庭中得到的个人效用低于其在家庭之外的效用，夫妻双方的合作就会破裂，放弃家庭，转而寻求家庭外的个人效用最大化。这相当于假设夫妻双方把离婚作为发生家庭冲突时的唯一选择。但在现实生活中，离婚会给个人带来极大的交易成本和心理成本，是万不得已之时的最后出路。当夫妻之间发生冲突时，他们一般不会离婚，而是会在婚姻内进行"冷战"，即不与对方合作。据此，伦德伯格和波莱克（Lundberg and Pollak，1993）提出了分离半球模型（Separate Sphere Model），把底线设为夫妻通过一个非合作博弈决定的自愿提供家庭公共品数量的均衡解，这个均衡解在一定程度上取决于传统的性别角色。分离半球模型实际上是一种把合作博弈与非合作博弈结合起来的模型。按照这种模型，同样数量的家庭资源由丈夫支配与由妻子支配，得到的家庭内部分配结果是不同的，因为在这两种情况下，非合作博弈的均衡解不同，也就是底线不同，这会改变最后的分配结果。

（2）集体模型（Collective Model）

和纳什谈判模型一样，集体模型也是一种非一致同意合作博弈模型（Chiappori，1992；Browning，Bourguignon and Chiappori，1994）。但是，集体模型没有对博弈规则作任何假设，只假设博弈结果是帕累托最优的，即家庭内部资源配置达到了这样一种状态：要提高一方的效用，就不可能不损害另一方的效用。因此，集体模型比纳什谈判模型更具有一般性；换言之，纳什谈判模型可以看成是集体模型的一种特例。

家庭效用最大化问题可写为：

$$\text{Max} \quad U^1 = U^1 \ (C^1, L^1) \tag{11-26}$$

$$\text{s. t.} \quad U^2(C^2, L^2) \geqslant \overline{u_2} \tag{11-27}$$

$$L^1 w^1 + L^2 w^2 + C^1 + C^2 \leqslant (w^1 + w^2) \ T + I^1 + I^2 = Y \tag{11-28}$$

其中，$\overline{u_2}$ 是第 2 个人的某个给定的效用水平，Y 是家庭总资源数量。

由于这里设定的个人效用函数中只包含本人的消费和闲暇，不包含对方（配偶）的消费和闲暇，所以这是一种"自我中心"（egoistic）的效用函数。

从某种特定的目标函数形式和约束条件出发，可以推导出不同于单一家庭模型的效用最大化均衡条件，并且这种差异是可以进行经验检验的。

根据集体模型，家庭决策可以看作一个两阶段（two-stage）决策过程。第一阶段，假设夫妻双方决定家庭资源的"分配规则"（sharing rule）；第二阶段，夫妻各自在所分配到资源的约束下，对个人效用最大化求解。这个决策过程可以写为：

$$\text{Max} \quad U^m = U^m \ (C^m, L^m) \tag{11-29}$$

$$\text{s. t.} \quad L^m w^m + C^m p_c^{\ m} \leqslant \phi^m \ (w^m L^m + w^f L^f + I^m + I^f) \tag{11-30}$$

$$\phi^m \ (w^m L^m + w^f L^f + I^m + I^f) = Y - \phi^f \ (w^m L^m + w^f L^f + I^m + I^f)$$

$$\tag{11-31}$$

其中，φ 代表分配规则。当夫妻双方的劳动收入以及家庭非劳动收入发生变化时，双方的资源分配变化取决于分配规则，即夫妻各自对家庭资源的控制程度。分配规则可以通过对家庭和个人数据的经验分析估计出来。

当然，"自我中心"的效用函数往往不能准确地刻画家庭成员的偏好。更加现实的假设是夫妻双方在一定程度上彼此关心。Chiappori（1992）证明，假设个人效用函数为 Becker 式的"关心他人"型：

$$U = U \left[U^1 \left(C^1, L^1 \right), U^2 \left(C^2, L^2 \right) \right] \tag{11-32}$$

并不影响模型的基本结论。与式（11-14）的不同之处在于，式（11-32）中两人的效用是可分的。

（3）非合作博弈模型（Non-cooperative Bargaining Model）

合作博弈模型假定夫妻双方联合作出家庭决策（虽然双方的决策权，或者说谈判能力有高下之分），博弈结果是帕累托最优的。与此相对照，非合作博弈模型假设夫妻双方各自独立地最大化自己的效用。这就导致博弈结果可能是非帕累托最优的，即对博弈结果可以做出帕累托改进，在不损害一方效用的前提下，提高另一方的效用（Lundberg and Pollak，1994）。

假设个人效用函数为：

$$U^i = U^i \left(x^i, G \right), \quad i = m, f \tag{11-33}$$

其中，x 代表私人物品；G 代表家庭中的公共品。假定 G 的生产函数是线性的，夫妻双方生产 G 的效率不同，第 i 个人的每单位家务劳动时间 c^i 可得到 h^i 单位的 G。家务劳动之外的时间 $T - c^i$ 则用于在劳动市场上获取收入。

家庭资源配置问题为：

$$\text{Max} \qquad U^m = U^m \left(x^m, G \right) \tag{11-34}$$

$$\text{s. t.} \qquad w^m T + I^m + \left(w^m / h^m \right) h^f c^f \geqslant x^m + \left(w^m / h^m \right) G \tag{11-35}$$

$$G - h^f c^f \geqslant 0 \tag{11-36}$$

$$x^m \geqslant I^m \tag{11-37}$$

其中，式（11-35）为预算约束。它表明，m 的最大市场收入 $w^m T$ 加上财产 I^m，必须不小于他的私人消费 x^m 加上他对家庭公共品的贡献的成本 $\left(w^m / h^m \right) \left(G - h^f c^f \right)$。式（11-36）和式（11-37）为非负约束。

可以证明，在一定限制条件下［个人效用函数是二次可微、严格拟凹的；目标函数（11－34）的满足约束条件（11－35）的收入消费曲线 x^i（G）处处都具有有限正斜率］，以上家庭资源配置问题存在纳什均衡（Konrad and Lommerud，1995）。该均衡对于给定的财产数量和生产率是唯一的，但由于家庭公共品供给不足，所以并不是帕累托最优的。恰当地进行配偶之间的再分配（改变 I^i，或改变 w^i 与 h^i 之间的关系）能够带来帕累托改进。

11.3   研究家庭内部资源配置的经验方法

从社会性别视角出发对家庭内部资源配置的经验研究集中于两个主题：夫妻双方是否共享资源的问题，以及家庭内部资源配置中是否存在性别歧视的问题。

（1）检验资源共享假说

按照一致同意模型，夫妻双方有着相同的效用函数并共享所有资源，家庭内部资源配置的结果反映了双方共同的偏好，因此，家庭内部资源配置受家庭资源总量的影响，而与资源是谁贡献的无关。按照非一致同意模型，夫妻双方有着不同的个人效用函数，那么，家庭资源掌握在男性手中或者女性手中，配置的结果就会不同。换言之，按照非一致同意模型，夫妻双方并非完全共享资源；双方对家庭资源的掌控力（包括谈判能力）会对家庭内部资源配置结果产生影响。

检验资源共享假说的难点在于，在绝大多数情况下，夫妻双方各自所掌握的家庭资源的数量（或谈判能力）是内生的，即受到夫妻双方资源配置决策的影响。例如，夫妻双方的工资收入就是家庭内部资源配置的结果。因此对这一假说进行经验检验的关键，是要找到某种外生于家庭内部资源配置决策的代表男性或女性的家庭资源掌控力的数据。

①以非劳动收入（non-earned income）代表家庭资源掌控力

从理论上讲，非劳动收入（例如财产、嫁妆、政府或他人给予的转移支付或赠予等）与家庭内部资源配置决策无关，如果能确定这种收入的个人归属，那么就可以比较准确地检验资源共享假说。

Schultz（1990）就是运用这种策略，检验了夫妻双方的非劳动收入对女性劳动市场参与和生育率的影响。根据前面介绍的家庭资源分配的理论

模型，夫妻各自的劳动供给方程可写为

$$S_i = \alpha_0 + \alpha_1 I_i + \alpha_2 I_j + X'\beta_i + \varepsilon_i \qquad\qquad (11-38)$$

其中，S_i 是个人 i 的劳动供给；I_i 和 I_j 是 i 和 j 各自的非劳动收入；X 是一组控制变量，包括工资率、商品市场价格、劳动力市场特征等；希腊字母 α 和 β 是待估计参数；ε 是随机干扰因素。家庭资源共享的假说可以通过对 α_1 和 α_2 参数估计值的比较来检验。

按照新古典家庭模型（单一家庭模型），家庭资源共享，非劳动收入只影响家庭预算约束，至于非劳动收入的个人归属则对劳动供给没有影响。在这种情况下，i 和 j 各自的非劳动收入对 i 的劳动供给的影响是一样的，也就是说，$\alpha_1 = \alpha_2$。但是，根据纳什谈判模型和集体模型，个人在家庭资源分配结果取决于个人谈判的底线，而谈判底线受个人非劳动收入的影响，所以，α_1 和 α_2 应当是不同的。

类似的思路也可以用来分析生育率，因为生育率可以视为对孩子需求的表现，同样，按照不同的模型，非劳动收入的归属对生育率将产生不同的影响。

Schultz 使用泰国 1980—1981 年社会经济调查的数据，选取了两个变量来代表非劳动收入：一是财产，二是转移收入。检验分几个步骤进行。第一，对选择性样本进行校正。因为观察到的工资率已经是自我选择的结果，决定不就业的人工资率为 0，但这部分人在劳动市场上的收益率（即潜在工资率）并不是 0。所以先要对一个 Probit 模型（以就业—不就业的选择为被解释变量）和一个工资方程（以小时工资率的对数为被解释变量）用最大似然法进行联合估计，以估算出每个人潜在的工资率。第二，以男性或女性的劳动市场参与（上一周是否就业，以及上一周的工作小时数）为被解释变量，以男女双方的劳动收入和非劳动收入为主要解释变量（此外还引入了本人年龄、本人受教育程度、家庭拥有土地数量、地区虚变量等作为控制变量），进行回归，然后对解释变量中男女非劳动收入的系数估计值是否相等作 F 检验。第三，按照与上一步相同的方法，检验男女双方的非劳动收入对生育率的影响是否等同。[①]

---

① 还有第四个步骤，是把女性的婚姻状况也作为一个内生变量，在样本选择性校正中作为一个选择性因素加以处理。该步骤对计量结果没有产生实质性影响。

Schultz 的检验结果拒绝了资源共享假说。女性的财产和转移收入都对女性的劳动市场参与有负影响，而且这两者的影响在统计上并没有显著的差别。但与男性的非劳动收入相比，女性的非劳动收入对女性的劳动市场参与有着更强的负影响；对生育率有更强的正影响。对于男性的劳动市场参与，男性和女性的非劳动收入的影响则没有显著区别。不过，舒尔茨指出，在生育率的检验结果中可能存在反向因果关系，因为女性的转移收入与孩子数量有关：孩子越多，得到的政府转移收入越多。就女性劳动市场参与而言，这项研究的结果支持了纳什谈判模型，拒绝了单一家庭模型。

然而，严格说来，财产和转移收入都不完全是外生的。转移收入（特别是其中的政府补贴）不仅和孩子数有关，在许多情况下也与劳动收入相关。财产也并非完全独立于劳动收入，特别是对年纪大、结婚时间长的人而言，因为财产实际上是累积的收入。加上在家庭中，很多情况下非劳动收入的归属难以划分，相应地，准确的数据也很难获得。所以，用这种方法来检验资源共享假说有着一定的局限性。

②受教育程度：对家庭资源掌控力的间接衡量

在绝大多数情况下，教育——至少是正规学校教育——在结婚前即已完成。因此，夫妻双方的受教育程度是外生于家庭内部资源配置决策的变量。按照常识，受教育程度与在家庭内部的发言权或资源支配权成正比，因此可以认为受教育程度反映了谈判能力。

不少经验研究发现，与父亲的受教育程度相比，母亲的受教育程度对子女的人力资本形成具有更强的正向影响（例如，Thomas et al.，1991；Behrman et al.，1999；Behrman and Skoufias，2004；Brown，2006；Kurosaki et al.，2006）。而且，母亲的受教育程度对女儿的影响比对儿子的影响更强（Thomas，1994；Lillard and Willis，1994；Rubalcava and Contreras，2000；Emerson and Souza，2007）。但父母受教育程度对子女影响的差异是否反映了谈判能力对家庭内部资源配置的影响并足以用来否定一致同意模型，则不能贸然下结论。

父母的受教育程度可能通过多种途径对子女的人力资本投资（或家庭内部资源配置的其他方面）产生差异化的影响。首先，受教育程度与收入高度相关，因此受教育程度越高，就意味着可供支配的家庭资源总量越多，这会带来正向的收入效应。如果女性的教育回报率高于男性，母亲受教育程度的收入效应就会更强。其次，受传统性别规范影响，一般说来家庭内部的性别分工是"男主外，女主内"。如果父亲和母亲同样关心子女，而照顾子女、包括对子女的人力资本投资按传统性别分工模式主要由母亲照管，那么母亲的受教育程度就会显得比父亲的受教育程度对子女人力资本投资的影响更强。这与单一家庭模型的结论并不矛盾。第三，当然也有可能男性和女性的偏好不同，女性比男性更关心子女的利益，更重视对子女的人力资本投资。这种男女之间的偏好差异既有可能是天生的，也有可能是在社会规范的长期熏陶下形成的。受教育程度作为对谈判能力的反映，与对家庭资源的掌控力正相关。母亲受教育程度越高，表明其对家庭资源的掌控力越强，对子女就越有利。

在以上各种效应中，收入效应可以通过在解释变量中加进男性和女性的个人收入加以控制。但是，受教育程度对子女人力资本投资的第二种和第三种影响是很难区分的。

③自然实验

前已述及，检验资源共享假说的主要困难在于很难找到外生于家庭内部资源配置决策的表示家庭资源掌控力的数据。虽然非劳动收入理论上与家庭内部资源配置决策无关，但实际上也并非完全外生的。为了解决这个难题，Lundberg et al.（1997）利用 1970 年英国福利政策的变化，检验了掌握在男性手中的收入和掌握在女性手中的收入对家庭消费模式是否有不同影响。由于福利政策变化导致的男性和女性的收入变化是完全外生于家庭的，所以这可以视为一项"自然实验"，给检验资源共享假说提供了难得的机会。

在 1977 年以前，英国的儿童福利政策包含两部分：一项是支付给母亲的应缴税的家庭津贴；另一项是儿童税津贴，其数额取决于儿童的年龄，是对家庭所得税的扣除。在 1977—1979 年期间，这两项政策被一项统一的儿童福利政策所取代。从 1977 年 4 月 5 日开始，家庭津贴改为每周向儿童的母亲支付一笔不缴税的津贴；与此同时，儿童税津贴逐步减少，到 1979 年 4 月完全取消。

从研究者的角度看，这一政策变化的关键在于，儿童的母亲成为政府转移支付的唯一直接对象。1977 年 4 月以前，儿童福利中的一大部分是采取了减免所得税的形式，这通常导致儿童的父亲的可支配收入提高。取消儿童税收津贴使得一部分家庭收入从男性手中转移到女性手中。人们预期，这会使儿童的实际福利水平提高，因为人们一般认为母亲比父亲更关心儿童的福利，让母亲掌握更多的家庭资源将对儿童有利。这实际上等于假设在家庭中，男性和女性有着不同的个人偏好，而且男性和女性并不共享收入，这与非一致同意模型相符。如果经检验结果符合人们的预期，那么就不仅表明这项政策变化取得了正面效果，而且为非一致同意模型提供了有利证据。

Lundberg 等人使用的是 1973—1990 年英国家庭消费调查的数据。1973—1976 年的数据代表旧的儿童福利政策下的情况；1980—1990 年的数据代表新的儿童福利政策下的情况。伦德伯格等设计了两个变量来表示家庭消费模式：一是儿童服装支出与成年男性服装支出的比值。如果资源共享假说像预期中的那样并不成立而且母亲更关心儿童的福利，则当其他条件不变时，新政策将使这一比值增大。另一个变量是成年女性服装支出与成年男性服装支出的比值。分别以这两个变量作为被解释变量，以家庭收入和代表孩子个数和年龄的虚变量作为解释变量作回归。为了检验政策变化是否给家庭消费模式带来了显著影响，在解释变量中又引入了一个代表政策变化的虚变量 D。D 在 1973—1976 年间取 0，在 1980—1990 年间取 1。D 与代表孩子个数的虚变量相乘，这些交叉项的系数估计值如果显著不等于 0，就说明政策变化确实导致了家庭消费模式的变化。[①]

在回归结果中，交叉项的系数估计值显著大于 0，表明当女性掌握更多家庭资源的时候，用于儿童服装和女性服装的消费支出相对于男性服装支出显著上升。这一检验结果验证了人们对于该项政策变化的一般预期，拒绝了资源共享假说，与非一致同意模型的推论相符。

（2）检验家庭内部资源配置中的性别歧视

在许多情况下，特别是在欠发达国家，家庭内部资源配置的结果对女性不利。与男性相比，女性得到较少的营养、消费支出和人力资本投资。这种两性不平等又可分为两种情况。一是与市场回报率直接相关的不平等。例如，女性的劳动参与率和工资比男性低，其营养摄入的市场回报率比男性低。另一种两性不平等则与市场回报率没有直接关系，而是反映了

---

① 伦德伯格等指出，由于 1979 年一项税收政策的变化，儿童服装的价格水平相对于成人服装的价格水平有所下降。这将导致家庭购买更多的儿童服装，因此可能干扰第一个变量的估计结果。不过，第二个变量的估计结果并不受税收政策变化的影响。

家长对男孩和女孩的性别偏好。[①] 针对这两种不同情况，对家庭内部资源配置中性别歧视的检验策略也有所不同。

①考虑市场回报率的检验

在低收入国家和地区，典型地如西亚和南亚，女性的营养摄入明显少于男性。这是否反映了家庭内部的性别歧视呢？按照新古典家庭模型（单一家庭模型），答案是否定的。按照这种模型，两性营养摄入的不平等反映了两性在劳动市场上获利机会的差异，在家庭资源短缺的情况下，把更多的营养配置给男性有利于提高家庭收入，最终对所有家庭成员都有利。

Pitt et al.（1990）使用孟加拉 1981—1982 年农村营养调查的数据，检验了上述假说。在作经验检验之前，他们首先建立了一个把家庭内部营养配置、家庭成员个人健康和家庭成员劳动市场参与联结起来的理论框架。

以 h 代表健康（体力），第 i 个家庭成员的健康方程为：

$$h_i^k = h^k (c_i, e_i, \mu_i) \tag{11-39}$$

其中，c 代表食品消费，e 代表工作对体力的耗费，μ 代表个人先天健康禀赋。上标 k 代表按性别和年龄划分的家庭成员的类型。

假定食品消费对健康状况有正影响，体力耗费对健康状况有负影响。这在很低的收入水平下是比较符合实际的。于是有

$$\frac{\delta h_i^k}{\delta c_i} > 0 \qquad \frac{\delta h_i^k}{\delta e_i} < 0 \tag{11-40}$$

体力耗费可以在劳动市场上换来收入，并且健康状况越好，对体力耗费的边际回报越高。工资方程为：

$$w_i^k = w^k (e_i, h_i)$$

$$\frac{\delta w_i^k}{\delta e_i} > 0 \qquad \frac{\delta w_i^k}{\delta h_i} > 0 \qquad \frac{\delta^2 w_i^k}{\delta e_i \delta h_i} > 0 \tag{11-41}$$

在新古典家庭模型（单一家庭模型）的框架下，由式（11-39）—式（11-41）可推出，在其他条件不变的情况下，男性的健康状况越好，家庭就会把越多的食品资源配置给男性，减少女性的食品消费，以此来提

---

① 虽然家长对孩子的性别偏好归根结底也与未来的回报率有关，但毕竟与当前的市场回报率没有直接关系。

高家庭总收入;反过来也一样,女性的健康状况越好,家庭就会把越多的食品资源配置给女性,减少男性的食品消费。但是由于男性的健康禀赋转化成收入的回报率高于女性,即 $\frac{\partial w_i^m}{\partial h_i^m} \frac{\partial h_i^m}{\partial u_i} > \frac{\partial w_i^f}{\partial h_i^f} \frac{\partial h_i^f}{\partial u_i}$,因此随着男性健康状况的改善,家庭从女性转移给男性的食品资源会更多;相比之下,随着女性健康状况的改善,家庭从男性转移给女性的食品资源会比较少。也就是说,根据皮特等的模型,男性的健康禀赋对女性的食品消费的负影响要大于女性的健康禀赋对男性的食品消费的负影响,即

$$\delta c^f / \delta \mu^m > \delta c^m / \delta \mu^f \qquad (11-42)$$

　　Pitt 等人的计量方法分以下三个步骤。首先,估算每个家庭成员的健康禀赋 μ_i,方法是估计健康方程 (11-39),得到每个解释变量的系数估计值以后,计算出每个家庭成员实际健康状况与方程 (11-39) 预测的健康状况之间的差值,即为 μ_i①。健康状况、食品消费和工作努力分别以体重/身高、热量摄入和职业类别来代表,此外在计量方程中还加入了年龄、性别、年龄与性别的交叉项、是否怀孕、家庭饮用水来源等控制变量。第二,估计每个家庭成员的食品消费,以检验两性之间健康禀赋对食品消费的交叉影响的不对称性,即式 (11-42)。第三,估计不同类别家庭成员的健康禀赋对家庭收入的影响,以及对参与特别耗费体力的职业概率的影响,以检验工资方程 (11-41)。

　　Pitt 等人的检验结果完全支持了单一家庭模型的推论。在低收入的发展中国家或地区如孟加拉农村,为获取收入而工作会明显地造成对体力的耗费,而且先天的身体条件对于得到一个(收入较高的)工作机会来说十分重要。而由于男女之间先天健康禀赋以及由此导致的就业机会的差异,男性比女性更有可能获得收入。因此,家庭在配置资源的时候就会把更多的营养配置给成年男性。但根据 Pitt 等人的估算,实际上家庭在不同类别成员之间的营养配置是倾向于公平的,成年人得到的营养比他们"应该"得到的要少,就好像被征了税一样;而成年男性的"税率"要比成年女性高。

　　②对家长性别偏好的检验

---

　　① 为了纠正健康禀赋对家庭内部资源配置的影响(变量内生性)和健康状况的测量误差引起的估计偏误,Pitt 等人在这一步骤中使用了工具变量 (2SLS) 法。具体细节此处省略。

与成年人不同，男孩和女孩，尤其是幼儿，对营养和其他商品的消费不会直接转化成对家庭的贡献，这方面的性别差异基本上可以忽略。因此，检验家长是否对孩子有性别歧视时可以不考虑男孩和女孩在市场回报和先天禀赋方面的差异。不过即使如此，这种检验也通常面临一个很大的困难：家庭消费支出项目繁多，其中很多种支出难以或者不可能划分到个人。相应地，多数消费支出项目的数据也都是家庭一级的。

对这个问题，Deaton（1989）提出的解决办法是，检验家庭人口统计学特征对不同类别商品消费支出的影响，从中分析家庭内部资源配置中是否存在对孩子的性别歧视。这一方法的原理很简单：全部消费品可以分为成人商品和儿童商品两大类别。当家庭收入水平一定时，有孩子的家庭为了购买儿童商品，将减少用于购买成人商品的支出。如果存在着偏爱男孩（歧视女孩）的倾向，那么在其他条件都相同的情况下，有男孩（或男孩比例高）的家庭将比有女孩（或女孩比例较高）的家庭购买更少的成人商品。[①] 基本计量方程为：

$$e_i / x = \alpha_i + \beta_i \ln (x/n) + \eta_i \ln n + \Sigma_1^{J-1} \gamma_{ij} (n_j/n) + \delta_i z + \mu_i \quad (11-43)$$

其中，e_i 为在第 i 项成人商品上的支出；x 为家庭总消费支出；n 为家庭总人数；J 为按性别和年龄划分的家庭成员类别数；n_j 为第 j 个类别中的家庭成员人数；z 为其他控制变量，包括家庭所处的地区，民族，受教育程度等。系数 γ_{ij} 的估计值表示第 j 个类别的家庭成员人数占家庭总人数的比例对第 i 项成人商品支出的影响。孩子的 γ_i 应为负值。如果家庭中存在对女孩的歧视，那么男孩的 γ_i 的绝对值应大于女孩。

Deaton 首先使用 1985 年科特迪瓦生活标准调查的数据估计了式（11-43）。选取了 7 种成人商品：成人服装、成人衣料、成人鞋类、酒、香烟、外出就餐、娱乐，分别以在这 7 项商品上的消费支出以及它们的总和作为式（11-43）中的被解释变量进行回归。检验结果，并没有发现家庭消费模式中存在对女孩的歧视。5—14 岁的男孩和女孩占家庭总人数的比例对成人商品消费支出的影响几乎相同；而 0—4 岁的女孩比男孩对成人商品消费支出的（负）影响更大。

接下来，Deaton 使用 1980—1981 年泰国的社会经济调查数据研究了

①　之所以检验家庭人口统计学特征对成人商品支出的影响而不是直接检验其对儿童商品支出的影响，主要是受数据条件的限制。儿童商品支出通常更难以单独区分出来。

同样的问题。由于数据条件的限制，式（11－43）的被解释变量只能选取男性（包括成人和孩子）的服装消费和鞋类消费，以及女性（包括成人和孩子）的服装消费和鞋类消费，此外还有酒、香烟和外出就餐的消费。对式（11－43）的估计结果，绝大部分情况下孩子的 γ_i 估计值为负，只有少数可以理解的例外，例如5—14岁的男孩占家庭总人数的比重对男性服装和鞋类消费支出有正影响而不是负影响。孩子的性别对多数消费支出的影响仍然没有明显区别，只有外出就餐消费支出更大地受到男孩占家庭总人数比例的（负）影响。

使用这种方法的一个关键问题是成人商品的选取。如何确定某类商品是不是合格的成人商品呢？Deaton 提出，可以用某一种商品的消费支出作为被解释变量，在式（11－43）中加入所有成人商品消费支出的总和作为解释变量进行回归，然后对所有孩子的 γ_i 估计值作系数显著性的联合检验，即 F 检验。按照成人商品的定义，孩子的性别和年龄应该对该商品的消费支出无影响，所以 F 检验的结果应当不显著区别于0。当然这其中有一个问题，如果成人商品的类别很少，单项成人商品消费支出与成人商品总消费支出区别不大，上述方法等于是把一个变量对它自己进行回归。为了克服这个问题，Deaton 建议使用 2SLS 方法，先对成人商品总消费支出用式（11－43）进行估计，然后用其拟合值代替实际值作为下一步估计中的解释变量。用这种方法对科特迪瓦数据进行检验，证实了在7种商品中有5种是合格的成人商品。

11.4　案例："母亲谈判能力与子女人力资本投资：来自5个中国大城市的经验证据"

已经有不少经验研究表明，母亲在家庭内部的谈判能力越强，越有利于提高家庭对子女的人力资本投资。已有的经验研究大多用非劳动收入或受教育程度来代表谈判能力。前已述及，这两个指标都具有一定的局限性。不过，在难以找到更好的代理变量的情况下，为了提供一个经验分析的例子，在接下来的案例中，我们使用来自5个中国大城市的数据，以父母的相对受教育程度来代表母亲的谈判能力，考察母亲谈判能力对子女人力资本投资的影响。

该数据来自中国社会科学院2001年底进行的中国城市劳动力调查

（CULS），全部数据和调查问卷可以从 http：//www. chinasurveycenter. org/下载。该调查覆盖了上海、武汉、沈阳、福州和西安 5 个大城市的 3494户家庭。出于本案例的研究目的，我们排除了那些没有 18 岁以下子女的家庭、单亲家庭和单人家庭，最后得到的有效数据共含 1352 个家庭，每个家庭有 1—3 个孩子。

以父母对子女的人力资本投资为被解释变量，以父母的个人特征为主要解释变量，建立如下计量方程：

$$INV = \beta_0 + \beta_1 BARGAIN + \beta_2 PARENTS + \beta_3 KID + \beta_4 HH + \beta_5 CITY + \varepsilon$$

$$(11 - 44)$$

其中，INV 代表每个子女平均得到的人力资本投资；$BARGAIN$ 代表母亲的谈判能力，是一个 0 - 1 变量，当母亲的受教育程度高于父亲时该变量取值为 1，否则为 0；$PARENTS$ 是一组代表父亲和母亲个人特征的变量，包括他们的平均受教育程度、各自的年龄、年收入和社会关系；KID代表子女的特征，包括子女数量、子女中男孩所占比例、子女平均年龄及其平方；HH 代表家庭特征，包括家庭财产、一年内的非劳动收入[1]和家庭规模；$CITY$ 为一组代表城市的虚变量。变量定义及描述性统计见表11 - 1；更详细的数据说明请参阅调查问卷。

表 11 - 1　　　　　母亲谈判能力与子女人力资本投资：样本描述

变量名	定义	均值	标准差	最小值	最大值
EDU_ COST[a]	过去一年中平均每个孩子的学校教育支出	2. 12	2. 97	0	45. 3
EDU_ SHARE[b]	平均每个孩子的学校教育支出占家庭消费支出[c]的比重	12. 28	12. 35	0	83. 75
EXTRA_ COST[a]	过去一年中平均花费在每个孩子身上的、学校要求之外的教育支出（如家教、"兴趣班"等）	0. 40	1. 26	0	30
EXTRA_ SHARE[b]	平均每个孩子花费的学校要求之外的教育支出占家庭消费支出的比重	1. 96	4. 66	0	58. 58
CIG_ WINE[a]	家庭用于烟酒的年支出	1. 10	1. 33	0	12

---

① 在 CULS 数据中，非劳动收入包括两大项：馈赠收入、政府转移及其他收入。前一项可以划分到个人，但后一项只有全家的数据。

续表

变量名	定义	均值	标准差	最小值	最大值
CW_ SHARE[b]	烟酒支出占家庭消费支出的比重	7.43	7.62	0	45.35
BARGAIN	母亲受教育程度高于父亲 = 1，否则 = 0	0.21	0.41	0	1
FA_ EDU	父亲受教育年限	11.37	3.01	0	20
MO_ EDU	母亲受教育年限	10.99	2.72	0	19
AVE_ EDU	父母平均受教育年限	11.37	3.01	0	20
FA_ AGE	父亲年龄	40.69	5.87	24	66
MO_ AGE	母亲年龄	38.28	5.95	20	61
FA_ INC[a]	父亲年劳动收入	11.62	13.52	0	360
MO_ INC[a]	母亲年劳动收入	7.57	7.39	−36	84
FA_ SC	父亲的社会关系，以过去一年中联系过的亲戚朋友人数来衡量	31.52	42.42	0	770
MO_ SC	母亲的社会关系	23.29	27.14	0	557
KID_ NUM	18 岁以下子女的数量	1.05	0.22	1	3
KID_ SEX	男孩在全部子女中所占比重	0.52	0.49	0	1
KID_ AGE	子女平均年龄	11.44	4.96	0	18
KID_ AGESQ	子女平均年龄的平方	155.4	101.8	0	324
WEALTH[a]	家庭财产，即家中全部耐用消费品和生产性资产的估计现价	26.64	74.68	0.01	1375
NONL_ INC[a]	过去一年中家庭的非劳动收入	0.30	1.13	0	17.25
HHSIZE	家庭规模	3.44	0.80	3	7
CITY	城市虚变量				
SHANGHAI		0.17	0.38	0`	1
WUHAN		0.23	0.42	0	1

续表

变量名	定义	均值	标准差	最小值	最大值
SHENYANG		0.19	0.39	0	1
FUZHOU		0.23	0.42	0	1

注：　[a]所有货币变量的数值均除以 1000；[b]所有比例数值均乘以 100；[c]家庭消费支出是指一般消费支出与教育支出的总和。

由于家庭中的人力资本投资具有多种形式，为了更全面地考察父母个人特征对子女人力资本投资的影响，我们采用以下多种不同方式来衡量 INV：

（1）平均花费在每个孩子身上的学校教育成本（EDU_ COST），及其占家庭消费支出的比重（EDU_ SHARE）；

（2）平均花费在每个孩子身上的超出学校要求的教育支出（如家教、"兴趣班"等）（EXTRA_ COST），及其占家庭消费支出的比重（EXTRA_ SHARE）；

（3）家庭每年用于购买烟酒（成人商品）的支出（CIG_ WINE）及其占家庭总支出的比重（CW_ SHARE），这是对家庭对子女的货币形式总人力资本投资的间接衡量。

以上各个被解释变量均为连续变量，但是是截断数据（truncated data），故应使用 Tobit 模型。主要回归结果如下：

表 11 - 2　　　　母亲谈判能力与子女人力资本投资：
关键变量的估计结果

Dep. Var.	EDU_ COST	EDU_ SHARE	EXTRA_ COST	EXTRA_ SHARE	CIG_ WINE	CW_ SHARE
BARGAIN	0.06 (0.21)	0.08 (0.84)	0.49 *** (0.19)	1.69 ** (0.72)	- .000 (0.10)	0.14 (0.51)
KID_ SEX	0.19 (0.17)	0.96 (0.69)	- 0.06 (0.16)	- 0.24 (0.59)	0.04 (0.08)	0.41 (0.42)

注：括弧中的数字为标准误；* , ** , *** 分别代表在 10% 、5% 、1% 水平上显著。

　　表11 - 2显示,KID_ SEX的系数估计值在所有回归中都不显著,说明并不存在显著的对女孩的性别歧视;母亲的受教育程度是否高于父亲(BARGAIN)对子女的超出学校要求的教育支出(EXTRA_ COST)及其占家庭消费支出的比例(EXTRA_ SHARE)有着显著的正向影响,对其他形式的子女人力资本投资则没有显著影响。

　　要对以上回归结果作出正确解读,必须联系我国大城市中家庭结构、收入水平和教育制度的实际情况。我国的计划生育政策在大城市中执行得分外严格,绝大多数大城市家庭只有一个孩子,这一点从表11 - 1中KID_ NUM变量的描述性统计也可看出。父母对唯一的孩子必然是全力付出,因而不存在显著的对女孩的性别歧视也就顺理成章了。同样的道理,由于只有一个孩子,绝大多数父母在为孩子购买各种商品方面也都是尽心尽力,所以当其他条件都相同时,家庭在儿童商品上的支出并不会因母亲的受教育程度是否高于父亲而发生显著变化。此外,大城市的收入水平相对比较高,又已经实施了九年制义务教育,因此对于绝大多数家庭来说,孩子的学校教育成本是一项“常规”支出,故而也不受母亲的受教育程度是否高于父亲的显著影响。

　　不过,虽然实施了九年制义务教育,按规定小学生和初中生应按就近原则入学,但在我国大城市的中小学教育体系中普遍存在“择校”这种非正规制度。由于学生人数众多而优质教育资源数量有限,“好学校”往往公开半公开地举行各种形式的“择校”考试,以选拔招收优秀学生。为了让自己的孩子进入“好学校”,许多父母不得不为孩子请家教或送孩子进各种培训班、“兴趣班”等,以增强孩子在“择校”考试中的竞争力。而这种额外的人力资本投资不仅意味着更多的货币支出,同时还要求家长投入很多的时间和精力,因为在作出这种人力资本投资决策之前要收集大量的信息,作决策之后又要花费大量时间接送和陪伴孩子。对于这种“非常规”而在我国大城市的特定环境下又十分重要的人力资本投资,母亲的受教育程度是否高于父亲起着显著作用。

　　如果我们相信母亲的受教育程度是否高于父亲的确是对母亲谈判能力的准确衡量,那么基于以上经验分析结果,就可以得出结论:在我国的大城市中,对子女的超出学校要求的教育支出及其占家庭消费支出的比例,母亲的谈判能力具有显著影响;对其他形式的子女人力资本投资,母亲的谈判能力没有显著影响,而家庭结构、收入水平和教育制度则有显著影响。这一结论拒绝了单一家庭模型，支持了非一致同意模型：父亲和母亲的偏好不同，母亲更重视子女的教育。以往一些研究者就是这样推理的。如果持一种并非极其严谨的态度，我们的研究到这里就可以终止了。

然而，更进一步地，对于以上经验分析结果也可以作出另一种阐释。一般而言，受教育程度越高的父母越重视子女教育，或感知到的教育回报率越高，从而也就越愿意在子女身上投入更多的时间和金钱。有可能父亲和母亲并没有偏好差异，只是在多数家庭中，按照现实社会规范下的性别分工模式，母亲对子女教育管得多一些，特别是在需要较多时间和精力投入的额外人力资本投资方面。所以在其他条件都相同的情况下，母亲受教育程度越高，家庭越有可能对子女作出更多的额外人力资本投资。BAR-GAIN 变量的估计值显著，有可能仅仅表明，在常见的家庭内部性别分工模式下，母亲受教育程度对子女额外人力资本投资的影响强于父亲。

为了检验事实是否如此，我们对回归方程（11-44）稍作改动，去掉母亲的受教育程度是否高于父亲（BARGAIN）和父母平均受教育年限（AVE_ EDU），代之以父亲和母亲各自的受教育程度（FA_ EDU 和 MO_ EDU），其他解释变量不变，以子女的超出学校要求的教育支出（EXTRA_ COST）和其占家庭消费支出的比例（EXTRA_ SHARE）作为被解释变量重新进行回归，得到表 11-3 中的结果：

表 11-3　父亲、母亲的受教育程度与对子女的额外人力资本投资：关键变量的估计结果

被解释变量	EXTRA_ COST	EXTRA_ SHARE
FA_ EDU	0.06 ** （0.03）	0.20 * （0.12）
MO_ EDU	0.17 *** （0.04）	0.56 *** （0.15）

注：*** 、** 、* 分别表示 1%、5%、10% 水平显著。

由表 11-3 可见，父亲和母亲的受教育程度都对子女的额外人力资本投资具有显著影响，只是母亲受教育程度的影响更强（系数估计值更大、统计显著性更高）。

如前所述，父母受教育程度可能通过多种途径对子女的人力资本投资产生差异化的影响。与父亲相比，母亲的受教育程度对子女额外人力资本投资的影响更强，这既有可能源于父亲和母亲不同的个人偏好，也有可能

源于相同个人偏好下的以家庭效用最大化为目标的家庭内部性别分工。因此严格说来,在现有的数据条件下,基于以上经验分析的结果,我们无法在单一家庭模型和非一致同意模型之间作出判断。

11.5　结论

本章介绍了与家庭内部资源配置中的性别差距有关的理论模型和经验研究方法。

不同的家庭成员是像同一个人一样好恶相同,共同为家庭着想? 还是各有各的偏好,在家庭中试图最大化个人利益? 前者是一致同意模型的观点,后者是非一致同意模型的观点。相应地,家庭内部资源配置中的性别差异可以解释成家庭成员为了家庭效用最大化而一致同意的结果,也可解释成家庭成员出于不同的偏好和利益相互博弈的结果。如果后一种解释是正确的,就意味着有必要通过政策干预来赋予女性更多的对家庭资源的支配权。这一方面有助于改善女性的处境,另一方面也有利于提高家庭和子女的福利水平(World Bank,2001)。

由理论模型推出的可检验推论集中在两个问题上。第一个问题是夫妻双方是否共享家庭资源。回答这个问题的关键在于,要找到某种外生于家庭内部资源配置决策的代表男性或女性的家庭资源掌控力的数据。常用的代理变量有非劳动收入和受教育程度,但严格说来,非劳动收入并不是完全外生的,受教育程度也不能完全等同于家庭资源掌控力,因此在对经验研究结果做阐释时应持谨慎态度。最好的检验方法是基于某种给男性或女性家庭资源掌控力带来变化的自然实验,不过这种数据一般很难得到。第二个问题是家庭内部资源配置中是否存在性别歧视。当涉及成年人时,要考虑资源投入的市场回报率在两性间的差异;而当只涉及儿童时,可以不考虑这个问题。由于家庭支出中很多项目的数据是家庭一级的,难以划分到个人,可以采取间接的方法,选取若干成人商品,检验孩子的性别对成人商品支出的影响,以此判断家庭中有无性别歧视。

目前,国际上关于家庭内部资源配置中性别差距的经验研究文献已经十分丰富,许多发达国家和发展中国家家庭内部资源配置中的性别差异被量化地展现出来,为相关政策的制定和评价提供了依据。然而迄今为止,国内关于家庭内部资源配置中性别差异的经验研究还比较少。直接原因是我国的家庭数据中通常缺乏反映两性在家庭内部所掌握的资源的信息，难以展开相关研究；更深层的原因则是一种在我国根深蒂固的观念，对从社会性别视角出发研究家庭内部经济行为持有某种轻视甚至排斥的态度，以至于从数据收集到研究选题都或多或少地忽视了两性在家庭内部资源配置中的差异。这种状况当然需要研究者的努力。

参考文献

高梦滔、姚洋：《性别、生命周期与家庭内部健康投资——中国农户就诊的经验证据》，《经济研究》2004 年第 7 期，第 115—125 页。

谢霄亭、高梦滔：《农村地区孩子教育投资影响因素分析：山西省的经验证据》，《中国人口科学》2004 年第 6 期，第 31—38 页。

Agarwal B. , "Bargaining and Gender Relations: Within and Beyond the Household," *Feminist Economic*, 1997, 3 (1): 1 – 51.

Aslam M. , Kingdon G. G. , "Gender and Household Education Expenditure in Pakistan," *Applied Economics*, 2008, 40 (20): 2573 – 2591.

Becker G. S. , "A Theory of the Allocation of Time," *The Economic Journal*, 1965, 75 (299): 493 – 517.

Becker G. S. , *A Treatise on the Family*, Cambridge and London: Harvard University Press, 1991.

Becker G. S. , Tomes N. , "Child Endowments and the Quantity and Quality of Children," *Journal of Political Economy*, 1976, 84 (4): S. 143 – 162.

Behrman J. R. , "Intrahousehold Distribution and the Family", In: Rosenzweig M. R. , Stark O. (ed.). *Handbook of Population and Family Economics*, Volume 1, Part 1, 1997: 125 – 187.

Behrman J. R. , Pollak, R. A. , Taubman, P. , "Parental Preferences and Provision for Progeny," *Journal of Political Economy*, 1982, 90 (1): 52 – 73.

Behrman J. R. , Foster A. D. , Rosenzweig M. R. , Vashishtha P. , "Women's Schooling, Home Teaching, and Economic Growth," *The Journal of Political Economy*, 1999, 107 (4): 682 – 714.

Behrman J. R. , Skoufias E. , "Correlates and Determinants of Child Anthropometrics in Latin America: Background and Overview of the Symposium," *Economics and Human Biology*, Special Issue on Child Health in Latin America, 2004, 2 (3): 335 – 351.

Brown P. H. , "Parental Education and Investment in Children's Human Capital in Rural China," *Economic Development and Cultural Change*, 2006, 54 (4): 759 – 789.

Biddlecom A. E. , Kramarow E. A. , "Household Headship among Married Women: The Roles of Economic Power, Education and Convention," *Journal of Family and Economic Issues*, 1998, 19 (4): 367 – 382.

Broaded C. M. , Liu C. , "Family Background, Gender and Educational Attainment in Urban China," *The China Quarterly*, 1996, 145: 53 – 86.

Browning, M. , F Bourguignon, PA Chiappori, "Income and Outcomes: A Structural Model of Intrahousehold Allocation," *Journal of Political Economy*, 1994, vol. 102, No. 6: 1067 – 1096

Chiappori P – A, "Collective Labor Supply and Welfare", *Journal of Political Economy*, 1992, 100 (3): 437 – 467.

Cobb-Clark D. , Connolly M. , Worswick C. , "Post-migration Investments in Education and Job Search: A Family Perspective," *Journal of Population Economics*, 2005, 18 (4): 663 – 690.

Das Gupta M. , "Explaining Asia's 'Missing Women': A New Look at the Data," *Population and Development Review*, 2005, 31 (3): 529 – 535.

Deaton A. S. , "Looking for Boy-Girl Discrimination in Household Expenditure Data," *The World Bank Economic Review*, 1989, 3 (1): 1 – 15.

Deere C. D. , Leon M. , "The Gender Asset Gap Land in Latin America," *World Development*, 2003, 31 (6): 925 – 947.

Emerson P. M. , Souza A. P. , "Child Labor, School Attendance, and Intrahousehold Gender Bias in Brazil," *The World Bank Economic Review*, 2007, 21 (2): 301 – 316.

Goebel A. , *Gender and Land Reform: The Zimbabwe Experience*, McGill-Queen's University Press, 2005.

Hardill I. , Green A. E. , Dudleston A. C. , Owen D. W. , "Who Decides What? Decision Making in Dual-Career Households," *Work Employment Society*, 1997, 11: 313.

Hare D. , Yang L. , Englander D. , "Land Management in Rural China and Its Gender Implications," *Feminist Economics*, 2007, 13 （3 - 4）: 35 - 61.

Jonsson PM, Schmidt I, Sparring V, Tomson G, "Gender equity in health care in Sweden—Minor improvements since the 1990s," *Health Policy*, 2006, 77 （1）: 24 - 36.

Klasen S, Wink C, "A Turning Point in Gender Bias in Mortality? An Update on the Number of Missing Women," *Population and Development Review*, 2002, 28 （2）: 285 - 312.

Konrad KA, Lommerud KE, "Family Policy with Non-cooperative Families," *Scandinavian Journal of Economics*, 1995, 97: 581 - 601.

Kurosaki T, Ito S, Fuwa N, Kubo K, "Child Labor and School Enrollment in Rural India: Whose Education Matters?" *The Developing Economies*, 2006, 44 （4）: 440 - 464.

Lillard LA, Willis RJ, "Intergenerational Educational Mobility: Effects of Family and State in Malaysia," *Journal of Human Resources*, 1994, 29 （4）: 1126 - 1166.

Lincove JA, "Determinants of Schooling for Boys and Girls in Nigeria under a Policy of Free Primary Education," *Economics of Education Review*, 2009, 28 （4）: 474 - 484.

Lundberg S, Pollak RA, "Separate Spheres Bargaining and the Marriage Market," *Journal of Political Economy*, 1993, 100 （6）: 988 - 1010.

Lundberg S, Pollak RA, "Noncooperative Bargaining Models of Marriage," *American Economic Review*, 1994, Papers and Proceedings, 84, 132 - 137.

Lundberg S, Pollak RA, Wales T, "Do Husbands and Wives Pool Their Resources? Evidence From the U. K. Child Benefit," *Journal of Human Resources*, 1997, 32 （3）: 463 - 480.

MacPhail F, Dong X - Y, "Women's Market Labor and Household Status in Rural China," *Feminist Economics*, 2007, 13 （3 - 4）: 91 - 122.

Manser M, Brown M, "Marriage and Household Decision-making: A Bargaining Analysis," *International Economic Review*, 1980, 21 （1）: 14 - 54.

McElroy MB, Horney MJ, "Nash-bargained Household Decisions: Toward a Generalization of the Theory of Demand," *International Economic Review*, 1981, 22 (2): 333 – 349.

Pitt M. M. , Rosenzweig M. R. , Hassan Md N, "Productivity, Health, and Inequality in the Intrahousehold Distribution of Food in Low-Income Countries," *American Economic Review*, 1990, 80 (5): 1139 – 1156.

Rao N. , "Land Rights, Gender Equality and Household Food Security: Exploring the Conceptual Links in the Case of India," *Food Policy*, 2006, 31 (2): 180 – 193.

Rubalcava L. , Contreras D. , "Does Gender and Birth Order Matter When Parents Specialize in Child's Nutrition?" *Journal of Applied Economics*, 2000, 3 (2): 353 – 386.

Schultz T. P. , "Testing the Neoclassical Model of Family Labor Supply and Fertility," *Journal of Human Resources*, 1990, 25 (4): 599 – 634.

Sen A. , "More than 100 Million Women are Missing," *The New York Review of Books*, 1990, 20 December.

Sen A. , Sengupta S. , "Malnutrition of Rural Children and the Sex Bias," *Economic and Political Weekly*, 1983, 18 (19/21) Annual Number: 855 – 857 + 859 – 861 + 863 – 864.

Shapiro D. , Oleko Tambashe B. , "Gender, Poverty, Family Structure and Investments in Children's Education in Kinshasa, Congo," *Economics of Education Review*, 2001, 20 (4): 359 – 375.

Song L. , "In Search of Gender Bias in Household Resource Allocation in Rural China," Institute for the Study of Labor (IZA) Discussion Paper 2008, No. 3464.

Tichenor V. J. , *Earning More and Getting Less: Why Successful Wives Can't Buy Equality*, Rutgers University Press, 2005.

Thomas D. , "Intrahousehold Resource Allocation: An Inferential Approach," *Journal of Human Resources*, 1990, 25 (4): 635 – 664.

Thomas D. , "Like Father, Like Son; Like Mother, Like Daughter: Parental Resources and Child Height," *Journal of Human Resources*, 1994, 29 (4): 950 – 988.

Thomas D. , Strauss J. , Henriques M-H, "How Does Mother's Education

Affect Child Height?" *The Journal of Human Resources*, 1991, 26 （2）: 183 −211.

World Bank, *Engendering Development*: *Through Gender Equality in Rights*, *Resources*, *and Voice*, Oxford University Press, 2001: 165.

Yount K. M. , "Gender Bias in the Allocation of Curative Health Care in Minia, Egypt," *Population Research and Policy Review*, 2003, 22 （3）: 267 − 296.

第 12 章

医疗服务中的性别差异

封　进

12.1　引言

　　在性别问题研究中，与健康相关的资源（包括食物、营养、医疗服务等）在男性和女性间的分配方式及其带来的结果是学术研究和政策部门十分关心的议题。这一领域的研究总体上有两个视角（Standing，1997），一是女性健康视角，二是性别关系视角。女性健康视角强调女性由于生理方面和男性的差异对健康产生的特别需求，从生理角度看，女性寿命较长、有怀孕和生育行为、比男性更容易患病等，这些特征决定了男性和女性在医疗服务利用方面有必然的差异。在一些低收入国家，妇女在怀孕和生育期间比平时面临更多的疾病风险，在缺乏必要的医疗服务时，其健康风险大为增加。很多研究考察了男性和女性在生命周期不同阶段的医疗消费特点和差异。从世界上各个国家的数据来看，男性和女性在健康水平上都表现出了差异：女性的预期寿命长于男性，在全部年龄段的死亡率都低于男性，但是在各个时期报告的健康问题普遍多于男性。比较孟加拉、牙买加、马来西亚和美国等国在 20 世纪 80 年代的情况可以发现（Strauss et al.，1993），自评健康水平和三种日常生活能力（ADL）指标都显示，相同的年龄组中女性报告的健康问题远多于男性。[①] 据统计女性

[①] 日常生活能力指标是询问受访人其健康状况是否限制了他（她）从事特定的活动，例如弯腰、上坡、跑步、提重物等，分为不严重限制，例如不能从事激烈运动；中等严重限制，例如不能上坡或者走一英里；非常严重限制，例如不能走 100 码或是不能自己洗澡上厕所等（Strauss et al.，1993）。

怀孕期间的死亡率相对较高，例如在埃及怀孕前 6 个月的死亡率为 9%，最后 3 个月的死亡率高达 16%，在非洲国家有三分之一的妇女在怀孕期间生病（WHO，2005）。

然而，男性和女性在医疗服务消费中的差异不仅仅是生理因素造成的，更重要的是由社会和家庭赋予男性和女性角色、地位和权力的差异导致，如家庭资源分配中的男性偏好、劳动力市场中的性别歧视等。性别关系视角强调不同性别群体的健康公平性和医疗利用的差异，在发展中国家，大量的证据表明，女性或女孩在家庭健康投资方面处于劣势，例如，使用了大量的来自南亚、阿拉伯地区、撒哈拉以南之非洲地区以及拉美的案例指出，在这些地区，医疗服务也是依照家庭地位而不是实际需求来分配。这些地区均有男孩偏好，导致女婴的死亡率高以及女婴通常的哺乳期比男婴短，而在以后的家庭生活中，这种性别歧视通过食物的分配行为进一步加强（Santow，1995）。在国别研究方面，对加纳（Ghana）共和国阿散蒂省中男性、女性对于医疗服务使用情况的研究，发现女性对于健康服务的使用情况受到医院的距离和收入水平的影响更大，男性受服务质量、健康状况、服务费用和教育程度的影响更大（Buor，2004）。对尼泊尔（Nepal）的研究发现，在相同的病症下男孩更容易被父母断定为生病，男孩被带到医院等机构就诊的概率比女孩大，看病次数多，花在男孩身上的治疗费用更高（Pokhre，et al.，2005）。对于印度的多项研究都表明，男孩和女孩在获得的医疗方面有明显差异，女孩进行住院治疗的可能性远低于男孩，医疗可及性对于女孩接受医疗服务的影响较男孩更大（例如Bhan et al.，2005；Asfaw et al.，2010；Oster，2009）。

即使在发达国家，医疗服务利用的性别差异依然存在。研究发现，在加拿大女性医疗需求得不到满足的可能性比男性要更高，其原因一是女性作为家庭守护者的角色，通常要照顾全家人的健康，占用了大量的时间以至于自己的健康需求难以得到满足。二是可能由于妇女在劳动力市场上的劣势，她们接受低收入、少福利、高危险职业的可能性大于男性，使得她们请假去看病的行为可能会损失一大笔钱或是直接丢掉工作，这也阻碍了女性的医疗需求得到满足（Bryant et al.，2008）。瑞典专门成立了疾病治疗的性别差异委员会（Swedish National Committee on Gender Disparities in Patient Care），为促进医疗中的性别平等，该委员会在教育科研、医疗服务评价和医疗管理机构责任等方面提出了诸多建议。2002 年瑞典政府委托国家健康与福利委员会（National Board of Health and Welfare）分析了医疗中性别差异的变化趋势，发现 1990 年代以来在医疗资源的利用、医疗可及性、医疗质量等方面，性别差异一直存在（Jonsson et al.，2006）。

中国的国民健康水平在新中国成立后有了显著的提高，已经达到了发展中国家中的较高水平。人均期望寿命从新中国成立初的 35 岁，提高到 2005 年的 72 岁；婴儿死亡率，从新中国成立初的 200‰下降到 2005 年的 25.5‰；孕产妇死亡率，从新中国成立初的 1500/10 万，下降到 2005 年的 50.2/10 万。值得注意的是改革开放以来，中国国民健康水平的增长势头开始减弱。尽管这期间经济快速成长，1978—2005 年间年均经济增长率达到 9.5%，但健康指标的改善近年来却落后于很多国家和地区，中国的预期寿命从 1980 年的 68 岁增加到 2005 年的 72 岁，只增加了 4 岁，而同期澳大利亚、日本、马来西亚、韩国、新加坡、中国香港增长了 5 岁以上；5 岁以下儿童死亡率 2005 年中国为 25‰，而日本为 4‰、韩国 5‰、马来西亚 12‰、新加坡 3‰。而且，中国长期以来存在城乡差异，除了收入方面的差异，城乡差异在医疗服务方面表现也十分突出。从农村医疗服务的供给看，在 60 年代中期中国农村建立了独特的县、村、乡三级卫生服务网，集预防、医疗、保健功能于一体。但这个体系在 80 年代随着财政分权的改革受到冲击，县级政府承担了医疗卫生融资和供给的责任。县医院和乡镇医院从政府预算中得到的拨款不足其总收入的 10%，其他的费用主要来自于服务费和药品销售。大部分村卫生室从 80 年代开始私有化，政府投入微不足道。进入 21 世纪，农村医疗保障制度有了很大改善，2003 年新型农村合作医疗制度开始试点，这一制度为自愿参加，以保障大病为主，政府补贴力度较强，到 2010 年底参保人数已超过 8 亿人，覆盖了 90% 以上的农村人口，农村医疗服务需求有所增加。

近年来，医疗卫生体制改革一直是政策制定部门积极探索的问题，在此过程中，性别问题不可忽视。对中国的医疗服务性别差异的研究目前还比较少，且主要以农村为研究对象。在获得基本医疗服务方面，现有调查发现在较为贫穷的西部农村地区，女性对于预防和治疗（包括生育）服务的可及性是下降的（Kaufman，2005），主要原因是医疗成本的上升及在农村医疗私有化过程中对预防保健的忽视。由于公立机构的减少，妇女生育期的体检率在过去 10 年中已经下降到 39%（Chen and Standing，

2007）。对云南省贫困农村妇女生育中的医疗服务发现，妇女对于是否在医院分娩没有决定权，主要由丈夫决定（Tian et al，2007）。在拥有医疗保险方面，女性的覆盖面也低于男性，受调查女性中 46.2% 的女性有公共医疗保险，而男性这一数字为 52.4%，总体上看，有 54% 的女性没有任何形式的医疗保险，而男性这一比例为 46%（Chen and Standing，2007）。在人口老龄化过程中，女性相对于男性而言，对于家庭内老人照料负有更多的责任，她们将更多的时间用于家庭，影响到劳动力市场收入和独立的经济能力，也限制了对医疗服务的需求。但也有研究发现，女性的医疗消费水平并不总是低于男性，女性健康的非市场价值，尤其在怀孕和哺乳期，女性健康对下一代质量的影响很重要，在生育年龄时期，女性的医疗消费高于男性（Gao and Yao，2006）。

　　作为一个发展中国家，在经济转型中，中国医疗卫生服务中的性别差异主要存在三方面的问题（Chen and Standing，2007），一是医疗市场化改革减少了政府的医疗投入，降低了贫困地区女性生育过程中医疗可及性，二是由于劳动力市场上的地位不同，在获得医疗保险方面的性别差异依然较大，三是人口老龄化过程中女性承担了家庭非正式护理，因此减少了其在劳动力市场上的收入，降低了医疗消费能力。因此，政府、研究者应该优先关注医疗的性别不平等问题，特别强调发展农村地区的医疗卫生服务，以满足农村女性的医疗需求。

　　本章的第二部分从性别关系视角介绍关于医疗消费性别差异的理论框架，第三部分讨论实证研究中的主要问题，如健康的度量、医疗消费的样本选择偏误以及性别差异的识别，第四部分是用中国数据所做的一个案例，第五部分对本章内容进行总结以及指出当前研究的不足和未来的方向。

12.2　性别关系视角下医疗差异的理论框架

　　医疗服务的性别差异的分析框架与家庭内部资源配置模型有密切的关系。医疗消费和健康的引入使得家庭效用函数的设定有所变化，医疗消费既可以视作投资，也可视作消费。一种模型设定方法，是将医疗消费仅视作投资，并在未来有经济回报，因而家庭资源主要从收入最大化的角度进行配置。另一种设定是将健康直接进入效用函数，此时医疗消费的决策不仅要考虑到家庭成员健康的经济回报，还需考虑到家庭成员的健康水平，因而资源配置是以家庭福利最大化进行。选择哪类模型还需要根据研究背景和目的进行考虑。我们分别介绍四个用于分析医疗消费性别差异的模型：预期收入模型、家庭福利最大化模型、生命周期假说和非单调假说。

12.2.1　预期收入模型

这一模型的效用函数主要考虑消费，是在以家庭收入最大为目标的体系下，研究家庭在男孩和女孩之间的资源分配。该模型显示，资源分配的性别差异与经济回报差异相关，男性和女性成年后预期的相对收入差异决定了他们可获得的资源的差异，从而决定了男孩和女孩死亡率的差异。[①]这一理论可以通过构建一期的效用函数加以说明（Rosenzweig and Schultz，1982）。假设家庭中有男孩和女孩，效用函数如下：

$$U = U(x_H, m, f) \qquad (12-1)$$

其中 x_H 为家庭总消费，m, f 分别为存活的男孩和女孩数目，为连续变量。家庭生育的男孩和女孩数量为外生给定，家庭给男孩和女孩分配的资源为 $X_i, i = m, f$，这些资源会影响到他们的生存概率（或死亡概率）。设死亡概率为 $\delta_i(X_i)$，并将生育的男孩和女孩数量均设为 1，则有：

$$m = 1 - \delta m(Xm), \qquad \delta_m' < 0 \qquad (12-2)$$

$$f = 1 - \delta f(Xf), \qquad \delta_f' < 0 \qquad (12-3)$$

设影响生存概率的资源价格为 p，男孩和女孩对家庭的回报分别为 R_m、R_f，这一回报可以通过劳动力市场获得，也可以是转移支付，且可以为正，也可能为负。忽略贴现率，则家庭的预算约束为：

$$V + R_m[1 - \delta_m(X_m)] + R_f[1 - \delta_f(X_f)] - X_H - p(X_m + X_f) = 0$$

$$(12-4)$$

V 为家庭的其他收入，为外生给定。家庭对孩子投资 X_m、X_f，并消费 x_H，在约束条件（12-2）、（12-3）、（12-4）下，最大化效用函数（12-1），则有一阶条件为：

$$U_m / \lambda = -p / \delta_m' - R_m \qquad (12-5)$$

---

① 在后来的文献中，经济回报（economic return）的差异也称作市场机会（market opportunities）的差异（如 Ram，1984）。

$$U_f/\lambda = -p/\delta_f' - R_f \tag{12-6}$$

$$U_{x_H}/\lambda = 1 \tag{12-7}$$

其中 λ 为拉格朗日乘子。一阶条件（12-5）和（12-6）的含义为，在给定投资价格 p 时，生存带来的边际效用越高，或经济回报越高，则资源分配的影子价格 p/δ_i' 越低，意味着分配的资源越多。

进一步考虑经济回报和资源配置对生存概率的影响，男孩和女孩生存概率的差异可以写成：

$$S = m - f = \delta_f(X_f) - \delta_m(X_m) \tag{12-8}$$

由家庭在两类性别上分配的资源差异并不能比较生存概率的差异，因为 δ_i 的具体形式是未知的。将（12-8）式全微分可以得到：

$$dS = \delta_f' dX_f - \delta_m' dX_m \tag{12-9}$$

为得到经济回报对生产概率差异的影响，将（12-4）到（12-7）式全微分，再利用（12-9）式，并令生存概率 m、f 对 δ_i 的自价格弹性和交叉价格弹性分别为 $\theta_{ii}, i = m, f$ 和 θ_{mf}，收入弹性为 η_i，则有：

$$\frac{dS}{dR_f} = \delta_m' \theta_{mf} - \delta_f' \theta_{ff} + f(\eta_m - \eta_f)$$

$$= \delta_m' \theta_{mf} - \delta_f' \theta_{ff} + f\left(\frac{dS}{dV}\right) \tag{12-10}$$

$$\frac{dS}{dR_m} = \delta_m' \theta_{mm} - \delta_f' \theta_{mf} + f(\eta_m - \eta_f)$$

$$= \delta_m' \theta_{mm} - \delta_f' \theta_{mf} + f\left(\frac{dS}{dV}\right) \tag{12-11}$$

若男孩和女孩是替代品，即 $\theta_{mf} > 0$，且二者收入弹性的差异很小，则可以看到（12-10）式和（12-11）式的符号是相反的。女孩生存可获得的预期回报增加将会提高其相对于男孩的生存概率（即提高其分配到的相对资源），男孩的回报增加则会提高其相对于女孩的生存概率。需要指出的是，如果女孩的生存属于"奢侈品"，那么 S 也有可能会随着 R_m 的提高而下降。

这一模型优点在于对效用函数和死亡函数只做了很少的假设，由此可以预计到影响男性和女性生存概率差异的因素，并直接引入家庭资源分配行为，这一行为与预期的经济回报相关。模型的含义在于父母的分配行为会加强市场对于男性和女性在经济回报上的差异。[①]

对该模型的一项实证检验是用 4000 户印度农户家庭的数据，考察了男孩和女孩生存概率的差异（Rosenzweig and Schultz，1982），发现在其他条件一定的情况下，劳动力市场中男性的就业率提高将加大生存概率之差，而女性的就业概率提高 37% 后，二者之间的生存概率差异基本上就消失了。他们还发现，在女性经济回报率较高的地区，女孩的生存概率较高。使用国别数据的研究也验证了模型的结论。将预期寿命差距作为家庭资源在男孩和女孩间分配差异的代理变量，采用 108 个国家的截面数据，和 1947—1978 年州的时序数据，发现女性市场机会的增加，拉大了男女预期寿命的差距，证明了家庭资源分配会依据家庭成员的经济回报而决定（Ram，1984）。

上述家庭预期收入模型被称为"新古典方法"，有研究对其新古典经济学的假设提出质疑（Folbre，1984），指出存在一个家庭联合效用函数（joint utility function），家庭中不同的个体偏好并不一致，家庭资源分配是家庭成员最大化各自的联合效用函数并进行博弈的结果。对性别偏好的歧视可以视作是外生的，并体现在联合效用函数中，但即使是每个家庭成员的偏好是不变的，但他们的偏好汇总后的结果却可以是变化的。这其中的原因是多方面的，一个原因是相对谈判能力的变化，如果女性的市场机会和经济回报增加，则女性可以改变联合效用函数决策的结果。这一结果可以运用纳什谈判模型得到（McElroy and Horney，1981）。另一个原因在于，孩子的经济回报不仅取决于其收入水平，还取决于孩子愿意和父母分享其收入的倾向。有文献指出男孩的市场机会增加，流向长辈的收入会减少，而女孩则相反。在印度，母亲比父亲更有可能从女儿处获益，女孩通常会帮助母亲分担家务，因此，妇女的市场机会增加，会增加母亲的谈判能力，从而更多地投资于女孩，家庭联合效用函数同样可以解释预期收入模型（Rosenzweig and Schultz，1982）给出的经验结果。使用博弈框架的经验研究部分支持了上述对新古典模型的质疑，使用巴西儿童死亡率数据，发现母亲更倾向于对女儿的健康进行投资，而父亲更倾向于对儿子的健康投资（Thomas et al.，1990）。

12.2.2　家庭福利最大化模型

福利最大化模型和预期收入模型共同之处在于，家庭成员的健康投资

---

① 这一结论的一个重要前提是在效用函数中，生存的男孩与女孩并不具有非常强的互补性。

不仅取决于家庭资源的数量，还取决于资源的分配，对健康投资的性别差异是家庭成员谈判能力的体现（Strauss and Thomas，1998）。其不同之处在于，福利最大化的效用函数中还包含了家庭成员的健康状况和劳动力供给状况。Pitt et al.（1990）建立了解释家庭中食物资源在男性和女性的分配行为的模型，这个模型的特点是，第一，建立了食物消费、健康水平、工作强度的关系；第二，加入了个人特质健康禀赋（health endowment）的影响。在模型中，假设由于性别造成的男女工作种类的差异是外生的，可以按照劳动强度不同而分为若干档次，通常女性从事劳动强度较低的职业，男性从事劳动强度较高的职业。例如在孟加拉，12 岁及以上的男性中，有 47.8% 参与到"中等"以上劳动强度的职业中去，而在 12 岁及以上的女性中，这一比例仅为 2.7%。[①]

假设只有一种食物或营养物，所有的人按照年龄和性别分到不同的组，h_i^k 表示在第 k 组第 i 个人的健康水平，它受到食物消费量 c_i 和工作努力程度 e_i 的影响。在一个仅能维持生存的国家中，消费更多食物可以提高健康水平，而更努力的工作则会降低健康水平。

$$h_i^k = h^k \ (c_i, e_i, \mu_i)$$

$$\frac{\partial h_i^k}{\partial c_i} > 0 \qquad \frac{\partial h_i^k}{\partial e_i} > 0 \tag{12-12}$$

这里 μ_i 表示健康天赋（endowed health），它不受食物或劳动强度等后天因素的影响。

在劳动力市场，付出更多努力会有更高的工资，并且努力的工资回报会随着健康水平提升而提升。

$$w_i^k = w^k(e_i, h_i)$$

$$\frac{\partial w_i^k}{\partial e_i}, \ \frac{\partial w_i^k}{\partial h_i} > 0 \qquad \frac{\partial^2 w_i^k}{\partial e_i \partial h_i} > 0 \tag{12-13}$$

在模型中，食物消耗量 c_i 和个人工作努力程度 e_i 是可以选择的变量，考虑在一个家庭中的情况，假设这个家庭是效用最大

---

① 数据来自 1981—1982 孟加拉营养调查（The 1981—1982 Nutrition Survey of Bangladesh），所有职业依照消耗能量的不同分为五级："很少"（insignificant）、"少"（light）、"中等"（moderate）、"很激烈"（very high）、"非常激烈"（exceptionally high）（Pitt et al.，1990）。

$$\max_{c_i^k, e_i^k} U(h_1^k, \cdots, h_{n_k}^k, c_1^k, \cdots, c_{n_k}^k, e_1^k, \cdots, e_{n_k}^k) \quad k = 1, \cdots, m$$

$$s.t. \quad (12-14)$$

$$v + \sum_k \sum_i w_i^k - p \sum_k \sum_i c_i^k = 0$$

(12-12) 式中健康水平和食物消耗量的增加可以提高效用,而努力程度增加则会减少效用。(12-14) 式为目标函数和预算约束,其中的工资收入受到健康和工作强度的影响,即如 (12-13) 式所示。v 表示家庭财富或转移收入,p 是食物的价格。对于这一模型求解的一阶条件可参见原文,此处我们重点分析其含义。

首先,因为健康能带来更高的工资收入,因此,如果有两组人 a、b,其中 a 组人参加的是工资收入较高的活动,那么平均来说 a 组将被分配到更多的食物。因此,如果男性和女性由于社会性别和身体素质的差异,其在社会和家庭经济活动中有不同的分工,那么影响食物分配的因素与他们所从事的工作有关,即与男性和女性在劳动力市场和家庭活动中的分工有关。

进一步加入健康禀赋的影响。在上述家庭效用最大化模型中,健康禀赋对决策的影响有两个相反方向的作用。一方面,家庭中健康禀赋较低的人需要更多的食物,从而可以直接从改善健康中获得效用。另一方面,家庭中健康禀赋较高的人,其在劳动力市场中更多从事高强度劳动,其健康的回报较高 ($\frac{\partial^2 w_i^k}{\partial e_i \partial h_i} > 0$),因而可能分配给健康禀赋高的人更多的食物。这就是所谓的补偿效应和加强效应。

定义对禀赋越低的人的越有利的分配方式为补偿效用 (compensation),反之,对健康禀赋高的人的越有利的分配方式为加强效应 (reinforcement)。具体来说,要提高一个人的健康水平可以通过更多的分配食物 (c_i^k) 和更少的分配劳动 (e_i^k) 两种方式来实现。那么给健康禀赋越低的人分配更多的食物 ($\frac{dc_i^k}{d\mu_i^k} < 0$) 就是补偿效应,反之,给健康禀赋越高的人分配更多的食物 ($\frac{dc_i^k}{d\mu_i^k} > 0$) 就是加强效应。

那么对于男性和女性来说,这两种效用有什么不同之处?这主要取决

于 $\dfrac{\partial^2 w_i^k}{\partial e_i \partial h_i}$ 这一项在二者之间的差别。如果劳动强度的工资回报 $\dfrac{\partial w_i^k}{\partial e_i}$ 受健康

的影响较大，则要求对健康禀赋较高的人提供更多的食物，这时，加强效

应就占主导。现实中，女性较多从事家务劳动或工资率受健康影响较小的

活动（即女性 $\dfrac{\partial^2 w_i^k}{\partial e_i \partial h_i}$ 较小），那么相比于男性，食物对于女性的分配更有

可能是以补偿效应为主。

　　综上所述，家庭资源（食物）在性别间的分配由劳动力从事的经济

活动和健康禀赋两个方面决定。男性和女性所分配到的食物差异首先是因

为其从事的活动不同，男性由于社会性别分工，从事强度较高的劳动，则

被分配到更多的食物。在此基础上，男性从事的工作所获得的回报受健康

影响较大，因而食物在男性间的分配又可能以加强效应为主。女性由于其

从事的活动的经济回报受健康影响较少，食物分配在女性间更多以补偿效

应为主，即健康禀赋较低的人可能获得更多的食物。

　　Pitt et al.（1990）使用 1981—1982 孟加拉郊区营养调查（The
1981—1982 Nutrition Survey of Rural Bangladesh）数据，数据信息包含 15
个村庄共 385 个家庭的情况，研究发现有较高健康天赋的人会消费更多的

食物增加健康水平，参与劳动强度更大的工作降低健康水平；男性净健康

对于个人天赋的弹性（$\dfrac{\partial h_i^k}{\partial \mu_i^k}$）是 0.88，女性弹性是 0.97，都小于 1，也

就是说，健康天赋高的人健康的改善小于健康天赋低的人，补偿效应都占

了主导地位。

　　对于家庭资源分配行为的研究最初考察的是食物分配，这在低收入国

家中更有意义，较之于富裕的国家，食物和营养对健康的影响在低收入国

家中是决定性。另一方面，低收入社会中以体力劳动的职业为主，劳动强

度越大，其收入越高，因而健康是其获得收入的主要人力资本。随着经济

发展，医疗在健康决定中的作用越来越重要，这一框架也可以用于分析医

疗资源的配置。

12.2.3　生命周期假说

　　采用一般的家庭资源分配模型分析医疗消费的性别差异，并不能很好

地解释在现实中观察到的在成年时期女性的医疗消费常常高于男性这一现

象。生命周期假说修正了资源配置模型,强调了以下三方面的因素(Gao and Yao,2006):第一,考虑到女性健康的非市场价值,尤其在怀孕和哺乳期,女性健康对下一代质量的影响很重要,因此,妇女的医疗消费不一定低于他们的丈夫;第二,看病的机会成本和相关费用与劳动力市场价值成正比,这一因素会导致当收入较低时,丈夫的看病次数少于妻子;第三,健康投资具有持久效应,可能存在跨期替代,人们在青壮年时期处于挣钱的巅峰期,这一时期家庭中收入相对较高的丈夫医疗消费低于女性,而且,替代还体现在代际间,如果家庭中的老人需要孩子供养,那么就要提高孩子的健康水平,这也导致妇女在青壮年时期获得更多的医疗服务。

生命周期假说认为在生命周期的不同阶段,医疗消费的性别差异是不同的。在儿童时期,家庭资源分配模型所揭示的机制可能占主导地位,女孩分配到的资源相对于男孩较少;但女性在生育年龄时,女性的非市场价值占主导地位,其医疗消费却可能比男性高。用中国 8 个省 1428 个农户8414 人的调查数验证了生命周期假说(Gao and Yao,2006)。在控制了其他因素和看病的选择偏误后,发现在 20—34 岁时期,女性的医疗消费高于男性。此外,还发现青壮年时期人们看病的概率显著低于儿童和老人,费用也远低于老人,这表明家庭中存在跨期替代,传统的家庭养老功能在中国农村依然存在。将样本分为成人和儿童后,研究其他发现则与家庭分工和家庭决策的理论一致,一般而言,女性更加节省以便有更多家庭储蓄,而男性在决定是否看病时则更看重时间成本。对儿童样本的回归发现女孩的确在医疗消费方面受到歧视,女孩的医疗消费对父母的教育程度、家庭收入和财富以及农村的卫生条件十分敏感,而男孩的医疗消费却不受这些因素的影响。

12.2.4　非单调假说

非单调假说(Non-monotonicity)认为在获得社会服务(如医疗、教育)方面出现的歧视与服务的可及性呈非单调变化。在服务可及性很低(即成本很高)时,两组人获得的投资水平都很低,甚至都没有投资,因而不会对任何一方有歧视,这时没有性别不平等。然而当医疗可得性增加时,优势一方(如男孩)会优先获得投资,这时导致了不平等。当服务可及性再增加到一定程度时,受歧视一方(如女孩)的状况会改善,从而不平等降低了。这一模型考察的主要是社会计划者(如政府)提供社会服务，而家庭决定根据使用成本（如交通成本）决定是否投资。Oster（2009）提出了这一假说并用印度接种疫苗的数据进行了检验。

假设有两组人，一组为优势群体，另一组为劣势群体，对个体 i 的投资成本为 $v + \varepsilon_i$，$\varepsilon \sim N(0, \sigma^2)$，这一成本对两组人并无系统性差异，假设投资是离散的。但家庭对不同群体投资的价值是不一样的。对优势群体投资的评价为 Λ_A，对劣势群体投资的评价为 Λ_D，此处暂不讨论为何有不同的评价，原因可能有很多种，针对不同的问题，原因各不相同。是否投资取决于投资的价值是否大于成本，即：

$$\Lambda_A - v > \varepsilon_i$$
$$\Lambda_D - v > \varepsilon_i \qquad\qquad (12-15)$$

则优势群体中获得投资的人占比为 $F(\Lambda_A - v)$，劣势群体中获得投资的人占比为 $F(\Lambda_D - v)$，$F(.)$ ii 服从正态分布。不平等就由 $F(\Lambda_A - v) - F(\Lambda_D - v)$ 度量。由此，两组人获得投资的不平等程度随着 v 而变化，问题就变成，随着投资的平均成本下降，不平等程度将如何变化？

用 Θ 表示两个群体获得投资的人占比的差异（即不平等程度），在正态分布假设下有：

$$\Theta = \int_{\Lambda_D - v}^{\Lambda_A - v} \frac{1}{\sqrt{2\pi\sigma^2}} \exp\left(\frac{-(x)^2}{2\sigma^2}\right) dx \qquad\qquad (12-16)$$

$$\frac{d\Theta}{dv} = \frac{1}{\sqrt{2\pi\sigma^2}} \left[-\exp\left(\frac{-(\Lambda_A - v)^2}{2\sigma^2}\right) + \exp\left(\frac{-(\Lambda_D - v)^2}{2\sigma^2}\right) \right] \quad (12-17)$$

由（12-16）和（12-17）式可以得到如下定理：[①]

定理 1　当平均投资成本较高时，降低成本（增加可及性）会增加对优势群体的社会服务分配。随着平均投资成本的下降，社会服务分配的不平等程度会下降。

定理 2　当优势群体的相对投资价值较高时，可及性和不平等之间的联系更强。

Oster（2009）研究了印度性别差异对于儿童健康投资的影响。以医疗机构的数目度量医疗可及性，即投资的成本。结果发现 6 个月到 2 岁的男孩、女孩平均接种疫苗数的差值受医疗机构数目的影响是非单调的：医疗机构数目从 0 上升到 1、2 时，性别差异变大了，当医疗机构数目增加

---

① 证明过程见 Oster（2009）。

到 3 以上，女孩开始从中受益。再将样本分为两组：男孩偏好严重和男孩偏好不严重，回归结果显示在男孩偏好严重的组中，两个交互项都显著且绝对值更大，而在男孩偏好不严重交互项系数不显著，这个结果显示在男孩偏好更严重的家庭中非单调关系更明显。

12.3   医疗性别差异的经验研究方法

12.3.1   健康的度量

健康和教育是人力资本的两个方面，但与度量教育程度不同的是，第一，在文献中对健康的度量并没有取得一致，其中部分是由于健康本身是多维度的，而且不同维度的健康对人们劳动生产率的影响又可能不同，这种影响还和处于生命周期的不同阶段有关；第二，教育程度的测量误差通常是随机的，而各种健康度量指标的测量误差则可能与对健康的需求、劳动力供给、工资水平有系统性的联系，为了无偏地度量健康对劳动供给和工资的影响，通常需要寻找工具变量（Strauss and Thomas，1998）。

实证研究中使用的健康指标归纳起来大体分为以下八类（Currie and Madrian，1999）：（1）健康自评（SRHS）；（2）工作是否受限（whether there are health limitations on ability to work）；（3）日常生活功能性受限（ADLs）；（4）疾病种类（the presence of chronic and acute conditions）；（5）医疗护理的使用（utilization of medical care）；（6）心理疾病的获诊（clinical assessments of such things as mental health or alcoholism）；（7）人体测量指标、营养状况；（8）死亡率、寿命等。

人体测量指标（体重、身高、体重－身高比，即 BMI 值等）被广泛使用，BMI 过高或过低都会引起疾病和健康问题，有研究发现个人早期的经历与生命周期后期生理发展和认知能力发展之间存在生理和心理上的联系。[①] BMI 这个健康度量在对欧洲国家和发展中国家健康问题研究中广泛使用，如加纳、科特迪瓦、巴西、越南和印度尼西亚的经验研究（如，Strauss，1986；Fogel，1994；Strauss and Thomas，1998；Schultz，2002；Case et al.，2002）。因为 BMI 所需要的数据搜集相对简便，很多调查都搜集了身高、体重、上臂围等数据，而且这类数据的测量误差通常是随机

---

①   BMI 在 18—30 为正常，美国平均为 25，发展中国家这一指标平均比较低。

的，没有系统性偏差，不与被调查者的收入相关。

另有大量研究采用营养摄取量来度量健康，发现营养状况能显著提升个人生产能力（Deolalikar，1998；Foster and Rosezweig，1994；Ettner，1996；Hass and Brownlie，2001）。通常询问被调查者回忆过去 24 小时各餐摄入的食物种类，这类调查的缺点是很花时间，而且回忆的数据偏误会比较大。

有些调查搜集了日常活动中身体功能是否有困难等信息，包括行走一定的距离，提一定的重物，弯腰、爬楼梯等。虽然"是否困难"为主观评价，但误差比自评健康指标的测量误差要小（Strauss，1993）。

死亡率、寿命等通常用于宏观经济研究上，通常采用婴儿死亡率、5岁以下儿童死亡率、预期寿命等指标度量，用以考察健康与人均国民收入等宏观经济指标之间的关系（Bloom and Canning，2000；Bloom et al.，2004；Culter et al.，2006；Weil，2007）。

自评健康的优点在于较之于客观健康指标简便易得，缺点在于存在报告偏误。有研究详细阐述了自评健康指标可导致的问题（Bound，1991）：第一，被访者的主观评价，并且健康存量本来就随着年龄而下降，因而样本中被访者之间，尤其是不同年龄段之间不一定具备可比性；第二，存在被访者未正确理解题意的情况，统计上也会有度量误差；第三，自评健康在一定程度上与其劳动力市场表现是相关的，存在内生性。失业者倾向于用健康原因来合理化自身提前退休行为；除此之外，由于提前退休的养老金仅提供给无工作能力者，对于继续工作收入少的劳动者存在低健康水平的经济激励。内生性还来源于失业使人缺乏活动、无所事事，或者不良的工作环境等也可能导致健康不良（Smith，1999）。自评健康的度量误差会低估健康变量的系数，而内生性导致高估，两者在一定程度上相互抵消。有人认为自评健康指标优于客观指标（如 Bound，1991）。

解决内生性和度量误差的方法之一是运用客观健康指标作为自评健康的工具变量。现有研究（Bound，1991）既进行了计量理论推导，又运用美国"退休历史调查数据（Retirement History Survey）"和"美国跟踪调查数据（National Longitudinal Survey）"进行了实证检验，发现仅使用客观度量作为健康的代理变量，会倾向于低估健康而高估经济因素对于劳动参与率的作用；仅运用主观度量，或低估或高估健康和经济因素作用；而当运用客观指标（文中使用的是死亡率）作为自评健康的工具变量，可正确估计出健康对于劳动参与率的作用，但仍无法获得其他经济因素影响的无偏估计，会低估其影响。

鉴于健康的多维度性，有效的做法是同时检查采用多个健康指标的结果，例如有研究（Strauss and Thomas，1998）用印尼家庭调查数据（Indonesia Family Life Survey）发现身高和提重物的能力有联系，身高较高的人，提重物的困难较小；年轻人（25—40 岁）提重物的困难小于年纪较大的人（40—55 岁）。身高不仅反映了家庭背景（如儿童时代的健康投资），还反映了力量和身体的强壮程度。

12.3.2　医疗中样本选择偏误的处理方法：两部分模型[①]

医疗支出数据的主要特点是：（1）存在着很多医疗支出为零的样本，一般可以认为，这是行为人进行最优化决策的结果，受到个人或家庭的健康风险偏好和经济状况等因素的影响，即所谓的自选择问题。在实证分析中如果忽略这些样本，用普通最小二乘法进行估计分析将会导致样本选择误差。（2）医疗支出或医疗需求（看病次数、住院次数等）通常不符合正态分布，而是严重左偏（即大多数人的次数比较少，支出较高或需求较大的人所占的比例较小，有较长的右尾）。（3）医疗支出和解释变量之间可能存在内生性问题，即遗漏变量或联立性问题。医疗支出数据的这些特征对计量方法有特殊的要求。此处我们重点讨论（1）和（2）问题，（3）主要采用工具变量解决。

处理样本选择的最常用方法为 Heckman 两阶段法，通过构造逆米尔斯比率（IMR）对不可观测的选择性进行控制。但这一方法的基本假设是选择方程（是否参与）和支出方程（工资方程或医疗支出方程）的残差项符合联合正态分布，否则结果会有非常大的偏误（Duncan，1983；Goldberger，1983）。由于数据是被截取的（censored data），有一部分数据是观察不到的，这一假设事实上是不可检验的。除此之外，用 Heckman 两阶段法还有其他一些不足（Duan et al.，1983），其一是排除性约束问题（exclusion restrictions），即至少有一个变量应该出现在选择方程中，但

[①]　对于医疗消费中的样本选择的计量模型可参见 Jones，2000。对于两部分模型回归结果一致性的讨论可参见 Madden，2008 及 Mullahy，1998。两部分模型在中国问题上的应用可参见高梦涛、姚洋，2004；封进，2009；以及封进等人，2010。

并不影响支出，因而不出现在支出方程中。如果这样的变量难以找到，则 Heckman 方法的估计就只能依赖于逆米尔斯比率的对解释变量的非线性变换，此时逆米尔斯比率和其他解释变量之间可能有较强的相关性，结果缺乏稳健性（Madden，2008）。其二是在用最大似然法对 Heckman 两阶段模型估计时，也会出现多个最优解的情况，这一模型并不具备良好的统计检验方法。更值得重视的是医疗支出的决策过程和工资决定的过程并不一样。医疗消费中，首先决定是否就诊，而后决定医疗支出，而且前者通常由消费者做出，后者通常由医院或医生决定。而劳动参与和工资的决定通常是同时做出的，当工资低于保留工资时，则劳动参与体现为 0。由于医疗消费时两个决策是贯序的而非同时做出，因此，采用两部分模型更为合适。

对医疗支出的分析可以采用两部分模型（two-part model，2PM）。两部分模型将消费者的行为分为两个阶段：第一阶段，人们决定是否参与医疗服务的消费；第二阶段，在决定进行医疗服务消费的前提下，决定医疗支出金额的大小。尽管两部分模型假设上述决策过程相互独立，但如果这个过程可能是属于样本选择的情况，其估计结果依然是可靠的（Duan et al.，1983）。Duan et al.（1983）根据他们的研究指出，尽管对于两种方法存在很大争议，但根据他们的比较，其对医疗消费决定因素的估计结果，两种方法得到的结果非常类似。Manning et al.（1987）用蒙特卡洛模拟（Monte Carlo Simulations）比较了 Heckman 两阶段法（SSM）和两部分模型（2PM）的差异。主要考察了在排除性约束不存在时，SSM 方法依靠非线性关系才能对模型进行识别，是否不稳健。实验结果表明，2PM 模型比 SSM 模型有更好的稳健性。

两部分模型在估计时十分简便，这种方法将两个阶段的决策视为有先后顺序并且相互独立的过程，通过两个方程的估计结果，将一个变量对两个部分的影响综合后，计算医疗需求的偏效应，从而避免了样本选择误差的问题。

第一部分采用二值 Probit 模型或 Logit 模型估计是否有医疗支出方程。个体参与医疗消费的概率可以表示为 $\Pr(y_i^* > 0 | x_i)$，其中 x_i 为个体 i 的特征变量（如年龄、性别、收入等），如果 $y_i^* > 0$，则表示有医疗支出；反之，则表示医疗支出等于零。具体形式如（12 – 18）式和（12 – 19）式所示，ε_i 是误差项，服从标准正态分布。

$$y_i^* = x_i\delta_1 + \varepsilon_i \qquad \varepsilon_i \sim N(0,1) \tag{12-18}$$

$$y_i = \begin{cases} y_i^* & if \quad y_i^* > 0 \\ 0 & otherwise \end{cases}$$

$$\Pr(y_i^* > 0 \mid x_i) = \Phi(x_i\delta_1) \tag{12-19}$$

（12-19）式中是否有医疗支出的概率是由可观测的相关变量 x_i 决定，采用 Probit 模型估计。第二部分是关于医疗支出的线性方程，用有医疗支出的样本估计，如（12-20）式。由于医疗支出通常不符合正态分布，而呈现对数正态分布，因此使用两部分模型时一般采用对数形式的方程来处理因变量（家庭医疗支出）存在偏度的问题。医疗支出的线性方程为（12-21）式所示，其中，μ_i 是误差项：

$$E(y_i \mid y_i > 0, X_i) = x_i\delta_2 \tag{12-20}$$

$$\log y_i = x_i\delta_2 + \mu_i \qquad \mu_i \sim [0, \sigma_\mu^2] \tag{12-21}$$

两部分模型可以分别看出某一变量对是否参与的影响和对医疗支出的影响，某一变量对医疗支出的最终影响取决于两部分模型偏效应或系数的综合。如果 x_k 是连续变量，则其偏效应为（12-22）式所示。等号右边第一项是用（12-19）预测得到的有医疗支出的平均概率乘以方程（12-20）中变量 x_k 的系数（偏效应），第二项用方程（12-20）预测得到的平均医疗支出乘以方程（12-19）中变量 x_k 的偏效应。

$$\frac{\partial E(y)}{\partial x_k} = \frac{\partial[\Pr(y > 0) \times E(y \mid y > 0)]}{\partial x_k}$$

$$= \left[\Pr(y > 0)\frac{\partial E(y \mid y > 0)}{\partial x_k}\right] + \left[E(y \mid y > 0)\frac{\partial \Pr(y > 0)}{\partial x_k}\right] \tag{12-22}$$

虚拟变量的偏效应为（12-23）式所示，等式右边同样有两项相加得到，第一项用方程（12-19）估计出的平均概率乘以虚拟变量在方程（12-20）中的系数（偏效应），第二项用方程（12-19）估计虚拟变量的偏效应，而后乘以平均医疗支出。

$$E(y \mid x_k = 1) - E(y \mid x_k = 0) = \Pr(y > 0 \mid x_k = 0)$$

$$\times [E(y \mid y > 0 \mid x_k = 1) - E(y \mid y > 0 \mid x_k = 0)]$$

$$+ \left[\mathrm{Pr}(y > 0 \mid x_k = 1) - \mathrm{Pr}(y > 0 \mid x_k = 0) \right] \times E(y \mid y > 0 \mid x_k = 1)$$

$$(12 - 23)$$

12.3.3　医疗性别差异的识别

（1）预期收入模型的检验

在预期收入模型的框架下，家庭资源分配取决于预期的男性和女性的市场机会，该模型并不直接检验资源分配的差异，而是通过考察男孩与女孩生存概率的差异间接反映二者获得的医疗资源的差异，因此，在实证中需要估计男性和女性的经济回报对男孩和女孩生存概率差异的效应。采用最小二乘法估计时会存在联立性问题，因为男性和女性生存概率的差异会影响到各自的劳动力供给，从而影响各自的经济回报，因此需要采用两阶段方法进行估计，在第一阶段首先估计不同性别的经济收入，第二阶段回归生存概率差异方程。回归方程如下：

$$E_m = \alpha_{m0} + \alpha_{m1} X_1 + \alpha_{m2} X_2 + \alpha_{m3} X_3 + \alpha_{m4} X_4 + \varepsilon_m \qquad (12 - 24)$$

$$E_f = \alpha_{f0} + \alpha_{f1} X_1 + \alpha_{f2} X_2 + \alpha_{f3} X_3 + \alpha_{f4} X_4 + \varepsilon_f \qquad (12 - 25)$$

$$S = \beta_0 + \beta_1 E_m + \beta_2 E_f + \beta_3 X_3 + \beta_4 X_3 \qquad (12 - 26)$$

（12 - 24）和（12 - 25）分别估计男性和女性的收入方程，其中 X_1 为影响劳动力需求的一组因素，X_2 为限制就业的一组因素，如宗教、市场分割等，X_3 为家庭财富和资产等，X_4 为一组度量教育的变量，所有的这些变量对男性和女性收入的影响都可能是不同的。假设 X_1 仅仅影响到个人的经济收入，并不直接影响男孩和女孩的生存概率之差，所以不进入方程（12 - 26）。按照理论，实证模型需要检验 $\beta_1 > 0$、$\beta_2 < 0$ 是否成立。

在对印度所做的实证研究中（Rosenzweig and Schultz，1982），采用男性和女性在劳动力市场和土地上的就业率度量他们的经济收入，X_1 包括村中是否有工厂、村中是否有小规模的产业、该地区女性的农业工资水平、该地区男性的农业工资水平；X_2 包括该地区 15—59 岁女性中穆斯林人口占比，该地区低种姓人口占比；X_3 包括非劳动收入、谷物耕种面积、是否有土地、是否通电、地区的正常降雨量；X_4 包括妻子的教育程度、户主的教育程度、妻子的年龄、户主的年龄。在第一阶段的回归结果中，作为工具变量的 X_1 均十分显著。在第二阶段回归结果显示，$\beta_1 = 0.317$，$\beta_2 = -0.102$ 与理论预计一致，但 β_1 的显著性较小。

（2） 补偿效应与加强效应的检验

在家庭福利最大化模型中，家庭具有一致的偏好，对于资源分配受两方面因素的支配，一方面，家庭中健康禀赋较低的人需要更多的食物，另一方面，家庭中健康禀赋较高的人，其在劳动力市场中更多从事高强度劳动，因而可能分配给健康禀赋高的人更多的食物，这就需要检验补偿效应和加强效应的相对大小。在实证中，由于模型中的重要变量健康天赋（μ_i）不可直接观测，通过估计健康函数（12 - 27）的残差来测量，为了解决残差与解释变量相关性的问题 ［资源分配（c_i）受到健康天赋（μ_i）的影响］，引入工具变量（IV）并采用二阶段最小二乘法（2SLS）。

$$h = \alpha_0 + \alpha_1 z_1 + \alpha_2 z_2 + \alpha_3 z_3 + \mu \qquad (12 - 27)$$

在 Pitt et al（1990）的研究中，健康方程中的健康状况由专业医师记录受试者的体重、身高、皮褶厚度（skinfold thickness）和上臂围（mid-arm circumference）等健康信息度量，家庭职业信息按照联合国粮食农业组织（Food and Agriculture Organization）和世界卫生组织（WHO）的标准进行了能量强度（energy intensity）的划分。健康方程中的解释变量为消费的卡路里、职业、年龄、性别、家庭饮水状况等。第一阶段中的工具变量包括户主年龄和受教育程度、家庭土地数量、食物价格与个人年龄、性别、户主教育和年龄、土地分别做交互项。

在获得健康天赋后，再估计健康天赋对个人消费的食物卡路里的影响。首先将不同性别的样本一起做回归，为区分性别差异，再分别对男性和女性样本分开回归。结果显示健康天赋对于卡路里消费的弹性为 0.132（t 值为 1.32），显示这里有加强效应，尽管系数不显著。当分别对男性和女性样本做估计时，我们可以发现显著的差异：男性健康天赋对于食物消费的弹性为 0.676（t 值为 4.14），女性弹性仅为 0.0676（t 值为 0.26）。这说明，男性的健康每增加 10% 则食物分配数增加 6.8%，而女子的食物增加效果仅为男性的十分之一。因此，如果仅看资源分配结果，男性体现出明显的加强效应，即健康好的男性分配到的食物也比较多，而女性这一点则不明显。

随着收入水平的提高，食物消费占家庭收入的比例不断下降，食物对健康差异的影响不再是决定性的，此时医疗消费更多地决定了健康的性别差异，最初对于家庭资源在性别间分配的分析框架同样适用于对于医疗消费的研究。

（3）性别对医疗消费的影响

对医疗消费性别差异的识别通常有两种处理方法，一是将性别变量放入医疗消费方程，考察其显著性；另一种是将男性和女性的医疗消费方程分开估计，再比较各种影响因素的差异，如果女性的医疗消费在特定的个人特征、家庭和社区特征方面比男性更加敏感，那么仍然可以认为女性在医疗服务方面是受到歧视的。

采用性别哑变量，以及性别哑变量和其他相关变量的交互可以直接比较不同性别医疗消费的差异。如高梦滔和姚洋（Gao and Yao，2004）采用男性和女性的全部样本估计了中国农村医疗消费的性别差异，为了纠正样本选择偏误，可以运用上述提到的两部分模型法。他们按照性别和年龄分组，男性和女性分别有 13 个年龄组，再加上性别哑变量，因此共有 26 个组，由此可以考察不同性别在不同年龄阶段的医疗消费差异。采用两部分模型，第一阶段首先用 Probit 模型回归是否看病的方程，发现医疗消费与年龄存在 U 型关系，儿童和老人比中年人有更大的概率发生医疗支出。在性别差异方面，低于 9 岁的女孩的看病概率明显低于同年龄的男孩；20—34 岁女性的看病概率明显高于同年龄的男性；在 64 岁之前女性的看病概率都高于男性，但并不显著；65 岁以上的女性看病概率显著低于男性。综合第一阶段和第二阶段医疗支出后的两部分模型结果显示，在 20—24 和 25—29 两个年龄组中，女性的医疗费用明显高于男性。这一结果可以用生命周期假说解释。

Oster（2009）关于印度医疗设施可及性对儿童接种疫苗的性别差异的影响，也采用了全部样本，通过女孩哑变量考察性别差异。使用的数据是 1998—1999 年第二次印度国家家庭健康调查（National Family Health Survey），包括了近 90000 位妇女。问卷包括何时生过孩子、是否至今存活、死亡时间、4 岁以下的孩子是否接种疫苗和进行其他健康投资等。文章中衡量健康投资的指标就是疫苗接种情况，这里有 7 种疫苗：包括白喉（diphtheria）、百日咳（pertussis）、破伤风（tetanus）、小儿麻痹症（polio，两种）、麻疹（measle）和肺结核（tuberculosis），作者简单以 0—7 次计算接种的数目。被解释变量为个人疫苗接种数目，解释变量中包括了性别（女性 = 1）与健康营地（health camps）数目的交叉项、性别与健康营地数目平方的交叉项，前者符号为负，后者符号为正。这表现出 6 个月到 2 岁的男孩、女孩平均接种疫苗数的差值医疗机构数目的影响是非单调的:医疗机构数目从 0 次上升到 1、2 次时,性别差异变大了,当健康营地数目增加到三次及以上,女孩开始从中受益。接着,检验当健康营地数目不再是唯一的接种疫苗的方式时,用居住地离最近的医疗站的距离(分为 5 公里之内,5 到 10 公里之间,10公里之外三组)衡量健康营地的重要性,距离越远越依赖健康营地,通过交互项表现出的非线性关系应该越强,实证结果证实了这一点(只有在距离最远的组系数显著)。

需要指出的是,许多性别差异研究都采用将男性和女性样本分开回归的方法(如 Pitt et al.,1990;Bour,2004;Case,2005;Pokhrel et al.,2005)。高梦滔和姚洋(2004)将男性和女性样本分别做回归发现,对于成人而言,女性的医疗消费对自身的教育程度、户主的教育程度和家庭收入比男性更敏感,而男性对于医疗的机会成本比女性更加敏感。对于儿童而言,女孩的医疗消费中显著的变量远远多于男孩,例如家庭财产显著影响女孩的医疗消费,但并不影响男孩,父母的教育程度显著影响女孩的医疗消费,却并不影响男孩。这些发现说明,女孩在医疗消费方面受到歧视。

有研究考察了加纳(Ghana)共和国阿散蒂省(Ashanti Region)中男性、女性对于医疗服务的使用情况(Buor,2004)。通过对阿散蒂省 18 个区中的两个(分别位于城市和乡村)进行调查,共收集了 650 个样本(城市样本 250 个),其中女性样本占 60%。文章以受试者在最近三次感到明显身体不适时去医疗机构接受检查的次数来度量该人对于医疗服务的使用情况,"0"代表一次也没有去医院看过,"3"代表三次全去看了,并以此定义为稀少、比较少、适中以及很多这几个等级,数据还收集了受试者教育、年龄、职业、收入、保险情况、健康状况(自评)、离最近的医院的距离、对医疗服务质量的评价等。研究认为女性通常比男性的健康水平要低(因而对于医疗服务的需求更大),然而男性访问医疗机构的频率却高于女性,这反映了在健康资源分配上的性别不平等。他通过多元回归得出结论:女性对于健康服务(health service)的使用情况受到医院的距离和收入水平的影响更大;与此同时,男性受服务质量、健康状况、服务费用和教育程度的影响更大。据此,他提出了如给女性更多就职机会、提高女性教育水平等政策来改善不平等状况,通过提高健康保险覆盖率等措施来同时提高两性的医疗设施利用率。

12.4 案例：中国农村医疗消费的性别差异

12.4.1 数据

我们采用中国健康与营养状况调查（CHNS）数据。[①]我们用 1991 年、1997 年、2004 年共 3 年的调查数据，1991 年的有效样本中共有 7128 人、116 个社区，其中生病的样本为 665 个，占当年总样本的 9.33%；1997 年的有效样本中共有 7241 人、120 个社区，其中生病的样本为 425 个，占当年总样本的 5.87%；2004 年的有效样本共有 6052 人、142 个社区，其中生病样本 1080 个，占总样本的 17.85%。报告生病的样本在 2004 年有了大幅度的增加，这与中国在 2003 年开始试点的新型农村合作医疗制度有关。

就医疗保险的覆盖面看，1991 年全部样本中参加医疗保险的个人占总体的 18%，在生病样本中比例为 23%。1997 年全部样本中参加医疗保险的比例为 17%，生病样本比例为 21%。此处医疗保险包含了所有种类，包括政府提供的保险、劳动保险、合作医疗、计划免疫保险等。其中比重较大的是政府保险和劳动保险；而合作医疗占比很小，不足 3%。[②]

从 CHNS 数据看，自 1980 年以来农村医疗服务的价格不断上涨。尤其在 20 世纪 90 年代，医疗服务价格的上涨幅度大大超过同期农村居民收入的增长幅度。确定医疗服务的价格水平时需要解决的主要问题是自选择

---

① 数据来源：美国北卡罗莱纳大学人口中心，http：//www.cpc.unc.edu/projects/china。该调查由美国北卡罗莱纳大学人口研究中心（The Carolina Population Center at the University of North Carolina at Chapel Hill）、美国国家营养与食物安全研究所（The National Institute of Nutrition and Food Safety）和中国疾病与预防控制中心（The Chinese Center for Disease Control and Prevention）合作进行。调查包含诸多健康和营养指标、家庭经济指标和个人的其他特征，还包括社区的医疗设施、社区基础设施和其他社区变量。到目前为止，该调查一共进行了 7 次，分别是 1989 年、1991 年、1993 年、1997 年、2000 年、2004 年和 2006 年。CHNS 调查范围涉及辽宁、黑龙江、江苏、山东、河南、湖北、湖南、广西和贵州 9 个省（自治区）。

② 我们对医疗保险的内生性做了检验，即是否会存在有医疗保险和医疗支出同时受到第三个因素影响的情况，用当地政府是否对医疗保险有补贴作为工具变量。检验结果发现，农民是否有医疗保险并不存在内生性问题。在农村地区，公共医疗保险的供给通常以村办和乡办为主，这与是否有地方经济补贴有很大的关系。在全部样本中，1991 年乡镇企业对医疗保险有补贴的样本比例为 15.81%，1997 年为 7.48%。

引起的价格内生性问题。[①] 因此,本章对数据中每户治疗一次感冒或流感的费用加以平均,在此基础上得到每个村的平均价格水平,作为医疗服务价格的代理变量。这在一定程度上克服了医疗服务价格的内生性问题。按当年价格计算,1991 年这一价格为 3.3 元,1997 年这一价格为 15.3 元,2004 年这一价格为 21.7 元。其他数据描述见表 12-1。

表 12-1 相关主要变量的描述和统计 (均值)

变量	定义	全部样本			生病样本		
		1991 年	1997 年	2004 年	1991 年	1997 年	2004 年
E	受教育程度 (年)	5.82	6.49	6.50	4.77	4.94	5.43
A1	年龄在 15—35 岁 = 1	0.47	0.45	0.24	0.26	0.17	0.11
A2	年龄在 36—65 岁 = 1	0.43	0.44	0.63	0.59	0.58	0.64
A3	年龄在 65 岁以上 = 1	0.07	0.08	0.13	0.14	0.23	0.25
M	已婚 = 1	0.69	0.68	0.84	0.78	0.76	0.82
G	男性 = 1	0.49	0.51	0.48	0.49	0.45	0.44
I	有医疗保险 = 1	0.18	0.17	0.20	0.23	0.21	0.23
w	家庭人均收入 (1989 年不变价,元)	1433.96	1305.32	2470.09	1428.07	1293.68	2356.64
S	家庭规模 (人)	4.69	4.31	3.81	4.42	4.00	3.70
VI	社区人均收入 (1989 年不变价,元)	1496.76	1279.45	2465.70	1506.15	1337.38	2579.91
H	医疗机构数目 (个)	3.28	3.09	2.57	3.51	3.03	2.63
P	治疗一次感冒的价格 (元)	3.33	15.34	21.68	3.48	14.43	22.02
HE	有医疗支出 = 1	0.07	0.05	0.15	0.76	0.84	0.87
Y	医疗支出 (当年价格)	19.90	20.98	90.43	213.31	352.37	509.36
D1	疾病不严重 = 1	0.03	0.03	0.08	0.37	0.43	0.37
D2	疾病程度为中等 = 1	0.04	0.02	0.09	0.48	0.41	0.46
D3	疾病程度为严重 = 1	0.01	0.01	0.02	0.15	0.15	0.13
观察值数量		7128	7241	6052	665	425	1080

---

① 可能存在着一些个体、家庭和社区的不可观测的因素,它们既影响农村居民是否进行医疗消费的决策、也影响农村居民选择什么价位的医疗服务,从而造成了医疗服务价格的内生性问题。

表 12 - 2 比较了男性和女性医疗需求和医疗消费的差异。可以看到，女性汇报生病的比例高于男性，这和文献中的发现一致。女性生病后看病的比例略高于男性，但平均的医疗支出低于男性。对男性和女性差异的比较还需用计量方法，并控制疾病严重程度、疾病类型后才能得到相关因素的影响在两性间有何不同。

表 12 - 2　　　　　　　　　　　男性和女性医疗消费比较

	男性	女性
汇报生病的比例（%）	9.75	11.39
生病后看病的比例（%）	81.45	83.86
生病样本的平均医疗支出（元）	237.38	194.18
有医疗保险的比例（%）	16.08	20.55

12.4.2　计量模型

我们用生病样本，采用两部分模型方法（2PM），将样本分成男性和女性，分别考察农村地区男性和女性在医疗消费的收入弹性和价格弹性的差异。[①]

按照两部分模型，分别用 Probit 模型和普通最小二乘法回归。考虑到同一社区内样本之间的相关性，对上述两个回归均采用随机效应模型，以控制社区因素的影响。将收入数据，包括家庭人均收入和社区人均收入取对数，将医疗价格水平也取对数进行处理。

第一阶段的医疗参与方程具体表示形式如（12 - 28）式所示：

$$\Pr(Y_i > 0 \mid X_i) = \Phi(\alpha_0 + \alpha_1 \ln w + \alpha_2 \ln p_i + \alpha_3 \ln VI_i + \alpha_4 A_i + \alpha_5 E_i$$
$$+ \alpha_6 M_i + \alpha_7 G_i + \alpha_8 I_i + \alpha_9 S_i + \alpha_{10} H_i + \alpha_{11} D_i + \alpha_{12} N)$$

$$(12 - 28)$$

$\Phi(\cdot)$ 是累积分布函数。$\ln w$ 是家庭人均收入的对数；$\ln p$ 是医疗价格的对数；$\ln VI$ 是社区人均收入的对数；A 是年龄；E 是受教育程度；M 是婚姻状况的虚拟变量；G 是性别的虚拟变量；I 表示是否有医疗保险的虚拟变量；S 表示家庭规模；H 表示医疗机构数目；D 是表示疾病严重程度的虚拟

① 仅仅采用生病样本的结果为有条件价格或收入弹性，如果采用全部样本，可以得到无条件价格或收入弹性。读者可以自己尝试，由于篇幅所限，此处仅以有条件回归为例。

变量；N 是年份的虚拟变量。

第二阶段的医疗支出方程具体表示形式如（12 – 29）式所示：

$$\log(Y_i \mid Y_i > 0) = \beta_0 + \beta_1 \ln w + \beta_2 \ln p_i + \beta_3 \ln VI_i + \beta_4 A_i + \beta_5 E_i$$
$$+ \beta_6 M_i + \beta_7 G_i + \beta_8 I_i + \beta_9 S_i + \beta_{10} H_i + \beta_{11} D_i + \beta_{12} N + \eta_i$$

$$(12 – 29)$$

η 是误差项。同样，采用随机效应模型控制不可观测的社区特征。

12.4.3　结果分析

两部分模型的回归结果列于表 12 – 3，第一阶段为 Probit 模型估计出的生病后是否就诊的系数，第二阶段为有医疗支出时，对医疗支出的偏效应。可以看到，疾病的严重程度是十分显著的影响因素，这说明人们对健康风险有很强的规避意愿，但对于是否发生医疗支出有显著影响的变量在男性和女性之间并不完全相同。除了疾病严重程度外，男性显著的变量主要是家庭收入和教育程度，而女性显著的变量主要是社区收入水平和教育程度。无论男性和女性，教育程度较高的，就诊概率越高，这也是文献中得到的一般结果。家庭收入越高，男性就诊概率越高，女性则不明显；社区收入水平越高，女性就诊概率越低，男性却并不明显。这表明男性是否就诊主要受家庭绝对收入的影响，女性主要受相对收入的影响，对低收入家庭而言，家庭收入增加可以增加男性就诊的概率，但并不一定增加女性就诊概率，如果社区平均收入增加更多，则女性就诊概率反而是下降的。这也体现出家庭资源优先分配给男性。

第二阶段对医疗支出的回归结果显示疾病严重程度和疾病种类是影响医疗费用的主要因素，相对于疾病严重程度较轻的人，疾病严重程度一般和很严重的人，其医疗支出显著增加。除此之外，影响男性医疗费用的主要是医疗价格，影响女性的主要是家庭收入和医疗价格。医疗费用的决定受到医生和病人共同决策，医疗价格对医疗费用显然有直接的影响，医疗价格越高，医疗费用越高。但家庭收入水平也会影响到治疗方案的选择，对于男性而言，家庭收入产生的制约并不明显，而对于女性而言就比较显著，家庭收入提高，女性的医疗费用显著增加。这表明，在条件相同的情况下，男性享受的医疗服务水平会超过女性。

由于医疗支出方程的回归结果会有样本选择偏误，各影响因素更加准确的偏效应需要综合两个阶段的回归结果。由于在两个部分中显著的且有政策含义的变量主要是医疗价格和收入，下面我们主要考察这两个变量的影响。

表 12 - 3 　　　　　　　　　　两部分模型的回归结果

	男性（N = 1171）		女性（N = 974）	
	第一阶段	第二阶段	第一阶段	第二阶段
ln（家庭人均收入）	0.172 **	0.022	0.049	0.221 ***
	(0.074)	(0.090)	(0.059)	(0.071)
ln（社区人均收入）	-0.209	-0.136	-0.300 **	-0.106
	(0.162)	(0.182)	(0.150)	(0.154)
ln（医疗价格）	0.040	0.576 ***	0.071	0.253 **
	(0.109)	(0.127)	(0.107)	(0.113)
15—35 岁	0.151	-0.050	0.208	-0.362 *
	(0.185)	(0.234)	(0.186)	(0.210)
36—65 岁	0.103	-0.024	0.209	-0.155
	(0.133)	(0.179)	(0.129)	(0.154)
教育程度	0.034 **	-0.016	0.032 **	0.017
	(0.015)	(0.020)	(0.015)	(0.016)
已婚	0.057	0.176	0.106	0.245 *
	(0.144)	(0.188)	(0.118)	(0.139)
有医疗保险	-0.176	0.256	0.012	-0.135
	(0.132)	(0.164)	(0.139)	(0.153)
健康较差	-0.091	0.674 ***	-0.161	0.778 ***
	(0.134)	(0.174)	(0.117)	(0.134)
健康较好	0.194	-0.298 *	-0.005	-0.300 **
	(0.124)	(0.153)	(0.126)	(0.140)
健康很好	0.834 **	-0.442	-0.025	-0.239
	(0.362)	(0.304)	(0.264)	(0.276)
疾病一般严重	0.331 ***	0.759 ***	0.296 ***	0.726 ***
	(0.112)	(0.141)	(0.103)	(0.119)
疾病很严重	0.626 ***	1.810 ***	0.573 ***	1.795 ***
	(0.173)	(0.198)	(0.174)	(0.177)
家庭规模	0.033	-0.035	0.019	-0.031
	(0.034)	(0.043)	(0.030)	(0.034)

续表

	男性（N = 1171）		女性（N = 974）	
	第一阶段	第二阶段	第一阶段	第二阶段
医疗机构数	- 0. 025	- 0. 118 **	- 0. 028	- 0. 012
	(0. 044)	(0. 052)	(0. 041)	(0. 045)
1997 年	0. 355 *	- 0. 372	0. 180	- 0. 459 **
	(0. 202)	(0. 248)	(0. 195)	(0. 217)
2004 年	0. 455 **	- 0. 896 ***	0. 399 *	- 0. 467 **
	(0. 217)	(0. 276)	(0. 212)	(0. 237)
呼吸系统疾病		- 0. 112		- 0. 662 ***
		(0. 219)		(0. 206)
消化系统疾病		- 0. 241		0. 436
		(0. 343)		(0. 266)
风湿类疾病		0. 686		0. 461
		(0. 445)		(0. 319)
心脏病		1. 062 **		0. 620 *
		(0. 528)		(0. 339)

注：年龄的对照组为 65 岁以上，疾病严重程度对照组为疾病不严重，疾病种类对照组为其他，年份对照组为 1991 年。汇报的结果是随机效应模型，按社区分组；括号内为标准差；*、**、*** 分别表示 10% 、5% 和 1% 的显著性水平。

用两部分模型的偏效应（12 - 22）式和（12 - 23）式可以求得各主要变量两个部分综合的偏效应，进而得到收入弹性和价格弹性。收入弹性即为收入的偏效应，价格弹性的计算为价格的回归系数代入（12 - 22）式后减去 1。

由表 12 - 4 的结果可见，男性在生病后医疗消费的收入弹性为 0. 16，女性的收入弹性为 0. 23；这表明医疗支出缺乏收入弹性，但女性的收入弹性高于男性，说明女性的医疗支出受家庭收入的影响高于男性；男性的价格弹性为 - 0. 48，女性的价格弹性为 - 0. 73，这表明女性的医疗服务对价格更加敏感，在医疗价格不断上涨的情况下，女性享受的医疗服务下降多于男性。我们估计出的弹性与对中国城镇居民的医疗需求的分析结果相似（Mocan et al. ，2004），他们发现收入弹性大约为 0. 3；价格缺乏弹性，

在 −0.8 左右。综上所述，农村女性在医疗服务利用方面更多地受到家庭收入的制约，对医疗价格更加敏感，在家庭资源配置中处于不利地位。

表 12 −4   分模型的偏效应：收入弹性和价格弹性

变量	男性	女性
收入	0.16	0.23
医疗价格	− 0.48	− 0.73

12.5 结论

医疗服务利用中性别差异的产生可以从两个视角解释，一是女性健康视角，另一是性别关系视角。女性健康视角考察的是男性和女性由于生理原因导致的医疗服务水平差异，而性别关系视角主要从男性和女性所拥有的权力和地位的角度，研究家庭资源配置导致的医疗服务利用的性别差异。本章首先讨论了性别关系视角下的分析框架，由预期收入模型和家庭福利最大化模型可以解释家庭资源在男性和女性间的分配以及男女健康或死亡率的差异。这两个模型都是基于家庭成员偏好的一致性假设，简明且有解释力。但也可以假设家庭成员偏好不一致，采用博弈的谈判模型进行分析。医疗消费的生命周期假说考虑到女性不同时期承担的责任和角色差异，解释不同生命周期的性别差异。非单调性假说强调资源的可及性与性别差异的非单调关系，当资源可及性很低时，性别差异很小，当资源的可及性增加时，男性会优先得到资源，性别差异增加。

医疗服务的性别差异更多的是一个经验问题，经验研究主要考察了男孩和女孩死亡率的差异、男性和女性医疗消费的差异等。健康经济学经验研究需要解决的一个关键问题是健康的度量，健康本身是一个多维度的变量，需要根据所研究的问题选择合适的健康变量，并处理可能存在的内生性问题，同时采用多种度量健康的变量是一个可能的策略。实证研究中遇到的另一个关键问题是样本选择问题，医疗消费数据通常不符合正态分布，且有大量数值为 0 的样本。处理样本选择问题可以采用 Tobit 模型或 Heckman 两阶段法，但医疗消费中更为合适的方法是采用两部分模型。

在实证研究中变量的可观测性和测量误差是今后需要克服的主要问题

之一。首先,健康的决定有许多因素,其中健康天赋是一个不可忽视的方面,男女的体质差异很多时候会影响到他们利用医疗服务的差异,但这一变量是不可观测的,即使用计量方法获得(如 Pitt et al., 1990)也存在很大的测量误差,其他健康的度量也存在很多误差,而且很多情况下,误差的产生并非是随机的。其次,医疗支出数据存在很大的测量误差,有些调查是四周就诊率,与之对应的医疗费用是四周费用。在回顾性调查中,回顾时间太长可能会影响调查质量,但四周费用又可能不能准确反映实际治疗费用。再加上对于疾病种类和严重程度的判断也存在误差,使得结果的无偏性受到挑战。

　　对于中国医疗服务利用中的性别差异的研究还不够充分,与之相应的政策研究也十分有限。在中国的医疗体制改革中,女性健康和医疗卫生问题尚未有充分的重视。大量研究已经指出,女性在劳动力市场中受到歧视,由此导致女性的医疗保险水平低于男性(Chen and Standing, 2007)。从性别研究的角度,医疗体制改革需要考虑到劳动力市场歧视可能带来的医疗服务利用方面的不平等,扩大女性的医疗保险和生育保险覆盖面,更好地满足女性对健康的需求。现有研究已经指出,家庭资源分配会对劳动力市场回报作出反应,进一步加剧劳动力市场的性别歧视(Rosenzweig and Schultz, 1982),因此,医疗体制改革需要能够给予女性特殊的政策,以弥补市场和家庭导致的不平等。

　　世界卫生组织(WHO)的报告已经指出医疗改革会导致性别不平等(WHO, 2005),各国医疗改革的共同趋势包括财政分权、医疗融资市场化、医疗供给市场化等方面,这其中都涉及性别不平等问题(Ostlin, 2005)。财政分权将医疗服务方面的政府支出从中央政府转移到地方政府,地方财政资源不足或地方政府行为可能会导致医疗投入不足,对女性获得医疗服务影响更大。在医疗融资方面,医疗保险的市场化对女性可能有不利的影响,女性就业机会相对较少,收入相对较低,在缺乏必要的公共医疗融资时,女性会缺乏必要的医疗保险,在医疗方面的可及性受到的冲击更大。医疗领域的市场化导致医院强调成本控制,这将带来医疗质量的下降。而女性的生理特征决定她们可能对医疗有特殊的需求,因而市场化改革可能对女性有不利影响,如缺乏足够的生育和预防保健服务。上述可能的性别差异具体有怎样的表现和后果,还需要仔细分析,医疗改革对医疗利用性别差异的影响尚有待进一步研究。

参考文献

封进：《健康需求与医疗保障制度建设：对中国农村的研究》，上海三联书店 2009 年版。

高梦滔、姚洋：《性别、生命周期与家庭内部健康投资——中国农户就诊的经验证据》，《经济研究》2004 年第 7 期，第 115—125 页。

Asfaw, A. , F. Lamanna and S. Klasen, "Gender Gap in Parents' Financing Strategy for Hospitalization of Their Children: Evidence from India," *Health Economics*, 2010, 3: 265 – 279.

Bhan, G. , N. Bhandari, S. Taneja, S. Mazumder, "The Effect of Maternal Education on Gender Bias in Care-seeking for Common Childhood Illnesses," *Social Science & Medicine*, 2005, 60: 715 – 724.

Bloom, D. E. , D. Canning, "The Health and Wealth of Nations," *Science*, 2002, 287 (18): 1207 – 1209.

Bloom, D. E. , D. Canning, and S. Jaypee, "The Effect of Health on Economic Growth: A Production Function Approach," *World Development*, 2004, 32 (1): 1 – 13.

Bound, J. , "Self-Reported versus Objective Measures of Health in Retirement Models," *Journal of Human Resources*, 1991, 26: 106 – 138.

Bour D. , "Gender and The Utilization of Health Services in The Ashanti Region, Ghana," *Health Policy*, 2004, 69: 375 – 388.

Bryant, "Unmet Healthcare Need, Gender, and Health Inequalities in Canada," *Health Policy*, 2009, 91: 24 – 32.

Cass, A. , C. Paxson, "Sex Differences in Morbidity and Mortality," *Demography*, 2005, 42 (2): 189 – 214.

Case, A. , D. Lubotsky, and C. Paxson, "Economic Status and Health in Childhood: the Origins of The Gradient," *American Economic Review*, 2002, 92 (5): 1308 – 1334.

Currie, J. , B. C. Madrian, "Health, Health Insurance and the Labor Market," *Handbook of Labor Economics*, Chapter 50, 1999, 3 (3): 3309 – 3416.

Chen, L. , H. Standing, "Gender Equity in Transitional China's Healthcare Policy reforms," *Feminist Economics*, 2007, 13 (3): 189 – 212.

Cutler, D. , A. Deaton and A. Lleras-Muney, "The Determinants of Mortality, Journal of Economic Perspectives," *American Economic Association*, 2006, 20（3）：97 – 120.

Deolalikar, A. , "Nutrition and Labor Productivity in Agriculture：Estimates for Rural South India," *Review of Economics and Statistics*, 1988, 70：406 – 413.

Duan, N. , G. Willard, Manning, Jr. , C. N. Morris and Joseph, P. , "Newhouse：A Comparison of Alternative Models for the Demand for Medical Care," *Journal of Business & Economic Statistics*, 1（2）：115 – 126, 1983.

Duncan, G. M. , "Sample Selectivity as a Proxy Variable Problem on the Use and Misuse of Gaussian Selectivity Corrections," In *New Approaches to Labor Union*, edited by Joseph Reid, Research in Labor Economics, 1983, suppl. 2, 333 – 345.

Ettner, S. L. , "New Evidence on the Relationship between Income and Health," *Journal of Health Economics*, 1996, 15：67 – 85.

Feng J, B. Qin, Yangyang Y. , "Wealth, Education, and Demand for Medical Care：Evidence from Rural China," In：G. Liu（eds）, *Investing Human Capital for Economic Development in China*, in. World Scientific Publishing Pte. Co. , 2010.

Foster, A. , M. Rosezweig, "A Test for Moral Hazard in the Labor Market：Contractual Arrangement, Effort, and Health," *Review of Economics and Statistics*, 1994, 76：213 – 227.

Fogel, R. , "Economic Growth, Population Theory and Physiology：the Bear of Long-term Processes on the Making of Economic Policy," *American Economic Review*, 1994, 84：369 – 395.

Folbre, N. , "Market Opportunities, Genetic Endowments, and Intrafamily Resources Distribution：Comment," *American Economic Review*, 1984, 74：518 – 520.

Gao, M. and Y. Yao, "Gender Gaps in Access to Health Care in Rural China," *Economic Development and Cultural Change*, 2006, 87 – 107.

Goldberger, A. S. , "Abnormal Selection Bias," in Samuel Karlin, Takeshi Amemiya, and L. Goodman（ed）*Studies in Econometrics*, *Time Series*, *and Multi-variate statistics*, New York, Academic Press, 1983.

Hass, J. D. , T. Brownlie, "Iron Deficiency and Reduced Work Capacity: a Critical Review of the Research to Determine a Causal Relationship," *Journal of Nutrition*, 2001, 131: 676 – 690.

Jones, A. M. , "Health Econometrics," In A. J. Culyer and J. P. Newhouse (eds), *Handbook of Health Economics*, Chapter 6, 265 – 346, Amsterdam, Netherlands: Elsevier North-Holland, 2000.

Jonsson, P – M, I. Schmidt, V. Sparring, G. Tomson, "Gender Equity in Health Care in Sweden: Minor Improvements Since the 1990s," *Health Policy*, 2006, 77: 24 – 36.

Kaufman, J. , "China: The Intersections between Poverty, Health Inequity, Reproductive health, and HIV/AIDS," *Development*, 2005, 48 (4): 113 – 119.

Madden, D. , "Sample Selection versus Two-part Models Revisited: The Case of Female Smoking and Drinking," *Journal of Health Economics*, 2008, 27: 300 – 307.

Manning, W. G. , N. Duan and W. H. Rogers, "Monte Carlo Evidence on the Choice between Sample Selection and Two-part models," *Journal of Econometrics*, 1987, 35: 59 – 82.

McElroy, M. and Horney, J. , "Nash-Bargained Household Decisions: Toward a Generalization of the Theory of Demand," *International Economic Review*, 1981, 22: 333 – 349.

Mocan, H. N. , T. Erdal and Z. Jeffrey, "The Demand for Medical Care in Urban China," *World Development*, 2004, 32 (2): 289 – 304.

Moen, P. and K. Chrmack, "Gender Disparities in Health: Strategic Selection, Careers and Cycles of Control," *The Journals of Gerontology*, 2005, 60B: 99 – 108.

Mullahy, J. , "Much Ado about Two: Reconsidering Retransformation and the Two-part Model in Health Econometrics," *Journal of Health Economics*, 1998, 17: 247 – 281.

Ostlin, P. , "What Evidence is There about the Effects of Health Care Reforms on Gender Equity, Particularly in Health?" World Health Organisation

Europe, 2005.

Oster, E. , "Does Increased Access Increase Equity? Gender and Child Health Investments in India," *Journal of Development Economics*, 2009, 89: 62 – 76.

Pitt, M. , M. Rosenzweig, and M. Hassan, "Productivity, Health and Inequality in the Intrahousehold Distribution of Food in Low-income Countries," *The American Economic Review*, 1990, 80 (5): 1139 – 1156.

Pokhrel, S. , "Gender Role and Children Care Utilization in Nepal," *Health Policy*, 2005, 74: 100 – 109.

Ram, R. , " Market Opportunities, Intrafamily Resource Allocation, and Sex-Specific Survival Rates: An Intercountry Extension," *American Economic Review*, 1984, 74: 1080 – 1086.

Rosenzweig, M. , P. Schultz, "Market Opportunities, Genetic Endowments, and Intra-family Resources Distribution: Child Survival in Rural India," *American Economic Review*, 1982, 72 (4): 803 – 815.

Santow, G. , "Social Roles and Physical Health: the Case of Female Disadvantaged in Poor Countries," *Social Science and Medicine*, 1995, 40: 147 – 161.

Schultz, T. P. , "Wage Gains Associated with Height as a Form of Health Human Capital," *American Economic Review*, 2002, 92 (2): 349 – 353.

Smith, J. P. , "Healthy Bodies and Thick Wallets: the Dual Relation between Health and Economic Status," *Journal of Economic Perspectives*, 1999, 13 (2): 145 – 166.

Standing, H. , "Gender and Equity in Health Sector Reform Programmes: a Review," *Health Policy and Planning*, 1997, 12 (1): 1 – 18.

Strauss, J. , "Does Better Nutrition Raise Farm Productivity?" *Journal of Political Economy*, 1986, 94 (2): 297 – 320.

Strauss, J. , P. Gertler, O. Rahman and K. Fox, "Gender and Life-cycle Differentials in the Patterns and Determinants of Adult Health," *The Journal of Human Resources*, 1993, 28 (4): 791 – 873.

Strauss, J. , D. Thomas, "Health, Nutrition and Economic Development," *Journal of Economic Literature*, 1998, 36: 766 – 817.

Tian, L. , J. Li, K. Zhang, P. Guest, "Women's Status, Institutional Barriers and Reproductive Health Care: A Case Study in Yunnan, China," *Health Policy*, 2007, 84: 284 – 297.

Thomas, D. , J. Strauss, and M. Henriques, "Child Survival, Height for Age and Household Characteristics in Brazil," *Journal of Development Economics*, 1990, 33: 197 – 234.

Weil, D. N. , "Accounting for The Effect of Health on Economic Growth," *The Quarterly Journal of Economics*, 2007, 122 (3): 1265 – 1306.

World Health Organization (WHO), *Make Every Mother and Child Count*, Geneva, 2005.

第 13 章

无酬照料与性别不平等

刘　岚

13.1　引言

　　几乎在世界所有的国家，照料儿童、老人、病人、残疾人以及家庭成员日常生活的责任大多都是由女性承担的。照料家人耗费体力和时间，也是一种劳动，但是这种劳动通常没有直接的经济回报。无酬照料劳动对于人类的再生产和人们的生活质量都有非常重要的影响，无酬照料劳动通过对未来劳动力人力资本的贡献，对创造和促进经济持续、稳定地增长也发挥着关键的作用（Folbre and Nelson，2000）。可是，无酬照料劳动的贡献通常得不到社会的承认。由于照料劳动是无酬的，所以这种劳动不进入国民经济核算体系对 GDP 的计算，也不进入常规的劳动力调查和劳动统计。不仅如此，家庭照料责任限制女性的劳动力市场参与和职业选择，减少她们的在职培训和向上流动的机会，并影响她们的工作表现，是导致劳动力市场性别歧视、性别分割和性别工资差异的主要原因（Elson，1999）。无酬照料劳动不仅影响女性的就业和收入，而且对她们的个人权利（entitlements）、能力（capabilities）和自主权（agency）等都有很大的负面影响（Robeyns，2003）。可以说，女性的家庭照料责任以及女性由此而受到的不公平待遇是导致男女性别不平等的主要原因。

　　中国的改革开放和经济发展引起经济学者们对社会性别问题的关注。①

―――――――――――――

① 请参见 Berik et al.（2007）关于性别和中国经济转型的文献综述。

虽然大量研究考察了经济改革对女性劳动参与和工资的影响，但是大部分研究是从人力资本、性别歧视和市场分割等角度来分析社会性别关系的变化，对无酬家庭照料的研究很少。许多经济学者和政策制定者把照料儿童和老人看作是家庭的私事，把"男主外，女主内"的传统性别模式看作是家庭的理性选择，从而在公共政策制定时忽视无酬照料责任可能给女性带来的负面影响。对照料问题的忽视，是公共政策性别盲视的一种表现。

　　本章从无酬照料劳动的角度审视社会性别不平等，主要探讨以下几个问题：为什么无酬照料劳动主要由女性承担？家庭照料责任对承担照料劳动的女性有什么影响？如何估计照料对女性的劳动供给的影响？本章其余部分的结构是，第二节介绍关于无酬照料劳动与社会性别的两种经济学理论，包括新家庭经济学理论和女性经济学理论。第三节介绍照料儿童和老人对女性劳动供给影响的经验研究方法，并回顾相关经验研究结果。第四节给出"照料父母对我国农村已婚妇女劳动时间分配的影响"的经验研究案例。第五节总结本章内容并提出政策建议。

13.2　无酬照料与社会性别的经济学理论

　　无酬照料工作在家庭成员中的分配主要遵循什么原则？为什么往往是女性承担大部分家庭内部的无酬照料责任？提供无酬照料对承担照料责任的女性将会带来怎样的影响？在这一节，我们首先给出照料劳动的定义和特征，然后回顾新家庭经济学理论和女性经济学理论，从而对这种家庭分工决策及其影响做出解释。

13.2.1　照料劳动的定义及其特征 [①]

　　照料劳动是指对人的直接照料活动，比如给被照料者洗澡、喂饭、带他们去看医生、和他们交谈，以及与儿童玩耍、给他们讲故事等。照料劳动不仅包括直接照料活动还包括与被照料者建立情感上的联系以及对他们的关爱。在有关照料劳动的文献中，对人的直接照料通常是与做饭、买菜和洗衣服等其他家务劳动区分开来的。照料劳动分为有酬的和无酬的，有

---

　　① 有关这一部分的详细论述，请阅读董晓媛（2009），"照顾提供、性别平等与公共政策——女性主义经济学的视角"，人口与发展。

酬的照料通常由政府和以营利为目的或非营利的私人机构提供,无酬的照料主要是由家庭成员与亲戚朋友提供,也有少部分无酬的照料来自于教会和其他慈善机构的志愿工作者。几乎在所有国家,无论有酬还是无酬的照料劳动大部分都是由女性承担的。与其他形式的劳动不同,照料劳动有三个特征。

第一,照料劳动需要对被照料者的关爱(Himmelweit,1999;England and Folbre,2003)。英文"照料"(care)一词有两层含义:照料他人的活动(care for)和对他人的关怀(care about)。首先,没有对被照料者情感关爱的照料是不完整的。比如缺少父母情感关爱的儿童,他们的认知能力往往受到损害。而其他劳动则不同,如打扫房间,劳动者是否关心房间主人与是否打扫干净没有太大关系。其次,与其他劳动相比,照料劳动更需要发自内心的激励。这一方面是因为照料劳动的表现难以量化,因此监督成本很高。另一方面,照料需求方如儿童、老人或不能自理的病人等没有能力决定谁来照料和得到多少照料,这些问题往往由照料提供者决定,而这种决定不一定能够代表被照料者的利益。也就是说,被照料者的消费者主权是不完整的。因此,对被照料者发自内心的爱对于照料质量非常重要。

第二,劳动投入是照料最重要的生产要素。照料劳动为人直接服务的特点决定了照料比其他生产活动更具有非规模经济(Himmelweit,2005)。通过增加人均照料人数来提高劳动生产率的企图往往导致照料质量的下降。由于照料服务劳动生产力提高的速度低于其他部门,照料劳动更容易受到 Baumol "成本疾病"的影响。就是说,有酬照料的单位劳动成本增长快于劳动生产力的增长。由于照料受非规模经济的影响,高质量的有酬照料服务是昂贵的,低收入家庭往往支付不起。所以无酬家庭照料难以完全由市场服务替代,特别是对于低收入家庭来说。

第三,家庭照料有正外部经济和溢出效应(Folbre,2004)。对儿童高质量的照料为社会未来的发展提供高素质的劳动力,研究表明对儿童早期发展和教育的投入的社会回报率很高(Carnerio and Heckman,2003;World Bank,2006)。由于父母没有对子女财富和收入的产权,他们不能完全收回对子女投入的回报,所以对儿童照料的社会回报率往往要高于家庭私人回报率。育儿直接成本和机会成本越高,社会回报率与家庭私人回报率的差异越大。社会回报率高于家庭私人回报率的结果是,家庭照料的投入低于最优社会投入量，儿童、老人和病人得不到从社会角度来说理想的照料。比如，企业不愿意补贴员工对孩子和老人的照料，因为企业不能从中得到直接的回报。在一些国家，如意大利、西班牙、日本和韩国，许多家庭选择少生甚至不要孩子，导致人口生育率低于人口更替水平，由此产生的人口老龄化和劳动力短缺制约着这些国家的经济发展。照料劳动的公共产品特征决定着照料的决策不仅仅是家庭的私事。

13.2.2 新家庭经济学理论（New household model）

新家庭经济学理论的一个重要特征是把新古典经济学的工具——家庭如何通过理性的选择取得福利的最大化——运用到家庭生活的各个方面，如资源配置、婚姻和生育等。这里介绍新家庭经济学理论如何解释在家庭中女性承担更多的无酬照料劳动以及家庭照料责任对女性的影响。

（1）家庭内部性别分工：比较优势理论

新家庭经济学利用比较优势理论解释为什么家庭中女性承担更多的家庭责任。新家庭经济学认为，家庭不仅是一个消费单位，而且还是一个生产单位，这是因为，许多从市场购买的商品不能直接消费，需要在家庭内加工后才能产生效用（Becker，1965）。通过照料劳动提高被照料的孩子和老人的福利是家庭生产的主要组成部分。新家庭经济学用家庭单一模型来解释家庭内部的时间配置。假设一个家庭由妻子和丈夫组成，他们的利益和偏好是一样的，他们的决策受统一的预算约束以及各自时间禀赋的制约。妻子和丈夫共同选择使他们福利最大的最优商品组合，这些商品是利用家庭劳动时间来对用工资购买的物品和服务进行加工而生产出来的。在一定的条件下，家庭商品生产最有效率，如果丈夫专门从事市场劳动，而妻子专门从事家庭生产劳动，这是因为丈夫的市场工资通常比妻子高，而妻子的家庭劳动生产率一般比丈夫高。

比较优势的原理可以通过一个简单的数学模型来解释。设家庭生产商品总量 Z 为市场购买的物品 x 和劳动时间投入 t 的函数，表达为：

$$Z(x, t_h^{'}) = Z(\frac{wt_w^m + \alpha wt_w^f}{p}, t_h^m + \beta t_h^f) \qquad (13-1)$$

这里，w 代表工资率，$t^{'}$ 表示每年可用的总时间，t_w^m 和 t_w^f 分别代表男性和女性的市场工作小时数，t_h^m 和 t_h^f 分别代表男性和女性的家庭劳动小时数，p 是市场物品的价格，α 和 β 分别代表女性在市场工作和家庭工作上的效率参数，它受到能力差异的影响，此外个人投资如睡眠时间和教育也会影响效率参数。

因为假定女性在家庭部门有比较优势，所以 $\beta > \alpha$。如果男性把时间配置到两个部门，为达到时间配置最优，需要市场工作时间的边际产品等于家庭劳动时间的边际产品，即有[①]：

$$\frac{\partial Z}{\partial x} \frac{w}{p} = \frac{\partial Z}{\partial t_h'} \tag{13-2}$$

女性会把全部时间配置到家庭部门，这是因为她们在家庭部门的边际产品大于其在市场部门的边际产品，即：

$$\alpha \frac{\partial Z}{\partial x} \frac{w}{p} < \beta \frac{\partial Z}{\partial t_h'} \tag{13-3}$$

经济因素（如工资差异）决定并强化了分工模式，由此导致家庭内部的角色差异，即丈夫的比较优势在于市场工作，而妻子在家庭劳动上更有专业优势（Gronau，1976）。只要夫妻双方当中的任何一个人在市场上多工作一个小时所创造的产品购买能力，超过了为弥补牺牲一个小时的家庭生产时间而需要增加的产品数量，那么选择多在外面工作一个小时，就能够增加家庭可支配的资源数量。相对于女性而言，男性的市场生产率更高。也就是说，家庭物品生产投入的最优组合取决于工资率。一般来说，更高的市场参与水平以及劳动力市场歧视导致丈夫的工资率比妻子高，而家务劳动的专业化也会让女性在家庭生产方面更有效率，那么对于这个家庭来说，妻子比丈夫投入更多的时间从事家庭劳动就更为划算。

比较优势理论的假定前提是，妻子和丈夫都是利他的，即关心对方的利益而不是自己的利益，尤其是丈夫。这是因为，市场劳动是有报酬的，而家庭劳动是无报酬的，家庭专业分工给丈夫更多的选择——从市场购买需要的服务或与妻子进行交换，而妻子却只能通过与丈夫的交换来满足自

[①] $x_i = \frac{\partial x}{\partial Z}$ 和 $t_i = \frac{\partial t_h'}{\partial Z}$ 分别表示生产 Z 的物品和家庭生产时间的边际投入，生产 Z 的投入品的最优组合是由以下决定的：生产的边际替代率等于投入品的价格比率，即：

$$\frac{\partial Z/\partial t_h'}{\partial Z/\partial x} = \frac{x_i}{t_i} = \frac{w}{p}。$$

己的需要。家庭内部的性别分工事实上增强了丈夫对妻子的讨价还价的能力，除非夫妻双方的行为都是利他的，否则理性的妻子是不会接受这种家庭分工的。因此，Becker（1991）特别强调，虽然人们在市场的行为是利己主义驱动，而在家庭内部却是利他的。他认为，利他主义鲜见于市场而多见于家庭的主要原因是市场交换中利他主义的效率低，而在家庭生活中利他主义的效率较高，如比较优势理论所表明。

新家庭经济学不仅用利他主义来解释家庭内部夫妻之间的分工，而且还用来解释对家人无酬照料的提供。在家庭照料供给模型中，通常假定家庭效用是被照料者——孩子或老人福利的函数，增加无酬照料的投入增加照料者的效用。可是，新家庭经济学没有进一步解释利他主义在无酬照料方面的性别差异，也就是说并没有解释相对于男性而言，为什么女性在家庭照料方面奉献更多、更利他。一些经验研究结果显示：与男性相比，在家庭无酬照料方面女性的利他主义水平更高（Thomas，1990；Eswaran and Kotwal，2004；Phipps and Burton，1998）。

（2）无酬照料劳动对女性的影响

新家庭经济学的理论框架也被用来分析家庭照料责任对女性劳动力市场参与和工资的影响。Becker（1991）指出，照料孩子和老人使女性付出大量的精力和时间，会对她们的工作表现和工资产生负面的影响。另外，生育和抚养孩子中断了女性的劳动参与，这种间断性的劳动参与降低了女性的人力资本投资（Mincer and Polachek，1974；Jones and Makepeace，1996；Royalty，1998）。照料责任也使许多女性选择那些兼顾照料和有酬工作的职业，比如兼职工作和自雇用（Becker，1991；Polachek，1980）。这些工作通常是不稳定的，工资比较低，并且没有社会保障和福利待遇。

女性家庭责任会导致雇主在招聘、解雇和提拔等方面对女性的歧视。他们认为女性总是会把家庭责任放在第一位，所以他们不愿雇用女性，而且往往对女性制定比男性更严厉的晋升标准（Lazear and Rosen，1990）。在雇用和晋升中的歧视做法加剧了性别隔离，使女性被排挤到低工资、低技能的工作。对工业化国家的研究发现，有生育和照料孩子经历的女性的工资通常比没有孩子的女性低，文献中把女性由于生育和照料孩子导致的收入损失称为"妈妈税赋"或"对母亲的工资惩罚"（Crittenden，2001；Waldforgel，1998）。

13.2.3　女性主义经济学理论 ①

照料经济是女性主义经济学的核心课题之一（Hooyman and Gonyea，1999；Power，2004；Razavi，2007）。女性主义经济学者认为以 Becker 为代表的新家庭经济理论有以下几个缺陷（Folbre，2004）：第一，该理论夸大了家庭成员利益的一致性，忽视了他们之间的冲突。第二，Becker 没有考虑家庭分工是否公平，忽视了家庭决策中男女权利的不对称。前面提到，家庭劳动专业化使女性在经济上依附于他人，在丧偶或离婚时会失去生活来源。与男性通过劳动力市场积累的人力资本相比，女性在照料家庭的人力资本投资更容易贬值，所以男女分工专业化程度越高，女性在家庭中讨价还价的能力越差。第三，Becker 的家庭分工理论夸大了家庭资源配置的效率。由于照料服务面临信息不对称、消费者主权不完整，并且具有外部经济和溢出效应的公共产品的特征，家庭和市场对照料的配置从社会的角度看往往不是最优的选择。

那么，为什么无酬照料的责任主要由女性来承担呢？女性主义经济学者认为，男女的性别角色是社会构造的。人们的行为和决策是受社会习俗和制度法规制约的。英格兰和佛布尔（England and Folbre，2003）指出，在大多数的国家地区，对家人无私的爱是评价一个女人是否有女人味的标准，而好男人则是与事业成功联系在一起的。社会对一个女人离婚不要孩子的监护权，为了工作不能好好照料家人这类行为的批评比对有同样行为的男人更加严厉。事业成功的男人在婚姻市场上不乏追求者，而事业型的女人往往在婚姻市场上受到男人的排斥。传统的性别规范（gender norm）通过与劳动市场和婚姻市场的相互作用不断地强化男女性别分工。她们还认为，把利他主义照料作为女人的天性和美德的文化规范是前工业化社会占统治地位的男人为保证照料供给所倡导和不断强化的。社会对女人无私照料家庭的赞美使女人自愿接受了提供无酬照料的角色，因为她们在家庭之外没有其他选择，对家庭的无酬奉献使她们得到了心理上的满足。

传统的性别规范不仅影响个人行为也影响经济制度和公共政策，而社会经济制度和公共政策又进一步强化了传统的性别规范。虽然伴随着经济

---

① 有关这一节的详细论述，请阅读董晓媛（2009），"照顾提供、性别平等与公共政策——女性主义经济学的视角"，《人口与发展》2009 年第 6 期。

发展，女性大规模地进入劳动力市场，照料家人的责任仍然主要落在女性身上。"男主外、女主内"的传统性别规范被削弱了，但是并没有消失，仍然影响着人们的行为、市场的运作和公共政策的制定（Elson，1995）。人们仍然把照料看作天生是女性的工作，对女性照料劳动对家庭和社会的贡献以及她们为此而付出的代价没有给予充分的承认。比如，社会保障待遇（退休金、医疗保险等）主要由工资水平和就业年限来决定，忽视了女性无酬照料劳动的贡献。许多政府出台各种政策支持企业发展，却对职工面临的工作和家庭照料的矛盾无动于衷，认为照料是家庭的私事。

与主流经济学不同，女性经济学家对无酬照料劳动对女性影响的分析不仅仅局限于就业与收入等经济方面，她们还考察无酬照料劳动对个人权利、能力和自主权等方面的影响。在许多国家，社会保障制度的设计都把个人的社会保障等权利的获得与其劳动力市场的表现紧密联系在一起，因此家庭照料责任不仅使女性在劳动力市场上付出代价，而且使她们在社会保障权利的获取上也处于不利地位，从而加深女性在经济上的脆弱性以及对他人的依赖（Fast et al.，1999）。女性经济学家 Robeyns（2003）指出，有充分的、可支配的时间自由是人们的某些功能得以实现的重要表现。许多就业女性承担着市场劳动和家庭照料的双重责任，过长的劳动时间不仅减少她们用于恢复体力、增进健康、提高生活质量的闲暇时间，而且制约她们的自身发展和对社会和政治活动的参与。①一些研究还发现，同时平衡工作、家庭照料的需求将会给女性照料者带来心理和生理的紧张感，严重地影响她们的身心健康（MacDonald et al.，2005；Doress-Worters，1994；Bird and Fremont，1991；Wolfe and Robert，1983）。

女性主义学者还指出，男性和女性各自都不是一个同质的群体（Razavi，2007）。由于性别作为社会分层器之一与其他社会分层器，比如阶层、种族、年龄、教育和健康等，是相互交叉的，对于不同社会群体的女性，无酬照料责任的分配和影响是不同的。例如，高收入家庭的工作女性可以通过市场替代来缓解工作和照料的矛盾，而这种选择对低收入家庭的女性却不可行。在许多国家，包括中国，有酬照料劳动主要由处于社会

---

① 对美国和以色列家庭时间分配的研究发现，照料孩子特别是学龄前孩子会减少母亲的闲暇时间和家务劳动时间，但不影响她们的劳动力市场参与（Kimmel and Connelly，2007；Bloch，1973；Hill and Stafford，1980）。

边缘的女性承担,比如外国移民和农村移民,她们为了生活照料高收入家庭的孩子和老人,而自己的孩子和老人往往得不到所需要的照料。因此,女性主义学者认为研究照料问题不仅要有社会性别视角,还要关注其他社会差异,采用交叉的分析方法。

总之,女性主义经济学者认为市场劳动与无酬照料劳动的性别分工是社会构筑的,社会风俗、公共政策以及传统的婚嫁制度决定女性承担更多的家庭照料责任,而不是简单的比较利益。一个国家如何解决照料问题对社会性别平等和建立公平、和谐的社会有非常重要的影响。

13.3 照料对女性劳动供给影响的经验研究方法

无酬照料劳动对女性的影响是多方面的。由于篇幅有限,本节集中介绍无酬照料对女性劳动供给影响的经验研究方法。

13.3.1 经验研究方法

估计无酬照料对女性劳动供给的影响,解决照料提供的内生性问题一直是经济学家讨论的焦点。以下我们将分别从儿童照料和老人照料两个方面阐述内生性的产生、工具变量的选择、估计方法和计量模型的应用。

(1) 儿童照料对女性劳动供给的影响

大量经验研究探讨了儿童照料或学前教育决策与女性劳动参与之间的关系 (Blau and Robins, 1988; Cogan, 1980; Connelly, 1992; Heckman, 1974; Michalopoulos and Robins, 2002; Ribar, 1992)。如果家里有需要照料的儿童,那么这就会影响女性的劳动参与。与此同时,女性的劳动参与也是儿童照料需求和照料模式选择的重要影响因素。因此,两者的关系是比较复杂的。在这一部分,我们将主要介绍儿童照料对女性劳动参与影响的经验研究,首先简要阐述女性劳动参与决策的理论模型及为什么产生内生性问题,然后主要介绍解决内生性问题的经验方法。[①]

在分析儿童照料对女性劳动参与的影响这个问题上,一般应用女性的个人效用最大化的理论框架来建立一个女性劳动参与选择的理论模型,即一个女性选择的劳动参与和孩子照料方式以使个人效用最大化,她的效用

---

① 关于因果关系识别和解决解释变量内生性的问题,请阅读第 15 章。

是家庭消费品、孩子福利和闲暇的函数，而该女性的选择受到家庭预算和她自己时间的约束。对在家庭预算和时间约束下效用最大化求解，我们得出，女性的劳动参与选择和孩子的照料是外生变量——她的市场工资、非劳动收入和其他个人和家庭特征——的函数。

可是，在经验研究中，无法从对上面这样的最优化函数的估计中得到孩子照料对女性劳动参与的影响。通常的做法是，把度量孩子照料的变量当作解释变量引入女性的劳动参与回归方程。由于女性的劳动供给和孩子照料的决定是同时做出的，孩子照料作为女性劳动供给的解释变量是内生的。这有两个原因：一是女性的劳动供给和孩子照料互为因果，例如，女性由于找不到工作决定生孩子或者选择自己专职照料孩子；二是女性的效用函数可能还受到一些不可观测因素的影响，由于劳动供给和孩子照料都影响效用函数，影响效用的不可观测因素不仅影响劳动供给而且影响生育和孩子照料的选择。不解决孩子照料的内生性问题，就无法正确地识别女性劳动参与和孩子照料之间的因果关系。

在文献中，人们通常用家庭人口特征，如是否有或有几个年幼的孩子，作为孩子照料的代理变量来估计孩子照料对女性劳动参与的影响。这里我们以这个问题为例，介绍解决孩子照料内生性的一些具体方法。下面的内容主要参考 Connelly et al.（2006）的研究。

设女性劳动参与的倾向为 Y_1^*，影响女性参与率的女性的特征变量以及家庭的特征变量为 X_1，是否有 0—1 岁的小孩子为 K，影响生育变量的决定因素为 X_2，女性劳动参与的回归方程表示为：

$$Y_1^* = \beta_1' X_1 + \beta_K K + \varepsilon_1 \tag{13-4}$$

$$Y_1 = 1 \text{ 如果 } Y_1^* > 0, \text{否则 } Y_1 = 0$$

这里，Y_1 是观测到的劳动参与决策的二分类变量。用约简型（reduced form）来构建生育模型：

$$K^* = \beta_2' X_2 + \varepsilon_2 \tag{13-5}$$

$$K = 1 \text{ 如果 } K^* > 0, \text{否则 } K = 0$$

K^* 表示最近生育的倾向，ε_1 和 ε_2 分别是女性劳动参与和生育倾向方程的随机干扰因素。根据前面的论述，ε_1 和 ε_2 是相关的，在这种情况下，生育变量对于劳动参与决策就是内生的。下面介绍四种解决内生性的计量经济方法。

第一种方法，也是最直接的方法，是约简型方程估计。就把（13-

5）代入（13 - 4），使内生变量 K 从劳动参与方程中消失，即，

$$Y_1^* = \beta_1' X_1 + \beta_K (\beta_2' X_2) + u_1 \qquad\qquad (13 - 6)$$

$Y_1 = 1$ 如果 $Y_1^* > 0$，否则 $Y_1 = 0$

这种以替代内生变量来避免内生性的做法是有问题的。在（13 - 6）中，我们估计的不再是生育对劳动参与的直接影响 β_K，而是 $\beta_K \beta_2'$。因此，不应该简单地去掉内生变量，而是应该将影响内生变量的那些变量，如 X_2 同时包括到参与方程中来，以尽量减少不可观测因素所导致的估计偏误。由于数据的局限，通过控制可观测变量的做法解决内生性的效果是非常有限的。

第二种方法，也是最普遍的方法，是工具变量法。这里，X_2 影响生育决策但不影响劳动参与决策，因此可以作生育的工具变量，采用两阶段 Probit 模型来估计生育对女性劳动参与率的影响。常用的工具变量包括丈夫的受教育状况（以获得避孕知识）、妻子教育与和丈夫同住的交叉项（以获得避孕知识和怀孕风险的差异）、女性年龄和地区的交叉项（以获得避孕可用性的时间和空间的影响）。也可以选择区域层面的变量作为工具变量，如医疗诊所的数量、产科医生的数量和药店的数量等。

第三种方法是双胞胎工具变量法。这种方法利用双胞胎出现的随机性来估计外生的生育（第二个孩子）对劳动参与的影响。双胞胎估计法在文献中有不同的应用方法，[①] Connelly et al.（2006）的做法是，选取最近有生育经历的女性，把是否有双胞胎和女性的年龄以及年龄的平方放入女性劳动参与方程，通过双胞胎变量来估计生育对女性劳动参与的影响。在这个回归方程中，模型控制了女性的年龄以后，任何最近出生的双胞胎所代表的生育是真正意义上的外生变量，因为生第二个孩子不是母亲的选择。这个方法的缺点在于双胞胎的发生率比较小，因而需要非常大的数据信息。

第四种方法是半参数估计方法。如果没有好的工具变量，那么这种方法是特别有用的。为了识别第一阶段生育选择变量对第二阶段劳动参与变量的影响，有必要在第一阶段至少包括一个第二阶段没有的外生解释变量。在很多情况下，数据限制或者经济理论会导致这种排除性限制（exclusion restrictions）并不合理，而利用非参数或半参数方法可以避免排除性限制的需要。这种方法的缺点在于需要大量的数据，因为分布形状需要

---

① 可参见 Rosenzweig and Wolpin（1980a，1980b）、Angrist and Evans（1998）等研究。

由此推断，而不是事先假定。

（2）老人照料与女性劳动供给

估计老年父母照料对女性劳动供给的影响也同样存在内生性问题。由于在家庭经济模型中，对女性劳动参与和老人照料的决策与前者和孩子照料的决策过程逻辑上是一致的，老人照料内生性的原因与孩子照料大体相同，主要是女性劳动参与和老人照料的决策的同期性和不可观测因素偏误。与孩子照料问题一样，老人照料的内生性解决办法主要是工具变量法。下面我们用一个简单的模型介绍如何处理老人照料的内生性，估计老人照料对女性劳动参与和劳动供给的影响。

$$Y_1^* = \alpha Care + \beta_1 X_1 + u_1 \tag{13-7}$$

$Y_1 = 1$ 如果 $Y_1^* > 0$，否则 $Y_1 = 0$

$$Care = \beta_2 X_2 + u_2 \tag{13-8}$$

$$H = \gamma Care + \beta_3 X_1 + u_3 \tag{13-9}$$

与前面的模型一样，Y_1^* 为女性劳动参与倾向，$Care$ 为老人照料变量，H 是市场工作时间，X_1 与 X_2 分别为影响劳动参与和老人照料的影响因素，希腊字母为未知估计参数，u_1、u_2 和 u_3 是随机干扰因素。如果 u_1 和 u_2，或者 u_3 和 u_2 是相关的，那么 $Care$ 就是内生的。由于变量 X_2 影响照料但不直接影响劳动参与，可以作为 $Care$ 的工具变量。通常选取的工具变量是影响照料需求或照料资源的外生变量，前者比如父母的健康状况，后者比如兄弟姐妹的数量等（Ettner，1995，1996）。

在经验研究中，老人照料的度量有连续变量，如照料的时间或照料几个老人，也有分类变量，如是否照料老人的二元分类或不照料、照料、经常照料等多元分类。由于被解释变量劳动参与是二分类变量，劳动时间是删缺变量，对老人照料的度量将会影响估计方法的选择。如果老人照料变量是连续变量，对劳动参与方程（13-7）可以采用两阶段 Probit 模型，对劳动时间供给方程（13-9）可以采用两阶段 Tobit 模型。如果老人照料变量是分类变量，解决内生性的回归方法就变得比较复杂了，受篇幅限制，在这里就不做详细介绍。感兴趣的读者请参阅伍德里齐（Wooldridge，2002）的有关章节。

13.3.2　经验研究结果

大部分对女性家庭照料责任对劳动力市场后果的经验研究主要针对发

达国家。这些研究结果表明,女性承担的照料孩子的责任降低了她们的劳动参与水平,减少了她们的劳动时间供给(Blau and Robins,1988;Boaz and Muller,1992;Connelly,1992;Michalopoulos and Robins,2002;Ribar,1992)。有研究还发现儿童照料成本对于女性劳动市场参与具有显著的负面影响(Blau and Robins,1988;Connelly,1992;Ribar,1992)。对老人照料是否影响女性劳动供给的经验结果比较不一致,有些研究结果显示老人照料对女性劳动供给没有影响(Boaz and Muller,1992;Wolf and Soldo,1994;Latif,2006),而有些研究发现老人照料有负面影响(Stone and Short,1990;Ettner,1995;Kolodinsky and Shirey,2000)。

然而,无论是探讨儿童照料还是老人照料,目前学界对发展中国家无酬照料对女性影响的研究还不是很多,[①]对于中国的研究更是凤毛麟角。杜凤莲和董晓媛(2010)利用1991—2004年的中国健康和营养调查(CHNS)数据分析了我国幼托政策改革对儿童照料选择和城镇妇女劳动力参与的影响,该研究发现,不同社会经济阶层的妇女劳动参与和儿童学前教育选择存在着很大差别:教育水平低的和来自低收入家庭的妇女退出劳动力市场的概率较高,而对正规托幼服务的利用率较低。对于工作女性而言,丈夫教育水平提高也会增加使用正规托幼服务概率。研究结果还表明,终止公立幼儿园招收0—2岁儿童显著降低女性劳动参与率。刘靖和董晓媛(2010)分析了中国农村母亲劳动供给和非父母儿童照料对儿童健康的影响,研究表明,母亲劳动供给和非父母儿童照料时间的增加都会对儿童的健康产生负向影响。Jia and Dong(2011)研究了中国经济转型对有孩子和没有孩子的中国城镇女性工资的影响,她们发现有孩子女性的工资比没有孩子的要低大约20%,这种工资差距在20世纪90年代末期公共部门劳动整合之后进一步扩大,在非国有部门比国有部门要大得多。Liu et al.(2010)研究了照料父母对城镇已婚妇女劳动供给的影响,研究发现,妇女面临着在老年父母和自己孩子之间提供照料的冲突,照料自己父母并不会影响她们的劳动参与概率和劳动供给时间,而照料丈夫的父母对于以上两个劳动供给变量都有显著的负面影响。刘岚和陈功(2010)

---

① 对于儿童照料的研究可参见 Wong and Levine(1992)对墨西哥的研究、Connelly et al.(1996)对巴西的研究、Lokshin et al.(2004)对肯尼亚的研究、Lokshin(2004)对俄罗斯的研究、Lokshin and Fong(2006)对罗马尼亚的研究。

还研究了照料父母与城镇已婚妇女自评健康的关系，研究结果揭示已婚妇女照料父母与其自评健康之间存在着显著的负向相关关系，这表明提供父母照料将会增加已婚妇女心理上和身体上的压力和紧张感。

13.4 案例：照料父母对我国农村已婚妇女劳动时间分配的影响

13.4.1 数据

我们的数据来自 2000 年、2004 年和 2006 年 CHNS 关于人口、就业和照料提供的数据，研究对象是农村地区 35—51 岁的已婚妇女。我们忽略缺失值，最后得到的样本观测值一共 1918 个。表 13 - 1 给出了照料父母和不照料父母的已婚妇女参与各种无酬劳动和有酬劳动的平均小时数。在1918 个样本观测值中，大约 10.01% 的已婚妇女照料父母。①总体上来说，提供照料的妇女比不提供照料的妇女每天多 1.25 个总劳动小时数，而且差异在统计上显著。各外生变量的描述性统计分析见表 13 - 2。

表 13 - 1　　按是否照料父母分类的农村已婚妇女劳动时间分配

劳动时间	不照料父母 (1)	照料父母 (2)	(2) - (1) (3)
每天家务劳动小时数	2.54	2.65	0.11
每天照料孩子小时数	0.34	0.22	- 0.12
每天照料老人小时数	0	1.72	1.72 ***
每天农业劳动小时数	2.24	1.70	- 0.54 ***
每天非农劳动小时数	3.01	3.09	0.08
每天总小时数	8.04	9.29	1.25 ***
观测值数量	1744	174	—
(%)	89.99	10.01	—

注：1. 除农业和非农业劳动外，表中提到的各项活动是针对调查前一周的情况而言。每周家务劳动包括购买食品、做饭、洗衣物和打扫房间。

2. *、**、*** 分别代表提供照料和不提供照料的已婚妇女的劳动时间平均值差异在 10%、5%、1% 的水平上显著。

———————————

① 我们用照料时间来定义照料提供状况，照料时间等于零为"不照料父母"，照料时间大于零为"照料父母"。

表 13 - 2　　　　　　　　　　　外生变量平均值

	不照料父母	照料父母
观测值数量	1744	174
(%)	89.99	10.01
母亲需要照料	0.06	0.30
父亲需要照料	0.05	0.27
婆婆需要照料	0.05	0.27
公公需要照料	0.02	0.16
母亲健在	0.60	0.66
父亲健在	0.46	0.57
婆婆健在	0.57	0.65
公公健在	0.40	0.44
妻子的兄弟数量	1.88	1.88
妻子的姐妹数量	1.87	1.91
丈夫的兄弟数量	1.82	1.75
丈夫的姐妹数量	1.75	1.75
教育 (年)	6.84	7.42
年龄	43.27	43.46
丈夫的教育 (年)	8.59	9.02
丈夫的年龄	44.94	45.15
非劳动所得收入 (元)	12816.77	16347.03
家庭土地 (亩)	4.46	3.41
家庭资产总和 (元)	26623.02	37520.38
家庭0—6 岁男孩数量	0.05	0.03
家庭0—6 岁女孩数量	0.04	0.04
家庭7—14 岁男孩数量	0.25	0.18
家庭7—14 岁女孩数量	0.21	0.18
家庭15—25 岁男性数量	0.62	0.53
家庭15—25 岁女性数量	0.54	0.54
家庭26—55 岁男性数量	1.06	1.07
家庭26—55 岁女性数量	1.11	1.09
家庭56 岁及以上男性数量	0.10	0.15

续表

	不照料父母	照料父母
家庭 56 岁及以上女性数量	0.13	0.23
当地有酬照料者的工资（元/年）	5183.64	5992.14
当地普通女工工资（元/年）	7822.82	8414.08
当地普通男工工资（元/年）	10095.64	10507.59

注：我们以 2000 年为基年，利用省级的消费价格指数对工资收入进行了调整。

13.4.2 计量模型

我们利用 Tobit 及两阶段 Tobit 回归模型研究照料父母对已婚妇女劳动时间分配的影响，分别检验两类经济活动——农业劳动和非农劳动。我们用 Care 变量代表非正规照料提供的时间，FHours 和 OHours 变量分别代表妇女每天参与农业劳动和非农劳动的小时数。已婚妇女劳动时间分配作为非正规照料和一系列控制变量即 X 的函数：

$$FHours = \alpha_1 Care + \beta_1 X + u_1 \tag{13-10}$$

$$OHours = \alpha_2 Care + \beta_2 X + u_2 \tag{13-11}$$

以上各式中的希腊字母代表未知参数，u_1、u_2 是误差项。α_1、α_2 是我们的定量研究最为关注的结构参数。X 包括决定劳动时间分配的一些常用变量，包括妇女及其丈夫的教育和年龄（及其平方）、非劳动收入、家庭人口年龄结构分布、家庭土地亩数、家庭总资产、当地有酬照料者的平均年工资、当地普通男工和女工的平均年工资以及年份和地区的虚拟变量。我们利用两阶段最小二乘估计方法来估计两个劳动时间供给方程。[①]

13.4.3 结果分析

如表 13 - 3 所示，保持其他条件不变，对于全部已婚妇女而言，每天照料父母多 1 个小时，农业劳动时间减少 0.08 - 0.33 个小时，对于参与农业劳动的已婚妇女而言，将会减少 0.06 - 0.23 个农业劳动小时，而已

---

① 照料提供小时数的工具变量包括照料需要的代理变量以及家庭成员分担照料责任的代理变量，即老年父母是否需要照料、是否健在以及夫妻双方的兄弟姐妹数量。如果这些变量影响照料提供小时数，但是不直接影响劳动小时供给，那么这些变量就是有效的工具变量。而如果照料提供是外生的，那么这种估计不是最有效的。因此，我们对非正规照料提供的内生性进行了检验，可参见表 13 - 3 和表 13 - 4 报告的结果。

婚妇女的农业劳动参与率将会下降 1.4% – 5.9%。Hausman 检验无法拒
绝老人照料提供对农业劳动时间是外生的原假设,在 Tobit 模型中,这些
影响统计上不显著。

表 13 – 3　　　　已婚妇女农业劳动时间的回归估计:主要

变量估计结果

	Tobit		Tobit (2SLS)	
	边际效应	标准差	边际效应	标准差
每天照料父母的小时数				
对全部已婚妇女的影响	– 0.079	0.069	– 0.325	0.197*
对参与农业劳动的				
已婚妇女的影响	– 0.056	0.048	– 0.228	0.138*
对劳动参与率的影响	– 0.014	0.013	– 0.059	0.036*
Hausman 检测: t 统计值	1.31			
P 值	0.19			
观测值数量	1918			

注:1. *、**、*** 分别代表 10%、5%、1% 的显著水平。

2. 所有的方程都包括截距项和省级虚拟变量。

如表 13 – 4 所示,在 Tobit 模型中保持其他条件不变,对全部已婚妇
女而言,每天照料父母多 1 个小时,非农劳动时间减少 0.20 个小时,对
于参与非农劳动的已婚妇女而言,将会减少 0.14 个小时,而已婚妇女的
非农劳动参与率将下降 2.7%。这些影响在 5% 的水平上统计显著。Haus-
man 检验无法拒绝老人照料提供对非农劳动时间是外生的原假设。

表 13 – 4　　　　已婚妇女非农劳动时间的回归估计:主要

变量估计结果

	Tobit		Tobit (2SLS)	
	边际效应	标准差	边际效应	标准差
每天照料父母的小时数				
对全部已婚妇女的影响	– 0.202	0.094**	– 0.133	0.277
对参与非农劳动的				
已婚妇女的影响	– 0.142	0.066**	– 0.093	0.194
对劳动参与率的影响	– 0.027	0.013**	– 0.018	0.037

续表

	Tobit		Tobit （2SLS）	
	边际效应	标准差	边际效应	标准差
Hausman 检测：t 统计值	−0.26			
P 值	0.80			
观测值数量	1918			

注：1. *、**、*** 分别代表 10%、5%、1% 的显著水平。

2. 所有的方程都包括截距项和省级虚拟变量。

综上所述，照料父母不会影响农村已婚妇女的农业劳动时间，而对妇女的非农劳动时间却有非常显著的负向影响。对于照料父母的妇女，照料提供会限制其从事工资劳动和自雇劳动，这意味着工资收入的损失，以及由就业决定的社会保障和社会福利等权利的丧失。

13.5　结论

本章首先介绍了新家庭经济理论下无酬照料与性别不平等的分析框架，比较优势理论可以解释为什么女性承担更多的家庭无酬照料劳动：经济因素（如工资差异）决定并强化了分工模式，由此导致家庭内部的角色差异，即丈夫的比较优势在于市场工作，而妻子在家庭劳动上更有专业优势。家庭照料在传统上是女性的责任，并且与男性相比，在家庭健康和无酬照料方面女性的利他主义水平更高。女性经济学家的理论对新家庭经济理论提出了质疑，他们认为有酬劳动与无酬照料劳动的性别分工是社会构筑的，女性照料家人的责任是限制她们参与家庭以外的经济、社会和政治活动，导致社会性别不平等的主要原因。

关于无酬照料与性别不平等的经验研究方法，本章主要介绍了儿童和老人照料责任对于女性劳动供给的影响。经验研究需要考虑的最关键问题是照料提供的内生性问题。由于女性的劳动供给和照料决定是同时做出的，照料作为女性劳动供给的解释变量是内生的。这有两个原因：一是女性的劳动供给和照料互为因果；二是女性的效用函数可能还受到一些不可观测因素的影响。无论对于儿童照料还是老人照料，内生性解决办法主要是工具变量法。而值得注意的问题是，由于好的工具变量很少，不好的工具变量及遗漏变量可能会带来很多的问题，甚至比它们能够解决的问题还多，所以有些时候外生性的假定可能会是一种更好的选择（Connelly et al.，2006）。此外，还可以选择约简模型法和半参数估计法。

目前关于无酬照料与性别不平等的研究大多集中在发达国家，对于中国儿童照料和老人照料与性别不平等的理论和实证研究还非常有限，相关的政策研究更是不多见。经济改革给中国的托幼政策带来很大的影响，政府和雇主都不支持对儿童的照料，而把这种责任推向市场和家庭。中国人口结构的日益老龄化进一步增大了家庭非正规照料的压力。因而，更多的女性可能会因为儿童和老人照料责任而退出劳动力市场或减少有酬劳动时间的投入。面对这样的变化，制定怎样的公共政策来减轻女性劳动参与和家庭照料之间的矛盾是政策研究的重点。公共政策对于缓解女性工作需求以及育儿、养老需求之间的冲突具有相当的重要性和迫切性。

为了提升女性地位，增进儿童与老人福利，促进经济持续增长和社会和谐发展，各级政府应该在家庭照料领域发挥更积极的作用。国家应该采取政策鼓励用人单位或雇主对女性的家庭照料需求提供支持和帮助，鼓励男女共同分担家庭照料的责任，投资补贴托儿所、幼儿园以及社会化养老机构，并提高非父母儿童照料服务和正规老年照料的质量，扩大高质量的正规照料服务对农村家庭、城市低收入家庭以及流动人口家庭的可及性，从而减轻女性承担家庭照料责任的压力。

参考文献

董晓媛：《照顾提供、性别平等与公共政策——女性主义经济学的视角》，《人口与发展》2009 年第 6 期，第 61—68 页。

杜凤莲、董晓媛：《转轨期女性劳动参与和学前教育选择的经验研究：以中国城镇为例》，《世界经济》2010 年第 2 期，第 51—66 页。

刘靖、董晓媛：《中国农村地区母亲劳动供给、非父母照料对儿童健康的影响》，载董晓媛、沙林主编《性别平等与中国经济转型：非正规就业与家庭照料》，经济科学出版社 2010 年版，第 242—266 页。

刘岚、陈功：《我国城镇已婚妇女照料父母与自评健康的关系研究》，《人口与发展》2010 年第 5 期，第 52—59 页。

Angrist，J. D. and W. N. Evans，"Children and Their Parents' Labor Supply：Evidence from Exogenous Variation in Family Size," *American Economic*

Review, 1998, 88 (3): 450 - 477.

Becker, Gary S. , "A Theory of the Allocation of Time," *The Economic Journal*, 196575 (299): 493 - 517.

Becker, Gary S. , 1991, *A Treatise on the Family*. Enlarged edition. Cambridge, MA: Harvard University Press.

Berik, Günseli, Xiao-yuan Dong and Gale Summerfield, "China's Transition and Feminist Economics," Feminist Economics, 2007, 13 (3 - 4): 1 - 33.

Bird, C. E. and A. M. Fremont, "Gender, Time Use, and Health," *Journal of Health and Social Behavior*, 1991, 32 (2): 114 - 129.

Blau, D. M. and P. K. Robins, "Child-Care Costs and Family Labor Supply," *The Review of Economics and Statistics*, 1988, 70 (3): 374 - 381.

Bloch, F. , "The Allocation of Time to Market and Non-market Work within a Family Unit," *Technical Report* No. 114, Inst. Math. Studies Soc. Sci. , Stanford Univ. , 1973.

Boaz, R. F. and C. F. Mueller, "Paid Work and Unpaid Help by Caregivers of the Disabled and Frail Elders," *Medical Care*, 1992, 30 (2): 149 - 159.

Cameiro, Petro and J. J Heckman, "Human Capital Policy," *NBER Working Paper* Series No. 9495, 2003.

Cogan, J. J. , "Teaching Economic Decision Making in the Intermediate Grades," *Peabody Journal of Education*, 1980, 57 (3): 154 - 159.

Connelly, Rachel, "The Effect of Child Care Costs on Married Women's Labor Force Participation," *The Review of Economics and Statistics*, 1992, 74 (1): 83 - 90.

Connelly, Rachel, D. S. DeGraff and Deborah Levison, "Women's Employment and Child Care in Brazil," *Economic Development and Cultural Change*, 1996, 44 (3): 619 - 656.

Connelly Rachel, D. S. DeGraff, Deborah Levison and B. P. McCall, "Tackling the Endogeneity of Fertility in the Study of Women's Employment in Developing Countries: Alternative Estimation Strategies Using Data from Urban Brazil," *Feminist Economics*, 2006, 12 (4): 561 - 597.

Crittenden, Ann, *The Price of Motherhood: Why the Most Important Job in the World is Still the Least Valued*? New York: Metropolitan Books, 2001.

Doress-Worters, P. B. , "Adding Elder Care to Women's Multiple Roles: A Critical Review of the Caregiver Stress and Multiple Roles Literature," *Sex Roles*, 1994, 31: 597 – 616.

Elson, Diane, "Gender Awareness in Modeling Structural Adjustment," *World development*, 1995, 23 (11): 1851 – 1868.

Elson, Diane, "Labour Markets as Gendered Institutions: Equality, Efficiency and Empowerment Issues," *World Development*, 1999, 27 (3): 611 – 627.

England, Paula and Nancy Folbre, "Contracting for Care," In Marianne A. Ferber and Julie A. Nelson (eds.), *Feminist Economics Today: Beyond Economic Man.* Chicago & London: The University of Chicago Press, 2003.

Eswaran, Mukesh and Ashok Kotwal, "A Theory of Gender Differences in Parental Altruism," *The Canadian Journal of Economics*, 2004, 37 (4): 918 – 950.

Ettner, S. L. , "The Impact of 'Parent Care' on Female Labor Supply Decisions," *Demography*, 1995, 32 (1): 63 – 80.

Ettner, S. L. , "The Opportunity Costs of Elder Care," *The Journal of Human Resources*, 1996, 31 (1): 189 – 205.

Fast, J. E. , D. L. Williamson and N. C. Keating, "The Hidden Costs of Informal Elder Care," *Journal of Family and Economic Issues*, 1999, 20 (3): 301 – 326.

Folbre, Nancy and Julie Nelson, "For Love or Money-or Both," *The Journal of Economic Perspectives*, 2000, 14 (4): 123 – 140.

Folbre, Nancy, "A Theory of the Misallocation of Time in Folbre," N. and Bittman, M. (eds) *Family Time: The Social Organization of Care*, New York: Routledge, Ch. 1: 7 – 24, 2004.

Gronau, Reuben, "The Allocation of Time of Israeli Women," *The Journal of Political Economy*, 1976, 84 (4): S201 – 220.

Heckman, J. J. , "Effects of Child-Care Programs on Women's Work Effort," *The Journal of Political Economy*, 1974, 82 (2): S136 – S163.

Hill, C. R. and F. P. Stafford, "Parental Care of Children: Time Diary Estimates of Quantity Predictability and Variety," *Journal of Human Resources*, 1980, 15 (2): 219 – 239.

Himmelweit, Susan, "Caring Labor," *Annals of the American Academy of Political and Social Science*, 1999, 561 (1): 27 – 38.

Himmelweit, Susan, "Can We Afford (Not) to Care: Prospects and Policy," *GeNet Working Paper* No. 11. Gender Equality Network, Economic and Social Research Council, Cambridge, 2005.

Hooyman, N. R. and J. G. Gonyea, "A Feminist Model of Family Care: Practice and Policy Directions," *Journal of Women and Aging*, 1999, 11 (2 – 3): 149 – 169.

Jia, Nan and Xiao-yuan Dong, "The Earnings Penalty for Motherhood in Urban China during the Economic Transition," *Briefing Paper of Friedrich-Ebert-Stiftung* No. 9, 2011.

Jones, D. R. and G. H. Makepeace, "Equal Worth, Equal Opportunities: Pay and Promotion in an Internal Labour Market," *Economic Journal*, 1996, 106: 401 – 409.

Kimmel, Jean and Rachel Connelly, "Mothers' Time Choices: Caregiving, Leisure, Home Production, and Paid Work," *The Journal of Human Resources*, 2007, 42 (3): 643 – 681.

Kolodinsky, Jane and Lee Shirey, "The Impact of Living with an Elder Parent on Adult Daughter's Labor Supply and Hours of Work," *Journal of Family and Economic Issues*, 2000, 21 (2): 149 – 175.

Latif, Ehsan, "Labor Supply Effects of Informal Caregiving in Canada," *Canadian Public Policy*, 2006, 32 (4): 413 – 429.

Lazear, E. P. and S. S. Rosen, "Male-female Wage Differentials in Job Ladders," *Journal of Labor Economics*, 1990, 8 (1): 106 – 123.

Liu, Lan, Xiao-yuan Dong, Xiao-ying Zheng, "Parental Care and Married Women's Labor Supply in Urban China," *Feminist Economics*, 2010, 16 (3): 169 – 192.

Lokshin, Michael, "Household Childcare Choices and Women's Work Behavior in Russia," *Journal of Human Resources*, 2004, 39 (4): 1094 – 1115.

Lokshin, Michael, Elena Glinskaya and Marito Garcia, "The Effect of

Early Childhood Development Programs on Women's Labor Force Participation and Older Children's Schooling in Kenya," *Journal of African Economics*, 2004, 13 (2): 240 – 276.

Lokshin, Michael and Monica Fong, "Women's Labor Force Participation and Child Care in Romania," *Journal of Development Studies*, 2006, 42 (1): 90 – 109..

MacDonald, Martha, Shelley, Phipps and Lynn Lethbridge, "Taking its Roll: the Influence of Paid and Unpaid Work on Women's Well-being," *Feminist Economics*, 2005, 11 (1): 63 – 94.

Michalopoulos, Charles and P. K. Robins, "Employment and Child-Care Choices of Single-Parent Families in Canada and the United States," *Journal of Population Economics*, 2002, 15 (3): 465 – 493.

Mincer, Jacob and Solomon Polachek, "Family Investments in Human Capital: Earnings of Women," *Journal of Political Economy*, 1974, 82 (2): S76 – S108.

Phipps, S. A. and P. S. Burton, "What's Mine is Yours? the Influence of Male and Female Incomes on Patterns of Household," *Economica*, 1998, 65 (260): 599 – 613.

Polachek, Solomon, "Occupational Self-selection: A Human Capital Approach to Sex Differences in Occupational Structure," *Review of Economics and Statistics*, 1980, 63 (1): 60 – 69..

Power, Marilyn, "Social Provisioning as a Starting Point for Feminist Economics," *Feminist Economics*, 2004, 10 (3): 3 – 19.

Razavi, Shahra, "The Political and Social Economy of Care in a Development Context," Gender and Development Program Paper No. 3, United Nations Research Institute for Social Development, 2007.

Ribar, D. C., "Child Care and Labor Supply of Married Women: Reduced Form Evidence," *The Journal of Human Resources*, 1992, 27 (1): 134 – 165.

Robeyns, Ingrid, "Sen's Capability Approach and gender inequality: selecting relevant capabilities," *Feminist Economics*, 2003, 9 (2/3): 61 – 93.

Rosenzweig, M. R. and K. I. Wolpin, "Testing the Quantity-Quality Fertility Model: The Use of Twins as a Natural Experiment," *Econometrica*, 1980, 48

（1）：227 - 240.

Rosenzweig, M. R. and K. I. Wolpin, "Life-Cycle Labor Supply and Fertility: Causal Inference from Household Models," *Journal of Political Economy*, 1980, 88 (2): 328 - 348.

Royalty, Ingrid, "Job-to-job and Job-to-nonemployment Turnover by Gender and Education Level," *Journal of Labor Economics*, 1998, 16 (2): 392 - 443.

Stone, R. I and P. F. Short, "The Competing Demands of Employment and Informal Caregiving to Disabled Elders," *Medical Care*, 1990, 28 (6): 513 - 526.

Thomas, Duncan, "Intra-Household Resource Allocation: An Inferential Approach," *The Journal of Human Resources*, 1990, 25 (4): 635 - 664.

Waldforgel, Jane, "Understanding the 'Family Gap' in Pay for Women with Children," *Journal of Economic Perspectives*, 1998, 12 (1): 137 - 156.

Wolf, D. A. and B. J. Soldo, "Married Women's Allocation of Time to Employment and Care of Elderly Parents," *The Journal of Human Resources*, 1994, 29 (4): 1259 - 1276.

Wolfe, Barbara and Haveman Robert, "Time Allocation, Market Work and Changes in Female Health," *The American Economic Review*, 1983, 73 (2): 134 - 139.

Wong Rebeca and R. E. Levine, "The Effect of Household Structure on Women's Economic Activity and Fertility: Evidence from Recent Mothers in Urban Mexico," *Economic Development and Cultural Change*, 1992, 41 (1): 89 - 102.

Wooldridge, J. M. , *Econometric Analysis of Cross Section and Panel Data*, Cambridge, MA: MIT Press, 2002.

World Bank, *World Development Report* 2006: *Equity and Development*, Oxford University Press, New York, 2006.

第 14 章

时间利用调查与女性的劳动

畅红琴　董晓媛

14.1　引言

时间如何在市场活动与非市场活动、工作与闲暇之间的分配决定着人们的福利和生活质量的高低（Juster and Stafford，1991）。在世界大多数国家，尤其是发展中国家，女性不仅承担照料家人和料理家务的主要责任，还在劳动力市场发挥着日益重要的作用。受时间禀赋的约束，女性面临着尖锐的工作与家庭责任之间的矛盾（Gerson，1985）。劳动时间的增加，不论是市场劳动还是非市场劳动，意味着劳动者休息时间和可自由支配的时间减少。文献中把工作时间超过某一特定时间限度、劳动者自身得不到充分休息以及没有必要的自由支配时间的情况称作是"时间贫困"（Vickery，1977；Lawson，2007；Bardasi and Wodon，2006）。工作与家庭矛盾的困扰以及时间的压力影响着人们的身心健康，尤其是女性（Frinking and Willemsen，1997；MacDonald，Phipps and Lethbridge，2005）。但长期以来，主流经济学研究只关注市场活动和有酬劳动，忽视无报酬的家庭照料和家务劳动。无酬劳动不进入常规的劳动力调查和劳动统计，其成果也不进入国民经济核算体系对 GDP 的计算。因此，女性无偿劳动的贡献没有得到社会的承认，她们的经济贡献被低估，她们所面临的工作与家庭的矛盾以及需要得到的支持也没有引起决策者应有的关注。

女性主义经济学对传统的工作和劳动概念提出质疑，指出照料家人耗费体力和时间，尽管无经济报酬，但也是一种劳动，经济统计忽视无酬劳动对女性而言是不公平的（Beneria，2003）。因此，她们倡导统计资料应具有性别敏感性（gender-aware），以全面反映女性的劳动及其对国民福利的贡献。时间利用调查（time-use survey）对解决这个问题很有价值，它搜集调查区域内随机抽取的每一个男性或女性在一天 24 小时内使用时间的数据。与普通的劳动力调查相比，时间利用调查的优势是提供所有活动的信息，特别是无酬劳动的信息，研究人员能够据此深入地分析家庭内部劳动分工的性别模式及有酬劳动与无酬劳动、工作与闲暇之间的关系（Esquivel et al.，2008）。

时间利用调查在发达国家已有近百年的历史，但大规模的、系统的时间利用调查是在 1964 年由 12 个欧洲国家联合启动的"跨国可比较时间预算研究项目"。该项目为此后各国的时间利用调查方法标准化奠定了基础（Szalai，1972）。1995 年在北京举行的第四次世界妇女大会通过的《北京宣言》指出，推动社会性别平等对于实现人类发展具有决定性的意义，要求各个国家定期收集时间利用数据，改进对妇女无酬劳动的计量，以全面反映女性对经济发展的贡献。与此同时，联合国发展署发布的《1995年人类发展报告》第一次从时间利用配置的角度分析妇女在经济发展过程中所扮演的收入赚取人和家庭照料者的双重角色以及在时间配置中反映出的性别不平等。在随后十几年间，越来越多的国家，包括南非、印度、泰国等发展中国家，开始系统收集时间利用数据。而我国的时间利用调查则开始不久，2008 年国家统计局采用国际通行的标准和方法在北京、河北、黑龙江、浙江、安徽、河南、广东、四川、云南、甘肃等 10 省市组织实施了第一次时间利用调查，并将初步的分析结果汇编成《中国人的生活时间分配——2008 年时间利用调查数据摘要》一书，为从时间利用的角度审视中国男性和女性在社会经济和家庭生活中的不同作用和角色提供了宝贵的资料。国内的相关研究也开始起步。[①]

除了社会性别问题，时间利用调查在研究生活质量、非正规就业、贫困与分配、家庭照料、城市规划等领域中也得到了广泛的应用，逐渐成为研究社会、经济和政策问题的一项重要工具（Michelson，2005；Juster and Stafford，1991）。在众多相关课题中，本章将着重介绍如何运用时间利用

---

① Chang，Dong and MacPhail（2011a，2011b）利用中国健康营养调查提供的数据分析了经济发展和劳动迁移对我国农村留守已婚妇女，学龄儿童和老人时间配置的影响。

数据估计无酬劳动的经济价值和时间贫困问题的相关研究，这两个问题对于全面认识女性在社会生活中的经济贡献，以及从社会性别视角研究贫困问题有着重要的意义。内容具体安排如下：本章第二小节将介绍时间利用调查方法、活动分类和 Becker 时间配置理论；第三小节介绍无酬劳动的经济价值评估方法和时间贫困的研究；第四小节提供一个用自创时间利用数据所做的案例；第五小节对本章内容进行总结。

14.2   时间利用调查和理论分析框架

14.2.1   时间利用调查方法与活动分类

时间利用调查主要是搜集调查区域内随机抽取的每个男性和女性在某一段时间内从事的各类活动信息，包括所从事的活动种类以及在各类活动上花费的时间。时间利用数据的调查方法主要有以下两种。

一种是传统的活动调查法，以活动为基础，了解被调查人在某一时间段内在各种活动上的时间投入信息，如询问被调查人在过去一周内花费多少小时从事工资劳动或家庭自雇用劳动，花费多少小时用于做饭、洗衣服、买菜等家务劳动，花费多少小时用于照料小孩和老人等活动，等等。中国健康和营养调查（CHNS）采用的就是这种方法。该调查方法的缺点是不全面，像 CHNS 就只调查有酬劳动和无酬劳动的信息而没有其他活动的信息。另外，生活中人们的活动有时是重叠的，如可以边照料孩子边洗衣服，所以在有些情况下一天的全部活动时间加总会超过 24 小时。

第二种方法是时间日志（time diary）方法。这种方法是目前时间利用调查通用的方法。时间日志法，要求被调查者在事先准备好的"时间日志"上随时记录自己在某一天 24 小时内预定时间段内（比如，每 10分钟为一时间段）的活动。调查通常从工作日中抽调一天，从周末抽调一天。时间日志法的优点是，不仅收集到每种活动的时间量，而且记录了活动发生的具体时间。除了记录自己的主要活动以外，日志还要记下与主要活动同时进行的次要活动、活动发生的地点以及和谁在一起。这些记录都是用被调查者自己的话来写的，待调查结束后，再由调查方统一进行分类、编码和归总。与一般的人口普查、劳动调查和住户调查数据相比，时间利用数据包含了更加丰富、翔实的信息，特别是能够全面反映人们参与非市场活动的状况。

一般而言，时间利用数据调查把人们的活动大体分为三类，即进入国民核算体系中的工作（SNA work）[1]、不进入国民核算体系中的工作（non-SNA work）和闲暇。对于工作与闲暇的界定，大多研究采用美国女经济学家玛特利尔·德（Reid，1934）提出的"第三者原则"（Third-party principle），工作是指那些从逻辑上来说可以花钱雇别人来干的活动，如做饭、洗衣服等；而闲暇则是第三者无法替代本人进行的活动，如欣赏音乐、睡觉等。进入 SNA 体系的工作包括：参与劳动力市场获取报酬的工作，一些农业与非农业家庭自雇用的工作，在家庭内生产用于家庭消费的活动（如农户砍柴、挑水等），而家庭提供的服务中只有用于市场交换的活动才进入 SNA 体系。Non-SNA 工作是指照料家人、做饭、洗衣等家务劳动以及家庭外部的志愿者等无报酬的工作。文献中通常使用的有酬劳动和无酬劳动的概念与 SNA 和 non-SNA 工作的分类不完全吻合，无酬劳动不仅包括 non-SNA 工作还包括农户砍柴、挑水等进入 SNA 体系的活动。

严格说来，闲暇的概念在这里泛指所有非工作活动。在时间利用的文献中，广义的闲暇又分为个人照料（personal care）和狭义的闲暇（leisure）。个人照料指维持生命必须的活动，如吃饭、睡觉、刷牙、洗脸、上厕所等。狭义的闲暇包括除了个人照料活动以外的其他的非工作活动，如看电视，听音乐，交朋友等。社会学家阿斯（Aas，1982）根据时间的社会和生理功能把用于 SNA 工作的时间称为"签约时间"（contracted time），non-SNA 工作的时间为"承诺时间"（committed time），个人照料时间为"必要时间"（necessary time），狭义的闲暇时间为"自由时间"（free time）。阿斯认为，一般说来，自由时间的多少反映了一个人的时间自主权，是个人福利的重要影响因素，当然这种提法不适用于失业者有太多的非自愿"自由时间"的情况。

14.2.2　Becker 时间配置理论

传统劳动供给研究中，被运用最多的是闲暇—市场工作模型（Robbins，1930），该模型把人们的时间分为市场劳动和闲暇两部分，注意力集中在市场劳动上，这种做法反映了男性的生活经历。随着二十世纪中期发达国家女性大规模进入劳动力市场，照料活动及家务劳动等家庭生产活

---

[1]　在文献中，工作（work）和劳动（labor）的概念交互使用。

动开始进入主流经济学的研究领域。最早提出应该区分闲暇与家庭劳动的是 Mincer（1962）。他利用家庭中丈夫与妻子非市场活动的差别解释了为什么妻子劳动供给的替代效应大于丈夫的替代效应，在他看来，丈夫多从事全日制的市场活动，这就使他们非市场活动主要用于闲暇；而对于妻子而言，非市场活动分为家庭生产和闲暇两部分，家庭生产活动对于市场工作的替代性要比对闲暇的替代性大很多。Becker（1965）系统地对市场和非市场活动时间进行阐述，对于家庭内部时间配置进行了开创性的研究。Gronau（1977）根据家庭时间的用途将时间正式分为市场劳动时间、家务劳动时间和闲暇，分析了妻子和丈夫的时间如何在这三类活动中分配。以Mincer、Becker 和 Gronau 等经济学家所创建的新家庭经济学提供了从家庭和市场两方面来解释家庭资源配置的基本理论框架。由于篇幅有限，本节重点介绍 Becker 的时间利用配置模型。

在 Becker 之前的经济分析，家庭只被看作是消费单位，家庭福利主要是从市场购买的商品和闲暇中获得。Becker（1965）指出，许多从市场购买的产品并不能直接消费，需要在家庭内加工后才能产生效用，比如食品需要加工才能吃，看电影不仅需要买电影票，而且需要花时间看。由于人们花在非市场活动的时间远远大于市场工作时间，因此，前者的配置和效率对经济福利的影响有可能比后者更大。Becker 系统阐述了非市场活动时间在家庭效用函数中的作用，假定家庭成员具有统一的效用函数，家庭从市场上购买的商品与其拥有的时间禀赋结合起来生产出一种更基本的、可以直接进入效用函数的物品。因此，家庭不仅是一个消费单位，还是一个生产单位。这样，家庭实现效用最大化将受到三个条件约束：家庭生产函数、时间禀赋约束以及家庭预算约束。以数学形式表示如下：

家庭效用是 m 个物品的函数：

$$U = U(Z_1, \cdots, Z_m) \tag{14-1}$$

其中，家庭生产的物品 Z_i 是市场购买商品 X_i 和时间投入 T_i 的函数，即，

$$Z_i = Z_i(X_i, \cdots, T_i) \quad i = 1, \cdots, m \tag{14-2}$$

家庭预算约束为：

$$\sum_{i=1}^{m} P_i X_i = V + w T_w \tag{14-3}$$

其中，P_i 商品 X_i 的价格，V 是家庭非劳动收入，w 是工资，T_w 是市场

劳动时间。

时间约束为：

$$\sum_{i=1}^{m} T_i = T_c = T - T_{u_q} \qquad (14-4)$$

其中，T_c 为全部用于家庭生产的时间，T 为全部时间禀赋。

将（14-4）代入（14-3），家庭全收入约束可写为：

$$\sum_{i=1}^{m} P_i X_i + w \sum_{i=1}^{m} T_i = V + wT \qquad (14-5)$$

（14-5）式表明，家庭福利不仅受收入的制约，而且受可支配时间的制约。

家庭最优化问题通过两步完成，首先，通过成本最小化使全收入最大化，其一阶条件是：

$$\frac{\partial Z_i / \partial T_i}{\partial Z_i / \partial X_i} = \frac{x_i}{t_i} = \frac{w}{P_i} \qquad (14-6)$$

其中，$t_i = \dfrac{\partial T_i}{\partial Z_i}$ 和 $x_i = \dfrac{\partial X_i}{\partial Z_i}$ 分别为时间和商品的边际投入。一阶条件（14-6）表明，最优时间和商品配置组合是时间与商品边际替代率等于工资与商品价格的比率。工资上升，时间投入会减少，商品投入增加，而价格变化的影响则相反。

根据生产函数（14-2）时间和商品投入可以被写作：

$$T_i = t_i Z_i$$
$$X_i = x_i Z_i \qquad (14-7)$$

将（14-7）式代入（14-5）式可以得到：

$$\sum_{i=1}^{m} (P_i x_i + w t_i) Z_i = V + wT \qquad (14-8)$$

$\hat{\pi}_i = P_i x_i + w t_i$ 是产品的影子价格。

效用最优化的第二步是选择产品组合，在约束条件（14-8）下最大化（14-1）式，则最优消费的必要条件是：

$$u_i = \frac{\partial U}{\partial Z_i} = \lambda \hat{\pi}_i \qquad (14-9)$$

$$u_i / u_j = \hat{\pi}_i / \hat{\pi}_j \qquad (14-10)$$

$$w = \lambda / \eta \qquad (14-11)$$

式中，λ 为收入的边际效用，η 是时间的边际效用，w 是时间的影子价格。

式（14-10）表明，最优产品组合是产品 i 和 j 边际替代率等于两种产品影子价格之比。

上面的分析框架表明，市场工资增加或者商品价格下降，将会使花费在每种产品中的时间与商品之间的比率下降，使人们降低对时间密集型物品的消费。市场工资的增加会改变时间的影子价格，因此而带来的收入效应会减少人们的工作时间，而替代效应则会增加人们花费在工作中的时间，最终影响取决于两种效应的相对强度。家庭生产时间生产率的上升也会改变物品的相对价格，增加全收入，因此也存在着方向相反的替代效应和收入效应。由于 Becker 的时间配置理论比较抽象，家庭生产的产品在统计上难以量化，对 Becker 的时间配置理论的经验检验至今仍是空白（Hamermesh et al，2005）。

Becker 的时间配置理论首次表明，家庭福利不仅受收入的影响而且受可支配时间的影响，投入家庭生产的非市场劳动对家庭福利也有重要影响，从而为研究女性所从事的那些传统经济统计中不予统计的非市场劳动提供了基本的理论分析框架，也为将时间利用引入贫困研究提供了理论指导。

不过，Becker 的理论也存在明显的局限性。首先，模型主要是根据发达国家的经验建立的，假定市场替代品和家庭生产的产品是完全替代的。对不发达国家来说，这个模型的可用性是很有限的，因为该理论忽视了市场失灵和公共服务不充分时的状况。在一些不发达国家，由于劳动力市场不完善，家庭服务的市场替代品不存在而没有替代选择，所以很多结论会发生变化。其次，Becker 模型假定家庭成员目标是一致的，家庭决策受合并收入的预算约束，因此也被称为"一致同意模型"或"单一模型"。这个假定与现实是不符合的，家庭中每个人的偏好不同，利益也不同，并且一些经验研究也拒绝了家庭成员会将其收入进行合并的前提假设（Manser and Brown，1980；McElroy and Horney，1981）。

后来的经济学家对家庭资源配置模型从两个方面进行修改和补充，一方面，一些经济学家为了解决家庭内部两人或多人决策问题，将博弈模型引入家庭决策当中，假定家庭成员具有不同的个人效用函数，夫妻双方通过讨价还价决定自己的效用分配，这种模型被称为非一致同意模型[①]；另

---

① 关于家庭内部决策相关的非一致同意模型请参见本书第 11 章。

一方面，Strauss et al.（1986）建立了农户模型。对新古典的消费—闲暇模型进行了扩展，从生产与消费决策的可分性与不可分性对发达国家与发展中国家的要素市场的不同进行了区分，使其可以被用来研究发展中国家农户的生产、消费以及劳动力供给问题。Apps and Rees（1997）将家庭无酬劳动引入非一致同意的交换模型，用来研究家庭时间配置问题。Apps and Rees（2003）进一步将这一模型扩展到农户模型，为分析发展中国家家庭时间利用提供了一个理论框架。由于篇幅有限，对这些理论模型，在此不作详细介绍。

14.3　时间利用分析与女性劳动的经验研究

　　Becker 的时间配置理论表明家庭生产和市场劳动都对福利具有重要影响，人们的选择不仅受到收入的制约也受时间的制约。因此，把家庭生产活动排斥在外的国民经济总产值 GDP 不能准确反映一个国家的经济福利总量和经济增长速度①，忽视家庭无酬劳动的传统劳动力统计低估了女性的经济贡献，而忽视时间对人们自主权的制约就无法全面地了解男性和女性各自所面临的资源约束。时间利用调查所提供的无酬家庭劳动和闲暇等非市场活动的信息，使人们能够从有酬与无酬劳动两方面全面评估女性的经济贡献，还可以将传统贫困分析中的一些缺失维度，例如时间与收入或消费水平结合起来，揭示时间与收入在贫困中的相互关系，为减贫、脱贫工作提供更加具体的政策建议。本节从社会性别的角度出发，介绍与女性劳动紧密相关的无酬劳动价值评估方法以及时间贫困的相关研究。

14.3.1　无酬劳动经济价值的估算方法

　　20 世纪 80 年代以来，在联合国统计署的推动下，许多发达国家的统计机构相继利用时间、调查数据估计无酬劳动的经济价值，建立卫星账户，作为对国民经济核算体系的补充。无酬劳动经济价值的估算方法原则上可以划分为产出法和投入法两大类（Varjonen et al.，1999）。

① 分析美国 1870—1930 年数据，Wagman and Folbre（1996）发现包不包括家庭无酬劳动对计算出的美国经济增长率有很大影响。

（1）产出法

产出法的原理是，衡量无酬劳动的产出的数量，并为每种产出指定一个价格，产出的数量和价格的乘积是总产值，从总产值中扣除掉中间投入品的价值，就可以计算出无酬劳动创造的增加值，即其经济价值。从理论上讲，产出法是以 Becker 的家庭生产消费品的理论为基础的，其方法与国民经济核算体系对市场生产活动的估价方法是一致的，但应用起来却面临着巨大的困难。最主要的原因在于，无酬劳动的产出数量难以确定。另外，有些家庭无酬劳动在市场上无法找到替代品，比如母亲对孩子的照料在质量上与保姆的照料是不一样的。由于这些困难，纯粹的产出法很少被实际用于估算无酬劳动的经济价值。不过，学者们并没有停止在这方面的努力。比如，Harvey and Mukhopadhyay（1996）提出，可以用时间利用调查中记录下来的家庭成员享受无酬劳动成果的时间来衡量无酬劳动的数量。Ironmonger and Soupourmas（2009）和 Mullan（2010）分别用产出法估算了澳大利亚无酬劳动的经济价值和英国父母对儿童照料的经济价值。

（2）投入法

投入法是估计无酬劳动最常采用的方法。投入法的原理是，衡量无酬劳动所耗费的时间，为其指定一个适当的工资率，无酬劳动时间总量乘以工资率便得出无酬劳动的经济价值。根据工资率选取方法，投入法可分为两种方法。

第一种投入法是"机会成本法"，以劳动者在劳动力市场上的期望工资率作为他（她）提供无酬劳动的工资率。"机会成本法"所要回答的问题是，对一个从事无酬劳动的人来说，如果她不从事无酬劳动而从事市场有酬劳动，她能挣多少收入？参与劳动力市场的人的工资率可直接从数据中得到，而不参与劳动力市场的人的期望工资率在数据中是不存在的，需要用回归方法来估计。具体方法是，先用 Heckman 两阶段方法估计参与劳动力市场的人的工资函数，再用估计出的工资函数的参数值来算出那些不参与劳动力市场的人的预期工资率。① 有学者认为，不参与劳动力市场的人的无酬劳动的机会成本不是市场预期工资而是保留工资，因为根据新古典家庭理论，这些人之所以不参与劳动力市场是因为她们的保留工资率比预期市场工资率高（Sousa-Poza et al.，2001）。估计不参与劳动力市场的

---

① 关于 Heckman 两阶段回归方法，请参考第 5 章。

那部分女性的保留工资需要比较复杂的方法，在这里我们不作详细介绍，感兴趣的读者，请参阅 Maddala（1983）、Gronau（1986）和 Sousa-Poza et al.（2001）等文献。

"机会成本法"也存在一些问题。主要是，由于不同人的时间机会成本不同，按照这种方法，同样的无酬劳动如果由不同的人来提供，其经济价值会出现很大的差异。例如，无论对于工人还是医生来说，准备食物所需要的精力可能是一样的，但按二者的工资率计算的准备食物劳动的经济价值差别却很大。为克服这一缺点，许多学者采用地区平均工资率来估计无酬劳动价值（Budlender，2008）。但是，任何使用市场工资率来估计无酬劳动价值的做法暗含的假设是市场生产活动和非市场生产活动的性质是相同的，至少是可比的，但实际情况并非如此。因此，用劳动市场上的工资率作为无酬劳动的单位价格，会导致对一个国家或地区的无酬劳动的总价值的高估（Goldschmidt-Clermont，1993）。但是也有学者认为，由于劳动力市场工资性别歧视，"机会成本法"也会低估女性无酬劳动的贡献（Budlender，2008）。

第二种投入法是"市场成本替代法"，以同类服务的市场价格作为无酬劳动的工资率。"市场成本替代法"所要回答的问题是，如果家庭无酬劳动提供的服务在市场购买，需要花多少钱？市场成本替代法又分两种。一是"专业替代法"，假定各种服务是由不同的专业服务人员分别提供的，因此用不同服务行业的工资率分别作为不同无酬劳动的替代成本，乘以各项无酬劳动的时间后再加总。比如对做饭、照料孩子和打扫卫生等活动的价值分别用厨师、保育员和钟点工的工资率来计算。二是"综合替代法"，假定全部服务都是由一位家庭服务员提供的，因此用家庭服务员的平均工资率来替代全部无酬劳动的工资率。

"市场成本替代法"也同样存在一些问题。专业市场成本替代法的主要问题是，对有些服务来说，专业服务人员的生产率远远高于家庭服务；但也有另外一些服务，专业服务人员的生产率却低于家庭服务，所以用这种方法容易高估或低估无酬劳动的经济价值（Fitzgerald and Wicks，1990）。此外，专业服务的服务内容和工资率是不断变化的，所以这种方法的计算结果难以进行跨时比较（Swiebel，1999）。综合市场成本替代法的主要问题是，有些家庭中的无酬劳动是家庭服务员不能提供的，如维护房屋、修理用具或电器等（Goldschmidt-Clermont，1993）。另外，这种方法对于志愿者工作也不适用。另外,家庭服务员是女性集中的职业,因此工资低,这也会导致低估无酬劳动的经济价值(Budlender,2008)。

目前已经开始编制家庭卫星账户的发达国家,以及联合国和 OECD 等国际组织在估算无酬劳动的经济价值时,使用最多的是综合市场成本替代法。不过,其他几种方法也时常被采用。一种比较常见的做法是,将几种不同方法的估算结果同时列出,给出无酬劳动经济价值的一个大致范围。

尽管估计无酬劳动的价值面临许多困难,在这方面的努力已经产生了一些初步成果。有研究分别利用机会成本法和综合市场成本替代法来估算美国 2004 年的无酬劳动价值,得到的结果相应为当年 GDP 的 58% 和 18%—23%(Landefeld,et al.,2005)。大多数西方国家无酬劳动的价值与 GDP 的比率为 40%—50%(Bonke,1992)。Folbre(2010)对欧洲及美国等 9 个国家 25—59 岁夫妻的家务劳动进行了估值,结果显示,无酬劳动对于降低经济波动和减少家庭收入差异具有显著的调节作用。这是因为,与市场劳动相比家务劳动受经济周期的影响较小,并且家务劳动时间和市场劳动时间是负相关的,同时,家庭之间无报酬的家务劳动时间比市场工作时间分布更均匀一些。

估计发展中国家的无酬劳动的价值面临更多的挑战,因为这些国家大多数劳动力从事农业家庭生产,家庭服务市场缺失,找到合理的预期工资率和服务市场替代价格更为困难。An and Dong(2011)利用我国 2008 年时间利用调查数据估计结果显示,按照"机会成本法",我国无酬劳动的价值大约为 GDP 的 26%,为第三产业产值的 65%,而使用"综合市场成本替代法",无酬劳动价值大约为 GDP 的 24%,为第三产业产值的 59%。根据 2008 年时间利用调查数据,我国城市和农村妇女分别承担了 43% 和 42% 的 SNA 劳动,68% 和 77% 的 non-SNA 劳动(无酬劳动),不难看出,把无酬劳动排除在国民经济核算体系和劳动统计之外大大低估了我国妇女的经济贡献。

14.3.2 时间贫困与女性劳动

根据阿玛蒂亚·森的能力理论,贫困是指对人的能力的剥夺(deprivation),这种剥夺表现在许多方面,有经济方面、社会方面、政治方面以及精神方面(Sen,1999)。女性主义学者 Robeyns(2003)认为,收入和消费贫困是经济方面的剥夺,而缺少自由支配的时间是对人的能力在其他方面的一种剥夺，比如没有时间参加社会交往和政治活动，没有足够的休息时间，因此，男女在时间自主权方面的差异是度量性别不平等一个重要方面。根据 Becker 的"全收入"概念，家庭福利不仅取决于收入或商品的数量，还取决于有多少可自由支配的时间。虽然，时间通过工作可以被转化为金钱、商品以及服务，金钱可以购买服务从而减少家务劳动增加个人可支配时间，但是收入与时间的替代是不完全的，因此，研究贫困问题，不仅要考虑收入的缺乏，而且要考虑时间的制约。把时间利用引入贫困问题研究对发展中国家尤其重要（Bardasi and Wodon，2006）。因为在发展中国家，特别是农村地区，基础设施和公共服务比较落后，家庭服务市场化程度比较低，低收入家庭的妇女不得不在收集燃料、取水、生火做饭、照料孩子和老人等无酬劳动花费大量的时间。这些无酬劳动不仅制约着她们赚取收入的能力，还减少了她们的休息和可自由支配的时间。因此，研究时间贫困问题对于制定有效的公共政策以减少女性无酬劳动对于自身发展的制约作用、减少收入贫困、提高低收入家庭女性的福利具有重要的意义。

Vikery（1977）第一个提出时间贫困的概念，并把这一概念引入贫困线的制定。根据 Becker 市场购买的商品只有通过家庭生产加工才能转化为效用的理论，Vikery 认为，如果一个家庭在扣除为摆脱收入贫困所必须从事的市场劳动和必要的休息与闲暇时间后，没有足够的时间用于家庭生产，这个家庭就面临时间贫困。在这里，家庭生产指照料儿童和老人以及其他家务劳动。她指出，与双亲家庭相比，有小孩子的单亲家庭所需要的人均家务劳动时间要更多，如果这两类家庭满足生存必需的收入贫困线是一样的，单亲家庭比双亲家庭更容易陷入收入贫困和时间贫困。因此，贫困线的制定不仅要考虑个人生存需要，还要考虑到各种家庭结构不同的家庭生产的需求。通过对美国 1400 个家庭的时间利用数据分析，维克瑞提出收入和时间两纬度的贫困线。比如，对于有两到三个孩子的单亲家庭，贫困线为每周 78 美元和 61 小时家务劳动或 172 美元和 14 小时的家务劳动，收入和时间可以相互替代，但它们的替代是不完全的。她指出，最低工资率的标准和市场家庭服务替代品的价格都会影响贫困发生率，因此，提高最低工资和对幼托服务等公共政策是反贫困的重要举措。

在发达国家，随着收入的增加，人们的工作时间减少、闲暇时间增加，可是越来越多的人却抱怨时间不够用（time crunch）。针对这一现象，

Goodin et al.（2005）提出了主观时间贫困和客观时间贫困的概念。主观时间贫困是指一个人在扣除实际的自我照料，有酬劳动和无酬劳动时间后，感到没有足够的自由时间（free time）。客观时间贫困是指一个人在扣除最低必需的自我照料，有酬劳动和无酬劳动时间后没有自由支配的时间（discretionary time）。这里，最低必需有酬劳动时间是在给定工资率，赚取贫困线以上收入必须工作的时间，贫困线为人均收入中位数的百分之五十；最低必要无酬劳动时间和自我照料时间分别定为样本平均值减去一个平方差。利用 1992 年澳大利亚的时间利用数据，Goodin 等人发现，大多数人实际用于自我照料、有酬劳动和无酬劳动的时间远远超过最低必需的时间，只有有孩子的单亲母亲没有可自由支配的时间而面临着客观时间贫困。Burchardt（2008）认为，主观和客观时间贫困的概念对于制定公共政策都有意义。主观时间贫困反映了工作时间缺少灵活性，工作环境竞争压力大，住房、子女教育和积累养老金等经济压力大；而客观贫困则与最低工资法、幼托机构的可及性有关。

Bardasi and Wodon（2010）把时间贫困的概念引入发展中国家。他们利用几内亚 2002—2003 年的时间利用数据，提出了两个时间贫困的定义。一是只考虑时间因素，将贫困线定义为每周总劳动时间（包括有酬和无酬劳动）50 小时或为样本中位数的 1.5 倍，如果周总劳动时间超过贫困线则为时间贫困。二是考虑为摆脱收入贫困所必需劳动的时间，将时间贫困定义为：在总劳动时间超过时间贫困线时，仍面临收入贫困，或如果减少有酬劳动时间就会陷入收入贫困。

设定时间贫困线之后，Bardasi and Wodon 使用传统的收入或消费贫困度量的 FGT 指数（Foster，Greer and Thorbecker，1984），即用贫困人头指数来度量时间贫困[①]。对于时间贫困而言，人头指数是处于时间贫困状况的人数比例，用公式表示如（14 - 12）所示，假定有 n 个样本观测值，q 是总劳动时间高于时间贫困线的人数，时间贫困人头指数 H 被定义为

$$H = \frac{q}{n} \qquad\qquad (14 - 12)$$

Bardasi and Wodon 的研究发现，在几内亚，无论按哪种时间贫困的定

---

① 使用 FGT 指数研究时间贫困的还有 Coundouel et al.（2002）.

义，女性，尤其是来自农村的女性，陷入时间贫困的概率都比男性要高。这是因为在非洲撒哈拉地区，由于缺乏可以利用的水和电等基础设施，妇女在取水、搜集燃料、做饭等无酬家务劳动中花费了很多的时间，不断上升的家庭照料需求也加重了这个地区妇女的家务劳动负担，这些都导致女性比男性劳动时间长（Blackden and Wodon，2006）。因此，加大农村公共基础设施和幼托机构的投资是降低时间和收入贫困的有效措施。

14.4　案例：无酬劳动时间价值和时间贫困估计

本节使用根据随机原则构造的自创数据提供一个无酬劳动时间价值和时间贫困估计的案例。该数据有 15—74 岁的男性与女性共 917 个样本，记录了每个样本分别在一个工作日和一个休息日的 24 小时内在有酬劳动、无酬劳动和闲暇活动中的时间利用信息。其中，有酬劳动包括人们在各种正规与非正规就业中的工资劳动，对于农村居民来说，还包括各种农业生产以及自雇活动；在本案例中，无酬劳动指人们在买菜、做饭、洗衣、打扫等各种家务劳动和照料儿童、老人以及志愿者活动等无报酬的的劳动时间投入。由于照料儿童与老人对于家庭成员来说有重要的福利作用，经常被单独列出来，本节在分析中也采用同样的处理。另外，闲暇时间分别列出了不同人群在一个工作日和一个休息日的个人照料活动和自由闲暇时间的利用情况。

14.4.1　案例 1：无酬劳动时间价值估计
（1）男性与女性在各种劳动中的基本特征

与传统的劳动力调查仅提供劳动参与率等信息相比，时间利用调查能提供人们在一周或 24 小时内详细的活动信息，不仅有有酬劳动的参与率、工作时间等信息，还有人们在照料、家务劳动、志愿活动等无酬劳动以及个人活动、自由时间等方面的详细信息。表 14 – 1 是样本中所有城市与农村男性与女性在有酬劳动、无酬劳动及照料劳动中的参与率以及每周工作时间。有酬劳动方面，农村男性与女性的参与率与周工作时间均高于城市男性与女性，其中，城市女性的参与率最低，为 58.3%，周工作时间为 42.7小时；无酬劳动与照料活动方面，农村男性的参与率和工作时间最低。

表 14 - 1　男性与女性在有酬与无酬劳动中的参与率及工作时间

	有酬劳动		无酬劳动		照料活动	
	参与率	工作时间	参与率	工作时间	参与率	工作时间
城市男性	71.2	46.3	88.3	15.2	21.6	7.6
城市女性	58.3	42.7	95.3	26.7	28.3	9.4
农村男性	96.2	57.7	72.4	10.6	8.8	4.5
农村女性	95.6	48.8	98.3	24.7	20.8	10.5

　　表 14 - 2 与表 14 - 3 详细显示了人们在工作日和周末 24 小时内的活动信息，这是传统的劳动调查数据无法提供的。就有酬劳动而言，表14 - 2 与表 14 - 1 的时间利用模式基本一致，无论在工作日还是休息日，农村男性与女性在工作日的工作时间均高于城市男性与女性；在休息日，这种城乡差别更大。无酬劳动方面，仍然是农村男性时间花费最少，而城市女性在休息日花费在无酬劳动方面的时间最多。城市人群在照料活动中花费的时间也远远高于农村人群，尤其是在休息日。就个人所能支配的自由时间而言，城市男性、女性比农村男性、女性多出一倍左右。掌握这些基本信息，对了解城市人群、农村人群以及性别之间的时间利用模式，分析个人福利问题以及与有酬与无酬劳动相关的公共政策问题都会很有帮助。

表 14 - 2　男性与女性工作日在各种活动中的时间利用状况（分钟/天）

	有酬劳动	无酬劳动	家务劳动	照料活动	自由时间	个人活动
城市男性	363.2	91.9	77.7	14.1	329.4	655.5
城市女性	268.7	196.7	167.6	29.1	312.4	661.9
农村男性	497.5	62.8	54.1	8.7	197.6	672.2
农村女性	414.2	203.2	174.6	28.6	163.5	652.4

表 14 - 3　男性与女性休息日在各种活动中的时间利用状况（分钟/天）

	有酬劳动	无酬劳动	家务劳动	照料活动	自由时间	个人活动
城市男性	79.9	172.3	123.3	49.0	462.3	724.9
城市女性	74.8	271.1	223.5	47.6	369.5	722.4
农村男性	422.1	74.1	62.2	11.9	232.3	698.7
农村女性	363.1	220.9	190.6	30.3	172.8	671.1

（2）机会成本方法估计

对于男性与女性无酬劳动的估计，本节采用了以下公式：

$$M_j = \bar{W} \times \bar{H}_j \times 52 \times N/100,000,000 \qquad (14-13)$$

式中，M_j 是以亿元计数的本省劳动人口在活动 j 中的时间价值；$\bar{W}$ 是平均小时工资；$\bar{H}_j$ 是每周花费在活动 j 中的平均小时数；52 表示一年有 52 周；N 是本地区内年龄在 15 岁至 74 岁之间的人口数量。

运用机会成本方法估值，参与劳动力市场的人们的平均小时工资 $\bar{W}$ 为 5.58 元/小时，可以直接从样本信息中得到，而不参与劳动力市场的人们的平均小时工资则可以通过预测的小时工资得到。本案例中，运用 Heckman 两阶段工资回归方法得到预测的小时工资，其结果为 3.57 元/小时，将不参与劳动力市场的人们的小时工资用预测的小时工资进行替代后，得到所有样本的平均小时工资为 5.52 元/小时。用平均小时工资乘以个人在各种活动中的工作小时，可以得到所有男性与女性分别在有酬、无酬劳动以及照料活动中的时间价值，结果见表 14-4，很明显，无论农村还是城市，与有酬劳动相反，女性在无酬劳动方面价值高于男性，城市女性的无酬劳动价值为每周 199 元，农村女性为 135 元，而城市与农村男性的无酬劳动价值分别为每周 111 元和 31 元。另外，与农村相比，城市性别间在无酬劳动方面的时间价值差别较小，其中照料儿童间的差别几乎不存在，而农村则差别很大，无酬劳动价值每周相差 100 元，照料劳动相差 24 元。

表 14-4　男性与女性在有酬、无酬劳动以及照料活动中的时间价值（元/周）

	有酬劳动	无酬劳动	照料儿童	工资率
城市男性	317.8	111.4	27.4	9.8
城市女性	183.9	199.5	29.1	7.9
农村男性	141.1	31.4	2.4	3.8
农村女性	95.2	135.5	28.8	4.8

为了计算一个地区男性与女性在各种劳动中的总价值，需要将平均小时工资代入式（14-13），在此基础上计算出女性在各种活动中所产生的

价值份额，结果见表 14 - 5，本地区无酬劳动总价值为 3401 亿元，其中，女性劳动占 73%，是承担无酬劳动的主要力量。照料活动作为无酬劳动的重要组成部分，总价值为 653 亿元，女性劳动所占份额为 73%。如果将有酬与无酬劳动计算在内，女性劳动总价值占到了总价值的一半多，即 52.7%。

表 14 - 5　　　　　　　**男性、女性劳动总价值以及女性所占比例**　　（单位：亿元/年）

	有酬劳动	无酬劳动	照料劳动	有酬、无酬劳动合计
男性	3052.5	884.9	175.2	–
女性	1882.0	2516.9	477.9	–
合计	4934.5	3401.9	653.1	8336.4
女性价值份额（%）	38.1	73.9	73.2	52.7

（3）替代成本方法估计

运用替代成本方法对无酬劳动进行估值，平均小时工资 W 可以通过当地居民的服务业价格水平得到，根据样本信息，当地城市居民服务业的平均小时工资为 9.3 元/小时，农村居民服务业的平均小时工资为 4.58 元。用平均小时工资乘以回归估计中人们在无酬劳动以及家庭照料中的平均小时，即得到个人在无酬劳动中的货币价值。再将结果代入式 14 - 13 中，得到本地区城市与农村居民在无酬劳动和照料劳动中的总价值，结果见表 14 - 6，无酬劳动总价值为 3899 亿元，其中，照料劳动总价值为 626 亿元。由于所参考的城市地区服务业价格水平较高，因此，照料及无酬劳动价值均高于农村。

表 14 - 6　　　　　　　　　　**城市、农村居民劳动总价值**

	无酬劳动价值 （元/周）	无酬劳动总价值 （亿元/年）	照料劳动价值 （元/周）	照料劳动总价值 （亿元/年）
城市	184.3	2312.8	32.1	403.1
农村	75.6	1586.4	10.6	223.6
合计	–	3899.1	–	626.7

（4）无酬劳动在国民经济中的比重

为了衡量无酬劳动对社会经济发展所作出的贡献，本案例中，利用表14－5和表14－6中无酬劳动的估值结果，分别衡量了无酬劳动在国民经济核算体系、居民总消费以及第三产业中的价值，结果见表14－7，可以看出，利用替代成本方法估计的无酬劳动价值大于机会成本方法估值，替代成本估值结果显示，本样本中无酬劳动价值占 GDP 的比重为 30%，这一结果与其他国家对无酬劳动估值结果为 30%－50% 很相似。当然，由于参考标准不一样，也有可能导致结果的高估或低估。

表 14－7　　　　　　　　　　无酬劳动价值所占比重（%）

	GDP	居民总消费	第三产业
机会成本方法	26.5	52.0	76.3
替代成本方法	30.4	59.6	87.4

14.4.2　案例 2：时间贫困估计

本案例中关于时间贫困的定义采用维克瑞（1977）文献中的定义，即家庭在扣除为摆脱收入贫困所必须从事的市场劳动和必要的休息与闲暇时间后，没有足够的时间用于家庭生产。我们采用以下公式进行计算：

$$T_d = (T_{pw} + T_{upw}) - T_m \qquad (14-14)$$

式中，T_d 是个人时间赤字，T_{pw} 与 T_{upw} 分别是个人每周需要用在有酬劳动与无酬劳动的时间，T_m 是个人可以分配到有酬与无酬劳动中的最多时间，即个人每周内可以利用的总时间减去个人必须花费在自身的个人活动时间以及可以自由支配的时间。由于一周内共有 168 小时，本案例中所有样本每周在个人活动中所需要的平均时间为 77 小时，个人每周能拥有的自由时间为 14 小时，因此，个人可以用来分配在有酬与无酬劳动中的时间总和为 77 小时。对于式（14－14），如果 $T_d > 0$，说明个人可能处于时间贫困或者时间短缺状态。我们考虑两种情况，一是只考虑时间因素，周总劳动时间超过贫困线则为时间贫困；二是从收入与时间两维度考虑时间贫困问题，如果减少有酬劳动时间，家庭就会陷入收入贫困。

（1）男性、女性总劳动时间分布特征

表 14－8 是样本中参与劳动力市场的男性与女性在有酬与无酬劳动总

工作时间分位数的分布情况,统计结果显示,女性平均每周总工作时间多于男性 8 小时,在 25 分位这种差别达 11 小时,其他分位差别也都在 6、7 小时。利用公式 (14 - 14) 计算男性与女性的时间赤字,结果显示,男性的时间赤字为 - 13.7 小时/周,女性为 - 5.4 小时/周,与男性相比,女性更有可能受到时间短缺的影响。利用公式 (14 - 12) 计算的时间贫困率显示,25.5% 的男性处于时间贫困状态,女性较高,为 43.2%。

表 14 - 8　　　　男性与女性总工作时间分位数分布情况 (小时/周)

	均值	25 分位	50 分位	75 分位	时间赤字	时间贫困率
男性	63.3	50.5	66.3	77.5	- 13.7	25.5%
女性	71.6	61.7	73.9	84.1	- 5.4	43.2%

(2) 有收入约束的时间贫困

如果将收入因素考虑进来,即一个家庭为摆脱收入贫困所必须从事的市场劳动与无酬劳动时间之和超过时间贫困线,家庭成员就面临着有收入约束的时间贫困。如何计算呢?我们先利用绝对收入贫困线来定义收入贫困线。首先,计算出个人年收入贫困线。国际上通用的收入贫困线标准为每人每天 1.25 美元,以当前的人民币兑美元汇率 1 美元等于 6.5 元人民币计算,个人收入贫困线为每年 2966 元人民币。其次,将家庭成员数量的平方根与家庭劳动力数量之比乘以每年 2966 元的收入贫困线标准,产生每个劳动力每年需要获得的最低收入。第三,计算出为达到此收入水平家庭成员所需要工作的有酬劳动或者有酬与无酬劳动总工作时间。用劳动力所需要获得的最低收入,除以个人小时工资率,即可得到个人为摆脱家庭收入贫困所需要工作的小时数。个人所需工作的小时数与无酬劳动时间相加,即个人为摆脱家庭贫困所需要工作的有酬与无酬劳动全部小时数。

表 14 - 9 显示了时间贫困的三种情况,其一是如果家庭成员减少花费在有酬劳动中的工作时间,家庭就会陷入收入贫困。城市中,男性与女性陷入时间贫困的比例接近,分别为 1.3% 和 1.4%。但农村性别间差别较大,农村女性为 5.2%,而男性比例仅有 1%。其二是家庭成员处于时间贫困状态,并且家庭收入也处于贫困状态,属于时间与收入双重贫困。这种情况在城市几乎不存在,但是发生在农村女性身上的比例为 4.9%,农

村男性比例为 0.7% 。其三是前两种情况或居其一，农村女性比例为 8.3% ，是所有人群中最容易陷入时间贫困或者时间与收入双重贫困的人群。

表 14 – 9　　　　**有收入约束的时间贫困（绝对收入贫困线）**　　（单位:%）

		有收入约束的时间贫困	时间与收入双重贫困	时间贫困或者双重贫困
城市	男性	1.3	0	1.3
	女性	1.4	0	1.4
农村	男性	1.0	0.7	1.3
	女性	5.2	4.9	8.3

收入贫困线也可以采用相对收入贫困线为依据来确定时间贫困问题，需要根据具体问题来定。我们采用古丁等学者的做法，将贫困线设定为样本人均收入中位数的百分之五十，最低必需有酬劳动时间为给定工资率下赚取贫困线以上收入必须工作的时间，结果见表 14 – 10，很明显，根据相对收入贫困线计算出的陷入时间贫困的人数比例比利用绝对收入贫困线计算的结果高很多，尤其是农村地区的女性，这一比例分别为 17.4% 、11.3% 和 19.9% 。

表 14 – 10　　　　**有收入约束的时间贫困（相对收入贫困线）**　　（单位:%）

		有收入约束的时间贫困	时间与收入双重贫困	时间贫困或者双重贫困
城市	男性	2.5	0	2.5
	女性	2.9	0	2.9
农村	男性	10.4	4.3	10.7
	女性	17.4	11.3	19.9

14.5　结论

本章从社会性别的视角，介绍了时间利用调查的调查方法、活动分类以及在公共政策领域中的应用，并对时间利用分析的基本理论以及相关的经验研究进行了总结。最后，利用自创数据，对无酬劳动进行了价值估计，并对样本中男性与女性的时间贫困问题进行了分析。

　　时间利用调查的主要特点是补充了国民经济核算体系调查中所忽略的那部分无酬劳动信息,可以提供一些通常由女性担任的、不易被看到的家庭内部生产活动的参与情况,因而,时间利用调查在与性别问题相关的领域中得到了广泛应用,逐渐成为研究社会、经济和政策问题的一项重要工具。一般而言,时间利用数据调查对于人们活动的划分标准主要有三类,即进入国民核算体系中的活动、不进入国民核算体系中的活动和闲暇。时间利用数据的调查方法主要有两种:一是传统的活动调查法,以活动为基础,调查人们在某一段时间内在各种活动中的时间投入信息;第二种方法是时间日记方法,选取某个时间点作为起始点,每隔一个时间间隔点受调查者会将自己所从事的活动记录下来,这样就会得到受调查者 24 小时内所有活动的详细的时间信息。

　　Becker 的时间配置理论提供了时间利用分析研究的基本理论框架。Becker 认为,家庭不仅是一个消费单位,还是一个生产单位。家庭从市场上购买的商品与其拥有的时间禀赋结合起来生产出一种更基本的、可以直接进入效用函数的物品。市场工资增加或者商品的价格下降,将会使花费在每种产品中的时间与商品之间的比率下降,使人们降低对时间密集型物品的消费。市场工资的增加会改变时间的影子价格,因此而带来的收入效应会减少人们的工作时间,而替代效应则会增加人们花费在工作中的时间,最终影响取决于两种效应的相对强度。家庭生产时间生产率的上升也会改变物品的相对价格,增加全收入,因此也存在着方向相反的替代效应和收入效应。Becker 的时间配置理论首次表明,家庭福利不仅受收入的影响而且受可支配时间的影响,投入家庭生产的非市场劳动对家庭福利也有重要影响,从而为研究女性所从事的那些传统经济统计中未统计的非市场劳动提供了基本的理论分析框架,也为将时间利用引入贫困研究提供理论指导。

　　时间利用调查所提供的人们所从事的市场、非市场活动以及闲暇时间信息为分析与人们福利相关的问题提供了详细的数据,相关的经验研究非常广泛,本章主要阐述了两方面的研究:一是无酬劳动的经济价值研究;二是时间贫困研究。

　　无酬劳动经济价值的估算方法,原则上可以划分为产出法和投入法两大类,其中投入法是估计无酬劳动最常采用的方法。根据工资率选取方法的不同,投入法可分为两种方法。一是“机会成本法”,以劳动者在劳动力市场上的期望工资率作为他/她提供无酬劳动的工资率。第二种投入法是"市场成本替代法"，以同类服务的市场价格作为无酬劳动的工资率。在本章的案例分析中，分别采用两种不同的方法进行估计。两种方法各有优劣，都有可能造成对无酬劳动的高估或低估。但不管怎样，时间利用数据的使用，使得对无酬劳动的认识与理解深化。

时间贫困度量了人们在扣除为摆脱收入贫困所必须从事的有酬劳动、无酬劳动和必要的休息与闲暇时间后，缺少可自由支配时间的情况，可以只考虑时间因素，也可以同时将收入或消费因素考虑进来，把时间贫困定义为总劳动时间超过时间贫困线但是仍然面临收入贫困的情况。本案例分别计算了城市与农村男性、女性陷入时间贫困的比例，在城市，男性与女性陷入时间贫困的比例接近，但农村性别间差距较大，农村女性处于时间贫困与时间、收入双重贫困的比例最高，以绝对收入贫困线为参考标准计算的结果显示，农村女性比例为 8.3%，以相对收入贫困线为参考标准计算的这一结果为 19.9%，远远高于其他人群。

参考文献

安新莉等：《2008 年时间利用调查结果简介》，中华人民共和国国家统 计 局 网 站（ http：//www. stats. gov. cn/tjfx/grgd/t20081121　_402518869. htm）。

安新莉：《时间利用调查方法研究》，载国家统计局编《统计制度方法研究》，中国统计出版社 2007 年第 6 期。

国家统计局社会和科技统计司：《中国人的生活时间分配——2008 年时间利用调查数据摘要》，中国统计出版社 2010 年版。

Aas, Dagfinn, "Designs for Large Scale Time Use Studies of the 24 Hours Day", In Z Staikev (ed) It's about time: Proceedings of the International Research Group on time budgets and social activities, Sofia, Bulgaria p17 - 53, 1982.

An, Xinli and Xiao-Yuan Dong, "What Do We Learn about Women's Unpaid Work from China's First Time Use Survey?" presentation at the Time Use Research Training Workshop organized by the International Association of Time Use Research and the International Association for Feminist Economics at China's National Statistical Bureau, Beijing on June29-July 1, 2011.

Apps, Patricia F. , "Gender, Time Use and Models of the Household," IZA Discussion paper No. 796, 2003.

Apps, Patricia F. and Ray Rees, "Collective Labor Supply and Household Production", *Journal of Political Economy*, 1997, 105: 178 – 190.

Bardasi, E. , and Q. Wodon. "Working Long Hours with No Choice: Time Poverty in Guinea", *Feminist Economist*, 2010, 16 (3): 45 – 78.

Bardasi, Elena & Wodon, Quentin, "Measuring Time Poverty and Analyzing Its Determinants: Concepts and Application to Guinea," MPRA Paper 11082, University Library of Munich, Germany, 2006.

Bardasi, Elena and Quentin Wodon, "Measuring Time Poverty and Analyzing its Determinants: Concepts and Application to Guinea in Gender, Time Use, and Poverty in Sub-Saharan Africa," ed. C. M. Blackden and Q. Wodon, Washington, DC: World Bank. World Bank Working Paper 73, 2006.

Becker, Gary, "A Theory of the Allocation of Time," *Economic Journal*, 1965, 75: 493 – 517.

Benería, Lourdes, "Gender, Development and Globalization: Economics as if People Mattered," New York: Routledge, 2003.

Blackden, C. M. and Q. Wodon, "Gender, Time Use and Poverty in Sub-Saharan Africa," World Bank Working Paper No. 73, Washing, DC. 2006.

Bonke, Jens, "Distribution of Resources: Implications of Including Household Production," *Review of Income and Wealth*, 1992, 38 (3): 281 – 293.

Budlender, Debbie, "The Statistical Evidence on Care and Non-Care Work across Six Countries," Gender and development Programme Paper Number 4, United Nations Research Institute for Social Development, 2008.

Burchardt, Tania, "Time and Income Poverty," LSE STICERD Research Paper No. CASEreport 57, 2008.

"Capabilities," *Feminist Economics* 9 (2/3): 61 – 92.

Chang, Hongqin. F. MacPhail, X. Y. Dong, "The Feminization of Labor and the Gender Work-Time Gap in Rural China," *Feminist Economics*. (2011, Forthcoming)

Chang, Hongqin. X. Y. Dong and F. MacPhail, "Labour Migration and Time Use Patterns of the Left-Behind Children and Elderly in Rural China,"

World Development, 2011, 12, Vol. 39.

Coudouel, Hentschel, J. S., Wodon Q. T., "Poverty Reduction Strategies and PRSPs," PovertyNet, World Bank, 2002.

Esquivel, V., D. Budlender, N. Folbre and I. Hirway, "Explorations: Time Use Surveys in the South," *Feminist Economics*, 2008, 14 (3): 107 – 152. July.

Fitzgerald J, Wicks J., "Measuring the Value or Household Output: A Comparison of Direct and Indirect Approaches", *Review of income and Wealth*, 1990, 36 (2): 129 – 41.

Folber, Nancy, "Women's Employment, Unpaid Work and Economic Wellbeing: A cross-National Analysis", Presentation at the "Status of the Middle Class: Lessons from the Luxembourg Income Study" Conference, Luxembourg, 29 – 30 June 2010.

Foster, J. E., J. Greer, and E. Thorbcke, "A Class of Decomposable Poverty Indices," *Econometrica*, 1984, 52 (3): 761 – 766.

Frinking, G. and Willemsen, T. eds, "Dilemmas of Modern Family Life," Amsterdam: Thesis Publishers, 1997.

Gerson, Kathleen, *Hard Choices: How Women Decide about Work, Career, and Motherhood*, University of California Press (Berkeley), 1985.

Goldschmidt-Clermont L., "Monetary Valuation of Non-market Productive Time: Methodological Considerations," *Review of Income and Wealth*, 1993, 39 (4): 419 – 33.

Goodin, R., Rice, J., Bittman, M. and Saunders, S., "The Time-pressure Illusion: Discretionary Time vs Free Time," *Social Indicators Research*, 2005, . 73: 43 – 70.

Gronau, R., "Home Production-a Survey," in: O. Ashenfelter and R. Layard. editors, *Handbook of Labor Economics*, 1986, (1): 273 – 304. North – Holland.

Gronau, RobertLeisure, "Home Production, and Work – the Theory of the Allocation Revised," *Journal of Political Economy*, 1977, 85: 1099 – 1124.

Hamermesh, D. S. , H. Frazis, and J. Stewart, "Data Watch: The American Time Use Survey," *Journal of Economic Perspectives*, 2005, 19: 221 –232.

Harvey A, Mukhopadhyay A, "The Role of Time-use Studies in Measuring Household Outputs", in *Accounting for Time*, *Conference of the International Association for Research on Income and Wealth*, Lillehammer, Norway, 1996.

Ironmonger D, Soupourmas F. , "Estimating Household Production Outputs with Time Use Episode Data," Electronic *International Journal of Time Use Research*, 2009, 6 (2): 240 –268.

Juster, F. Thomas and Stafford, Frank. P. , "The Allocation of Time: Empirical Findings, Behavioral Models, and Problems of Measurement," *Journal of Economic Literature*, 1991, Vol. 29, No. 2 (Jun. , 1991): 471 –522.

Landefeld, J. Steven, Barbara M. Fraumeni, and Cindy M. Vojtech, "Accounting for Nonmarket Production: a Prototype Satellite Account Using the American Time Use Survey," BEA Working Paper (Washington, DC: Bureau of Economic Analysis), 2005.

Lawson, David, "A Gendered Analysis of 'Time Poverty' -The Importance of Infrastructure," Working Paper. GPRG, 2007.

MacDonald, Martha, Shelley Phipps and Lynn Lethbridge, "Taking its Toll: Implications of Paid and Unpaid Work Responsibilities for Women's Wellbeing," *Feminist Economics*, 2005, 11: 1 (March): 65 –96.

Maddala, G. S. *Limited-Dependent and Qualitative Variables in Economics*, New York: Cambridge University Press, 1983: 257 –291.

Manser, Marilyn & Brown, Murray, "Marriage and Household Decision-Making: A Bargaining Analysis," *International Economic Review*, Department of Economics, University of Pennsylvania and Osaka University Institute of Social and Economic Research Association, 1980, 21 (1): 31 –44.

McElroy, M. and Horney, M. , "Nash-bargaining Household Decisions: Towards a Generalization of the Theory of Demand," *International Economic Review*, 1981, 22: 333 –348.

Michelson, William, *Time use: Expanding explanation in the social sci-*

ences, Boulder: Paradigm Publishers, 2005.

Mincer, J., "Labor force participation of married women: a study of labor supply," in *Aspects of Labor Economics* (Ed.) H. G. Lewis, Princeton University Press, Princeton, N. J, 1962: 3 – 35.

Mullan K., "Valuing Parental Childcare in the United Kingdom," *Feminist Economics*, 2010, 16 (3): 113 – 139.

Reid, M., *Economics of household production*. New York: Wiley, 1934.

Robbins, Lionel, "On the Elasticity of Demand for Income in Terms of Effort," *Economica*, 1931, (10): 123 – 129.

Robeyns, Ingrid, "Sen's Capability Approach and Gender Inequality: Selecting Relevant Capabilities," *Feminist Economics*, 2003, 9 (2/3): 61 – 92.

Sen, Amarty, "The Possibility of Social Choice," *American Economic Review*, 1999, 89: 349 – 378.

Sousa-Poza, Alfonso, Hans Schmit and Rolf Widmer, "The Allocation and Value of Time Assigned to Housework and Childcare: An Analysis for Switzerland," *Journal of Population Economics*, 2001, 14: 599 – 618.

Strauss, J., "Appendix: the theory and comparative statics of agricultural household models: a general approach," in I. Singh, Lynn Squire, and John Strauss, eds. *Agricultural household models, extensions, applications and policy*, Baltimore: The World Bank and the Johns Hopkins University Press, 1986: 17 – 47.

Swiebel J., "Unpaid Work and Policy-Making: Towards a Broader Perspective of Work and Employment". United Nations DESA Discussion Paper, 1999 No. 4.

Szalai, Alexander, *The Use of Time*. The Hague: Mouton, 1972.

United Nations Development Programme (UNDP), *Human Development Report* 2005, Oxford University Press, New York, 1995.

Varjonen J, Niemi I, Hamunen E, Sandstrom T and Paakkonen H., "Proposal for A Satellite Account of Household Production," Eurostat, Working Papers 9/1999/A4/11: 92.

Vickery, C., "The Time Poor: A New Look at Poverty," *Journal of Hu-*

man Resources, 1977, 12: 27 – 48.

Wagman, Barnet and Nancy Folbre, "Household Services and economic Growth in the U. S. , 1870 – 1930," *Feminist Economic*, 1996, 2 (1): 43 – 66.

第 15 章

社会性别研究中的因果识别问题：工具变量法

刘　华

15.1　引言

经济学和其他社会科学的大多数计量研究关注因果关系的识别问题，即衡量一个变量的变化对另一个变量的影响。从社会性别视角开展的相关研究也同样关注这种因果效应，例如：教育对男女工资的不同影响（Heckman，2003；Carneiro，2003），参加培训项目是否带来男女工资不同程度的增加（陈耀波，2009），健康状况对男女劳动力供给影响的差异（王鹏和刘国恩，2010），女性非农就业对儿童健康的影响（刘靖，2008），退休制度对健康影响的性别差异（雷晓燕等，2010），吸烟和喝酒对男女收入的影响（尹志超、甘犁，2010）等。这些问题均是本章关注的社会性别研究中的因果识别问题。

从理论上讲，变量 x 对变量 y 影响的因果效应是同一实验对象在受到变量 x 影响前后变量 y 的变化。例如，是否参加培训项目（视为变量 x）对工资收入（视为变量 y）的因果效应是同一个人在参加培训项目前后工资收入的变化。但在现实生活中，实际观察到的往往是两个不同的实验对象，一个没有参加培训，另一个参加过培训。由于实验对象不是同一个体，工资收入的变化可能是由于培训所引起的，也可能是来自其他方面的影响，这些因素包括可观测的变量，比如年龄和文化程度等，也包括不可观测的变量，比如上进心、能力等（Aakvik et al.，2005；Friedlander et al.，1997；LaLonde，1995；陈耀波，2009；王德文等，2008；王海港等，

2009;张世伟、王广慧,2010)。一种理想的解决办法是通过一个随机控制实验,尽可能地保证控制组和实验组在其他方面都是相同的,唯一不同的是变量 x 的变化,这样变量 y 之间的差异就可以表示为变量 x 对变量 y 的因果效应。这就意味着在因果关系的识别问题中,"其他相关因素保持不变"是至关重要的。但遗憾的是,与自然科学中通过实验设计控制其他变量的影响与识别感兴趣的因果关系不同,在社会科学中,尤其是经济学中,所收集到的数据大多具有非实验特征,并且对经济对象开展实验并控制其他所有有关变量往往是无法进行的,或是因为实施的成本太高,或是因为受到伦理道德的约束,所以经济研究中的因果关系识别问题更加具有挑战性。可喜的是计量经济学方法可以模拟一个其他相关因素保持不变的实验,其中多元回归分析就是识别因果关系的最重要和应用最广泛的方法之一。但是多元回归分析在识别因果关系时是有条件的,条件之一是要求解释变量 X 必须是外生的。如果解释变量是内生的,那么采用最小二乘法(以下简称为 OLS)得到的参数估计就是有偏的,会影响识别的可信性。

解释变量无内生性是 OLS 适用的重要前提之一,而众多研究显示,内生性是运用多元回归分析研究与性别相关的因果关系识别时普遍存在的问题。例如,研究身高对男性和女性劳动者工资报酬的影响,一方面身高存在测量误差,另一方面工资方程中可能遗漏了与身高相关并影响工资的解释变量,因此身高可能是内生的解释变量,进而导致 OLS 估计的系数可能是有偏的(Schultz,2002;Hubler,2006;高文书,2009)。同样在研究母亲劳动供给与孩子健康的关系时,内生性问题不容忽视。其中,造成内生性的来源主要有两个,其一是由于存在未观测到的因素同时影响孩子健康和母亲的劳动供给行为,如果这些未观测到的变量在研究中被忽略,OLS 估计得到的母亲劳动供给对孩子健康影响的系数就是有偏的。这些未观测到的因素可能是母亲的某一偏好,这一偏好既影响孩子的健康状况,又影响母亲的劳动供给行为,但偏好往往是难以观测的;也可能是在哺乳期或怀孕期可能有一些因素同时影响孩子健康和母亲劳动供给行为,但在调查中没有相关信息。其二是孩子的健康与母亲的劳动供给互为因果,母亲的劳动供给行为影响孩子健康的同时,孩子的健康状况也会影响母亲的劳动参与情况(Blau et al,1996;Glick and Sahn,1998;Glick,

2002；刘靖，2008）。诸如此类的论述在性别视角下的因果关系识别中比比皆是。因此，内生性问题是社会性别研究面临的重要挑战之一，往往无法回避，如何通过不同的计量方法消减内生性问题，判定因果关系，成为近些年来社会性别研究领域的前沿议题。

为什么会存在内生性问题？内生性问题将造成怎样的影响？如何有效地解决该问题？这些问题已经成为经济学计量研究亟待解决的重要课题，对社会性别研究也不例外。本章将围绕社会性别视角下的因果关系识别中所面临的内生性问题展开讨论。首先，从理论上阐述解释变量存在内生性问题可能造成的后果，在此基础上从理论和经验两方面考察内生性产生的可能原因；其次，重点介绍处理内生性问题的方法——工具变量法，从工具变量需具备的条件、工具变量法估计的性质和内容展开讨论，扩展到运用工具变量法涉及的相关检验，其中包括内生性检验和有效性检验，并进一步讨论寻找有效工具变量的可能途径，以及弱工具变量可能存在的问题，同时还简要地介绍了其他解决内生性问题的方法；再次，以健康人力资本投资、身高与工资报酬为案例，就实际应用中需注意的问题进行说明；最后对本章内容简要总结。

15.2　内生性问题的后果与原因

根据计量经济学的定义，如果某解释变量与误差项之间具有相关性，则称该解释变量为"内生变量"，反之称为"外生变量"，也就是说内生性问题违背了解释变量与误差项之间不相关的假设。

15.2.1　内生性问题的后果

内生性的直接后果就是估计出的参数不满足"无偏"假设，无法客观地捕捉到解释变量与被解释变量之间的因果关系，或是只能解释其中的部分，或是该解释包括了其他因素的影响而无法分离。

我们从一个经典的线性回归模型出发：

$$y = \alpha + \beta x + u \tag{15-1}$$

这里，y 是被解释变量，x 是解释变量，α 和 β 是模型（15-1）待估计的参数，u 是模型（15-1）的误差项。利用 OLS 估计得到的参数 $\hat{\beta}$ 为：

$$\hat{\beta} = \frac{\sum_{i=1}^{n} (x_i - \bar{x})(y_i - \bar{y})}{\sum_{i=1}^{n} (x_i - \bar{x})^2} = \beta + \frac{\sum_{i=1}^{n} (x_i - \bar{x}) u_i}{\sum_{i=1}^{n} (x_i - \bar{x})^2} \qquad (15-2)$$

如果解释变量 x 是内生变量,即 x 与 u 是相关的,则 OLS 估计得到的参数是有偏的且不一致,如下:

$$E(\hat{\beta}) = \beta + \frac{E(\sum_{i=1}^{n} (x_i - \bar{x}) u_i)}{\sum_{i=1}^{n} (x_i - \bar{x})^2} \neq \beta \qquad (15-3)$$

$$plim(\hat{\beta}) = \beta + \frac{cov(x,u)}{var(x)} \neq \beta \qquad (15-4)$$

这里,$E(\hat{\beta})$ 是参数 $\hat{\beta}$ 的期望,$plim(\hat{\beta})$ 是参数 $\hat{\beta}$ 的概率极限,$cov(x,u)$ 是解释变量 x 与误差项 u 的协方差,$var(x)$ 是解释变量 x 的方差。如果解释变量 x 是内生的,我们无法识别解释变量 x 对被解释变量 y 的因果效应。

15.2.2　产生内生性问题的原因

如前所述,内生性表现为解释变量与误差项之间存在相关性。从经济学角度来看,解释变量与误差项之间的相关性可能来源于解释变量与被解释变量之间互为因果,或者误差项中包含了没有包含在模型中、却又与该解释变量相关的其他因素。因此在判断某解释变量是否具有内生性时,我们更多的是根据经济学有关原理或一些常识,而非依据计量结果来进行判断。具体来说,导致解释变量存在内生性的原因主要来自三个方面:存在遗漏的解释变量、解释变量存在测量误差、解释变量与被解释变量之间存在联立性问题。下面我们将一一加以说明。

（1）遗漏变量问题

当把一个重要解释变量遗漏时,该变量就成为误差项的一部分,如果这个解释变量与回归方程中的其他解释变量相关时,内生性问题便产生了。例如,在研究农村女性的孩子数对其外出打工倾向的影响时,遗漏了其在家务农收入这一解释变量。一般而言,务农收入越高,农村女性越不倾向于外出打工;另一方面,在农村收入越低的家庭越希望通过多生养孩子来改变这一贫穷状况,收入较高的农村家庭反而不愿意多生养子女,说明遗漏变量与感兴趣的解释变量相关。当遗漏了务农收入这一解释变量时，OLS 估计结果可能会给出子女数量越多，农村女性越倾向于外出打工的结论，而实际情况很可能是子女越多，女性越倾向于留在家里照看孩子。造成这一统计偏差的主要原因在于对统计结果的解释不仅包含了子女数量对外出打工倾向的影响，还包括了来自务农收入的影响，两种因果效应无法分离，甚至后者的影响大于前者。再比如，在测度教育对性别工资差异的影响时遗漏了能力变量。一般而言，更强的能力会导致更高的生产力，进而获得更高的工资收入；同时，能力更强的人一般受教育水平也更高。当遗漏能力变量时，能力增加工资的作用就会反映到教育对工资的影响上，OLS 估计会夸大教育在增加工资中的作用。总而言之，由于遗漏了重要解释变量所造成的内生性问题一般会导致 OLS 估计量产生偏误。下面我们将证明这一点，并推导出偏误的方向和大小（参见伍德里奇，2003）。

我们从真实的总体模型开始，先考虑具有两个解释变量和一个误差项的情况：

$$y = \beta_0 + \beta_1 x_1 + \beta_2 x_2 + u \tag{15-5}$$

这里，y 是被解释变量，x_1 和 x_2 是解释变量，β_0、β_1 和 β_2 是模型（15-5）待估计的参数，u 是模型（15-5）的误差项。而且假定这个模型满足经典的线性模型假定。

假设我们主要关心的是解释变量 x_1 对被解释变量 y 的局部影响。为了得到 β_1 的一个无偏估计量，原则上应该将模型（15-5）进行回归。但由于遗漏了解释变量 x_2，实际上只是将 y 对 x_1 进行了回归，估计得到的方程为：

$$y = \tilde{\beta}_0 + \tilde{\beta}_1 x_1 \tag{15-6}$$

这里，为了强调与模型（15-5）估计值 $\hat{\beta}_0$ 和 $\hat{\beta}_1$ 的区别，用 $\tilde{\beta}_0$ 和 $\tilde{\beta}_1$ 表示存在遗漏变量情况下的估计值。根据 OLS 估计得到的 $\tilde{\beta}_1$ 可以表达为：

$$\tilde{\beta}_1 = \frac{\sum_{i=1}^{n} (x_{i1} - \bar{x}_1)(y_i - \bar{y})}{\sum_{i=1}^{n} (x_{i1} - \bar{x}_1)^2} = \frac{\sum_{i=1}^{n} (x_{i1} - \bar{x}_1) y_i}{\sum_{i=1}^{n} (x_{i1} - \bar{x}_1)^2} \tag{15-7}$$

由于模型（15-5）才是真实模型，对于每个观测 i 的 y 可以表达为：

$$y_i = \beta_0 + \beta_1 x_{i1} + \beta_2 x_{i2} + u_i \tag{15-8}$$

将公式（15-8）代入公式（15-7）中，得：

$$\tilde{\beta}_1 = \frac{\sum_{i=1}^{n} (x_{i1} - \bar{x})(\beta_0 + \beta_1 x_{i1} + \beta_2 x_{i2} + u_i)}{\sum_{i=1}^{n} (x_{i1} - \bar{x}_1)^2}$$

$$= \frac{\beta_1 \sum_{i=1}^{n} (x_{i1} - \bar{x}_1)^2 + \beta_2 \sum_{i=1}^{n} (x_{i1} - \bar{x}_1) x_{i2} + \sum_{i=1}^{n} (x_{i1} - \bar{x}_1) u_i}{\sum_{i=1}^{n} (x_{i1} - \bar{x}_1)^2}$$

$$= \beta_1 + \beta_2 \frac{\sum_{i=1}^{n} (x_{i1} - \bar{x}_1) x_{i2}}{\sum_{i=1}^{n} (x_{i1} - \bar{x}_1)^2} + \frac{\sum_{i=1}^{n} (x_{i1} - \bar{x}_1) u_i}{\sum_{i=1}^{n} (x_{i1} - \bar{x}_1)^2} \qquad (15-9)$$

因为 $E(u_i) = 0$，对公式（15-9）求期望，可得：

$$E(\tilde{\beta}_1) = \beta_1 + \beta_2 \frac{E(\sum_{i=1}^{n} (x_{i1} - \bar{x}_1) x_{i2})}{\sum_{i=1}^{n} (x_{i1} - \bar{x}_1)^2} \qquad (15-10)$$

$$plim(\tilde{\beta}_1) = = \beta_1 + \beta_2 \frac{cov(x_1, x_2)}{var(x_1)} \qquad (15-11)$$

这里，$E(\tilde{\beta}_1)$ 是参数 $\tilde{\beta}_1$ 的期望，$plim(\tilde{\beta}_1)$ 是参数 $\tilde{\beta}_1$ 的概率极限，$cov(x_1, x_2)$ 是解释变量 x_1 与遗漏变量 x_2 的协方差，$var(x_1)$ 是解释变量 x_1 的方差。

如果不存在遗漏变量 x_2 即 $\beta_2 = 0$，或者遗漏变量 x_2 与解释变量 x_1 之间不相关即 $cov(x_1, x_2) = 0$，则 $\tilde{\beta}_1$ 仍然是 β_1 的无偏估计。当且仅当 $\beta_2 \neq 0$、$cov(x_1, x_2) \neq 0$ 同时成立时，$\tilde{\beta}_1$ 相对于 β_1 而言是有偏的。也就是说当存在遗漏变量，并且这个遗漏变量与感兴趣的解释变量相关时，运用 OLS 估计得到的解释变量的参数就是有偏的。从公式（15-11）可知，偏误的方向取决于 β_2 和 $cov(x_1, x_2)$，鉴于解释变量 x_1 与遗漏变量 x_2 的协方差与相关系数（这里表示为 $corr(x_1, x_2)$）具有相同的符号，故而针对 β_2 和 $corr(x_1, x_2)$ 不同组合，我们可以大体推断出可能的偏误方向，表15-1就此进行了总结。

表 15 - 1　　　　　　　　存在遗漏变量情况下造成的可能偏误方向总结

	corr $(x_1, x_2) > 0$	corr $(x_1, x_2) < 0$
$\beta_2 > 0$	偏误为正	偏误为负
$\beta_2 < 0$	偏误为负	偏误为正

当然，变量的遗漏导致内生性的产生并非都是由于模型设定失误造成的，在实际生活中，大多数遗漏变量的问题是因为该遗漏变量无法获得或者无法量化而导致的。例如前面谈到的教育对男女工资收入影响差异的问题中，所遗漏的"能力"变量是一个非常重要的解释变量，但是该变量往往无法获得；又如在研究吸烟对女性健康的影响时往往会遗漏性格、承压能力等变量，这些变量与女性的健康状况息息相关，同时也在一定程度上决定了女性的吸烟倾向，遗漏这些变量很可能带来内生性问题，但无奈的是很难获得相关变量数据，进而导致我们感兴趣的解释变量的 OLS 参数估计是有偏的。除此之外，有时也会因为模型形式设定的偏误，而产生遗漏变量的问题。例如，被解释变量 y 与解释变量 x 之间的关系是非线形的，但是回归方程设定为线形关系，从而导致 x 的高阶项遗漏，由于 x 和其高阶项是相关的，x 由此变成内生的解释变量。

同时，第 5 章提到的样本选择性偏差也与遗漏变量有关。当样本存在自选择问题时，主回归方程事实上漏掉了逆米尔斯比率（Inverse Mills Ratio），由于逆米尔斯比率（Inverse Mills Ratio）与解释变量相关，进而造成 OLS 估计是有偏且不一致的。当样本是随机抽样得到的，样本数据的选择与解释变量不相关，解释变量与误差项之间不相关，这样就不会产生偏差；当样本数据的获得与解释变量相关时，就存在样本选择性偏差的问题。例如通过入户调查的方式收集数据来研究城镇女性居民受教育程度对其收入的影响时，如果那些愿意接受入户调查者的教育水平比不愿意接受调查的教育水平要高，这一样本的选择就不是随机的，而是与我们感兴趣的变量"教育"存在一定的相关性，存在样本选择性偏差。同时在性别研究中，关注政策或项目实施对不同性别影响的差异问题时，也常常存在样本选择性偏差的情况。如果参加这个政策项目的对象在性别选择上是随机的，就不存在样本选择性偏差问题，但如果参加政策项目的对象在性别上是有选择的，有某种性别上的偏向，很可能就存在样本选择性偏差问题。例如在考察农村种植技术培训项目参加者性别对农业生产的影响时，选择的样本都是参加培训的人,但由于农户家庭中男性的文化程度普遍高于女性,相对于女性而言,男性更倾向于参加培训。在对该问题的考察中,样本的选择很可能是有偏向性的,即更加偏向于男性。因此回归模型中的误差项与解释变量"性别"具有相关关系,存在内生性问题,进而导致 OLS 估计有偏的结果。

(2) 解释变量存在测量误差

无论鉴于理论原因,还是鉴于实际测度原因,倘若回归模型中的解释变量存在测量误差,那么这一误差必然会体现在最终的误差项中,因此误差项与解释变量之间必然存在相关关系,故而导致有偏的 OLS 参数估计。具体来说,当使用实际观测值代替真实值进行回归时,由于测量误差 e 进入了误差项中,而实际观测值和测量误差息息相关,故而导致实际观测值与误差项相关。例如研究女性健康对其生育倾向的影响时,健康作为解释变量,大多数实证研究中采用的是自评健康来表示健康状况,这就会存在测量误差的问题。下面我们以此为例来具体考察解释变量存在测量误差可能导致的问题。

假设真实的回归模型为:

$$y = \beta_0 + \beta_1 x^* + u \tag{15-12}$$

这里,y 表示女性的生育倾向,x^* 表示实际健康状况,β_0 和 β_1 是模型 (15-12) 待估计的参数,u 为真实误差项。由于实际健康状况 x^* 往往无法观测到,我们经常用自评健康状况 x 来表示,那么测量误差 e 是自评健康状况与实际健康状况之差,实际健康状况可以表示为:

$$x^* = x - e \tag{15-13}$$

将公式 (15-13) 代入模型 (15-12) 中,可得:

$$y = \beta_0 + \beta_1(x - e) + u = \beta_0 + \beta_1 x + u - \beta_1 e = \beta_0 + \beta_1 x + \varepsilon \tag{15-14}$$

这里,$\varepsilon = u - \beta_1 e$,模型 (15-14) 表示的是用 y 和 x 实际回归的模型,ε 是实际回归模型 (15-14) 的误差项。

如果实际健康状况 x 与测量误差 e 不相关,则用实际健康状况 x 替代真实的解释变量 x^* 估计得到的 OLS 参数 β_1 是无偏且一致的;如果实际健康状况 x 与测量误差 e 相关,则模型 (15-14) 中的解释变量与误差项相关,利用 OLS 得到的参数估计为:

$$\hat{\beta}_1 = \frac{\sum\limits_{i=1}^{n}(x_i - \bar{x})(y_i - \bar{y})}{\sum\limits_{i=1}^{n}(x_i - \bar{x})^2} = \beta_1 + \frac{\sum\limits_{i=1}^{n}(x_i - \bar{x})\varepsilon_i}{\sum\limits_{i=1}^{n}(x_i - \bar{x})^2} = \beta_1 +$$

$$\frac{\sum\limits_{i=1}^{n}(x_i - \bar{x})(u_i - \beta_1 e_i)}{\sum\limits_{i=1}^{n}(x_i - \bar{x})^2} \tag{15-15}$$

$$plim(\hat{\beta}_1) = \beta_1 + \frac{cov(x, u - \beta_1 e)}{var(x)} = \beta_1 + \frac{-\beta_1 cov(x, e)}{var(x)} \tag{15-16}$$

这里，$plim(\hat{\beta}_1)$ 是参数 $\hat{\beta}_1$ 的概率极限，$cov(x, e)$ 是解释变量 x 与测量误差 e 的协方差，$var(x)$ 是解释变量 x 的方差。

由于 x 与 e 相关，有：

$$cov(x, e) = E(xe) = E(x^* e) + E(e^2) = 0 + var(e) = var(e) \tag{15-17}$$

这里，$var(e)$ 是测量误差 e 的方差。

将公式（15-17）代入公式（15-16）中，

$$plim(\hat{\beta}_1) = \beta_1 - \frac{\beta_1 var(e)}{var(x^*) + var(e)} = \beta_1 \left(\frac{var(e)}{var(x^*) + var(e)} \right) \tag{15-18}$$

这里，$var(x^*)$ 是实际健康状况 x^* 的方差。

因为 $\dfrac{var(e)}{var(x^*) + var(e)}$ 总小于 1，所以参数 β_1 为正时，OLS 估计的参数 $\hat{\beta}_1$ 倾向于低估；参数 β_1 为正时，OLS 估计的参数 $\hat{\beta}_1$ 倾向于高估。总体而言解释变量的测量误差将导致有偏的估计，偏误的大小取决于真实的解释变量 x^* 的变异相对于测量误差 e 的变异程度，如果真实的解释变量 x^* 的方差相对于测量误差 e 的方差很大时，那么 OLS 的偏误程度将会很小。

（3）联立性问题

当一个或多个解释变量与被解释变量互为因果关系，即解释变量 x 影响被解释变量 y，被解释变量 y 又反过来影响解释变量 x，就出现了联立性问题。联立性问题导致解释变量与误差项相关，进而 OLS 估计是有偏且不一致的。

在性别研究中，尤其是考察家庭内部资源分配问题时，经常会面临这样的问题，例如食物资源在男女之间的分配问题，在贫困地区，食物资源会优先分配给获取更高工资的人，而男性通常具有优势，工资会影响食物消费，反过来食物消费也直接影响获取工资的能力，那么在识别食物资源分配的性别差异问题时，就面临着联立性问题。再如考察女性生育行为对女性劳动供给的影响时，生育和劳动供给往往是同期决定的，由于总时间是给定的，用于生育的时间增加，用于劳动供给的时间就会减少，两者是相互制约的，所以导致生育变量存在内生性问题。

为了便于说明，我们只考虑两个变量 x 和 y，假定这两个变量互为因果，其中变量 x 对变量 y 的影响用下列回归模型表示：

$$y = \beta_0 + \beta_1 x + u \qquad (15-19)$$

这里，β_0 和 β_1 是模型（15-19）待估计的参数，u 为模型（15-19）的误差项。

变量 y 对变量 x 的影响则用下列回归模型表示：

$$x = \gamma_0 + \gamma_1 y + v \qquad (15-20)$$

这里，γ_0 和 γ_1 是模型（15-20）待估计的参数，v 为模型（15-20）的误差项。

为了便于讨论，我们假定 u 和 v 不相关，其协方差为 0，即下式成立：

$$\mathrm{cov}(v, u) = 0 \qquad (15-21)$$

接下来我们讨论模型（15-19）中解释变量 x 与误差项 u 的相关性，二者的协方差可以表示为：

$$\mathrm{cov}(x, u) = \mathrm{cov}(\gamma_0 + \gamma_1 y + v, u) = \gamma_1 \mathrm{cov}(y, \mu) + \mathrm{cov}(v, u)$$

$$(15-22)$$

将公式（15-21）代入公式（15-22），可得：

$$\begin{aligned}
\mathrm{cov}(x, u) &= \gamma_1 \mathrm{cov}(y, u) \\
&= \gamma_1 \mathrm{cov}(\beta_0 + \beta_1 x + u, u) \\
&= \gamma_1 \beta_1 \mathrm{cov}(x, u) + \gamma_1 \mathrm{var}(u) \qquad (15-23)
\end{aligned}$$

将公式（15-23）整理后可得：

$$\mathrm{cov}(x, u) = \frac{\gamma_1 \mathrm{var}(u)}{(1 - \gamma_1 \beta_1)} \neq 0 \qquad (15-24)$$

由公式（15-24）可知，解释变量 x 是内生的，用 OLS 回归得到的估计值是有偏的。鉴于 var（u）> 0，β_1 的 OLS 估计量的偏误方向受

$\dfrac{\gamma_1}{(1 - \gamma_1\beta_1)}$ 的影响，如果 $\gamma_1 > 0$ 且 $\gamma_1\beta_1 < 1$ ，说明解释变量 x 与误差项呈正相关，则偏误的方向为正，反之亦然。

15.3　内生性问题的处理方法——工具变量法

在性别研究中，解释变量存在内生性问题是因果识别过程的主要障碍，直接对其进行 OLS 估计所得出的结果是有偏且不一致的。当然，对于一些由于遗漏变量所导致的内生性问题，可通过对无法观测的解释变量给出适宜的代理变量，以消除或降低遗漏变量偏误，例如在研究教育对男女工资收入影响差异的问题中，经常被遗漏"能力"变量可以用受教育期间的考试成绩，或者在班级的排名来近似替代，但不幸的是，我们并不是总能找到适宜的代理变量，况且，由除了遗漏变量以外的其他原因导致的内生性问题也无法通过代理变量法得到解决。另外，当某些遗漏变量具有不随时间变化的特征时，通过构建面板数据，应用固定效应或一阶差分的方法来估计那些随时间变化的解释变量的影响，也可以有效地解决内生性问题，但我们不是总能获得面板数据，即便能得到，如果遗漏变量是随时间变化的，或者我们所感兴趣的解释变量不随时间变化，那么这种方法也就无法适用了。除了上述的一些方法以外，工具变量法是解决内生性问题的有效方法，而且是最常用的方法之一。以下重点围绕工具变量法开展讨论（参见伍德里奇，2003；詹姆斯·H. 斯托克，2007；Angrist 和 Pis-chke，2008）。

15.3.1　基本原理

（1）工具变量的条件

当存在遗漏变量导致的内生性问题时，一种解决的方法是将未观测到的遗漏变量留在误差项中，但不是用 OLS 估计模型，而是运用一种承认存在遗漏变量的估计方法，这便是工具变量法。为描述该方法，我们从一个简单的回归模型出发：

$$y = \beta_0 + \beta_1 x + u \tag{15-25}$$

这里，解释变量 x 与误差项 u 相关，即 $\mathrm{cov}(x, u) \neq 0$ ，说明解释变量 x 具有内生性。无论是因为什么原因所引起的内生性问题，在这种情况下，

OLS 估计得到的参数都是有偏且不一致的。

假定有一个可观测到的变量 z,它满足以下两个条件:

①变量 z 与误差项 u 不相关,即 $\text{cov}(z,u) = 0$;

②变量 z 与解释变量 x 相关,即 $\text{cov}(z,x) \neq 0$;

我们称变量 z 是解释变量 x 的工具变量。条件①意味着工具变量是外生的,从遗漏变量的角度看,工具变量应当对被解释变量具有无偏效应,也应当与其他影响被解释变量的因素不相关。条件②意味着工具变量与内生解释变量之间具有相关性。

(2) 工具变量法估计的性质

如果选用的工具变量满足前面提到的两个条件,用工具变量法得到的参数估计值是一致的,虽然仍然是有偏的,并且与 OLS 估计相比,参数估计方差比较大。下面我们证明工具变量法得到的参数估计的这些性质。对公式(15 - 25)的两边乘以工具变量 z,再取协方差,可以得到工具变量与被解释变量之间的总体协方差,表示为:

$$\text{cov}(z,y) = \beta_1 \text{cov}(z,x) + \text{cov}(z,u) \tag{15 - 26}$$

在条件①和条件②的假定下,可得:

$$\beta_1 = \frac{\text{cov}(z,y)}{\text{cov}(z,x)} \tag{15 - 27}$$

根据公式(15 - 27),给定一个随机样本,用对应样本量估计总体的量,得到参数 β_1 的工具变量估计量 $\hat{\beta}_1^{IV}$ 为:

$$
\begin{aligned}
\hat{\beta}_1^{IV} &= \frac{\sum_{i=1}^{n}(z_i - \bar{z})(y_i - \bar{y})}{\sum_{i=1}^{n}(z_i - \bar{z})(x_i - \bar{x})} \\[2mm]
&= \frac{\sum_{i=1}^{n}(z_i - \bar{z})[\beta_1(x_i - \bar{x}) + (u_i - \bar{u})]}{\sum_{i=1}^{n}(z_i - \bar{z})(x_i - \bar{x})} \\[2mm]
&= \beta_1 + \frac{\sum_{i=1}^{n}(z_i - \bar{z})u_i}{\sum_{i=1}^{n}(z_i - \bar{z})(x_i - \bar{x})}
\end{aligned}
\tag{15 - 28}
$$

由于解释变量 x 是内生的,公式(15 - 28)右边的第二项的期望值不为零，所以，$\hat{\beta}_1^{IV}$ 是有偏的。但是，如果工具变量满足条件①和条件②，在大数定律的基础上，可得出 β_1 的工具变量估计量具有一致性，即下式成立：

$$plim\hat{\beta}_1^{IV} = \beta_1 + \frac{plim\sum_{i=1}^{n}(z_i - \bar{z})u_i/n}{plim\sum_{i=1}^{n}(z_i - \bar{z})(x_i - \bar{x})/n} = \beta_1 + \frac{cov(z,u)}{cov(z,x)} = \beta_1$$

$$(15-29)$$

假定 $E(u^2|z) = \sigma_u^2$，则 $\hat{\beta}_1^{IV}$ 的渐近方差为：

$$var(\hat{\beta}_1^{IV}) = \frac{\sigma_u^2}{n\sigma_x^2\rho_{x,z}^2}$$

$$(15-30)$$

这里，σ_x^2 是解释变量 x 的总体方差，σ_u^2 是误差项 u 的总体方差，$\rho_{x,z}^2$ 是解释变量 x 与工具变量 z 之间的总体相关系数的平方，n 是样本总量。

$var(\hat{\beta}_1^{OLS})$ 的计算公式如下：

$$var(\hat{\beta}_1^{OLS}) = \frac{\sigma_u^2}{n\sigma_x^2}$$

$$(15-31)$$

与 OLS 的参数估计的渐进方差 $var(\hat{\beta}_1^{OLS})$ 相比，$\hat{\beta}_1^{IV}$ 的渐近方差更大一些，因为除非 x 和 z 是完全相关的，否则 $\rho_{x,z}^2$ 小于 1。

同时可知，如果解释变量 x 不是内生的，用工具变量法取代 OLS 是有代价的。另外，从公式（15-30）可以看出，选用与解释变量 x 高度相关的工具变量 z 对降低 $\hat{\beta}_1^{IV}$ 的方差，提高估计效率非常重要，因为 $\rho_{x,z}^2$ 的值越大，$\hat{\beta}_1^{IV}$ 的方差就越小。

（3）工具变量法估计的内容

工具变量法并不是用工具变量替代内生的解释变量，其本质是用外生的工具变量识别出内生解释变量中的部分变异，进而估计内生解释变量与被解释变量之间的真实关系。通过引入工具变量，解释变量 x 的变异可以分解为两部分，一部分与误差项 u 相关，这就是解释变量可能内生的原因，一部分与工具变量相关而与误差项 u 不相关，工具变量法帮助识别出与误差项 u 不相关的部分，忽略造成 OLS 估计有偏的解释变量 x 的变异部分，进而得到无偏且一致的估计。

工具变量法也称之为两阶段最小二乘法（简称为 2SLS），顾名思义，

估计量是由两个阶段来完成。第一阶段的回归模型为:

$$x = \pi_0 + \pi_1 z + v \qquad (15-32)$$

这里, x 是具有内生性的解释变量; z 是工具变量, 假定工具变量 z 满足两个基本条件, 即与误差项不相关, 同时与解释变量 x 相关; v 是模型 (15-32) 的误差项; π_0 和 π_1 是模型 (15-32) 待估计的参数, 用 OLS 得到回归模型 (15-32) 的参数估计值分别表示为 $\hat{\pi}_0$ 和 $\hat{\pi}_1$。进而得到 x 的预测值 $\hat{x}$, 表示为:

$$\hat{x} = \hat{\pi}_0 + \hat{\pi}_1 z \qquad (15-33)$$

因为工具变量 z 是外生的, 回归模型 (15-32) 中 $\pi_0 + \pi_1 z$ 与误差项 u 不相关, 表示解释变量 x 中与误差项 u 不相关的部分, 恰恰是工具变量法识别的部分, 而 v 则表示解释变量 x 中与误差项 u 相关的部分。

第二阶段的回归模型为:

$$y = \beta_0 + \beta_1 \hat{x} + \varepsilon \qquad (15-34)$$

将公式 (15-33) 代入模型 (15-34) 中, 用 OLS 得到回归模型 (15-34) 的参数估计值表示为 $\hat{\beta}_0^{IV}$ 和 $\hat{\beta}_1^{IV}$, 故而 $\hat{\beta}_1^{IV}$ 就是针对解释变量 x 具有内生性, 采用工具变量法估计得到的参数。

下面我们将扩展到更一般意义的回归模型, 其中包含不止一个内生解释变量和多个外生解释变量的情形:

$$y = \beta_0 + \beta_1 x_1 + \cdots + \beta_k x_k + \beta_{k+1} w_1 + \cdots + \beta_{k+r} w_r + u \qquad (15-35)$$

这里, y 为被解释变量, $x_1, \cdots, x_k$ 为 k 个内生的解释变量, $w_1, \cdots, w_r$ 为 r 个外生的解释变量, $\beta_0, \beta_1, \cdots, \beta_k, \beta_{k+1}, \cdots, \beta_{k+r}$ 为模型 (15-35) 待估计的参数, u 为误差项。

假定现在有满足条件 (1) 和 (2) 的工具变量 m 个, 分别为 $z_1, \cdots, z_m$, 并且 $m \geq k$。那么, 工具变量法或两阶段最小二乘法的步骤为:

第一阶段的回归模型系列为:

$$x_j = \pi_{0j} + \pi_{1j} z_1 + \cdots + \pi_{mj} z_m + \pi_{m+1,j} w_1 + \cdots + \pi_{m+r,j} w_r + \varepsilon_j \qquad (15-36)$$

这里, $j = 1, \cdots, k$, 其中 k 是内生解释变量的个数, ε_j 是第 j 个模型的误差项, $\pi_{0j}, \pi_{1j}, \cdots, \pi_{mj}, \pi_{m+1,j}, \cdots, \pi_{m+r,j}$ 是第 j 个模型的待估计的参数。

通过上述 k 个 OLS 的回归模型 (15-36), 可以得到 k 个内生解释变量的预测值, 分别用 $\hat{x}_1, \cdots, \hat{x}_k$ 表示, 计算公式为:

$$\hat{x}_j = \hat{\pi}_{0j} + \hat{\pi}_{1j} z_1 + \cdots + \hat{\pi}_{mj} z_m + \hat{\pi}_{m+1,j} w_1 + \cdots + \hat{\pi}_{m+r,j} w_r \qquad (15-37)$$

这里，$j = 1, \cdots, k$，$\hat{\pi}_{0j}, \hat{\pi}_{1j}, \cdots, \hat{\pi}_{mj}, \hat{\pi}_{m+1,j}, \cdots, \hat{\pi}_{m+r,j}$ 是第 j 个模型（15 – 36）的参数估计值。

第二阶段的回归模型为：

$$y = \beta_0 + \beta_1 \hat{x}_1 + \cdots + \beta_k \hat{x}_k + \beta_{k+1} w_1 + \cdots + \beta_{k+r} w_r + \nu \qquad (15 – 38)$$

将公式（15 – 37）代入模型（15 – 38）中，用 OLS 得到回归模型（15 – 38）的参数估计值即为工具变量法的估计值。需要指出的是，对预测值作回归，OLS 估计方差公式需要调整，所以，最好尽量使用计量软件提供的工具变量两阶段估计程序，这些计量软件对估计方差公式作出了相应的调整。

15.3.2 相关检验

（1）内生性检验

工具变量法是针对解释变量存在内生性问题时提出的。前面指出，如果解释变量是外生的，那么工具变量法估计量不如 OLS 有效，因为工具变量法会导致较大的渐近偏差，因此检验解释变量是否具有内生性，即内生性检验，对于是否采用工具变量法非常必要。内生性检验的基本思想是比较 OLS 和工具变量法估计值，判断其差异是否在统计上显著。如果所有解释变量是外生的，则 OLS 和工具变量法估计值都是一致性，如果 OLS 和工具变量法估计值存在显著的差异，则判定解释变量中存在内生性问题。内生性检验对应的假设为：

原假设：$\mathrm{cov}(x_k, u) = 0$

备择假设：$\mathrm{cov}(x_k, u) \neq 0$

这里，x_k 是第 k 个解释变量，u 是误差项。

原假设意味着解释变量 x_k 没有内生性问题，OLS 和工具变量法估计值都是一致的，备择假设意味着解释变量存在内生性问题，OLS 估计量是有偏的。

内生性检验的方法一是利用豪斯曼（Hausman）检验，即直接比较 OLS 和 2SLS 估计值是否在统计上显著的存在差异。计算公式为：

$$H = (\hat{\beta}_{OLS} - \hat{\beta}_{IV})' [V(\hat{\beta}_{IV}) - V(\hat{\beta}_{OLS})]^{-1} (\hat{\beta}_{OLS} - \hat{\beta}_{IV}) \overset{a}{\sim} \chi_k^2 \qquad (15 – 39)$$

这里，$\hat{\beta}_{OLS}$ 是利用 OLS 估计得到的参数估计值，$\hat{\beta}_{IV}$ 是利用工具变量法估计得到的参数估计值，自由度 K 是结构方程中参数的个数。

同时也可以用回归方程来进行内生性检验,下面以仅有一个解释变量存在内生性为例,说明运用回归进行内生性检验的基本步骤。假定解释变量 x_1 怀疑具有内生性,其回归模型为:

$$y = \beta_0 + \beta_1 x_1 + \beta_2 z_1 + \beta_3 z_2 + u \qquad (15-40)$$

这里,z_1 和 z_2 都是外生的解释变量,通常我们称方程(15-40)为结构方程。假定我们还有另外两个外生变量 z_3 和 z_4 作为内生解释变量 x_1 的工具变量。

第一步:将内生解释变量 x_1 对所有的外生变量(包括在结构方程中的 z_1 和 z_2,以及作为工具变量的 z_3 和 z_4)进行回归,通常我们称该方程为简化型方程,见下式(15-41),进而得到残差 $\hat{v}$。

$$x_1 = \pi_0 + \pi_1 z_1 + \pi_2 z_2 + \pi_3 z_3 + \pi_4 z_4 + v = \hat{x_1} + \hat{v} \qquad (15-41)$$

这里,$\pi_0, \pi_1, \pi_3, \pi_4$ 是模型(15-41)待估计的参数,v 是误差项,$\hat{x_1}$ 是根据回归结果对 x 的预测值。

第二步:将误差项 $\hat{v}$ 放入结构方程中,对下列模型(15-42)进行回归,检验误差项 $\hat{v}$ 的 OLS 估计量的系数是否显著。

$$y = \beta_0 + \beta_1 x_1 + \beta_2 z_1 + \beta_3 z_2 + \delta \hat{v} + \varepsilon \qquad (15-42)$$

判断的准则是:如果误差项 $\hat{v}$ 的系数 δ 在统计上显著不等于 0,那么解释变量 x 具有内生性,反之亦然。

如果模型中存在多个内生性解释变量,如方程(15-35),则对每个被怀疑的内生性解释变量分别进行简化型方程的回归,分别获得每个内生解释变量所对应的误差项,然后放入结构方程中,用 F 检验来检验这些误差项的联合显著性。简化型方程为:

$$\begin{aligned} x_j &= \pi_{0j} + \pi_{1j} z_1 + \cdots + \pi_{mj} z_m + \pi_{m+1,j} w_1 + \cdots + \pi_{m+r,j} w_r + \varepsilon_j \\ &= \hat{x_j} + \hat{v_j} \end{aligned} \qquad (15-43)$$

这里,$j = 1, \cdots, k$,其中 k 是内生解释变量的个数,x_j 是第 j 个内生的解释变量,$w_1, \cdots, w_r$ 是 r 个外生的解释变量,$z_1, \cdots, z_m$ 是 m 个工具变量,ε_j 是第 j 个模型的误差项,$\pi_{0j}, \pi_{1j}, \cdots, \pi_{mj}, \pi_{m+1,j}, \cdots, \pi_{m+r,j}$ 是第 j 个模型的待估计的参数,$\hat{x_j}$ 是 x_j 的预测值,$\hat{v_j}$ 是第 j 个模型的残差。

对应的结构方程为:

$$y = \beta_0 + \beta_1 x_1 + \cdots + \beta_k x_k + \beta_{k+1} w_1 + \cdots + \beta_{k+r} w_r + \delta_1 \hat{v}_1 + \cdots + \delta_k \hat{v}_k + \varepsilon$$

$$(15-44)$$

这里，y 为被解释变量，$\beta_0, \beta_1, \cdots, \beta_k, \beta_{k+1}, \cdots, \beta_{k+r}, \delta_1, \cdots, \delta_k$ 是模型待估计的参数，ε 是模型（15-44）的误差项。

F 检验对应的假设为：

原假设：$H_0 : \delta_1 = \delta_2 = \cdots = \delta_k = 0$

备择假设：$H_1 : \delta_1, \delta_2, \cdots, \delta_k$ 至少有一个不等于 0。

其中 $\delta_1, \delta_2, \cdots, \delta_k$ 是在第二步结构方程中每个内生解释变量所对应残差的回归系数。F 检验显著则说明至少存在一个被怀疑的解释变量是内生的。

（2）工具变量的有效性检验

有效的工具变量必须具备两个条件：第一，工具变量与内生解释变量相关；第二，工具变量与误差项不相关。对于第一个条件可以通过在简化方程回归中系数的 t 检验或者 F 检验来予以检验。假设回归方程只有一个可能有内生性的解释变量，见模型（15-40），设变量 z_3 是内生解释变量 x_1 的工具变量，简化型回归模型为：

$$x_1 = \pi_0 + \pi_1 z_1 + \pi_2 z_2 + \pi_3 z_3 + \nu \qquad (15-45)$$

这里，z_1 和 z_2 为结构模型中的外生解释变量，$\pi_0, \pi_1, \pi_2, \pi_3$ 是模型（15-45）的待估计参数，v 是模型（15-45）的误差项。

当只有一个工具变量时，可以通过 t 检验来检验工具变量是否满足第一个条件，t 检验的假设为：

原假设：$H_0 : \pi_3 = 0$

备择假设：$H_1 : \pi_3 \neq 0$

如果 t 检验显著，则表明拒绝原假设，认为工具变量与内生解释变量之间是相关的。

当有多个工具变量时，比如有两个变量 z_3 和 z_4 是内生解释变量 x_1 的工具变量，对应的简化型回归模型为：

$$x_1 = \pi_0 + \pi_1 z_1 + \pi_2 z_2 + \pi_3 z_3 + \pi_4 z_4 + \nu \qquad (15-46)$$

可以通过 F 检验来检验工具变量是否满足第一个条件，F 检验的假设为：

原假设：$H_0 : \pi_3 = \pi_4 = 0$

备择假设：$H_1 : \pi_3 \neq 0$，或 $\pi_4 \neq 0$。

如果 F 检验显著，则表明拒绝原假设，认为至少有一个工具变量与内生解释变量之间是相关的，因而满足工具变量的第一个条件。

　　第二个条件是工具变量与误差项不相关,即 $\mathrm{cov}(z,u)=0$,因为涉及到未观测的误差项,所以往往不能予以检验,需要通过经济学理论或变量之间的逻辑关系来决定这一条件是否成立。值得庆幸的是,当有不止一个工具变量时,可以有效地检验工具变量系列中的一部分是否与误差项不相关,即检验过度识别约束。该检验的基本思想是当有多于内生解释变量个数的工具变量时,将一部分工具变量运用工具变量法估计结构方程,如果得到的误差项与尚未利用的工具变量不相关,则说明尚未利用的工具变量是有效的,反之亦然。

　　假定包含不止一个内生解释变量和多个外生解释变量的情形:

$$y = \beta_0 + \beta_1 x_1 + \cdots + \beta_k x_k + \beta_{k+1} w_1 + \cdots + \beta_{k+r} w_r + u \qquad (15-47)$$

这里,y 是被解释变量,$x_1,\cdots,x_k$ 是 k 个内生解释变量,$w_1,\cdots,w_r$ 是 r 个外生解释变量,u 是误差项,$\beta_0,\beta_1,\cdots,\beta_k,\beta_{k+1},\cdots,\beta_{k+r}$ 是模型待估计的参数。假定有工具变量 m 个,分别是 $z_1,\cdots,z_m$,并且 $m \geq k$ 。

　　过度识别约束检验的具体步骤如下:

　　第一步:将部分工具变量运用工具变量法得到参数的工具变量估计值,分别表示为 $\hat{\beta}_0,\hat{\beta}_1,\cdots,\hat{\beta}_{k+r}$,计算结构方程（15-47）残差的公式为:

$$\hat{\mu} = y - \hat{\beta}_0 - \hat{\beta}_1 x_1 - \cdots - \hat{\beta}_k x_k - \hat{\beta}_{k+1} w_1 - \cdots - \hat{\beta}_{k+r} w_r \qquad (15-48)$$

　　第二步:将 $\hat{u}$ 与所有的外生变量回归（包括外生解释变量和工具变量）,其回归模型为:

$$\hat{\mu} = \delta_0 + \delta_1 z_1 + \cdots + \delta_m z_m + \delta_{m+1} w_1 + \cdots + \delta_{m+r} w_r + e \qquad (15-49)$$

进而,计算得到回归模型（15-49）的 R^2 。

　　检验统计值 nR^2 服从卡方分布 χ_q^2 ,其中 n 是样本量,q 是所有工具变量的个数减去内生解释变量的个数,即 $q=m-k$ 。对应的检验假设为:

　　原假设:$\mathrm{H}_0:\mathrm{cov}(z_1,u)=\cdots=\mathrm{cov}(z_m,u)=0$

　　备择假设:$\mathrm{H}_1:$ 至少有一个 $\mathrm{cov}(z_i,u) \neq 0$ （其中 $i=1,\cdots,m$ ）

如果检验统计值 nR^2 未超过卡方分布 χ_q^2 的临界值,我们不能拒绝原假设,进而推断所选的工具变量与结构方程的误差项不相关,因此,满足工具变量的第二个条件。

　　需要注意的是运用此方法检验工具变量的外生性,要求工具变量的个数多于内生解释变量的个数,即存在过度识别的情况。

15.3.3　寻找有效工具变量的可能途径

寻找合理的、有效的工具变量是一件非常困难且具有挑战性的事情，这里我们介绍两种可能途径。第一个途径是相对传统的方法，主要依靠经济学理论或者经济学直觉来寻找工具变量。基本思路是从经济学理论出发，考察内生解释变量的决策机制，从中尽可能找出影响内生解释变量，但又不直接影响被解释变量的变量。例如关于过早分娩对孩子教育、健康等影响的研究，被解释变量为孩子的后果，诸如教育水平、健康状况等，我们感兴趣的解释变量为母亲是否是在 10 岁至 20 岁期间生育的他（或她），因为存在遗漏变量问题，该解释变量具有内生性，从经济学理论出发，通过考察母亲生育行为的决策机制，意在从中寻找影响母亲是否选择在 10 岁至 20 岁期间生孩子，且又不直接影响孩子的教育或健康状况的变量作为可能的工具变量，基于这样的思路找到几个可能的变量，如当地学校的教育质量以及教育的可获性、当地就业机会、避孕技术水平、可获得的性伴侣数量、媒体舆论的影响等（Moffitt，2005）。再如考察母亲吸烟对孩子出生体重的影响，可能存在遗漏变量，进而导致解释变量的内生性问题，一个可能的工具变量是香烟的价格，如果能满足与解释变量母亲吸烟有关、又不直接影响孩子出生体重这样两个条件，就不失为一个好的工具变量。

第二个途径是自然实验法。基本思路是通过控制实验或者随机实验的方法，保证实验组和控制组除了受内生性解释变量的影响外，在其他方面都是随机的，也就是说这个控制实验或随机实验的实施只与内生解释变量相关，由于在其他方面是随机的，所以该实验对被解释变量没有直接的影响，这就表明这个实验是符合工具变量的两个条件，故而工具变量可以从这个实验中获得。在实证研究中，如果可以开展满足上述条件的控制实验或随机实验的话，即在实验设计方面，保证实验对象只受内生性解释变量的影响，其他方面都是随机的，进而就可以利用这个实验运用工具变量法识别因果关系。但在现实生活中，尤其是在社会科学研究中，很难找到完全满足上述条件的事件，即在其他方面做到随机，幸运的是我们可以找到类似控制实验的事件，这个并非人为控制的事件如果基本符合上述条件，我们称之为准自然实验，工具变量同样可以从这样的事件中获得。例如有一项目或者政策，该项目或政策对内生性解释变量造成影响，但并不影响被解释变量，那么该项目或政策就可以作为工具变量用于识别内生性解释变量对被解释变量的影响。下面我们通过两个经典案例具体说明。

经典案例之一是 Angrist and Krueger（1991）研究教育回报率的问题，由于遗漏了能力这个重要的解释变量，导致感兴趣的解释变量教育是内生的，文章中引入一个工具变量——是否出生在第一季度。因为在美国各州实行的《义务教育法》规定，在满 16 周岁之前退学是法律所禁止的，在义务教育法的影响下，对于 6 周岁不同出生季度同时入学的人而言，那些出生在上半年的学生，到中学的某个阶段时，已满 16 周岁，可以退学；但下半年出生的学生，因不满 16 周岁就必须在学校多接受一年教育，这个法案相当于提供了一个自然实验，使得出生季度与教育之间存在相关关系，但出生季度与工资方程的误差项、尤其是遗漏变量能力不相关。案例之二是 Angrist（1990）研究参加越南战争的老兵其终身收入是否因参加越战而受到影响，被解释变量为收入，感兴趣的解释变量为是否参加越战，由于可能存在自选择问题，或者也许选择参军的人可以通过军队获得最多的收入，或者参军决策可能与其他影响收入的特征相关，这样是否参加越战这个解释变量与误差项之间可能是相关的，所以存在内生性问题，文章中通过一个自然实验获取了是否参加越战的一个工具变量，这个实验是在越战期间征兵是采用抽签的方式，而抽签分得的号码是随机分配的，可以认为征兵抽签号码与误差项之间不相关，但是征兵抽签号码决定了是否会被征召去服役于越战，通常征兵抽签号码越小的人，参加服役的可能性越大，即征兵抽签号码与是否参加越战之间是相关的，基于上述两点，可以认为征兵抽签号码是是否参加越战的一个好的工具变量。

15.3.4　弱工具变量的问题

前面提到，尽管在解决内生性问题的方案中，工具变量法是常用方法之一，但工具变量法也存在一些问题。通常工具变量法在大样本的情况下才能得到无偏估计，如果样本量较小，工具变量法得到的估计量可能是有偏的，抑或得到的工具变量估计与理论预期的差别非常大。运用工具变量法的另一个代价是估计值的标准误差往往大于 OLS 估计值的标准误差，甚至有可能得到统计上不显著的估计值，所以进行内生性检验是非常重要的，如果不存在内生性问题，优先选择 OLS 是合理的。

工具变量法的本质是通过工具变量来识别内生解释变量对被解释变量

的部分影响（Imbens and Angrist，1994；Heckman and Vytlacil，1999），例如母亲吸烟对孩子出生体重的影响，一个可能的工具变量是香烟的价格，但是香烟价格变动只影响那些对价格敏感的人群，如果这一人群只占总人群一部分的话，通过香烟价格这个工具变量识别的只是母亲吸烟对孩子出生体重的部分影响，并没有捕捉到全部的因果效应。采用不同的工具变量识别的影响可能是不同的，而且并非都是我们真正感兴趣的因果效应（Wooldridge，2002）。例如，工具变量一是通过影响群体一来识别解释变量对被解释变量的影响，工具变量二是通过影响群体二来识别解释变量对被解释变量的影响，这两个群体均非总体，故而不具有可比性，同时识别的都是部分因果效应。例如关于过早分娩对孩子教育、健康等影响的研究中，如果选用当地学校的教育质量以及教育的可获性作为工具变量，其识别的人群是那些接受了更好教育的人，而这一人群在育儿方面可能受到更多关注；如果选用当地就业机会作为工具变量，其识别的人群是那些过早进入劳动力市场的人群，而这一人群完全不同于那些接受更好教育的人群，故而采用两种方法识别的因果效应不同，不具有可比性，并都是部分因果效应。

　　如果我们选取的工具变量与误差项是相关的，即工具变量是无效的，抑或工具变量与内生解释变量之间是弱相关的，即工具变量是弱工具变量，得到的估计结果可能更糟糕，也就是说工具变量法的估计量是有偏、不一致的，其标准误差非常大（Murray，2006）。例如关于在教育回报率的研究中，Angrist and Krueger（1991）采用出生季度作为教育的工具变量，但有学者用同一个数据研究发现，出生季度与受教育年限之间的相关程度很弱，认为出生季度是个弱的工具变量，故而采用工具变量法估计得到的估计值可能并没有矫正偏差，有效性反而更差。有学者用中国数据对出生季度是否是个好的工具变量开展考察，研究发现在发展中国家，出生季度对教育的影响较大，认为出生季度是个强的工具变量（吴要武，2010）。下面我们来证明当工具变量与误差项之间是相关的，或者工具变量与内生解释变量之间的相关关系很小时（弱工具变量），工具变量法所带来的后果（详细内容请参阅 Bound et al.，1995；Stock et al.，2002）。

　　利用总体相关和标准差可以把工具变量法估计值的概率极限表示为：

$$plim\hat{\beta}_{IV} = \beta + \frac{cov(z,u)}{cov(z,x)} = \beta + \frac{corr(z,u)}{corr(z,x)} \cdot \frac{\sigma_u}{\sigma_x} \neq \beta \qquad (15-50)$$

这里，σ_u 和 σ_x 分别表示总体中误差项 u 和内生解释变量 x 的标准差，变量 z 是工具变量，cov 是两变量之间的协方差，corr 是两变量之间的相关系数。

采用 OLS 对应得到的估计值的概率极限为：

$$plim\hat{\beta}_{OLS} = \beta + corr(x,u) \cdot \frac{\sigma_u}{\sigma_x} \neq \beta \qquad (15-51)$$

如果 $\dfrac{corr(z,u)}{corr(z,x)} > corr(x,u)$，则表明工具变量法估计值的偏差将大于 OLS 估计值的偏差。

限于篇幅，关于如何识别弱工具变量请查阅相关文献（Staiger and Stock，1997；Stock and Yogo，2004）；在存在弱工具变量的情况下，如何改进计量方法获得稳健一致的估计结果请查阅相关文献（Baum et al.，2007；Hansen et al.，2006）。

15.3.5　内生性问题的其他解决方法

（1）代理变量

如前所述，除工具变量法之外，因遗漏变量造成的内生性问题可以通过寻找遗漏变量的代理变量来解决。代理变量可以理解为是无法获得或无法观测的遗漏变量的相关变量，例如工资方程中，能力这个遗漏变量可以由智商（IQ）作为代理变量。关于代理变量的主要思想可以用下列三个自变量的回归模型加以说明。假定解释变量 x_1 和 x_2 是可以观测的，解释变量 x_3 是无法观测的，回归模型为：

$$y = \beta_0 + \beta_1 x_1 + \beta_2 x_2 + \beta_3 x_3 + u \qquad (15-52)$$

存在一个代理变量 z 与解释变量 x_3 的关系可以表示为：

$$x_3 = \delta_0 + \delta_1 z + \varepsilon \qquad (15-53)$$

将公式（15-53）代入到回归模型（15-52）中，得：

$$y = (\beta_0 + \beta_3 \delta_0) + \beta_1 x_1 + \beta_2 x_2 + \beta_3 \delta_1 z + (\beta_3 \varepsilon + u) \qquad (15-54)$$

只有当代理变量 z 满足以下两个条件时，解释变量 x_1 和 x_2 对被解释变量 y 的影响的 OLS 估计才是无偏的，其因果关系才能得以识别。这两个条件分别为：

①代理变量不能是原有回归模型中的解释变量；

② $cov(x_1, \varepsilon) = 0$，$cov(x_2, \varepsilon) = 0$。

第二个条件对于判断 z 是否是一个好的代理变量非常重要，它意味着代理变量尽管不能全部等同于遗漏变量，对于不相关所导致的误差项部分与感兴趣的解释变量之间是不相关的。使用横截面数据的研究常常把被解释变量 y 的滞后期作为代理变量引入到模型中，从而得到较好的估计。

（2）一阶差分法

代理变量并不是控制遗漏变量的唯一办法，如果有至少两期的面板数据，并且遗漏的解释变量（在文献中通常被称为不可观测因素）是不随时间变化的，可以通过一阶差分法来予以解决。但是需要注意的是，这种方法要求感兴趣的解释变量是随时间变化的，否则通过一阶差分把该变量也差分掉了，从而无法取得到该变量影响的估计值。下面介绍这种方法。让 i 代表横截面单位，t 代表时间，被解释变量 y 的当期和滞后期的回归模型分别表示为：

$$y_{it} = \beta_0 + \beta_1 x_{it} + \beta_2 a_i + u_{it} \tag{15-55}$$

$$y_{it-1} = \beta_0 + \beta_1 x_{it-1} + \beta_2 a_i + u_{it-1} \tag{15-56}$$

其中 a_i 为不随时间变化的遗漏变量，即不可观测因素，通过一阶差分法，将公式（15-55）减去公式（15-56）得到的回归模型为：

$$\Delta y_{it} = \beta_1 \Delta x_{it} + \Delta u_{it} \tag{15-57}$$

这里，$\Delta y_{it} = y_{it} - y_{it-1}$，$\Delta x_{it} = x_{it} - x_{it-1}$，$\Delta u_{it} = u_{it} - u_{it-1}$。

只要满足 Δx_{it} 与 Δu_{it} 不相关，则通过 OLS 可以得到感兴趣的解释变量 x 的无偏估计。

（3）固定效应法

同样，当遗漏的解释变量不随时间变化时，还可以采用固定效应法来解决，其基本原理可以表述如下。

假定真实的回归模型为：

$$y_{it} = \beta_0 + \beta_1 x_{it} + \beta_2 a_i + u_{it} \tag{15-58}$$

其中 a_i 为不随时间变化的遗漏变量，求对每个 i 的上述回归模型在样本期间上的平均值，得到：

$$\bar{y}_i = \beta_0 + \beta_1 \bar{x}_i + \beta_2 a_i + \bar{u}_i \tag{15-59}$$

将公式（15-58）减去公式（15-59），得到估计的回归模型为：

$$y_{it} - \bar{y}_i = \beta_1 (x_{it} - \bar{x}_i) + u_{it} - \bar{u}_i \tag{15-60}$$

上述方法就被称为固定效应法，该方法消除了不随时间变化的遗漏解

释变量 a_i 的影响，得到了解释变量 x 的无偏估计。

对于只有两期的面板数据而言，无论采用一阶差分法还是固定效应法，得到的估计值是一样的，相比较而言，固定效应法不会减少样本量；但是，当解释变量存在测量误差时，固定效应估计法可能会加大估计偏差。在实际应用中，哪个方法更好，其关键是取决于估计量的相对效率，关于这部分内容已经超出本章内容。

（4）Difference – In – Differences 方法

接下来讨论样本选择性偏差所引起的内生性问题，如果样本选择引起的异质性因素可以用观察到的解释变量来表示，那么内生性问题就迎刃而解了。例如我们在考察一个政策实施效果的研究中，感兴趣的解释变量为 D，政策实施效果的被解释变量为 y，其他的控制变量为 x，对应的回归模型为：

$$y = \beta_0 + \beta_1 x + \beta_2 D + u \qquad (15-61)$$

因为在政策实施过程中，存在样本选择性问题，故而存在解释变量 D 与误差项 u 是相关的情况，直接用 OLS 估计得到的参数 $y = \beta_0 + \beta_1 x + \beta_2 D + \beta_3 z + \varepsilon$ 是有偏的。但幸运的是我们可以用可观察的解释变量 z 表示引起样本选择性偏差的遗漏变量，其估计的回归模型为：

$$y = \beta_0 + \beta_1 x + \beta_2 D + \beta_3 z + \varepsilon \qquad (15-62)$$

这里，解释变量 D 与误差项 ε 是不相关的，故而解决了样本选择性偏差的问题。

针对上述的样本选择性偏差问题，也可以采用 Difference-In-Differences 方法（简称 DID 法）来解决。在评估政策实施效果的研究中，往往受政策影响的人群与不受政策影响的人群存在异质性，在这种情况下，就不能简单地用受政策影响人群与不受政策影响人群的平均效果的差异来反映政策的实施效果。DID 法的基本思想就是通过受政策影响人群在政策实施前后的变化，再剔除不受政策影响人群在政策实施前后的变化，来刻画政策的实施效果，这可以有效地避免样本选择性偏差带来的影响。但需要注意的是，运用 DID 法有效识别因果效应的条件是在该政策实施过程中，没有其他政策或因素的影响，或者影响效果不存在异质性。关于 DID 方法的具体讨论见第十六章。

（5）断点回归法

断点回归法（Regression-Discontinuity Design）是 20 世纪 90 年代末兴起的一种新的实证方法，该方法主要是利用这样一个特征，即接受的概率是一个或者几个变量的间断函数来考察变量之间的因果联系。该方法最初产生于心理学研究，近年来有不少经济学者特别是劳动经济学研究者将该方法应用于经济关系、经济变量之间的因果关系推断。

断点回归法的产生缘于学者试图在非实验的情况下处理处置效应（treatment effects）（Thistlethwaite and Campbell，1960）。按照该方法，假设我们想考察某一处置变量（treatment variable）与经济结果的联系，而该处置变量受制度、政策等外生冲击因素的影响，导致其在人群中的分布概率发生跳跃式变化。因此可根据制度、政策等外生冲击因素选定一驱动变量（forcing variable），这个驱动变量能够反映这种跳跃式变化，并根据制度、政策的实际规定设置一临界值（即跳跃式变化的发生点）。在这一临界值的附近区域，当驱动变量大于临界值时，经济个体接受处置（treatment）的概率大于该变量小于临界值时经济个体接受处置的概率，且这种概率变化是跳跃式的。由于经济个体在接受处置时，无法（或概率很小）观测到其没有接受处置的情况，因此小于临界值的个体可以作为一个很好的可控组（control group）来反映个体接受处置和没有接受处置的差异，尤其是在变量连续的情况下，临界值附近样本的差别可以很好地反映处置变量和经济结果之间的因果联系。因此，断点回归法要求处置变量是由一个间断函数来表示，该间断函数必须以某驱动变量为主要解释变量，并且其他的控制变量在临界值处要连续的变化，这样间断的跳跃才能被认定是由接受处置所导致的结果（余静文，2010）。

针对不同的情形，断点回归法有两种形式，即直接（sharp）断点回归法和模糊（fuzzy）断点回归法。直接断点回归法考虑的是这样一种情况，即实际中个体接受处置与否的概率会在驱动变量的某一临界值处（假设为 x_0）发生由 0 到 1 的直接跳跃。例如多数选举制下的 50% 胜出原则，如果选举中某一候选人的得票率大于 50%，则该候选人胜出，实现了从 0 向 1 的跳跃；再如大学入学分数线决定了考生是否获得入学资格等。如果研究者所考虑的问题可以归属于这类情况，则可以考虑使用以下回归模型：

$$y = f(x) + \rho D + \eta \qquad (15-63)$$

这里，y 是所研究的经济结果，驱动变量为 x，处置变量为 D，且 $D = 1(x$

$\geqslant x_0$），$f(x)$ 是 x 的抽象函数形式，η 是误差项，ρ 是待估计的参数，即为处置变量在 x_0 处的处置效应。

相对于直接断点回归法，模糊断点回归法则应对这种情况，即个体接受处置与否的概率并不发生由 0 到 1 的直接跳跃，尽管个体接受处置与否的概率在驱动变量的某一临界值处确实发生了跳跃。对于这种情况，处置变量无法直接确定，因此需要通过引入工具变量利用两阶段最小二乘法（简称为 2SLS）估算得到。

考虑到驱动变量 x 本身可能与经济结果 y 存在相互作用关系，因此为了避免内生性问题的发生，驱动变量本身的变动区间不宜过大。我们可以以选定的临界值 x_0 作为中心点划定合理带宽（bandwidth），取数据样本中驱动变量 x 的值落于带宽范围内的子样本进行两阶段最小二乘法回归。第一阶段的回归模型：

$$D = g(x) + \pi T + \varepsilon \tag{15-64}$$

这里，驱动变量为 x，处置变量为 D，$g(x)$ 是 x 的抽象函数形式，ε 是误差项，T 是处置变量 D 的工具变量，定义为：

$$T = \begin{cases} 1(x \geqslant x_0) \\ 0(x < x_0) \end{cases} \tag{15-65}$$

通过回归模型（15-64）得到 D 的预测值 $\hat{D}$。

第二阶段的回归模型为：

$$y = f(x) + \rho\hat{D} + \eta \tag{15-66}$$

这里，y 是所研究的经济结果，$f(x)$ 是 x 的抽象函数形式，η 是误差项。ρ 就是上述的处置效应，即通过模糊断点回归法估计得到的因果效应。

为更加详细阐述上述方法，我们以 $g(x)$ 和 $f(x)$ 的函数形式为 p 阶为例，其对应的两阶段回归模型如下：

$$D = \alpha_0 + \alpha_1 x + \alpha_2 x^2 + \cdots + \alpha_p x^p + \pi T + \varepsilon \tag{15-67}$$

$$y = \beta_0 + \beta_1 x + \beta_2 x^2 + \cdots + \beta_p x^p + \rho\hat{D} + \eta \tag{15-68}$$

同样可以根据研究需要在两阶段回归模型中加入交叉项，对应的两阶段回归模型如下：

$$D = \alpha_0 + \alpha_1 x + \alpha_2 x^2 + \cdots + \alpha_p x^p + \pi T + \alpha_1^* xT + \alpha_2^* x^2 T + \cdots +$$
$$\alpha_p^* x^p T + \varepsilon \tag{15-69}$$

$$y = \beta_0 + \beta_1 x + \beta_2 x^2 + \cdots + \beta_p x^p + \rho \hat{D} + \beta_1^* x \hat{D} + \beta_2^* x^2 \hat{D} + \cdots +$$

$$\beta_p^* x^p \hat{D} + \eta \qquad\qquad (15-70)$$

需要指出的是，当加入交叉项时，T，xT，$x^2 T$，$\cdots$，$x^p T$ 均是处置变量 D 的工具变量。模型（15-67）和（15-69）是第一阶段的回归模型，模型（15-68）和（15-70）是第二阶段的回归模型，其中 ρ 就是处置效应，刻画了解释变量 D 对被解释变量 y 的因果效应。

与一般的控制除关键变量以外的其他变量不变的实验思想类似，断点回归法假设除驱动变量以外的其他控制变量不存在跳跃的情况。如果出现跳跃的情况，那么模型所估计的结果将不仅仅包括处置效应，而且也包含控制变量对因变量的影响。另一个条件是，决定处置与否的驱动变量的条件概率在临界值处应该是连续的。如果该驱动变量的条件概率出现非连续情况，那么意味着经济个体存在操作处置变量的可能性，这可能导致样本存在选择性偏差。还有一个条件是，断点回归法所发现的显著性结果不应该是由于大样本或者说模型设定的缘故。如果这种显著性的来源是由于刻意地取某一临界值，或者取多个不同的临界值都可以获得显著性结果，那就不能说处置变量真的发挥了作用。因此，针对上述三个基本条件，分别需要进行三种有效性检验：

①检验其他控制变量的平滑程度；

②检验驱动变量的连续性；

③检验在驱动变量的其他临界值上是否仍可获得显著性结果（雷晓燕等，2010）。

采用断点回归法的优点是：相比已有的因果分析方法（如利用面板数据消除不随时间变化的遗漏变量误差），它有明显的优势（如消除选择性偏误）；有时可将其与某个实验或其他数据结合起来，增强因果推断能力（Thomas，2007）；同时也有研究表明采用断点回归法的实证结果最接近随机试验的结果，认为在随机实验不可得的情况下，断点回归法能够避免参数估计的内生性问题以真实反映出变量之间的因果关系（Lee et al.，2008；Deaton，2009）。虽然断点回归方法可以达到理论上的无偏性要求，但它要求满足一定的前提条件，有时这些前提条件的缺失会使其丧失效力，而且也不能保证它的效率可以与其他方法并驾齐驱。总而言之，断点回归方法并不一定比一般的随机实验更能保证因果推论的合理性，断点回归法的劣势在于：在统计上的应用范围较窄；需要对函数形式作比较模糊的设定；难以从直观上进行理解；现阶段在对该方法的应用有待改进完善（Thomas，2007）。

15.4　案例：健康人力资本投资、身高与工资报酬

以前文理论分析为指导，本部分以高文书（2009）发表的《健康人力资本投资、身高与工资报酬》一文为例，说明工具变量法在解决性别研究中内生性问题时的作用及使用过程。[①]

该研究试图在测度身高对劳动者工资报酬的影响及性别差异。在发展中国家，通常身高越高意味着健康人力资本状况越好，而健康人力资本越好对应的工资报酬越高（Strauss et al.，1998）。也有研究认为身高还可能与劳动力市场歧视有关，考虑到社会或文化背景的影响，那些身高较矮者在劳动力市场上更容易受到歧视，进而处于不利地位（Loh，1993）。同时身高还会影响一个人的自信和自尊，进而影响其工作表现和劳动力市场报酬（Young et al.，1996）。许多实证研究发现，身高对工资报酬具有显著正面的影响（Schultz，2005；Hubler，2006；Hersch，2008）。由于在身体特征对工资的影响方面，考虑到男性和女性有很大的不同（Jackson，1991），该研究对男性和女性劳动者分别进行工资方程回归。一方面可能是由于劳动力市场中的不同职业对身高的敏感程度不同，通常那些技术类工种相对于公关类工种而言，对身高的要求相对较低，而男女不同性别所从事的职业也存在较大的差异，进而造成身高对工资影响存在性别差异；另一方面身高意味着健康人力资本的情况，而男性和女性在身高特征方面本身存在差异，女性平均身高低于男性平均身高，在相同身高情况下，女性相对男性而言，具有更好的健康人力资本，故而在考察身高对工资影响时应注意男女性别之间的差异；同时在大量招聘广告中，针对女性的招聘条件中往往会有身高的要求，而男性的相对较少，由此可知男女不同性别受到来自劳动力市场歧视方面的影响可能存在差异，那么身高对工资影响的性别差异也应予以注意。有学者通过计量的方法分析了身高的工资回报

---

① 在伍德里奇（2003）中有详尽的关于工具变量法和内生性检验的案例，所以本章不再提供数据和软件程序等信息。

率在男女方面的差异（Mitra，2001；Schultz，2005）。

在该案例中，作者使用 2005 年 5 月中国社会科学院人口与劳动经济研究所"中国城市劳动力调查问卷"的数据，考察了身高对劳动者工资的影响及身高工资回报率的性别差异。该调查包括上海、武汉、深圳、福州和西安等 5 个直辖市、省会城市及无锡、宜昌、本溪、珠海、深圳、宝鸡和大庆等 7 个非省会城市。在每个直辖市、省会城市，分别调查 500 户本地住户和 500 户外来住户；在每个非省会城市，调查 400 户外来住户。被调查住户的抽取，系采用与规模成比例的概率抽样方法。被抽取的住户，每个年龄在 16 岁以上的非在校家庭成员都被纳入了调查范围。总体上，该调查共获得约 8000 个家庭近 20000 名个人的有关信息，最终获得有效样本共 11512 人，其中男性 6544 人，占 56.86%；女性 4964 人，占 43.14%。

为了估计身高对工资报酬的影响及性别差异，作者首先采用拓展的明瑟（Mincer）工资方程，对身高的工资效应进行 OLS 回归分析，其回归模型为：

$$\ln Wage = \alpha + \beta height + \sum_{j=1}^{J} \gamma_j X_j + \varepsilon \tag{15-71}$$

这里，lnWage 代表劳动者小时工资的自然对数；α 是常数项；height 代表该劳动者的身高（单位：厘米）；β 是身高的边际工资效应，即身高每增加 1 厘米小时工资增加的百分比；X 代表一系列影响工资的其他控制变量（包括该劳动者的学校教育年限、工作年限、工作年限平方、婚姻状况、户口性质、健康状况、是否中共党员、职业所在的行业、雇主类型和所在城市）；γ_j 是相应控制变量的参数；j 是控制变量的序号；J 是控制变量的总数；ε 是误差项。

首先，我们来看 OLS 回归结果，见表 15-2。上述 OLS 回归结果，无论对男性还是女性劳动者，身高对其工资报酬都有显著的正影响。在其他条件相同的情况下，男性劳动者身高每增加 1 厘米，小时工资会提高 1.14%；女性劳动者身高每增加 1 厘米，小时工资会提高 0.89%，女性身高的工资回报率比男性的小。

然而，如前面理论部分所阐述的一样，这样的回归结果是否可信，还需要验证方程的设置、变量的选取是否符合 OLS 的最优线性无偏的基本假设。根据前人研究以及经济学原理，作者发现主要解释变量身高存在测量误差，且工资方程的多元回归中可能会遗漏与身高相关并影响工资的解释变量（例如家庭条件、遗传基因等），因此身高可能是内生变量，进而导致 OLS 估计出的系数可能有偏。通过豪斯曼（Hausman）检验①，该论断得到了印证，表明身高变量是内生的，前述的使用 OLS 法估计出的结果是有偏的，需要采用其他方法来解决内生性问题。鉴于调查数据中没有关于如遗传基因等遗漏变量的代理变量，同时由于数据只有一期，并且感兴趣的解释变量身高不是随着时间的变化而变化，不能采用一阶差分法和固定效应法解决内生性问题，故而这篇文章采用工具变量法解决内生性问题。

表 15 - 2 分性别劳动者工资方程 OLS 回归结果

	身高	教育年限	工作年限	工作年限平方	已婚	其他因素
男性	0.0114 *** (0.0017)	0.0435 *** (0.0038)	0.0020 (0.0033)	-0.0002 *** (0.0001)	0.1278 *** (0.0311)	控制
女性	0.0089 *** (0.0019)	0.0389 *** (0.0040)	-0.0001 (0.0036)	-0.0001 (0.0001)	-0.0216 (0.0347)	控制

注： 括号中的数字为标准误；*** 代表在 1% 水平上显著。

下一步就是工具变量的选择过程。鉴于身高是健康人力资本的一种重要形式（Schultz，2002），除遗传因素外，青少年时期的营养和卫生保健状况等是影响身高的重要因素，同时青少年时期的营养和卫生保健状况并不直接影响成年后的工资收入水平，可以选择与劳动者青少年时期营养和卫生保健状况密切相关的变量作为身高的工具变量，从理论上看是可行的。为了寻找合适的工具变量，作者从前人已有文献出发（Schultz，2002），选取了两个工具变量，第一个工具变量是被调查者 12 岁时其所在省份平均每万人拥有的医生数，有研究表明青少年发育最快的阶段开始于 12 岁，选用第一个工具变量可以反映劳动者青少年时期卫生保健状况；第二个工具变量是被调查者接受小学教育所在的地理位置指数（乡村 = 1、镇 = 2、县城 = 3、城市 = 4），很多研究表明，孩提时代的生活环境与

---

① 文中并没有报告 Hausman 检验的结果。

成年后的身高密切相关（Case et al.，2008），在中国农村和乡镇获得卫生保健的机会显著低于县城和城市（Meng et al.，2000），而且农村孩子的营养摄入低于城镇（Chen，2000），因此第二个工具变量是劳动者孩提时代营养摄入状况的一个合适代理变量。

为保证所选择工具变量的有效性，作者采用经济学家 Sargan 提出的方法，进行工具变量过度识别检验，即 Sargan 检验（Sargan，1964）。Sargan 检验的原假设为所有工具变量都是外生的，即与回归方程的误差项不相关。而文中汇报了 Sargan 检验得到的 P 值分别为 0.8812 和 0.9307，表明不能拒绝原假设，说明本章所选用的两个工具变量满足工具变量与误差项不相关的假定条件。作者进一步检验了所选工具变量与身高的相关性，第一阶段的回归结果（见表 15-3）表明选用的两个工具变量与身高显著正相关，说明选用的工具变量满足工具变量与感兴趣的解释变量相关的假定条件，因此本章所选用的两个工具变量都是有效的。

表 15-3 健康人力资本投资与身高：工资方程 2SLS 第一阶段的回归结果

	接受小学教育的地理位置指数	12 岁居住省份每万人拥有医生数	教育年限	工作年限	工作年限平方	已婚	其他因素
男性	0.4081 *** (0.0836)	0.0367 *** (0.0113)	0.0575 * (0.0332)	-0.0939 *** (0.0301)	0.0010 * (0.0006)	0.1089 (0.02708)	控制
女性	0.1994 ** (0.0916)	0.0357 *** (0.0113)	0.0462 (0.0363)	-0.0464 (0.0325)	0.0006 (0.0007)	-0.3259 (0.3005)	控制

注： 括弧中的数字为标准误；*、**、*** 分别代表在 10%、5%、1% 水平上显著。

利用上述两个工具变量，作者通过两阶段最小二乘法（2SLS）重新回归了工资方程。得到的主要结论如表 15-4 所示。使用工具变量法估计的结果表明，身材高对男性和女性劳动者工资报酬有显著的正影响，其影响程度明显高于 OLS 估计的结果。在其他条件相同的情况下，男性和女性劳动者身高每增加 1 厘米，小时工资分别会提高 4.81% 和 10.73%。女性劳动者身高的工资效应更大，反映了身高的边际报酬在递减，因为男性被调查者的平均身高比女性要高约 10 厘米（Schultz，2005）。两阶段最小二乘法（2SLS）估计结果要大于 OLS 的估计结果，可能的原因是 OLS 估计主要捕捉的是来自基因等身体特征造成的影响（Schultz，2002），而采用上述工具变量估计主要考察的是来自在健康人力资本投资的部分因果效应。

以上通过讨论身高是否存在内生性问题、如何选取合适的工具变量、工具变量的相关检验以及两阶段最小二乘法（2SLS）的回归结果等内容，实证分析了中国劳动者身高的工资效应，利用工具变量法识别了身高与工资报酬之间的因果效应，为我们利用工具变量法解决因果关系识别过程中存在的内生性问题提供了良好的示范。

表 15 – 4　　　　分性别劳动者工资方程 2SLS 第二阶段的回归结果

	身高	教育年限	工作年限	工作年限平方	已婚	其他因素
男性	0. 0418 ** (0. 0210)	0. 0392 *** (0. 0045)	0. 0062 (0. 0043)	– 0. 0002 *** (0. 0001)	0. 1165 *** (0. 0344)	控制
女性	0. 1073 *** (0. 0406)	0. 0332 *** (0. 0062)	0. 0045 (0. 0055)	– 0. 0002 * (0. 0001)	0. 0338 (0. 0504)	控制

注：　括弧中的数字为标准误；*、**、*** 分别代表在 10% 、5% 、1% 水平上显著。

15.5　结论

与经济学其他领域一样，经济学社会性别研究也存在着因果关系的识别问题。在这类研究中，由于遗漏变量、测量误差以及联立性等问题的存在会产生内生性问题，进而导致估计出的参数有偏并且不一致。在解决内容性问题的方法中，本章重点介绍了工具变量法。如何找到合适的工具变量是正确使用工具变量法的核心，一般有两种途径可以帮助我们找到工具变量，一种是通过经济学理论的分析和经济学直觉；另一种是通过准自然实验。找到有效的工具变量之后，通过两阶段最小二乘法回归以及相关检验，就可以获得相对无偏的实证结果。当然，工具变量法也存在一些问题。通常工具变量法是在大样本的情况下，才能得到无偏的估计；在小样本的情况下，工具变量法得到的估计量可能是有偏的；工具变量参数估计的方差也比 OLS 参数估计方差要大，所以需要首先对解释变量是否存在内生性进行检验，如果不存在内生性问题，应选择 OLS。在除了工具变量法之外，针对由于变量遗漏而导致的内生性问题，我们可以通过为无法观测的变量寻找适宜的代理变量来解决，也可以在遗漏变量不随时间变化的前提下通过固定效应或者一阶差分的方法处理；针对样本选择性偏差所引起的内生性问题，可以采用 DID 法予以解决；在随机实验不可得的情况下，还可以尝试断点回归法来解决因果关系识别过程中的内生性问题。

参考文献

陈耀波：《培训前工资、劳动者能力自我筛选与农村劳动力培训结果：浙江农村劳动力培训计划的一个试点调查研究》，《世界经济文汇》2009 年第 3 期，第 3—21 页。

高文书：《健康人力资本投资、身高与工资报酬》，《中国人口科学》2009 年第 3 期，第 76—85 页。

詹姆斯·H. 斯托克、马克·W. 沃森：《计量经济学》（第 2 版），上海人民出版社 2007 年版。

雷晓燕、谭力、赵耀辉：《退休会影响健康吗?》，《经济学》（季刊）2010 年第 4 期，第 1539—1558 页。

刘靖：《非农就业、母亲照料与儿童健康》，《经济研究》2008 年第 9 期，第 136—149 页。

王德文、蔡昉、张国庆：《农村迁移劳动力就业与工资决定：教育与培训的重要性》，《经济学》（季刊）2008 年第 4 期，第 1131—1148 页。

王海港、黄少安、李琴、罗凤金：《职业技能培训对农村居民非农收入的影响》，《经济研究》2009 年第 9 期，第 128—139 页。

王鹏、刘国恩：《健康人力资本与性别工资差异》，《南方经济》2010 年第 9 期，第 73—84 页。

伍德里奇：《计量经济学导论：现代观点》，中国人民大学出版社 2003 年版。

吴要武：《寻找阿基米德的"杠杆"——"出生季度"是个弱工具变量吗?》，《经济学》（季刊）2010 年第 2 期，第 661—686 页。

尹志超、甘犁：《香烟、美酒和收入》，《经济研究》2010 年第 10 期，第 90—109 页。

余静文、赵大利：《城市群落的崛起、经济绩效与区域收入差距——基于京津冀、长三角和珠三角城市圈的分析》，《中南财经政法大学学报》2010 年第 4 期，第 15—20 页。

张世伟、王广慧：《培训对农民工收入的影响》，《人口与经济》2010

年第 1 期，第 34—38 页。

Aakvik, Arild, James Heckman, Edward Vytlacil, "Estimating Treatment Effects for Discrete Outcomes When Responses to Treatment Vary : An Application to Norwegian Vocational Rehabilitation Programs," *Journal of Econometrics*, 2005, 125: 15 - 51.

Angrist, "Lifetime Earnings and the Vietnam Era Draft Lottery: Evidence from Social Security Administrative Records," *The American Economic Review*, 1990, 80: 313 - 336.

Angrist, Krueger, "Does Compulsory School Attendance Affect Schooling and Earnings? Quarterly *Journal of Economics*," 1991, 106, 979 - 1014.

Angrist Joshua D. , Jorn-Steffen Pischke, "Mostly Harmless Econometrics: An Empiricist's Companion," 2008.

Baum. C. , M. Schaffer, S. Stillman, "Enhanced Routines for Instrumental Variables/GMM Estimation and Testing," Boston College Economics Working Paper No. 667, 2007.

Blau, David M. , David K. Guilkey, Barry M. Popkin, "Infant Health and the Labor Supply of Mothers," *Journal of Human Resources*, 1996, 31. 90 - 139.

Bound. J. , D. Jaeger, R. Baker, "Problems with Instrumental Variables Estimation When the Correlation Between the Instruments and the Endogenous Explanatory Variable Is Weak," *Journal of the American Statistical Association*, 1995, 90（June）: 443 - 450.

Carneiro, P. , J. Heckman, E. Vytlacil, "Understanding What Instrumental Variables Estimate: Estimating Marginal and Average Returns to Education," Mimeo, 2003.

Case A. , Paxson C. , "Stature and Status: Height, Ability and Labor Market Outcomes," *Journal of Political Economy*, 2008, 116: 499 - 534.

Chen. C. , "Fat Intake and Nutritional Status of Children in China," *American Journal of Clinical Nutrition*, 2000, 72: 1368S - 1372S.

David S. Lee, 2008, Randomized Experiments Form Non-random Selection in U. S. House Elections, *Journal of Econometircs*, 142: 675 - 697.

Deaton, Angus, "Instruments of Development: Randomization in the Topics, and the Search for the Elusive Keys to Economic Development," Mimeo, Princeton University. 2009.

Friedlander, Daniel, David Greenberg, Philip Robins, "Evaluating Government Training Programs for the Economically Disadvantaged," *Journal of Economics Literature*, 1997, 45: 1809 – 1855.

Glick, Peter, Sahn, David E. , "Maternal Labor Supply and Child Nutrition in West Africa," *Oxford Bulletin of Economics and Statistics*, 1998, 60: 325 – 55.

Glick, Peter, "Women's Employment and Its Relation to Children's Health and Schooling in Developing Countries: Conceptual Links, Empirical Evidence and Policies," Working Paper, Cornell University, 2002.

Hansen. C. , J. Hausman, W. Newey, "Estimation with Many Instrumental Variables," Mimeo, 2006.

Heckman. J. , E. Vytlacil. , "Local Instrumental Variables and Latent Variable Models for Identifying and Bounding Treatment Effects," *Proceedings of the National Academy of Sciences*, 1999, 96 (April): 4730 – 4734.

Heckman, J. J. , LanceJ. L. , PetraE. T. , "Fifty Years of Mincer Earnings Regressions," NBER Working Paper, 2003, No. 9732.

Hersch J. , "Profiling the New Immigrant Worker: The Effects of Skin Color and Height," *Journal of Labor Economics*, 2008, 26: 345 – 386.

Hubler O. , "The Nonlinear Link between Height and Wages: An Empirical Investigation," Discussion Paper of Institute for the Study of Labor, 2006, No. 2394.

Imbens. G. , J. Angrist, "Identification and Estimation of Local Average Treatment Effects," *Econometrica*, 1994, 62: 467 – 76.

Jackson L. A. , *Physical Appearance and Gender: Sociobiological and Sociocultural Perspectives*, Albany: State University of New York Press, 1991.

LaLonde. R. , "The Promise of Public Sector Sponsored Training Programs," *Journal of Economic Perspectives*, 1995, 9: 148 – 168.

Lee, David S. and Thomas Lemieux, "Regression Discontinuity Designs in Economics," NBER. Working Paper, 2009.

Loh E. S. , "The Economic Effects of Physical Appearance", *Social Sci-*

ence Quarterly, 1993, 74: 420 – 428.

Meng Q. , Liu X. , Shi J. , "Comparing the Services and Quality of Private and Public Clinics in Rural China," *Health Policy and Planning*, 2000, 15: 349 – 356.

Mitra A. , "Effects of Physical Attributes on the Wages of Males and Females," *Applied Economics Letters*, 2001, 8: 731 – 735.

Murray, Michael P. , "Avoiding Invalid Instrument and Coping with Weak Instruments," *Journal of Economic Perspectives*, 2006, 20: 111 – 132.

Wooldridge, Jeffrey M. , *Econometric Analysis of Cross-Section and Panel Data*, Cambridge: The MIT Press, 2002.

Sargan, J. D. , "Wages and Prices in the United Kingdom: A Study in Econometric Methodology," In *Econometric Analysis for National Economic Planning* (ed. P. E. Hart, G. Mills and J. K. Whitaker), London: Butterworths Scientific Publications, 1964.

Schultz, T. P. , "Wage Gains Associated with Height as a form of Health Human Capital," *The American Economic Review*, 2002, 92: 349 – 353.

Schultz, T. P. , "Productive Benefits of Health: Evidence from Low-Income Countries," Economic Growth Center of Yale University, Discussion Paper No. 903, 2005.

Staiger, D. , J. Stock, "Instrumental Variables Regression with Weak Instruments," *Econometrica*, 1997, 65 (3), 557 – 586.

Stock, J. , J. Wright, M. Yogo, "A Survey of Weak Instruments and WeakIdentification in Generalized Method of Moments," *Journal of Business and Economic Statistics*, 2002, 20 (October): 518 – 529.

Stock, J. , M. Yogo, "Testing for Weak Instruments in Linear IV Regression," NBER Technical Working Paper 284, 2004.

Strauss, J. , Thomas, D. , "Health, Nutrition and Economic Development," *Journal of Economic Literature*, 1998, 36: 766 – 817.

Robert Moffitt, "Remarks on the Analysis of Causal Relationships in Population Research," *Demography*, 2005, February.

Thistlethwaite, D. , Campbell, D. , "Regression Discontinuity Analysis: An Alternative to the Ex-post Facto Experiment," *Journal of Educational Psy-*

chology，1960，51：309 – 317.

Thomas D. Cook，"Waiting for Life to Arrive：A History of the Regression-Discontinuity Design in Psychology，Statistics，and Economics，" Northwestern University. Working Paper，2007.

Young，T. J. ，L. A. French，"Height and Perceived Competence of U. S. Presidents，" *Perceptual and Motor Skills*，1996.

第 16 章

项目性别影响的评估方法介绍

陈欣欣

16.1　引言

近年来，为了科学地分析某项政策举措对人们行为的影响，项目影响评估方法在微观发展经济学、劳动经济学、卫生经济学等领域的应用日益广泛。该方法运用科学系统的方法收集关于某个项目或某项政策实施情况的数据，并基于这些数据提供的信息考察该项目或政策是否富有效率，或者是否达到预期目标。通过项目评估方法，可以为项目的利益相关方，尤其是项目实施者提供充分的证据了解该项目实施的效果。

近年来，国内外研究学者都相继采用各种评估方法评价各类政策的实施效果。比如，Card and Krueger（1994）运用倍差分析法，考察了美国新泽西州最低工资率提高对失业率的影响；周黎安等人（2005）运用倍差分析法，考察了中国农村税费改革对农民收入的影响；陈玉萍等人（2010）运用倾向得分匹配法分析了采用农业技术对农户收入的影响，发现改良陆稻技术的采用对农户的收入提高具有稳健的正向效应；Uchida et al.（2007）分别采用倾向得分匹配法和倍差匹配法研究了中国退耕还林政策对农户的影响。同时，其中也有一些的研究考察与性别相关的各类政策所产生的影响。比如，Duflo（2003）考察了在南非老人补助金实施过程中，接受补助金对象的性别差异对不同性别儿童营养状况的影响，其研究发现社会转移支付效率的高低一定程度上取决于受助者性别的影响。此外，Frankenberg and Thomas（2001）的研究运用三重差分模型，考察了印尼政府向贫困地区培训并选送了一批助产士后对这些地区育龄妇女健康的影响，研究结果发现该政策显著改善了育龄妇女的 BMI 指数，同时该政策的实施也与婴儿出生体重增加有显著的正向相关关系。

从上述几个例子来看，无论是评估社会保障项目，还是健康营养项目所产生的影响，项目评估的核心是想回答下述问题：这些项目的实施，究竟对参加者产生了什么影响？这些项目的实施，是否有效地达到了预期的目的？对于项目实施者来说，无论是政府，还是非政府组织，都非常希望知道最终的答案，这样不仅便于他们比较不同干预项目的实施效果，也便于他们权衡实施这些干预项目的成本和收益。

尽管项目评估方法在众多领域得到广泛运用，但是将这些方法运用到性别问题分析的研究并不多见。作为项目实施的对象，男性和女性在社会生活中面临的机会往往会有差异，尤其是在很多发展中国家，在入学、就业和参政议政等方面，男女性都存在着较大的差异（Duflo, 2010）。一项公共项目的实施，对男性和女性可能会产生不同的影响，从而使得项目实施效果产生性别差异。本章关于项目影响评估方法的介绍，同样适用于基于性别视角问题的项目评估。

在本章中，我们将分别介绍项目影响评估的基本原理和经验方法。在以下第二部分我们将首先介绍项目评估方法的理论依据；在第三部分，将依次具体介绍项目评估的经验方法：随机实验方法、倍差分析方法和匹配法，第四部分对这几种方法提供相应的案例。最后对上述几种经验方法做简单的评述。

16.2 项目评估方法的理论依据

16.2.1 项目评估方法的基本原理

尽管科学地评估一项干预项目的影响如此重要，但在实际操作中会面临以下困难。比如，如果我们知道项目参加者参加了该项目（如营养干预项目）后的结果（如健康状况），也知道如果他不参加该项目其相应的结果，那么我们就可以从这两个结果的差异中得到该项目实施的影响，但现实中的困境是：我们永远不可能知道第二种情形下的结果（即一个已参加了营养干预项目的人，他不可能再有机会不参加该项目），因此需要借助于其他方法评估该项目所产生的影响。下面借用公式表达上述问题：

假设 Y_1 代表参加某营养干预（比如补充铁元素）项目个体 i 参加该项目后的健康状况，Y_0 代表该个体如果不参加该项目的健康状况，则该项目对参加者健康的影响为：

$$D = E(Y_1) - E(Y_0) \qquad\qquad (16-1)$$

但对于同一个个体来说，他没法同时有这两个选择：参加这个项目和不参加这个项目。他要么参加了这个项目，要么没参加，因此我们无法通过计算 $E(Y_1) - E(Y_0)$ 得到该项目对参加者健康状况的影响。

尽管现实中我们观察不到项目参加者如果不参加该项目可能产生的结果，但是可以观察到一些未参加该项目的个体面临的结果，如果比较这两个群体的差异，即得到：

$$E(Y_1 \mid D=1) - E(Y_0 \mid D=0) \qquad\qquad (16-2)$$

其中，$D=1$ 表示该个体参加了这个项目，$D=0$ 表示该个体未参加这个项目。$E(Y_1 \mid D=1)$ 是项目参加者结果的均值，$E(Y_0 \mid D=0)$ 是未参加者结果的均值，但该差异其实并不是我们真正想要估计的，如果我们在上式中同时增加和减少一项 $E(Y_0 \mid D=1)$，就得到：

$$\begin{aligned}
D &= E(Y_1 \mid D=1) - E(Y_0 \mid D=0) + E(Y_0 \mid D=1) - E(Y_0 \mid D=1) \\
&= E(Y_1 - Y_0 \mid D=1) + \left[E(Y_0 \mid D=1) - E(Y_0 \mid D=0) \right]
\end{aligned}$$

$$(16-3)$$

其中第一项 $E(Y_1 - Y_0 \mid D=1)$ 就是我们想要得到的项目实施后对参加者的影响；后面的 $E(Y_0 \mid D=1) - E(Y_0 \mid D=0)$ 就是选择性偏差，其中前一项代表项目参加者如果不参加该项目可能结果的均值；后一项代表未参加者参加该项目前结果的均值。该差值意味着除了实施该项目干预的影响外，项目参加者和不参加者间存在的系统性差异也会影响到项目实施的效果。因而在对政策进行评估时，我们必须关注这些系统性差异，并运用各种评估方法来消除由此而产生的影响。

16.2.2　具体评估方法的选择

面对上述政策评估面临的问题，我们采用何种方法进行评估，主要基于参加项目这一决定（即 D 的取值）是如何决定的。实际中，D 值的决定主要可分成以下三种不同的情形[①]：

---

① 关于这三种情形的论述，引用自 Wooldridge（2010）的教材。

（1）D 的取值（即是否参加这个项目）完全是随机决定的，即在一个完全随机的实验中，参加项目的人和不参加项目的人，完全是由该实验随机决定的。在这种情形下，自选择偏差为零，该项目产生的影响是最容易估计的，我们可以通过随机实验方法估计出参加该项目的影响。

（2）D 的取值并非随机决定的，但是条件在于一些可观察特征（X）后，D 是独立于 Y_0 和 Y_1 的。这可以用数学公式表示如下：$D \perp (Y_0, Y_1) \mid X$。也就是说，如果控制住特征变量 X，D 的取值与 Y_0 和 Y_1 都没有关系。Wooldridge（2010）称之为"实验的不可知性（ignorability of treatment）"，这也称为"条件独立假设（conditional independence）"。这一假设略弱于第一种情形下的完全随机决定的假设，如果该假设成立的话，现实中我们就可以运用匹配法等来获得无偏的估计值。

（3）即使控制住可观察的特征变量 X 后，D 的取值还是和 Y_0、Y_1 相关。这是最困难的一种情形，但其实是现实中最常见的一种情形。比如，在评估某营养干预项目对健康的影响时，往往是越关心自己健康的人越有可能参加营养干预项目，此时，D 的取值就和健康状况（Y_0 或 Y_1）有关。为了解决由此引起的估计有偏问题，我们一般采用工具变量法、倍差分析法或断点回归等方法进行估计。其中工具变量法在本书的前面章节已有介绍，本章我们将详细介绍倍差分析法的基本思路。

16.2.3 政策评估效应的区分

现实中采用不同的评估方法，会估计得到不同的效应（影响结果）。如果该项目（政策）对每个人的影响都是相同的，那么不同方法得到的估计量也是相同的。但是，如果项目对不同人群的影响是不同的话，那么我们在估计项目影响时就会得到不同的效应。我们在此介绍两种最常见的估计量。

其一为平均处理效应（ATE），这是研究者评估政策时最常分析的效应，即：$\tau_{ate} = E[Y_1 - Y_0]$。这表示对总体样本的平均效应。样本总体中不同个体可能会有不同的 $Y_1 - Y_0$，但是我们通常对总体的平均值感兴趣。换言之，τ_{ate} 其实给出了以下问题的答案：和无人参加项目相比，如果样本中所有的人都参加了该项目，Y 的均值会改变多少？因而该估计量反映了对整个样本的平均处理效应，不论这些个体是否真正接受了干预（参加了项目）。

第二种效应为处理组的平均处理效应（ATT），即：$\tau_{att} = E[Y_1 - Y_0 \mid D = 1]$。这表示处理组（参加项目）个体的平均效应。换言之，τ_{att} 试图回答以下问题：对于那些接受了干预（参加了项目）的个体而言，Y 变化了多少？

当需要进行成本收益分析时，估算 τ_{att} 往往比 τ_{ate} 更有价值，因为我们需要比较的仅仅是那些参加项目的个体的干预成本和收益，而并非比较总体的成本和收益。因此，我们在运用各种不同方法进行评估时，一定要留意通过该方法估算的是哪种效应。

下面我们将分别介绍经济学随机实验方法、倍差分析法和匹配法。

16.3　项目评估的经验方法

16.3.1　经济学随机实验方法（Randomized Experiment）

正如上文所述，如果人们参加项目与否（即 D 的取值）完全是随机决定的，我们往往可以通过直接收集随机实验干预数据，来评估项目实施后产生的影响。

19 世纪 90 年代中期以来，越来越多的经济学随机实验应用于政策分析中，比如，Duflo（2004）研究了在印度实施的妇女参政实验对公共投资的影响，另外还有在非洲国家实施的教科书提供实验、提高师生比实验和服用含铁补充丸等营养干预实验（Glewwe et al, 2007；Banerjee et al.，2005；Thomas et al.，2004），在美国开展的小班化教学实验（Krueger et al.，2001）、非洲国家的艾滋病干预实验（Duflo et al.，2006）等，内容非常丰富。下面我们将首先简单介绍经济学随机实验方法的基本思路。

（1）经济学随机实验的基本思路

理论上看，经济学随机实验是评估某项政策或项目 X 对结果 Y 所产生影响的最理想的方式。在一个随机实验中，N 个样本被随机地区分成对照组（N_C 个个体）和处理组（N_T 个个体），其中处理组参加了某个项目 X，而对照组没有参加该项目。我们就可以通过比较处理组和对照组结果的均值得到项目的实施效果。即：

$$D = E(Y_1 \mid D = 1) - E(Y_0 \mid D = 0) \tag{16-4}$$

由于处理组是随机抽取的，意味着（16-3）式中 $E(Y_0 \mid D = 1) - E(Y_0 \mid D = 0) = 0$，即项目实际参与者如果不参与项目的结果变量（如健康状况、收入等）和未参与者没有参与项目时的结果变量相等，因此我们得到：

$$D = E\ (Y_1 \mid D = 1)\ - E\ (Y_0 \mid D = 0)\ = E\ (Y_1 - Y_0 \mid\ D = 1)$$

$$(16 - 5)$$

基于公式（16 - 5），我们可以通过以下回归方程来得到估计量 ATT，即处理组的平均处理效应：

$$Y_i = \alpha + \beta D_i + \varepsilon_i \qquad\qquad (16 - 6)$$

公式（16 - 6）中，$D_i = 1$ 表示该个体 i 参加了这个项目，$D_i = 0$ 表示该个体 i 未参加这个项目。β 就是我们关心的估计量，它的含义是在其他条件都保持不变的情况下，参加该项目给结果变量带来的影响。

（2）经济学随机实验面临的问题和挑战

在经济学随机实验广泛实施的同时，人们也发现采用随机实验来得到关于事物内在之间因果关系的一般规律时，还是面临着一些挑战，这主要表现在以下几个方面（Duflo，2006）：

一是实施成本较高。一方面，经济学实验的执行和实施成本非常昂贵，如美国在 19 世纪六七十年代实施的收入所得税实验（Pencavel，1986，Ashenfelter and Plant，1990）由于实施成本较高，往往管理起来难度很大，或者很难大范围内实施；另一方面，做经济学实验也会面临道德或伦理等风险。比如，我们不能通过剥夺一些孩子受教育的权利来确定对照组，通过实验来评估教育对个人及社会的影响。

二是实验本身也会面临内部有效性问题。一方面，参加实验的个体在实验过程中可能会退出，如果这种退出是完全随机的，对结果不会有较大的影响，但如果导致他们退出的原因和最后我们关心的实验结果变量相关，这将使我们的估计有偏（比如豪斯曼和怀斯的所得税实验中（（1979）就有大量的这种类型的退出）；另一方面，实验过程中有时对照组和处理组中的角色由于各种原因会发生变化，致使实验无法始终保持为一个完全随机的实验，尽管初始的分组安排是随机的。比如，在中国甘肃所作的眼镜干预实验中（Glewwe et al.，2006），乡政府在具体执行过程中，由于实验经费还有宽裕，就自作主张给对照组也配了眼镜，导致处理组和对照组无法成为随机的干预组；又如，在实施班级大小对教学效果影响的实验时（Krueger，2001），出于家长的压力，很多学生不断地从对照组（规模较大的班级）转到了处理组（规模较小）的班级，致使实验无法继续成为一个完全随机的实验。

三是面临外部有效性的风险。首先,实验的持续时间一般较短,这就意味着即使能从实验中发现一些实验所产生的影响,但这种影响往往是短期的影响,考虑到人们的长期行为往往会有别于短期行为,因此较难从实验得到的结果中推断出该实验可能产生的长期效果。其次,由于实验往往在一些特定的区域实施,一般我们很难把从这些特定区域得到的实验结果,推演到所有的总体中。再次,由于在实验实施过程中,参加实验的个体(无论是处理组,还是对照组)由于已知自己的所作所为将被调查研究,也可能表现出不同于平时的一些行为,因此,从这些被调查者中所得到的一些结论,也并不一定都适用于其他个体(即不接受调查的人群)。

此外,由于实验实施难度较大,样本量往往偏小,有时较难得到统计意义上显著的结论,因此,实验开始前根据估计效果的大小来估算样本就显得尤为重要,实验方案的精心设计和实验过程的严格监督执行尤为关键。

尽管经济学随机实验能帮助经济学家科学地评估某项干预政策的真正影响,但正因为随机实验面临的这些问题和挑战,同时大规模的非实验数据在现实中更易获得,经济学家通过分析方法的改进,比如运用倍差分析模型、工具变量法和匹配法等方法,力求运用非实验数据,来获得接近于实验条件下所获得的结果。由于之前一些章节已有关于工具变量法的介绍,下文我们主要介绍倍差分析模型和匹配法的运用。

16.3.2 倍差分析法(Difference in Differences)

如果人们参加项目与否不是完全随机决定的,而且即使控制住可观察的特征变量 X 后,D 的取值还是和 Y_0、Y_1 相关,我们往往通过采用工具变量法、倍差分析法或断点回归法来评估项目实施后产生的影响,以得到无偏的估计量。我们在此着重介绍倍差分析法。

(1)倍差分析法的基本思路

倍差分析法的基本思路是通过比较项目实施前后对照组和处理组的差异来获得估计量。一般要求有项目实施前和项目实施后的面板数据,数据中不仅包括项目参加者(处理组)在项目实施前和实施后的信息,也包括未参加项目的个体在项目实施前和实施后的信息。先分别比较项目参加者在项目实施前后的差异以及项目未参加者在项目实施前后的差异,最后计算上述两个差异的差，因而称为"倍差分析"。具体而言，我们可以借助于数学公式表示如下：

首先，基本的倍差分析方法假设 Y_0 是由以下公式决定的：

$$Y_0 = \alpha_0 + \alpha_1 D + \beta_0 T + \varepsilon \qquad (16-7)$$

其中，Y_0 代表样本个体在项目实施前的状况；$T=1$ 代表是在项目实施后，$T=0$ 代表项目实施前。$D=1$ 代表项目参加者，$D=0$ 代表未参加项目者。为分析方便，假设不控制任何特征变量 X①，我们同时假设 ε 是同时独立于 D 和 T。

样本个体在项目实施后的状况 Y_1 可用公式表示如下：

$$Y_1 = \alpha_0 + \alpha_1 D + \beta_0 T + \tau_{DID} + \varepsilon \qquad (16-8)$$

其中 τ_{DID} 代表该项目的影响。这里我们假设对所有个体而言 τ_{DID} 都是相同的。

可以通过下面的公式估计出式（16-8）中的 τ_{DID}：

$$\begin{aligned} \tau_{DID} &= E[Y_1] - E[Y_0] \\ &= (E[Y \mid D=1, T=1] - E[Y \mid D=1, T=0]) \\ &\quad - (E[Y \mid D=0, T=1] - E[Y \mid D=0, T=0]) \end{aligned} \qquad (16-9)$$

只要我们有项目实施前后对照组和处理组的数据，我们就可以根据上式得到 τ_{DID}。这种双重差分的做法使我们既可以差分掉对照组和处理组之间本来就有的差异（α_1），也可以差分掉项目实施前后两个组存在的共同变化趋势（β_0）

（2）倍差分析估计的计量模型

我们可以用最小二乘法直接估计出 τ_{DID}。具体的回归公式表达如下：

$$Y_i = \alpha_0 + \alpha_1 D_i + \beta_0 T_i + \tau_{DID} D_i * T_i + \varepsilon_{it} \qquad (16-10)$$

其中，Y_i 是指第 i 个样本个体在参加项目前后各期的结果变量（如健康状况、劳动参与程度、收入等），$D_i=1$ 意味着样本个体 i 参加了这个项目（处理组），$D_i=0$ 意味着样本个体 i 未参加这个项目（对照组）。$T=1$ 意味着该期为项目实施之后，$T=0$ 意味着该期为项目实施前。β_1 就是我们关心的项目实施后对参加项目个体的影响。该公式中其余各系数的含义都可以从表 16-1 比较直观地反映出来：

---

① 假设即使放松后，也不会影响我们分析得到的一些重要特性。

表 16 - 1   倍差分析模型各系数的含义

		对照组 $D = 0$	处理组 $D = 1$	差异
项目实施前	$T = 0$	α_0	$\alpha_0 + \alpha_1$	α_1
项目实施后	$T = 1$	$\alpha_0 + \beta_0$	$\alpha_0 + \alpha_1 + \beta_0 + \tau_{DID}$	$\alpha_1 + \tau_{DID}$
差异		β_0	$\beta_0 + \tau_{DID}$	τ_{DID}

从表 16 - 1 可以看到，如果我们仅仅搜集项目实施后处理组和对照组的截面数据，我们会发现处理组和对照组的差异为 $\alpha_1 + \tau_{DID}$ ，但该差异是否就是项目实施所带来的对处理组的真正影响呢？其实不是。从上表可以发现，其实两组人群间原本就有一定的差异，因为在项目实施前，处理组和对照组之间就存在一定的差异，处理组的结果变量（如收入）就比对照组平均高出 α_1 ，在项目实施后，由于参加了该项目，处理组和对照组之间的差异增加到 $\alpha_1 + \tau_{DID}$ 。因此，真正由项目本身产生的对参加项目人群的影响，应该是 β_1 （ $= \alpha_1 + \tau_{DID} - \alpha_1$ ）。

同样道理，为了考察一个项目实施后所产生的效果，如果我们仅仅搜集项目实施前后处理组的数据，就会错误地得到项目产生的效果是 $\beta_0 + \tau_{DID}$ ，其实这并不是项目本身所产生的影响，因为在项目实施前后，即使不参加项目的个体，其结果变量（如收入）也发生了变化，平均增加了 β_0 ，因此，我们在评估该项目的影响时，必须剔除这部分影响，即最终的影响仍为 β_1 （ $= \beta_0 + \tau_{DID} - \beta_0$ ）。

（3）倍差分析法的基本假设

从式（16 - 9）可以看出，若要获得无偏的 DD 估计量 τ_{DID} ，就要满足如下假设：在没有受到项目影响时，对照组和处理组在项目实施前后结果的变化量相等。这个假设也称作"平行趋势"假设。如图 16 - 1 所示，尽管对照组和处理组初始的值并不要求相同，但要求两组在项目实施前后结果变量的变化趋势相同，因为 DD 估计量是根据对照组的变化趋势，得到处理组按照这种相同的趋势变化后形成的 B' ，最后计算 C 和 B' 之间的差而得到的。

（4）倍差分析估计量有效性的检验

倍差分析估计在经验分析中比较普遍，从该模型估计得到的结果是否稳健在一定程度上取决于处理组和控制组的相似程度。具体检验方法主要有：

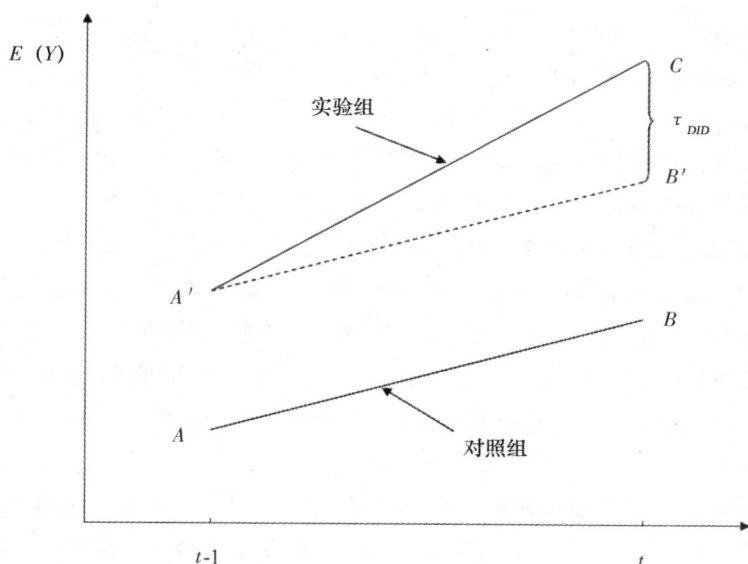

图 16 – 1　倍差分析估计基本假设图示

首先，运用滞后变量进行检验。比如，如果我们已经做了 t 期和 $t-1$ 期的倍差分析估计，为了检查该结果的有效性，我们可以采用 $t-2$ 期的数据（假设 $t-1$ 期和 $t-2$ 期之间没有发生任何政策干预），再对 $t-1$ 期和 $t-2$ 期做一次倍差分析估计，如果这个新的 DD 估计量是个非零的值，那就意味着之前所作的关于 t 期和 $t-1$ 期的倍差分析估计量很有可能也是有偏的。总的来说，如果有连续多年的数据，可以通过将对照组和处理组的结果变量做散点图，在图形上观察这两组的变化趋势是否是大致平行的。

其次，采用一个新的对照组 C_1，如果处理组和该对照组 C_1 的 DD 估计量有别于从处理组和老的对照组 C 比较中得到的 DD 估计量，那么原有的 DD 估计量也很有可能是有偏的（Gruber，1996）。

再次，引入一个不受该项目影响的被解释变量（即新的结果变量 Y_1），取代原有的被解释变量 Y，重新估计后得到的 DD'估计量如果不等于零，那么也意味着原有的 DD 估计量也有可能是有偏的。

对于上述三种检验方法中前两种情形，我们一般通过三重差分（原有的 DD 估计量减去新的 DD 估计量）来进行估计。

运用倍差分析进行政策评估的比较典型的例子有:卡德和克鲁格 (Card and Krueger,1994)考察了美国新泽西州最低工资率提高对失业率 的影响,但他并不是简单考察该州该项政策实施前后的效果,而是通过选 取对照组,考察了宾西法尼亚州快餐业在同期失业率的变化,并比较两个 州的这种变化的差异,得到实施该政策对当地失业率的影响。此外,弗兰 克伯格和托马斯 (Frankenberg and Thomas,2001)在考察向贫困地区选送 助产士项目的影响时,选取了未实施该项目的地区作为对照组,分析分别 处于对照组和处理组中的育龄妇女在该项目实施前后的身体状况的变化, 来估计项目的效果。此外,进一步选取同一个村庄中的男性和老年妇女 (他们不会直接收益于助产士项目)作为对照组,通过三重差分估计得到 该项目实施的效果。

同时,也有一些研究基于性别视角,运用倍差分析法进行项目评估, 迪弗洛 (Duflo,2003)对南非老年补助金项目的评估就是一个典型的 例子。

1991 年底,南非政府为了推进种族平等,在全国范围内全面推广实 施老年补助金项目,即不分种族,所有 60 岁以上的女性和 65 岁以上的男 性,都能领取到老年补助金。截至 1993 年,该项目已在全国所有地区开 始实施。80% 的 60 岁以上的老年女性和 77% 左右 65 岁以上的老年男性 都已经领到了这笔补助金。在南非,由于祖母经常和子女、孙子女同住, 因此,约有超过 25% 的 5 岁以下儿童会和老年补助金获得者一起居住, 这为研究现金转移支付项目对儿童营养状况的影响提供了很好的机会。[①]

由于该项目是以年龄区分受助对象的,因而 60 岁以上的老年女性和 65 岁以上的老年男性就构成了项目的实验组,不符合该年龄段的老人就 是项目的对照组;同时,由于此项目是在 1991 年底大规模推广的,因此, 该研究以 1992 年为界进行区分,将关注的儿童区分成两种类型:1992 年 及之后出生的儿童和 1992 年之前出生的儿童。该研究借助于 1993 年南非 全国性的抽样调查数据,进一步考察了不同性别的老年人得到老年补助金 对家庭中儿童的营养状况是否有不同的影响。该研究分别用年龄别身高 z

---

① 由于环境因素对儿童早期的身高尤其重要,世界卫生组织建议对儿童身高的研究最好关 注 0—5 岁的儿童,该研究参照之前的相关研究 (Case and Deaton,1998),以 6—60 个月的儿童 为研究对象。

评分和身高别体重 z 评分①来度量儿童的营养状况。

以年龄别身高 z 评分为例，该研究结果表明，对于女孩来说，在控制家庭特征变量等变量后，如果家庭成员有资格领取老年补助金，她的年龄别身高 z 评分会显著增加。对于男孩来说，家庭成员是否有资格领取老年补助金对年龄别身高 z 评分的影响较小而且不显著。此外，该研究区分老年补助金领取者的性别，考察了不同性别的老年补助金领取者对男童和女童年龄别身高 z 评分影响的差异，结果表明：对于女童来说，和家中没有符合老年补助金领取资格女性的家庭相比，如果家中有符合老年补助金领取资格的女性，她的年龄别身高 z 评分将显著增加；但如果家中有符合老年补助金领取资格的男性，女童的年龄别身高 z 评分尽管会提高，但统计上并不显著。而对于男童来说，家中无论是有符合补助金领取资格的男性，还是相应的女性，对男孩的年龄别身高均没有显著影响。

该研究进一步采用倍差分析法，分析了不同性别的老人得到老年补助金后对儿童年龄别身高 z 评分的影响，结果表明：家中有老年女性获得补助金的话，女童的年龄别身高 z 评分将提高 1.16 个标准差，男童的年龄别身高 z 评分则没有显著变化。家中如果有老年男性获得补助金的话，对女童和男童的年龄别身高 z 评分均没有显著影响。上述研究结果意味着实施现金补助等公共政策时，要考虑到性别差异对这些政策实施效果的影响。

16.3.3　匹配法（Matching）

如果人们参加项目与否不是完全随机决定的，但是控制住可观察的特征变量 X 后，参加项目与否的虚拟变量 D 的取值与 Y_0、Y_1 无关，在这种条件独立假设下，我们可以采用匹配法评估项目实施后产生的影响，以得到无偏的估计量。

运用非实验数据进行政策评估的总体思路是将政策或项目视为一项实验，寻找可比的对照组。由于分析的数据并非来自随机实验数据，参加或者不参加这个项目并不是随机选择的。比如，如果要评估推广某项新技术

---

① 年龄别身高 z 评分 =（儿童的身高 - 同龄同性别参照组身高中位值）/标准误，此处，迪弗洛以美国国家健康统计中心提供的同龄同性别儿童（即美国儿童）为参照组。身高别体重 z 评分 =（儿童的体重 - 同性别相同身高参照组的体重中位值）/标准误。

对农民收入的影响，必须要考虑到农民参加某项技术推广项目可能是农民"自选择"的结果，即：农民参加该项目是由其个人或家庭特征变量 X 所决定的，而这些变量在决定该农民采用该新技术的同时也决定了其收入水平，因而即使最后发现和未采用新技术的农民相比，采用新技术的农民，其产出更高，我们也无法将其产出的增加归因于新技术的采用，因为某些家庭特征（如收入更高）可能使得他更倾向于采用新技术。因而，参加该项目的个体（处理组）和不参加该项目的个体（对照组）可能存在的系统性差异会导致估计结果有偏。为了解决该问题，我们需要尽可能控制这些体现系统性差异的特征变量。使用匹配法的思路就是要控制可观察的特征。

（1）匹配法的基本思路

匹配法的基本思想是：在对照组中，找到和处理组的可观察特征变量（如个人和家庭特征）相似的个体进行比较，由于这两个个体的特征变量相似，我们可以将两者结果变量（如收入）的差异归功于参加该项目的作用。匹配法的特点是创造随机试验条件进行处理组和对照组的比较，先从不参加项目中直接找出和对照组中可观察特征（X）相似的个体，组成对照组，然后比较这个人为构建的对照组与处理组的差异。进行匹配要求满足的假设为：$D \perp (Y_0, Y_1) \mid X$，即基于一组可观测的变量 X 的条件下，假设结果变量（如收入）独立于参加该项目（如采用新技术）的选择。由于基于特征变量条件下参加该项目是随机的，这样就可以比较不同特征的个体在参加和不参加项目情况下的结果变量（如收入），从而得到估计量。用数学公式可以表示如下：

$$\hat{\tau}_{ate,match} = (1/N) \sum_{i=1}^{N} (\hat{Y}_{i1} - \hat{Y}_{i0}), \hat{\tau}_{att,match} = (1/N_T) \sum_{i=1}^{N_T} (Y_{i1} - \hat{Y}_{i0})$$

$$(16-11)$$

上式中，当 $D_i = 1$ 时，$\hat{Y}_{i1} = Y_{i1}$，当 $D_i = 0$ 时，$\hat{Y}_{i0} = Y_{i0}$，N 为样本总量，N_T 为处理组个体数量。

（2）倾向得分匹配法

倾向得分匹配法最早是由 Rosenbaum and Rubin 在 1983 年提出的，后来经过 LaLonde（1986）、Heckman et al.（1997）、Dehejia and Wahba（1999）、Smith and Todd（2005）等经济学家在理论上的深入研究和经验研究中的广泛应用，目前应用得比较广泛。

倾向得分指的是具备某些特征的人参加某个项目的概率（可能性），即：$P_i(x) \equiv P_r\{D=1 \mid X=x\}$，先计算出该概率（即倾向得分），然后依据该得分，在不参与项目的个体中运用某些匹配的方法，为对照组中的个体找到得分相似的个体，组成对照组，最后，比较人为构建的对照组和处理组个体的差异。

进行匹配首先要满足条件独立分布假设，具体而言，倾向得分匹配要求满足的假设为：$D \perp (Y_0, Y_1) \mid P(X)$。在控制了参与项目的概率后，$D$ 的取值与 Y_0 或 Y_1 无关。

其次，运用倾向得分匹配要满足共同支持假设。对照组和处理组的倾向评分重叠区范围常称为共同支持域（common support region）。共同支持域的大小是影响具体匹配方法估计效果的一个重要因素。如果两组没有共同支持域，表明两组完全没有可比性，也无法进行倾向评分分析。共同支持假设排除了倾向得分分布在尾部的样本，从而提高了匹配质量，同时也会导致样本量减少。蒙特卡洛（Monte Carlo）模拟试验表明，当共同支持域较大时，倾向得分匹配方法对具体匹配方法的选择是不敏感的。但是当共同支持域较小时，倾向得分匹配方法对具体匹配方法的选择非常敏感，即不同的匹配方法，可能会得到不同的匹配结果，从而引起估计结果的差异。

采用倾向得分匹配法的具体步骤如下：

首先，采用 Logit 或 Probit 模型对所有样本成员（包括对照组和处理组成员）进行估计，得到人们参加该项目概率的预测值，也就是倾向得分，此时一定要注意匹配过程中的共同支持区域假设是否得到满足。

其次，将倾向得分近似的处理组个体和对照组个体进行匹配，匹配的方法有很多种。既有一对一的匹配，如最近邻居匹配（nearest neighbor matching），卡尺匹配（caliper matching）等。也有一对多的匹配，如核匹配（kernel based matching）、半径匹配（radius matching）、局部线性回归匹配（local linear regression matching）和马氏距离匹配（Mahalanobis matching）等匹配方法。下面以最近邻居匹配为例介绍匹配的具体过程。

最近邻居匹配的特点是在不参与项目的个体中挑选出 1 位和处理组中倾向得分最接近的个体做为匹配对象。具体思路为：在对照组和处理组中，分别按照倾向得分的大小进行排序，从处理组中依次选出一个研究对象，在对照组中选出倾向得分与其最接近（即与处理组个体最相似）的个体进行匹配。如果不参与实验的人群中同时有多个倾向得分完全相同的个体,则按照随机的原则进行选择。匹配成功的对象,既可以从对照组中删除(成为不重复的匹配),也可以继续保留在对照组中(称为可重复的匹配),与下一个实验对象进行匹配,直到处理组中的每个个体都完成匹配,这些匹配成功的不参与项目的个体就构成了用于后续分析的对照组。

再次,比较处理组和对照组个体的结果变量(如身高、成绩等)的平均数,即可得到处理组平均处理效应(ATT)和平均处理效应(ATE)。

最后,通过自助法(bootstrap)计算这些效应的标准差。因为我们事先并不知道其分布,一般通过自助法计算标准差。

倾向得分匹配法可以帮助研究者利用非实验数据创造出对照组,通过和处理组的比较得出政策干预的影响。其优点主要体现在:首先,和精确匹配相比,运用倾向得分进行匹配,可以避免不存在可比对照区域的尴尬。因为精确匹配要求从不参与项目的个体中挑选出和处理组中具备相同特征变量的个体作为对照组,实际操作中可能会因为没法找到特征变量完全相同的个体,而无法进行比较。但倾向得分并不是依据特征变量进行匹配,而是依据基于这些特征变量参与项目的概率进行匹配,有利于挑选出对照组。其次,在采用倾向得分进行匹配时,如果运用核匹配法进行匹配,和处理组越相近的个体,被赋予的权重越大,因而据此构建的对照组和处理组往往更相似。

但是,由于倾向得分匹配法依据于条件独立假设,这仍然是一个较强的假设;其次,因为匹配是基于可观察的变量特征,因而还是无法避免估计偏误问题;再次,匹配要求有较大的共同支持区域,因而对样本量的要求较高(Shadish, Cook and Campbell, 2002)。

(3)倍差匹配法

该方法综合了倍差分析法和倾向得分匹配法各自的优点,具体做法如下:首先,通过 Logit 或 Probit 模型对总体样本(包括项目参加者和非参加者)进行回归,并得到人们参加该项目的概率(即倾向得分);其次,对于每一个参与项目的个体,基于倾向得分的大小,采用某种匹配方法(如核匹配法或局部线性回归匹配法),在不参与项目的个体中寻找出与其匹配的对象,即得到共同支持域;再次,为每一个参加项目的个体计算参加项目前后的差异(如 A),同时为不参加项目的个体计算出其参加项目前后的差异(如 B);最后比较两项差异(A—B),得到项目对参与者产生的影响。

　　和传统匹配方法不同，倍差匹配法要求有项目实施前和实施后的面板数据，可以通过差分消除具备相同趋势的一些不可观测因索引起的差异，因而该结果往往更加稳健。

16.4　案例：对就业培训项目的评估——实验数据和非实验数据的运用与比较

　　在本节中，我们将利用广为引用的美国国家就业支持示范项目数据（National Supported Work Demonstration，下文简写为 NSW），分别介绍实验方法的运用和匹配法的运用，同时本书将为该案例提供相应的数据和 stata 命令。

　　20 世纪 70 年代中期，为了帮助缺少工作技能的弱势劳动力重新进入劳动力市场，美国实施了国家就业支持示范项目[①]，为这些劳动力提供工作经验和咨询服务。这是个短期的就业支持项目，但和其他项目不同的是，该项目在申请参加培训的学员中，先随机抽取一部分学员（下文称为实验组学员），为他们提供为期 9—18 个月的工作，以此积累工作经验，而其他未被选中的申请者，则享受不到这些好处（下文称为对照组学员）。该项目由美国的人力资源研究公司（Manpower Demonstration Research Corporation）在全国的 10 个城市具体实施，各地学员参加项目的时间并不统一，最早的从 1975 年 3 月开始，最晚的在 1977 年 7 月开始接受培训。该公司在项目开始之初，就收集所有申请者，即所有实验组和对照组学员的收入信息和个人基本特征信息，如年龄、性别、人种、受教育年限、婚姻状况等。该项目独特的设计方案，不仅方便研究者运用实验数据直接评估培训效果，也方便研究者通过非实验方法和实验方法所得结果的比较，进一步改进和完善基于非实验数据的项目评估方法。

　　下文我们将借助于 Dehejia and Wahba（1999）论文中所用的实验数据和非实验数据，介绍倾向得分匹配法的具体做法，并和 LaLonde（1986）利用实验数据所得的研究结果进行比较。其中，Dehejia and Wah-

---

　　①　关于该项目的详细介绍，可参见美国人力资源研究公司（Manpower Demonstration Research Corporation，1980）的报告。

ba（1999）论文中的实验数据是 LaLonde（1986）实验数据（即国家就业
支持示范项目中得到的数据）的一个子样本（下文简称为 NSW 数据），
该样本中有 260 个对照组成员和 185 个实验组成员，该样本不仅包含 1975
年的收入信息，同时也包含了 1974 年的收入信息。另外，该论文中的非
实验数据既有收入动态研究项目数据（The Panel Study of Income Dynam-
ics，简称为 PSID），也有由社会保障管理委员会负责管理的当代人口调查
数据（Current Population Survey，简称为 CPS），这两类数据中的样本均未
参加该项目的就业培训，因而在研究中用作对照组；为了简化分析，下文
我们仅以后者为例，并将此数据和 NSW 数据中的实验组数据合并，构成
非实验数据，下文简称为 NSW-CPS 数据。①

　　我们不妨先了解这两个数据库中样本的基本信息。如表 16 - 2 所示，
从实验数据样本看，对照组样本和实验组样本的均值非常接近（第 3
列），而且从差异的 t 值看（第 4 列），除了高中辍学这个虚拟变量外，对
照组和实验组的其他变量都没有显著差异，这较好地体现了实验数据中实
验组样本随机抽取的特点。而基于非实验数据得到的结果表明，对照组和
实验组的各变量均值差异较大（第 6 列），除了西班牙裔这个虚拟变量
外，其他变量的差异在统计上极其显著（第 7 列），这意味着这两个群体
的个人特征差异很大，如果直接基于非实验数据采用最小二乘法估计就业
培训效果的话，会使得结果产生明显的偏误。

表 16 - 2　NSW 实验数据和 CPS 非实验数据样本各主要变量的基本信息

变量名	实验组均值（1）	NSW对照组均值（2）	差异（3）=（1）-（2）	差异的t值（4）	CPS 对照组均值	差异（6）=（1）-（5）	差异的t值（7）
年龄（岁）	25. 82	25. 05	0. 76	1. 12	33. 23	- 7. 41	- 9. 10
教育年限（年）	10. 35	10. 09	0. 26	1. 50	12. 03	- 1. 68	- 7. 94
黑人虚拟变量	0. 84	0. 83	0. 02	0. 45	0. 07	0. 77	39. 66
西班牙裔虚拟变量	0. 06	0. 11	- 0. 05	- 1. 78	0. 07	- 0. 01	- 0. 66
已婚虚拟变量	0. 19	0. 15	0. 04	0. 98	0. 71	- 0. 52	- 15. 62
高中辍学虚拟变量	0. 71	0. 83	- 0. 13	- 3. 22	0. 30	0. 41	12. 22

---

①　本节所使用的数据全部来自于以下网站：http://www. nber. org/~rdehejia/nswdata. html。

续表

变量名	实验组均值(1)	NSW对照组均值(2)	差异(3)=(1)-(2)	差异的t值(4)	CPS对照组均值	差异(6)=(1)-(5)	差异的t值(7)
1974 年实际收入	2095.57	2107.12	-11.55	-0.02	14016.80	-11921.23	-16.92
1975 年实际收入	1532.06	1266.69	265.37	0.88	13650.80	-12118.75	-17.77
1974 年失业虚拟变量	0.71	0.75	-0.04	-0.98	0.12	0.59	24.39
1975 年失业虚拟变量	0.60	0.68	-0.08	-1.85	0.11	0.49	21.09
样本数	185	260			15992		

数据来源：Dehejia and Wahba（1999）

　　匹配法的运用可帮助解决这一问题。该方法的主要思路就是基于非实验数据，人为构建一个与实验组样本相似的对照组。具体到倾向得分匹配法，其核心是构建一个对照组，使该组成员参与项目的概率（即倾向得分）与实验组成员相近。下文我们以该方法为例，分析匹配方法的应用。首先，我们采用 Logit 模型（也可以用 Probit 模型），基于样本中各申请者的个人特征，估计其参与培训项目的概率，模型的设定直接采用 Dehejia and Wahba（1999）论文中的设定①，即引入如下变量进行回归：年龄、年龄的平方、年龄的三次方、教育年限、教育年限的平方、黑人虚拟变量、西班牙裔虚拟变量、已婚虚拟变量、1974 年实际收入、1975 年实际收入、1974 年失业虚拟变量、1975 年失业虚拟变量和教育年限与 1974 年实际收入的交叉项。

　　其次，我们将参与项目的概率从高到低进行排序②，采用一对一的不重复匹配法进行匹配，为实验组人为构建一个参照组，基于上述准则，我们在 CPS 数据中匹配到由 185 个成员构成的对照组，该对照组的基本特

---

　　①　模型的设定比较复杂，总体而言，一般选择会同时影响参与和结果变量（本例中为 1978 年的实际收入）的变量，具体变量的选择不妨依据经济学理论、前人的研究以及对该项目的深入了解。在本例中，由于仅采用个人特征变量的一次项，可能会无法满足共同支持域条件（即人为构建的对照组和实验组并不匹配），经验做法往往是在模型中增加高次项变量，如变量的平方项、变量的立方项或者两个变量的交叉项。德赫嘉和瓦赫巴（Dehejia and Wahba, 1999）论文中的设定，已基本满足共同支持域条件。

　　②　参与项目概率（倾向得分）的不同排序可能会影响最后的估计结果，研究者可以变换其排序规则做稳健性检验。

征如表 16 – 3 所示。由于倾向得分匹配法的一个重要假设是要满足共同支持域条件,在此我们将着重分析如为满足该条件提供充分的证据。

如果我们直接比较该人为构建的参照组和实验组的样本均值,我们不难发现,其均值和实验组的均值非常接近(表 16 – 3,第 1 列和第 2 列),而且两组间多数变量的差异在统计上都不显著(第 4 列),这在一定程度上意味着:和匹配前的对照组相比,基于倾向得分人为构建的对照组越来越像随机实验中的对照组。

表 16 – 3   匹配后 NSW-CPS 数据中实验组和对照组样本各主要变量的基本信息

变量名	实验组均值(1)	匹配后的对照组均值(2)	差异(3)=(1)–(2)	差异的 t 值
年龄(岁)	25.82	25.55	0.27	0.34
教育年限(年)	10.35	10.50	– 0.15	– 0.70
黑人虚拟变量	0.19	0.22	– 0.03	– 0.77
西班牙裔虚拟变量	0.71	0.62	0.09	1.87
已婚虚拟变量	0.84	0.88	– 0.03	– 0.90
高中辍学虚拟变量	0.06	0.03	0.03	1.24
1974 年实际收入	2095.60	2776.00	– 680.40	– 1.32
1975 年实际收入	1532.10	1781.60	– 249.50	– 0.73
1974 年失业虚拟变量	0.71	0.61	0.10	2.09
1975 年失业虚拟变量	0.60	0.51	0.09	1.78
样本数	185	185		

数据来源:德赫嘉和瓦赫巴(Dehejia and Wahba, 1999)

为了进一步检查该对照组是否和实验组样本具备足够多的共同支持区域,我们基于倾向得分画出对照组和实验组在相同倾向得分区域的频次分布图。图 16 – 2 和图 16 – 3 显示实验组和匹配前的对照组之间相应的频次分布图差异很大,对于匹配前的对照组而言,分布图中大量的样本集中在 0 附近,因为倾向得分小于 0.01 的样本有 14837 个;而对于实验组而言,在 0—0.9 之间的各个不同的倾向得分区域上的频次分布都较为均衡,显然未经匹配的对照组难以满足共同支持区域假设。相反,图 16 – 2 和图 16 – 4 表明经过匹配后,实验组和匹配后的对照组之间在不同的倾向得分区域都存在着很多的重叠部分，这为满足共同支持区域条件提供了有力的证据，因而这一通过非实验数据构建的对照组基本可用于和实验组的比较分析。

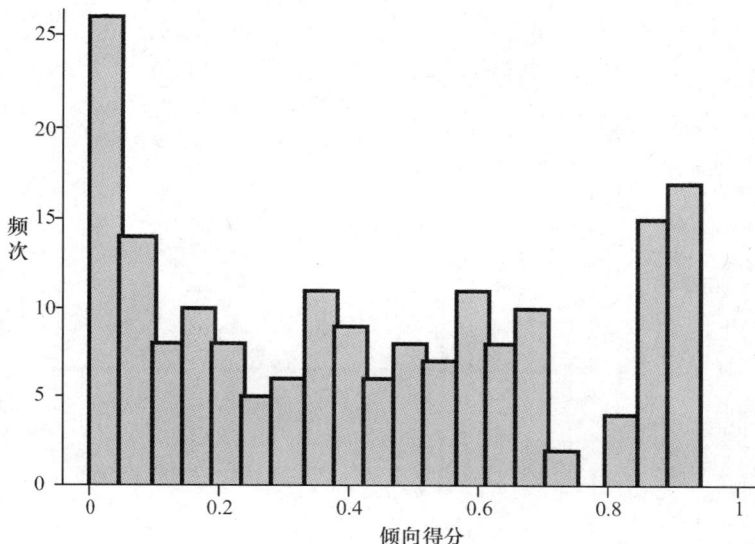

图 16 – 2　NSW – CPS 数据中实验组倾向得分分布

　　最后，我们基于该对照组，估计该就业支持项目的影响，同时分别以其他方法估计该项目的影响，并将这些结果和实验数据的估计结果进行比较。估计结果如表 16 – 4 所示。从中不难发现：基于实验数据得到的该项目的影响为 1541 – 1794 元（第 1 列和第 2 列），即对于实验组成员而言，参加该项目培训后能使其收入增加 1541 – 1794 元。如果我们不控制任何个人特征，直接采用 NSW – CPS 数据进行估计，结果显示参加培训反而使得受训者收入减少了 – 8498 元（第 3 列），这一结果表明该方法存在着很大的估计偏误。如果控制个人特征后，估计结果改善了不少（第 4 列），在本例中和实验数据结果比较接近。如果我们采用倾向得分进行匹配得到对照组后，如果不控制任何个人特征变量，结果表明培训使受训者增加收入 1055—1117 元（第 5 列和第 6 列）。如果采用倍差匹配法进行估计，结果表明培训使受训者增加收入 1305 元，也比较接近实验数据的结果。上述结果表明，基于非实验数据进行分析时，如果项目评估方法采用得当，也能得到近似于实验数据的结果。

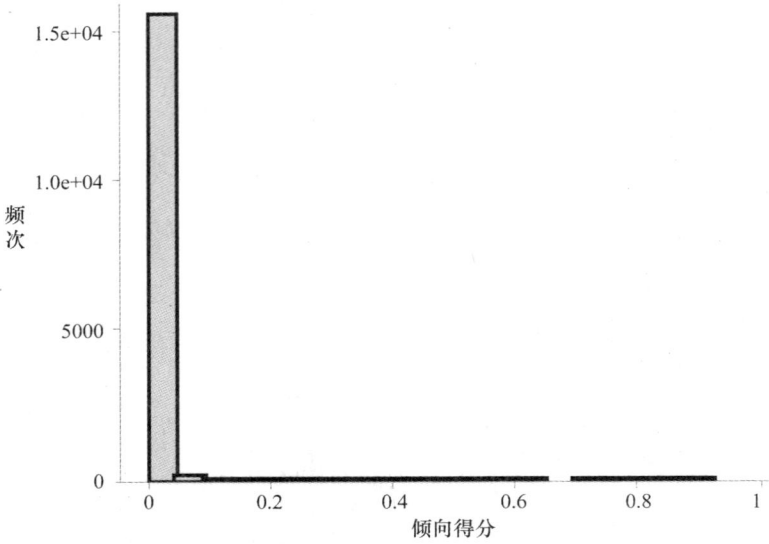

图 16 - 3   NSW - CPS 数据中匹配前对照组的倾向得分分布

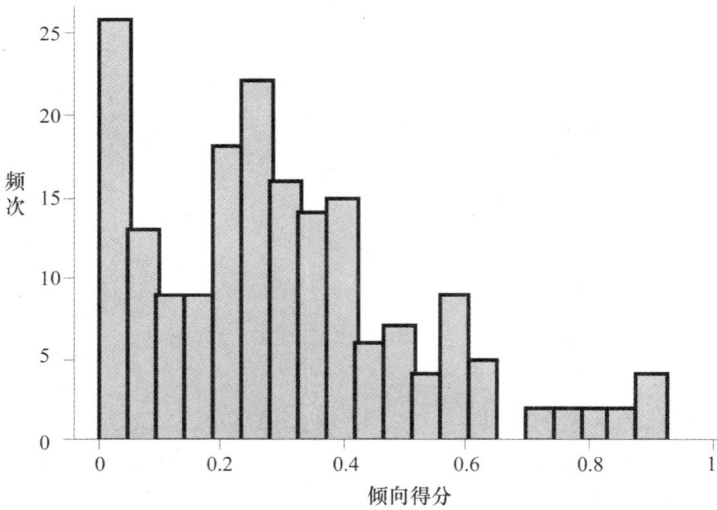

图 16 - 4   NSW - CPS 数据中匹配后对照组的倾向得分分布

数据来源：Dehejia and Wahba（1999）

表 16 - 4　基于不同评估方法对国家就业支持示范项目影响的估计结果比较[a]

对照组	对照组样本数	A. NSW 实验数据		B. NSW - CPS 非实验数据				
		无控制变量[b]（1）	含控制变量[c]（2）	无控制变量[b]（3）	含控制变量[c]（4）	无控制变量[b]（5）	含控制变量[c]（6）	无控制变量[b,e]（7）
NSW 对照组	185	1794 (633)***	1541 (645)**					
匹配前 CPS 对照组	15992	1794 (633)***	1541 (645)**	−8498 (712)***	1567 (557)***			
匹配后 CPS 对照组[d,f]	185	1794 (633)***	1541 (645)**			1055 (719)	1117 −758	1305 (693)*

数据来源：Dehejia and Wahba（1999）

注：

a. 本表格中括号中为标准误；* 表示 10% 水平上显著，** 表示 5% 水平上显著，*** 表示 1% 水平上显著。

b. 模型设定如下：$Y_i = \alpha + \beta^* T_i + \varepsilon_i$

c. 模型设定如下：$Y_i = \alpha + \beta^* T_i + \gamma^* X_i + \varepsilon_i$

其中，Y_i 表示 1978 年的实际收入；T_i 表示参加培训与否，对于实验组成员，$T_i = 1$，反之，$T_i = 0$；X_i 表示项目实施前的各控制变量，本案例参照 Dehejia and Wahba（1999）论文中的设定，此处的 X_i 具体为如下变量：年龄、年龄的平方、年龄的三次方、教育年限、教育年限的平方、黑人虚拟变量、西班牙裔虚拟变量、已婚虚拟变量、1974 年实际收入、1975 年实际收入、1974 年失业虚拟变量、1975 年失业虚拟变量和教育年限与 1974 年实际收入的交叉项。

d. 本案例采用 Logit 模型估计参加项目的倾向得分，估计时包含的控制变量与 b 注解中的相同；并按照一对一的不重复匹配法进行匹配，构建对照组。

e. 模型（7）匹配方法和模型（5）类似，最主要差异在于此处采用倍差匹配法，匹配后比较的结果变量是 1978 年和 1975 年实际收入的差额，而在模型（5）中匹配后比较的结果变量是 1978 年的实际收入。

f. 模型（5）和模型（7）中报告的标准误，都是通过自助法（bootstrap）重复 50 次后的结果。

16.5　结论

本章介绍了政策评估方法的基本原理，分析了进行政策评估面临的现实困境，并基于决定参加项目的三种不同情形，分别讨论了常见的政策评估方法。尽管随机实验最容易帮助研究者获得无偏的估计量，但是其高昂的实施成本等制约了其广泛的应用。本章更多地讨论了如何基于非实验数据进行科学的政策评估,详细分析了倍差分析法和匹配法的具体运用。当然每种方法都需满足一定的假设,而且也还存在一些不足。

在实际分析过程中,我们不妨结合数据特点,选择合适的评估方法。如果只有截面数据,可能只能借助于工具变量法、断点回归法或倾向得分匹配法。如果有面板数据,不妨尝试用倍差分析法以及倍差匹配法,当然,如果可能的话,也可以同时采用倾向得分匹配法或工具变量法进行稳健性检验。成功的项目评估需要对项目本身的深入了解,收集尽可能丰富的数据,以及对项目影响评估方法的准确运用。

本章介绍的是项目评估方法的基本原理和具体运用,作为性别问题的研究学者,也可以运用这些方法对公共政策的影响效果进行科学的分析和评判,从而为政府出台基于性别视角的公共政策提供决策参考。

参考文献

陈玉萍、吴海涛、陶大云、Sushil Pandey、徐鹏、胡凤益、丁士军、王怀豫、冯璐:《基于倾向得分匹配法分析农业技术采用对农户收入的影响》,《中国农业科学》2010年第17期(总43期),第3667—3676页。

周黎安、陈烨:《中国农村税费改革的政策效果:基于双重差分模型的估计》,《经济研究》2005年第8期,第44—53页。

Ashenfelter O. , Plant M. W. , "Nonparametric Estimates of the Labor-Supply Effects of Negative Income Tax Programs," *Journal of Labor Economics*, 1990, vol. 8.

Banerjee A. , Jacob S. , Kremer M. and Lanjouw J. , "Promoting School Participation in Rural Rajasthan: Results from Some Prospective Trials," MIT mimeo, 2005.

Card D. and Krueger A. , "Minimum Wages and Employment: A Case Study of the Fast-Food Industry in New Jersey and Pennsylvania," *American Economic Review*, 1994, 84 (4): 772 – 793.

Case A. and Deaton A. , "Large Cash Transfers to the Elderly in South Africa," *Economic Journal*, 1998, 108 (450): 1330 – 1361.

Dehejia R. and Wahba S. , "Causal Effects in Non-Experimental Studies: Re-Evaluating the Evaluation of Training Programmes", *Journal of the American*

Statistical Association, 1999, 94 (448): 1053 - 1062.

Duflo E. , " Field Experiments in Development Economics," MIT Mimeo, 2006.

Duflo E. , "Grandmothers and Granddaughters: Old Age Pension and Intra-household Allocation in South Africa," *World Bank Economic Review*, 2003, 17 (1): 1 - 25 .

Duflo E. and Raghabendra C. , "Women as Policy Makers: Evidence from a Randomized Policy Experiment in India," *Econometrica*, 2004, 72 (5): 1409 - 1443.

Duflo E. , Pascaline D. , Kremer M. and Sameul S. , Education and HIV/AIDS Prevention: Evidence from a randomized evaluation in Western Kenya. World Bank Policy Research Working Paper No. 402. 2006.

Duflo E. "Gender Equality in Development," Working Paper, Massachusetts Institute of Technology, 2010.

Frankenberg E. and Thomas D. , "Women's Health and Pregnancy Outcomes: Do Services Make a Difference", *Demography*, 2001, 38 (2): 253 - 265 .

Glewwe P. , Kremer M. and Moulin S. , "Many Children Left Behind? Textbooks and Test Scores in Kenya," *American Economic Journal: Applied Economics*, 2009, 1 (1): 112 - 35.

Glewwe P. , Park A. and Zhao M. , "The Impact of Eyeglasses on the Academic Performance of Primary School Students: Evidence from a Randomized Trial in Rural China," Working Paper, University of Minnesota, 2006.

Gruber J. , "Cash welfare as a consumption smoothing mechanism for single mothers," Working Paper 5738, National Bureau of Economic Research, 1996.

Heckman J. , Ichimura H. and Todd P. , "Matching as an econometric evaluation estimator," *Review of Economic Studies*, 1998, 65: 261 - 294.

Krueger, A. and Whitmore D. , "The Effect of Attending a Small Class in the Early Grades on College-Test Taking and Middle School Test Results: Evidence from Project STAR," *Economic Journal*, 2001, 111 (468): 1 - 28 .

Lalonde, Robert J. , "Evaluating the Econometric Evaluations of Training

Programs Using Experimental Data," *American Economic Review*, 1986, 76 (4): 602 – 620.

Manpower Demonstration Research Corporation, *Summary and Findings of the National Supported Work Demonstration*, Ballinger Publishing Company, Massachusetts, 1980.

Pencavel, J., "Labor Supply of Men: A Survey," in Orley Ashenfelter and Richard Layard, eds., *Handbook of Labor Economics*, Vol. I, Amsterdam: North-Holland, 1986: 3 – 102.

Rosenbaum, P. R., and Rubin, D. B., "The Central Role of the Propensity Score in Observational Studies for Causal Effects," *Biometrika*, 1983, 70: 41 – 55.

Shadish, W. R., Cook, T. D. and Campbell, D. T., *Experimental and Quasi-Experimental Designs for Generalized Causal Inference*. Boston: Houghton Mifflin company, 2002.

Smith, J. A. and Todd, P. E., "Does Matching Overcome LaLonde's Critique of Nonexperimental Estimators?" *Journal of Econometrics*, 2005, 125 (1 – 2): 305 – 353.

Thomas D., Frankenberg E., Friedman J., et al., "Causal Effect of Health on Labor Market Outcomes: Evidence from a Random Assignment Iron," Working paper, UCLA, 2004.

Uchida, E., Xu, J., Xu, Zh. and Rozelle, S., "Are the Poor Benefiting from China's Land Conservation Program", *Environment and Development Economics*. 2007, 12: 593 – 620.

J. M. Wooldridge, "*Econometric Analysis of Cross Section and Panel Data*," Boston: The MIT Press, 2010.